들려주고 싶은 삼랑진 이야기

들려주고 싶은 삼랑진 이야기

© 삼랑진읍, 2022

1판 1쇄 인쇄__2022년 12월 05일
1판 1쇄 발행__2022년 12월 15일

지은이__하강진·박양리·신원기·황병익·이순욱·이응인·정훈식·손정태
펴낸이__양정섭

펴낸곳__경진출판
        등록__제2010-000004호
        이메일__mykyungjin@daum.net
        사업장주소__서울특별시 금천구 시흥대로 57길17(시흥동) 영광빌딩 203호
        전화__070-7550-7776   팩스__02-806-7282

값 34,000원
ISBN 979-11-92542-15-7 93910

들려주고 싶은 삼랑진 이야기

하강진·박양리·신원기·황병익·이순욱·이응인·정훈식·손정태 지음

경진출판

책머리에

삼랑진읍의 과거와 현재를 담다

신년 벽두에 손정태 밀양문화원장님으로부터 뜻밖의 전화를 받았다. 삼랑진읍에서 올해 안으로 읍지를 낼 계획인데 전체 기획을 맡아주었으면 좋겠다는 말씀이었다. 평소 읍면 단위의 연혁지가 필요하다고 생각하고 있었지만 능력도 그렇거니와 짧은 기간에 혼자서는 도저히 할 수 없는 일이라 한실인문학연구소 회원들에게 제안하여 그 결정에 따르기로 했다.

연구소 회원들은 30여 년 전부터 인연을 맺은 부산대학교 대학(대학원) 선후배 지구(知舊)들로, 왕성한 연구 성과를 내고 있는 중진 학자이거나 중등학교에 근무하면서 누구보다도 지역문화 창달에 관심이 많은 교육자라 가능할 것 같았다. 곧 임시 회의를 개최해 읍지 편찬 계획을 공유하고 활발한 토의를 거쳤다. 그리하여 지역사회에 부응하는 글쓰기가 학문의 연장선에 있고, 또 연구소의 방향성을 정립하는 데 필요한 사업이라는 데 공감을 하고 구체적인 집필 계획을 수립했다.

회원들의 의견은 삼랑진(三浪津)의 정체성과 삼랑진읍지의 성격 부여에 집중되었다. 이왕 출간된 삼랑진의 동리 지명이나 민속 문화를 참고하되 과거부터 현대에 이르기까지 밀양시의 한 행정구역으로서 삼랑진의 변모를 통시적으로 기술하기로 했다. 또 삼랑진을 대표하는 문화적 기억이 저장된 장소나 문학작품을 선택해 삼랑진읍의 변별적 특징을 상세히 부각하기로 했다. 이러한 편찬 지침에 따라 전체 9부로 체재를 갖추기로 하고 영역별로 분담한 필자를 소개하면 아래와 같다.

위와 같은 체재 윤곽을 잡은 뒤 2월초 필자들은 삼랑진 읍민의 자긍심을 고양하고 삼랑진의 발전적 미래를 도모할 수 있는 내용을 중심으로 구성하되, 가독성과 흥미를 제고할 수 있는 체재를 갖추기로 협의했다.

필자들이 흔쾌히 나선 것은 삼랑진에 대한 사랑이며, 넓게는 밀양에 대한 깊은 관심이다. 지자체의 소멸 위기는 이제 낯선 용어가 아니다. 동리만 해도 땅과 건물의 주인이 수시로 바뀐다. 한 가지 변함없는 사실은 땅과 사람의 공존이다. 사람의 여하에 따라 지명이 새로 생겨나거나 사라진다. 그 땅의 문화는 사람이 만들어내고 확장하면 국가 문화가 되는 것이다. 우리 필진의 고민도 여기에 있었다. 밀양 지역에, 삼랑진 땅에 인구가 적든 많든 전통문화를 계승하고 새로운 문화를 일구면서 살아가야 한다. 정체성의 확인은 삼랑진에 대한 자부심을 갖게 하는 원천이고, 그 자부심은 지역의 역사와 문화를 깊이 이해할 때 더욱 강화되기 마련이다.

이런 인식을 바탕으로 현재의 시점에서 삼랑진의 과거 기억을 재구성하고 미래에 전승할 가치 있는 문화콘텐츠를 두루 수록하고자 했다. 천년 역사의 밀양 속에서 삼랑진 위치를 가늠해보고, 삼랑진만의 지리적 특성과 인문환경에서 산출된 독특한 문화적 기억 요소를 선정했다. 기존의 분산적이고 파편적인 정보를 종합하되 새로운 이야기를 발굴해 의견을 개진함으로써 학문적 깊이를 더하고자 했다. 그 과정에서 삼랑진읍의 동리나 문화가 유구한 전통에 기반을 둔 것임을 거듭 확인하고 의미를 강조했다.

밀양시 남북을 관류하는 밀양강과 읍의 남단을 감싸며 부산항으로 흘러가는 낙동강, 계곡과 산들이 어우러진 수려한 경치로 곳곳에 전원주택이 들어서고 있는 삼랑진의 모습에서 희망을 느껴보기도 했다. 예나 지금이나 변하지 않는 것은 없다. 너무 비관적으로 볼 일만은 아니고, 변화를 선도할 수 있는 공동체를 만들어가야 한다. 국가 발전 계획이나 밀양시 정책이 한발 앞서 추진되어야 위기를 기회로 전환할 수 있는 근본 동력을 확보할 수 있다.

우리 집필진은 밀양시나 삼랑진읍의 문화콘텐츠를 발굴하는 데 학문적 역량을 결집했다. 생활근거지인 부산이나 울산에서 근 1년 동안 삼랑진을 많이도 왕래했고, 지역문화를 일군다는 사명감에서 글자 하나하나에 성의를 다했다. 사진은 직접 찍어 삼랑진의 최근 모습을 반영하되, 마을 항공사진은 밀양시에서, 삼랑진의 행사 사진과 옛 모습은 읍에서 제공받았다. 집필의 고충이 있었지만 그럴수록 밀양과 삼랑진에 대한 애정이 한껏 증폭되어 본문의 제목 서체도 밀양시가 아리랑 선율과 춤사위를 응용해서 개발한 '밀양아리랑체'를 활용했다.

이 책의 발간을 주선한 손정태 밀양문화원장님은 삼랑진 출신의 독립운동가를 수록할 수 있도록 옥고를 주셔서 그저 감사할 따름이다. 사실 읍 단위에서 연혁지를 낸다는 게 쉽지 않다. 이 일을 처음 구상한 전장표 읍장, 그리고 김한성 총무계장과 차지인 주무관의 적극적인 협조가 고맙다.

특히 최근 엄청난 물가 상승으로 경영 압박이 심할 텐데도 수익성은 따지지 않고 500쪽이 넘는 분량을 전면 컬러로 출판하기로 용단을 내린 경진출판

양정섭 사장님의 호의가 진심으로 고맙다.

끝으로 삼랑진을 사랑하는 모든 이에게 이 책이 유용한 사용 설명서가 되기를 바란다. 다소 부족한 부분이 있지만 전국에서 읍지(邑誌)나 면지(面誌)를 기획할 때 참고할 만한 사례가 되었으면 한다.

2022년 12월 1일
집필진을 대표하여 한실인문학연구소 소장 하강진 근서

제4부 삼랑진의 근대화 물결 ___ 185

제5부 삼랑진을 품은 문학들 ___ 225

제1부 밀양시 역사 속의 삼랑진

제1장 밀양시의 연혁

1. 삼랑진읍의 지세

태백산 제2맥이 남으로 내려와 밀양시(密陽市)의 동부에는 천황산·재악산·실혜산, 북부에는 화악산·형제봉, 남부로는 종남산·덕대산·만어산, 서부에는 열왕산이 웅거한다. 동남부에 위치한 삼랑진읍(三浪津邑)은 동쪽으로 양산시(梁山市), 남쪽으로 김해시(金海市)와 인접해 있다. 우곡리와 행곡리 사이의 금오산(金烏山, 766m)에서 뻗어내린 천태산(天台山, 631m)[1]이 양산시와 경계를 짓는다. 곧 금오산 넘어 원동면 영포리, 내포리, 용당리가 위로부터 차례로 자리한다. 또 밀양강(密陽江)이 굽이 흘러 낙동강 본류와 합수하는 지점의 삼랑리는 옛 삼랑진교와 폐선된 낙동강철교와 삼랑진교를 통해 김해시 생림면 마사리에 연결되고, 천태산 끝자락의 검세리 시루봉은 생림면 도요리를 마주 본다. 또 밀양강 서쪽은 밀양시 상남면이고, 임천리 북쪽의 자씨산(慈氏山, 376m)을 넘어가면 가곡동과 활성동 덕성마을에 닿는다. 용전리와 우곡리 북쪽의 만어산(萬魚山, 670m) 능선 너머에는 단장면 법흥리가 있고, 우곡리와 행곡리 사이의 구천산(九天山, 640m) 너머는 단장면 감물리이다.

〈그림1〉 김해 생림면 도요리에서 본 삼랑진 산들

　삼랑진의 우뚝한 산들은 여러 봉우리와 고개를 거느리고 있다. 숭진리 뒷산에는 큰고개(417m)와 도장산(道莊山)이 있고, 청학리에는 부산대 밀양캠퍼스 뒷산인 당산(141m)과 고산(孤山)이 있다. 용성리와 용전리 경계의 청룡산(363m)과 그 아래의 음달산(188m)과 현랑산(玄浪山) 자락이 밀양강으로 미끄러질 듯하다. 그리고 미전리의 무월산(206m)[2]과 직산(稷山), 송지리와 삼랑리 경계의 매봉산(284m)과 그 아래의 후포산(235m)이 도도하게 출렁이는 세 줄기 강물을 응시한다. 율동리 무곡의 삿갓봉(230m) 너머는 용전리 직전마을이다.

　아울러 숭진리에서 구서원마을로 넘어가는 덕성령(일명 구서원고개), 숭진리 가래점마을에서 단장면 법흥리로 넘어가는 버구고개, 용전리 만어사와 사기점 사이의 삼각점이 되는 솔티고개(일명 청학고개), 송지리 죽곡마을에서 미전리 중촌으로 넘어가는 죽곡고개, 죽곡과 칠기마을 사이의 대실고개, 미전리 대천마을에서 화성마을로 넘어가는 무월현(일명 미전고개), 대신마을에서 거족마을로 넘어가는 거족고개, 대미마을과 입성마을 사이의 산마루로 국민보도연맹사건의 원혼이 떠도는 새나루고개, 용전리 만어마을의 만어고개, 우곡리 추전마을에서 단장면 감물리 점골마을로 넘어가는 점골고개와 염동마을에서 감물리 구기마을로 넘어가는 감물고개, 행곡리 돌담마을에서 감물리 용소마을로 넘어가는 당고개, 원동면 천태사로 넘어가는 안태리의 신불암고개 등이 있다.

그리고 북동쪽의 북천과 동창천과 단장천(일명 동천), 중앙의 감천이 합류해 밀양강(일명 응천, 남천강, 을자강)이 되어 낙동강 본류로 유입된다. 서쪽의 청도천이 무안을 지나 하남에 이르러 낙동강 본류에 합수한다. 곧 밀양강 줄기의 끝과 함안에서 양산으로 흘러드는 낙동강이 삼랑진(三浪津)에서 물결을 이룬다. 또 삼랑진의 크고 작은 산골짜기에서 내린 지류도 낙동강으로 흘러들면서 여러 하천과 세천을 만든다. 숭진리에서 임천리로 흐르는 하천과 청학리에서 용성리로 흐르는 하천을 통칭하는 임천천(일명 광탄), 용전리에서 미전리로 흘러내리는 미전천, 우곡리에서 율동리를 거쳐 검세리 앞으로 우곡천(일명 광천), 행곡리 좌우의 골물이 안태호를 통과해 검세리로 빠져나가는 행곡천이 있어서 낙동강 수량이 더욱 풍부해진다.

이러한 배산임수를 의지해 살았던 삼한시대의 삼랑진 사람들이 확인되었고, 유적 발굴 여하에 따라서 선사시대로 거슬러 올라갈 수 있다.[3]

2. 선사시대의 밀양

선사시대는 구석기, 신석기, 청동기시대를 통칭한다. 밀양의 역사 시작은 27000년 전인 후기 구석기시대로 추정하고 있는데, 단장면 고례리 유적이 현재까지 유일하다. 월연정 앞쪽에서 밀양강과 합수하는 단장천의 가장 위쪽에 위치한 이곳은 백마산, 향로봉, 매봉산, 수연산으로 둘러싸여 있다. 2000년 준공된 밀양댐을 건설하기 위해 사전 지표를 조사하는 과정에서 발견되었다. 유적이 발굴된 구릉지대는 높은 산과 완만한 하천이 있어 수렵채취로 생활하던 당시 사람들에게 최적지가 되었다. 유물은 몸돌, 격지, 돌날, 뚜르개, 긁개, 찌르개, 망치돌 등으로 석기 형태와 제작 기법이 다양하다. 이러한 유물은 우리나라의 돌날 제작 기법과 관련된 구석기 문화를 이해하는 데 중요한 정보를 제공한다.

신석기시대의 유적은 용활동 살내, 산외면 금천리, 상동면 신안마을에서 확인되었다. 모두 밀양강 주변 하천을 따라 모래나 흙 따위가 쌓여 이루어진 충적지에 위치한다. 출토 유물로는 집터, 야외 노지(爐址), 돌무지 유구, 빗살무늬토기, 돌도끼, 보습, 돌칼, 돌창, 찍개, 사발, 갈돌, 공이 등이다. 이들 유적을 통해 활발한 어로 생활과 함께 초기 농경 생활의 양상을 짐작해 볼 수 있다. 유적의 입지 환경적 측면에서 보면 더 많은 유적이 밀양강과 낙동강 연안이나 하천에서 발굴될 가능성이 존재한다.

농경 확산, 인구 증가는 대형 마을을 형성하고 공동체를 체계적으로 관리하는 지배자를 출현시키기 마련이다. 지배자의 등장은 국가 이전 단계인 군장사회로의 진입을 의미한다. 현재까지 밀양에는 대형 마을 유적이 조사되지는 않았지만 수많은 생활 유물과 무덤을 통해서 청동기시대를 확인할 수 있다. 어로 생활과 함께 본격적인 농사를 통해 생계를 꾸렸다. 예컨대 산외면 금천리와 희곡리에서 발견된 토기, 조개더미, 정교한 석기, 탄화된 볍씨나 복숭아씨, 콩과 탄화씨앗 등이 그 증거이다. 그리고 10기 내외의 집터와 경작지는 청동기시대 마을 형태를 띠고 있다. 청동기의 대표적 무덤인 고인돌은 밀양 전역에 산재하는데 경남 지역에서 밀집도가 가장 높다. 또 청동기시대 분묘로 확인된 초동면 금포리, 하남읍 남전리, 부북면 전사포리, 산내면 희곡리, 산외면 가인리와 원서리 유적에서 간돌검이 출토되었다.

삼랑진읍(三浪津邑)의 청동기시대 유적으로는 청학리 유적, 미전리 복합유적, 송지리 죽곡 조개더미, 검세리 큰검세 조개더미, 청학리 학동 고인돌, 임천리 고인돌군, 용성리 고인돌군, 용성리 칠성 고인돌군, 검세리 고인돌 등을 들 수 있다. 고인돌의 분포는 밀양 여러 지역에 상당한 인구가 거주했음을 알려주고, 점차 계층 분화와 물질 증대를 통해 농경사회의 경제적 기반을 확보함으로써 고대국가 미리미동국(彌離彌凍國)이 등장할 수 있는 토대를 마련했다.

3. 삼한시대의 밀양

원삼국시대의 밀양은 진한(辰韓)의 12개 속국 중 미리미동국의 한 곳으로 추정되고 있다. 속국의 호수로 대국은 4~5천가(家), 소국은 6~7백가(家)였다. '미리미동'은 난미리미동국(難彌離彌凍國)과 고자미동국(古資彌凍國)에도 쓰였는데, 낙동강 유역에 위치한 속국들로 볼 때 물과 관계 있는 것으로 보인다. 곧 '미리'는 용(龍)의 훈독 '미르'와 연관되고, '미동'은 물동, 즉 수제(水堤)라는 뜻이다. 뒷날 읍호로 쓰인 '推火', '密州', '密城', '密陽'의 첫 글자는 훈독이나 음독상을 볼 때 '미리'의 음차라 하겠다. 그리고 추화의 '火'는 벌판의 뜻이고, 밀양의 '陽'은 산남수북(山南水北)의 뜻이 들어 있다.

삼한시대 밀양의 유적은 500여 기가 넘는 고분에서 확인된다. 주로 널무덤과 독무덤에서 출토된 청동거울, 철검, 갑주, 금동관, 고리자루칼, 금속 및 유리 장신구, 굽다리항아리 등의 각종 유물을 통해 당시 생활상과 중서부 지역과의 교류를 엿볼 수 있다.

이와 관련하여 단장면 사촌마을 유적을 비롯해 2012년 밀양역-삼랑진 국도건설 공사 도중에 확인된 삼랑진 임천리 금곡마을 유적이 있다. 삼랑진 방향 금곡터널 출구를 지나면 바로 현장을 만날 수 있고, 예전부터 쇠점으로 불렸던 금곡마을 북쪽의 산기슭이다. 대략 6세기 전반에서 7세기 전반까지 1세기 정도 쇠와 철기를 만들던 곳이다. 제련을 위해 철광석을 불에 쬐어 쪼개는 배소로, 철광석에 쇳물을 녹여내는 제련로, 무쇠를 가공해 소재를 만드는 정련 단야로, 노를 만들 찰흙을 파낸 점토 채취장, 송풍관 등을 구운 가마, 숯 저장소 등 철제품 제작과 관련된 유구와 유물이 대거 발굴되었다.

이 유적지는 한 곳에서 제철과 관련한 여러 공정의 노와 부속 시설이 함께 조사되어 우리나라 고대 제철산업의 면모를 구체적으로 규명할 수 있는 유적으로 평가되고 있다.

4. 신라시대의 밀양

본래 가야에 속했던 밀양 지역은 6세기에 이르러 직접적인 신라 영향권에 들어간다. 무덤 구조도 돌방무덤으로 변화되었고, 석조 우물 축조 기술도 발전했다. 내일동 유적, 구 위양지의 월산리 유적, 밀양 충혼탑 부지 유적 등에서 확인된다. 역사적으로 보건대 신라는 505(지증왕6)년 가야 영향권의 밀양을 차지했고, 700년 이전에 추화군(推火郡)을 설치했다. 757(경덕왕16)년 밀성군(密城郡)으로 고치면서 상약현(영산면), 밀진현(密津縣), 오악현(청도읍), 형산현(화양읍), 소산현(매전면) 등 5개 현을 관할하는 큰 행정구역으로 삼았다. 한국학중앙연구원에서 1992년 번역 출간한 『역주 삼국사기』에서는 밀진현을 삼랑진읍(三浪津邑)으로 비정했다.

밀양은 가야와 신라가 쟁패를 겨루는 땅이었다. 밀양 지역을 왕래한 임금의 자취는 지명에 새겨져 전승되면서 여러 문헌에 기록되었고 문인들에게는 음영 대상이 되었다. 초동면 검암리 곡강의 이궁대(離宮臺)를 두고서 간송 조임도(1585~1664)는 이궁대를 신라왕이 노닐던 곳이라 했고, 동강 신익전(1605~1660)은 『밀양지』(1652)에서 신라왕이 강우 지역을 병탄하려는 뜻을 품고 장수에게 이곳에 진을 치도록 하고는 행차했다고 했으며, 백불암 최흥벽(1739~1812)은 이궁대의 수항정(受降亭)에서 신라왕이 무력을 과시했다고 했다. 항복을 받았던 무대로 '수항정'을 내세운 점이 이채롭다.

민간에서는 역사적 사실을 보태어 전설의 진실성을 믿고자 했다. 이궁대는 지증왕 때 이사부가 대가야와 가야를 정벌하기 위해 진을 쳤던 곳이고,

법흥왕 때 가야를 멸망시킨 곳이며, 진흥왕 때 대가야를 치기 위해 왕림한 곳으로 전해진다. 또 신라왕이 이곳에 행차할 때 인근의 하남읍 수산리 도연산 기슭에서 솟아나는 우물을 사용했다는 어정(御井) 유적이 아직도 있다. 하남읍 파서리의 정남정(定南亭)은 532년 법흥왕이 가야 구형왕의 군사를 물리치고 항복 의식을 거행해 남쪽 지역을 획정한 곳으로 알려져 있다. 그리고 파서리는 진흥왕이 562년 이사부와 사다함을 보내 대가야를 정벌하기 위해 군막을 쳤던 파서막(破西幕)에서 유래한다. 국농소의 오산, 수산의 세루정, 양동리의 풍류현, 재악산의 영정사도 신라 왕과 긴밀한 연관성이 있다.

신익전은 또 상동면 매화리 사지마을의 마전암(馬轉巖)은 삼한시대에 이서국(伊西國) 군대가 신라 공격에 실패하여 많은 말들이 굴러떨어진 곳으로 소개하고 있다.

삼랑진읍(三浪津邑)에도 지명과 결부된 가야와 신라 임금의 전설이 전해지고 있다. 숭진리 금호마을 앞의 왕당(王堂)은 신라 왕이 만어사 부처에게 공양할 때 머물렀다고 하며, 우곡리 덕촌마을 뒤, 곧 용전리 사기점마을 입구의 왕정자(王亭子)[4] 또한 신라 왕이 만어사에 행차할 때 쉬던 곳이라 전해진다. 혹은 가락국 왕의 사적이라고도 한다. 안태리의 부암(父庵)은 가야 2대 거등왕이 아버지 수로왕과 어머니 허황후를 기리기 위해 창건한 사찰로 알려져 있다. 이러한 왕적지에 대해 삼랑진 사람들은 가야 유민이자 신라

〈그림2〉 금곡마을 제철유적지를 안내하는 교통표지판

〈그림3〉 제철유적지 발굴 후의 모습

후예들인 이상 문화적 기억을 전수하는 과정에서 가야 왕이든 신라 왕이든 그다지 변별할 필요는 없었을 것이다.

5. 고려시대의 밀양

고려 건국 후 940(태조23)년에는 밀성군 소속의 오악, 형산, 소산 세 현을 통합해 청도현(清道縣)으로 지칭했고, 995(성종14)년 밀성군을 밀주(密州)로 승격하고 자사(刺史)를 두었다. 1018(현종9)년 창녕군, 계성현, 현풍현, 풍각현, 수산현을 속현으로 귀속시켜 밀성군(密城郡)으로 개칭하고 지밀성군사(知密城郡事)를 두었다. 1271(원종12)년 밀양 사람 방보·계년·박평 등이 진도(珍島)의 삼별초에 호응해 같은 고을 출신인 일선현령 조천(趙仟) 등과 모반한 탓으로 1275(충렬왕1)년에 귀화부곡(歸化部曲)으로 강등해 경주에 소속시키고 이듬해에는 소복별감(蘇復別監)을 두었다. 1285(충렬왕11)년 밀성군으로 승격 환원했다. 1366(공민왕15)년에는 청도현을 청도군으로 복귀시켰다. 1390(공양왕2)년 공양왕의 증조할머니 박씨(朴氏)의 고향이라는 명분으로 밀성현을 승격해 밀양부(密陽府)로 고쳤다.

고려시대 밀양의 모습은 자료 부족으로 자세히 알 수 없고 삼랑진 또한 마찬가지다. 다만 임춘(1148~1186)이 남긴 시편들에서 밀양의 이미지가 확인된다. 밀주에 대해 물산이 몰려드는 도회지, 예절 풍속이 존재하는 고을로 인식했고, 밀양강과 어우러져 멋진 풍광을 연출하는 영남사 죽루를 시로 읊었다. 고려 말에는 영남루가 대규모로 개창됨으로써 밀양의 대표 이미지로 문인들에게 각인되었다. 그리고 영남 남부지방의 육로였던 금주도(金州道)에 속했다.

6. 조선시대의 밀양

1392(태조1)년에 밀성군(密城郡)으로 하였다가 1415(태종15)년 1천 가구 이상인 고을을 도호부로 하면서 밀양도호부(密陽都護府)로 삼았다. 1425(세종7)년 수산현과 풍각현을 포함한 밀양의 1,999호로 당시 밀양의 인구를 가늠해 볼 수 있다.

한편 밀양부는 한때 밀양현으로 격하된 시기가 있었다. 1516(중종11)년 12월 24일 풍각현(豊角縣)에 살던 박군효(朴君孝)가 이름과 달리 동네 한가운데서 그 아비의 머리를 난타해 살해한 사건 때문이었다. 경상도관찰사 김안국(1478~1543)은 1517년 3월 도임하고서 처음 추고를 담당한 밀양부사 송수(宋壽)에게 사실을 캐물으려 했으나 그는 합천에서 요양하다가 9월에 죽었다. 그리하여 12월 김안국은 패륜 행위의 진상 규명과 처벌 조치를 단행하겠다는 장계를 올렸다. 발칵 뒤집힌 조정의 엄중한 조치로 재수사에 돌입했다. 하지만 박군효는 옥에서 죽었고, 천륜을 저버리는 행위를 보고도 고발하지 않은 동생 박충효와 누이동생 박춘금은 옥에 갇히기도 전에 아전과 옥졸의 고의적인 구호 조치 회피로 죽고 말았다.

이 살부(殺父) 사건으로 결국 밀양은 1517년 윤12월 6일에 현으로 명칭이 강등되었고, 이듬해 땅은 청도·영산·경산·현풍 등에 나누어 붙였다. 한마디로 풍비박산이 난 거다. 그리고 연좌된 7명은 가족과 함께 변방 오지에 강제로 이주시켰고, 18명에게는 삼천리 유배형을 내렸다. 밀양부사 박진(朴譜)은 재임 중 행정구역 강등으로 밀양현감으로 바뀌었다. 이듬해 7월 사헌부에서 당시 처벌이 가혹했다는 의견을 내놓았다.

이러한 분위기를 감지한 중종은 1522(중종17)년 새해 벽두에 밀양의 명칭 복구를 대신들에게 의논하게 했고, 관할구역에서의 불만 제기와 옥사(獄事)의 억울한 희생자가 있다는 신하들의 중론을 수용해 2월 3일 밀양부(密陽府)로 복구했다.[5]

1523년 9월 밀양 백성의 딸 난을비(卵乙非)가 부모의 개가 강권을 마다하고 목매어 죽은 수절 미담이 조정에 알려졌다. 소식을 접한 중종은 그녀의 열행(烈行)을 국가 차원에서 정려해 어수선한 지역 분위기를 쇄신하고자 했다. 그리고 8년 뒤 『신증동국여지승람』을 간행할 때 난비(卵非)를 밀양도호부의 〈열녀〉조에 추가했고, 또 1617(광해군9)년 편찬된 『동국신속삼강행실도』 〈열녀〉조에 '난비자경(卵非自經)' 항목으로 수록되었다. 이처럼 나라의

〈그림4〉 『동국신속삼강행실도』 『열녀도』 권2 〈난비자경〉

중요 문헌에 난비가 공식화되면서 이후 밀양 읍지에 빠짐없이 소개되었다.

1684(숙종10)년 3월 풍각현이 대구부 속현으로 이관된 뒤 1832(순조32)년 청도군 외서면으로 바뀌었다. 갑오개혁 일환으로 1895년 5월 26일(칙령 제98호)부터 대구관찰부 밀양군(密陽郡)으로 개편되었고, 1896년 8월 4일(칙령 제36호) 경상도를 남북으로 분리할 때 경상남도 밀양군이 되었다.

조선시대 삼랑진은 임진왜란 격전지가 말해주듯 전란을 대비하는 국방 요충지로 강하게 인식되었다. 또 고려시대 이래 육로 교통망의 주요 지역이었고, 1765(영조41)년 후조창 설치로 전국에서 주목받았다.

그리고 1905년 경부선 철도의 삼랑진역과 군용 철도 마산선의 기점이 된 낙동강역이 설치되어 영남의 물류와 교통의 거점 도시로서 삼랑진의 역할이 매우 지대했다. 이러한 도시 변모는 삼랑진의 행정구역과 인구 변화를 긴밀히 연동되었다.

제2장 밀양 행정구역의 변천과 인구

1. 행정구역 변천과 삼랑진

  행정구역 제도를 지칭하는 조선시대의 면리제도는 1485년 『경국대전』에 법제화되면서 쓰이기 시작했다. 중앙권력이 군현 단위의 지방행정을 장악하기 위해 하부 단위의 촌락에까지 개입하여 운영하던 체재였으나 면의 구분은 읍치와 동서남북의 방위 개념적 성격이 강했다. 15세기 중엽을 지나면서 향소부곡이 점차 사라지고, 임진왜란 이후 수취제도 개편과 호구파악 등 촌락 재편성 정책을 추진함에 따라 강화된 면리제는 조선 후기가 되어서야 정착될 수 있었다.

  밀양 또한 지방행정의 추세와 함께했다. 세종대의 경우, 『세종실록』에 본부를 비롯해 수산현·풍각현의 2개 속현, 내진향, 두야보·이동음·금음물의 3개 부곡이 있었다. 『신증동국여지승람』「밀양도호부」〈고적〉조에 내진향·운막향·신포향, 음곡소, 두야보부곡·이동음부곡·금음물부곡·저대부곡·오정부곡·평릉부곡·고매부곡·곡량촌부곡·파서방부곡·근개부곡·양량부곡을 수록했다. 이로써 볼 때 15세기 후반에 밀양의 향소부곡이 폐지되었음을 알 수 있다. 이 중 금음물부곡(今音勿部曲)은 삼랑진읍(三浪津邑) 중 임천, 청학, 용성, 정룡을 아우르는 지역에 해당한다.

　이와는 별개로 면리제를 반영한 밀양의 행정구역은 1469(예종1)년 편찬된 『경상도속찬지리지』에 엿보인다. 향소부곡을 명시하지 않아 그 존재 여부를 알 수 없지만 가곡리, 북정리, 수동, 중방리, 위량동, 안태리, 도산리, 율동리, 조음리, 백족리, 멱례리 등의 동리 명칭을 구체적으로 기재했다. 이 자연마을 은 상위 단위인 부내, 부북, 부동, 부남, 부서에 각각 속했다. 또 1642년 건립 한「작원대교비」에 율동과 청룡 이름이 나온다. 이처럼 방위별 동리 소속을 밝혔지만 동리가 극히 제한적이라 밀양 전체의 동리 규모를 파악할 수 없다.

　밀양시의 행정구역은「작원대교비」를 건립하고 10년 뒤인 1652(효종3)년 에 밀양부사 신익전(1605~1660)이 저술한 『밀양지』에 구체적으로 드러난다. 방위별 동리와 속현의 동리를 구분해 면리제를 갖추었다. 부내면(府內面), 부북면(府北面), 상동면(上東面), 중동면(中東面), 하동면(下東面), 부남면(府南 面, 수산현 포함), 상서면(上西面), 하서면(下西面), 고미면(古旀面)[6], 그리고 두 개 대리(大里)로 구분해 실질적인 면제 성격을 띤 풍각현(豊角縣)의 각북과 각남이 있다. 풍각현은 대구부에 이관되기 이전이라 밀양부에 포함한 것이 다. 이 중 하동면이 삼랑진읍(三浪津邑)에 해당한다.

　그로부터 백여 년이 흐른 18세기 중엽의「해동지도」〈밀양부〉에는 부내 면, 부북면, 상동면, 중초동면, 중2동면, 중3동면, 하동초동면, 하동2동면, 부남초동면, 부남2동면, 부남3동면, 상서초동면, 상서2동면, 상서3동면, 하 서면, 고미면이 기입되어 있다. 기존의 면제 정보와 비교해보건대 중동면·부 남면·초동면이 세 개의 면으로, 하동면(下東面)이 하동초동과 하동2동의 두 개 면으로 세분되었다. 특이한 점은 현존하는 조선 후기 밀양부 지도는 대체 로 이와 같다. 문제는 지도 주기에 적지 않아 면별 소속 동리를 알 수 없고, 소속 동리가 얼마 되지 않은 하동면을 분리한 까닭을 파악하기 쉽지 않다. 더구나 『여지도서』를 보면, 그림 정보와 본문 설명이 서로 일치하지 않는다.

이는 지도상에 표시된 행정구역으로 밀양의 면리제를 전적으로 이해할 수 없음을 시사한다.

실제 1767년경 『밀양읍지』(향토사료집1)에는 부내면, 부북면, 상동면, 중동면, 단장면, 하동면, 상남면, 하남면, 상서초동면, 하서면, 고미면으로 되어 있어 그 시기가 밀양 지도와 비슷하나 행정구역은 상당히 다르다. 이 중 단장면은 단장면 일부를 떼 내어 독립적으로 설정한 것이고, 상남면은 수산현을 폐지하면서 기존의 부남면을 개칭한 것이다. 그 이후에 나온『밀양부읍지』(규장각 소장, 규17444), 『밀양부읍지』(향토사료집6), 『경상도읍지』(향토사료2), 『영남읍지』(규12173), 『영남읍지』(규12174)에도 동일한 면제를 따르고 있다. 아울러 18세기 이후에 나온 여러『밀주지리인물문한지』는 상서초동면 대신 초동면으로 쓴 것을 제외하고는 나머지 면의 명칭은 읍지와 같다.

반면에 1832년경의 『경상도읍지』(규666)에서는 중동면 대신 천화면으로 명명하고, 상서초동면 소속 동리를 분리해 상서초동면과 상서이동면으로 나누어 『밀양읍지』와 다른 점이 있다. 그리고 1899년 『밀양군읍지』(규10876)에는 천화면이 역시 등장하지만 고미면 대신에 상북면을 쓴 것이 눈에 띈다. 이보다 앞서 「지방지도」(1872)와 『밀양 보민계 절목』(1883, 규장각 소장)에 상북면이 나오고, 반면에 김정호의 『대동지지』에는 고미면으로 되어 있다. 이로써 보건대 상북면 명칭은 1860년대 후반부터 쓰인 것으로 유추할 수 있다.

한편 1906년 6월 국가에서 월경지(越境地)를 정리할 때 고미면의 후신인 상북면을 경북 청도군에 이양했는바, 지금의 운문면과 내전면 일부에 해당하는 지역이다.

이상에서 보듯이 중앙권력과 지방행정에서 면리제 정착을 위해 노력했으나 실질적으로는 강한 통제력을 발휘하지 못했음을 엿볼 수 있다. 면리제는 일제강점기 때 확실하게 자리를 잡아 현재까지 이어지고 있는데, 면장은 1910년부터 임명했으나 삼랑진의 경우 1919년부터 면장 이름이 기록에 나온다.

1914년 행정구역 개편 때 청도군 외서면 중 옛 풍각현 지역을 밀양군 13개 면의 하나로 편입해 청도면(淸道面)을 신설했다. 이때 천화면은 천화산내면과 천화산외면으로 분리했다. 1918년 3월에는 부내면을 밀양면(密陽面)으로, 천화산내면을 산내면(山內面)으로, 천화산외면을 산외면(山外面)으로, 상서초동면을 초동면으로, 상서이동면을 이동면(二同面)으로 각각 변경했다.

1928년 4월 1일부터 삼랑진면 (三浪津面)을 사용하기 시작했다. 삼랑진역이 교통의 요지가 되고 그 일대에 인구가 집중하면서 수백 년간 써 왔던 하동면을 버리고 역명을 면 이름으로 채택한 것이다. 1933년 1월에는 이동면

〈그림5〉 경남도에서 '삼랑면'을 4월 1일부터 사용하기로 했다는 보도 (『중외일보』, 1928.3.29)

과 하서면을 통합해 무안면(武安面)을 신설했고, 1931년 4월 1일 밀양면이 밀양읍으로 승격되었다.

1963년 1월 1일 삼랑진면은 삼랑진읍(三浪津邑)으로 승격되었으며, 1666년 7월 15일 임천출장소가 설치되었다. 그리고 1989년 1월 밀양읍을 밀양시로 승격하고 그 외의 지역은 밀양군으로 두어 시군이 병존했다. 이에 따라 밀양 시장과 밀양군수가 밀양 지역의 행정을 나누어 책임졌다. 1995년 1월 1일(법률 제4774호)에 시군을 합쳐 도농형 복합 밀양시가 출범했고, 그해 7월 1일부터 역사적인 민선 시장의 시대가 열렸다.

밀양시 전체 면적은 798.7㎢이고, 삼랑진읍은 78.3㎢로 밀양시 읍면 행정 구역 중 네 번째 크기이다.

2. 행정구역별 동리 변화와 삼랑진

밀양의 행정구역이 처음으로 나타나는 신익전의 『밀양지』에 밀양도호부의 10개 면 별로 소속된 동리를 구체적으로 열거하면 아래 표와 같다.

		동리
부내면		용성리 장선리 전천리 수남리 감천리 송정리 월산리
부북면		삽포 지동 오례리 용현 덕곡 구을전리 적항리 대항리 퇴로리 위양동 무정리 월매리 저대리
상동면		구곡 가곡 평릉리 금곡 고답리 사지촌 오곡 내장
중동면		오치리 천화리 석골리 시례리 원당리 가좌리 미라촌 화랑동 발례동 소고례촌 말례촌 희곡촌 보라리 회동리 사연리 구천리 삼거리 호도연촌 고여리 노곡리 단장 금곡리 법귀리 감물례리 사촌 구미리 다원리 구서원리 와요촌 양덕촌 엄광리 남가곡 석동
하동면		금물리(金勿里) 안태리(安泰里) 병항점(瓶項店) 우읍곡(于邑谷) 율동(栗洞) 작원(鵲院) 소야항리(所也項里) 삼랑리(三浪里)
부남면		운례리 고곡 북곡 이동읍리 구금동 백족리 마산리 동산리 조음촌 무량원 구박촌 서전리 파서막 백산촌 멱례리 휘영수 (수산현)귀명동 곡량동 우암 사당동 수양동
상서면		고강촌 성만촌 구령리 백산 대곡 반월촌 벽력암 벌음리 오방동 신동 삼손리 당동 임곡 고조곡 인교리 모로곡 적동 둔지리 임곡
하서면		근곡 신법리 하봉점 당북리 신화리 복을촌 마을례리 우령리 신야치 판곡리 죽동 곡량동 내진리 동산리 근기리 소고율리 요제원촌
풍각현	각남	사을외리 신당리 녹갈리 우척동 죽암 송동 양산 차산리 대산동 묘봉리 무태리 금동리 흑석리 평리 마곡
	각북	송지서리 저대리 나립리 진읍촌 방지촌 남산리 지촌 지곡 금곡 고산리 오리원 부동 우곡 소월배리
고미면		초고미리 이사례리 북곡 자물례리 지촌 동경리 두평리

삼랑진읍에 해당하는 하동면(下東面)은 금물리, 안태리, 병항점, 우읍곡, 율동, 작원, 소야항리, 삼랑리 등 8개 동리를 거느리고 있다. 이 중 금물리는 옛 금음물부곡의 후신으로 현재 임천, 숭진, 청학, 용성 일대의 광범위한 지역을 말한다. 병함점과 소야항리는 지명이 사라졌고, 우읍곡은 우곡리(牛

谷里)이다.

조선 후기까지 하동면이라는 명칭을 일관되게 썼고, 동리에 소속된 자연 마을은 자세하게 알기 어렵다. 대한제국기의 경상남도(도령 제1호)는 1910년 3월 1일부로 밀양군 면내의 동리를 병합해 경술국치 두 달 전인 7월 관보에 게재했다.[7] 그중 하동면의 경우 삼랑리(三浪里)와 송지리(松旨里)처럼 명칭을 그대로 둔 것도 있지만 호구수가 적은 마을은 인근 마을에 통합해 적정 규모를 유지하도록 했다. 예컨대 금점리를 임천리(林川里)에, 중촌과 용은동을 숭진리(崇眞里)에, 광천리·무실리·칠기리를 율동(栗洞)에, 염동과 용화동을 우곡리(牛谷里)에, 검곡리와 작원리를 검세리(儉世里)에, 서병리를 안태리에 각각 합병했다. 그리고 학동과 금호리를 합병해 학금리(鶴琴里)를, 청룡리와 칠성리를 합병해 양전리(養田里)를, 안곡리 행촌과 구남리를 합병해 행곡리를 각각 설치했다.

조선총독부는 경상남도 관내의 군간 경계를 변경해서 1913년 4월 1일부터 시행했다. 당시 삼랑진면은 검세리 작원관터널 중앙을 기준으로 그 남쪽 지역을 양산군에, 삼랑리의 중도(中島)를 김해군에 각각 내주었다. 반면에 김해 도요리의 삼각주 류도(柳島)를 삼랑리에 편입했다.[8] 이후 제방을 쌓아 삼랑진역 남쪽 일대를 개발함으로써 류도는 육지가 되었는데, 삼랑진읍 행정복지센터와 송진초등학교의 남쪽 도로를 '버들섬'(버들 류, 섬 도) 길로 명명해 옛 자취를 되살렸다.

또 1914년 전국 차원에서 면리동 위치와 관할구역을 대대적으로 조정할 때 하동면의 송지리(松旨里)는 여러 지역을 재조정한 법정리가 되었다. 『신구대조』를 보면 면사무소가 위치한 송지리는 송지

〈그림6〉 『조선총독부 관보』 제175호, 1913.3.4

리, 율동리, 검세리, 미전리, 김해군 생림면 도요리 각 일부를 합친 광역화된 동리였다. 1917년에는 7년 전에 신설한 학금리를 숭진리와 청학리로, 양전리는 미전리와 용전리로 각각 분산 배치했다.

이상을 토대로 삼랑진의 행정구역 변천을 동리별로 정리하면 아래 표[9]와 같다.

삼랑진의 행정구역 변화

『밀양지』 (1652)	『밀양부지』 (1782경)	『밀양부지』 (1832경)	「관보」 제4722호 (1910.7.5)	『명칭일람』 (1912)	『신구대조』 (1917)	『밀주징신록』 (1936)
하동면	하동면	하동면	하동면	하동면	하동면	삼랑진면
	–	임천리	임천리(+금점)	임천리	임천리	임천리(+금점·이산)
금물리	숭진리	숭진리	숭진리 (+중촌·용은동)	숭진리	숭진리	숭진리 (+금호·중촌·백촌·용은동)
			학금리 (+학동·금호리)	금학리	청학리	청학리 (+학동·가정자·용복)
	청룡리	청룡리	용성리 (+청룡리·칠성리)	용성리	용성리	용성리 (+청룡·신기·칠성·현랑)
–	무흘리	무흘리	양전리 (+대미리·직전리)	양전리	미전리	미전리 (+대미·무흘·중촌· 화성·입성)
					용전리	용전리 (+직전·사기점·만어)
율동	율동리	율동리	율동 (+광천리·무실리· 칠기리)	율동리	율동리	율동리 (+무곡·광천·칠기)
	칠기점리	칠기점리				
우읍곡	–	–	우곡리 (+염동·용화동)	우곡리	우곡리	우곡리 (+덕촌·염동·용소· 추전동)
작원	–	작원리	검세리 (+검곡리·작원리)	검세리	검세리	검세리 (+작원·사등)
안태리	안태리	안태리	안태리(+서병리)	안태리	안태리	안태리(+서병·양동)
–			행곡리 (+안곡리·행촌· 구남리)	행곡리	행곡리	행곡리 (+행촌·안곡·구남· 숭촌·통점·해암)
삼랑리	삼랑리	삼랑리	삼랑리	삼랑리	삼랑리	삼랑리(+거족)
–		송지리	송지리	송지리	송지리	송지리 (+내송·외송·후송· 죽곡·한천·류도)

3. 밀양의 인구 추이와 삼랑진

밀양의 인구 추이를 살피기 위해서 먼저 조선시대부터 일제강점기까지 호수와 인구를 보자. 조선왕조실록과 밀양 읍지, 밀양 지도에 기재된 호수는 조사한 시점을 확인해야 한다. 특히 읍지의 경우, 앞 시대의 호수를 그대로 수록한 사례가 있으므로 읍지의 편찬 시점의 호수라고 착각할 수 있다.

조선시대 밀양의 인구 분포 개요

조사 시점	호수	인구	남	여	출처
1420년대 초	1,612	11,086	5,522	5,564	『경상도지리지』 「밀양도호부」(1425)
1750년대 초	–	49,978	18,237	31,741	「해동지도」 〈밀양부〉(규장각 소장)
1759	10,049	50,489	19,285	31,204	『여지도서』 「밀양부」(1760~5)
1768	10,208	50,767	20,123	30,644	『밀양읍지』(향토사료집1)
1774	10,219	50,794	20,141	30,653	『경상도읍지』 「밀양부」(향토사료집2)
18세기	10,168	49,978	18,237	31,741	「영남지도」 〈밀양부〉(규장각 소장)
	10,246	50,699	20,065	30,634	「지승」 〈밀양부〉(규장각 소장)
	12,956	55,476	–	–	「여지도」 〈밀양부〉(규장각 소장)
1831	8,303	33,142	15,862	17,281	『경상도읍지』 「밀양부」(1832년경)
1846	10,236	50,876	–	–	『대동지지』 「밀양」(1860년대, 규장각 소장) 『영남읍지』 「밀양부」(1895년, 규장각 소장)
1876	10,049	50,489	–	–	『영지요선』 「밀양」(1934)

위의 표에서 보듯이 조선시대 밀양 인구는 약 5만 명 내외로 확인된다. 면리별 호수와 인구는 가늠하기가 쉽지 않은데, 당시의 호적대장이나 문중별로 남아 있는 문서들을 종합적으로 검토해야 윤곽이 드러날 것이다. 다만 삼랑진읍 검세리의 작원관 비석 중에 작원진석교비(鵲院津石橋碑)가 있는데, 1690년 나무다리에서 돌다리로 중수하는 작업에 안태리(安泰里) 주민 200호

가 참여했다고 비문에 적혀 있다. 한 호당 평균 5명으로 계산하면 안태리에는 적어도 천 명 이상 거주한 것으로 추산된다. 단편적이기는 하나 17세기 후반의 한 마을을 통해 대략 짐작해볼 뿐이다.

일제강점기의 밀양 인구는 당시에 발행된 신문이나 개인이 편찬한 밀양 읍지에서 아래의 정보를 얻을 수 있다.

일제강점기 밀양군의 조선인과 일본인 분포

	조선인				일본인				합 계	
	호수	인 구			호수	인 구			호수	인구
		계	남	여		계	남	여		
1910[10]	–	80,873	–	–	–	–	–	–	–	–
1915[11]	18,856	95,374	–	–	758	2,796	–	–	19,614	98,170
1922[12]	20,713	105,534	54,667	50,867	540	2,323	1,135	1,188	21,253	107,857
1932[13]	–	124,802	–	–	–	2,381	–	–	24,194	127,183
1936[14]	24,954	130,351	–	–	549	2,253	–	–	25,503	132,604

1911년 밀양면과 하동면의 인구수[15]

	조선인				일본인				합 계	
	호수	인 구			호수	인 구			호수	인구
		계	남	여		계	남	여		
밀양면	3,000	12,000	8,618	3,382	336	903	625	278	3,336	12,903
하동면	984	4,598	2,423	2,175	179	603	347	256	1,163	5,201

위의 표를 보면 1910년 밀양 인구는 80,873명으로 19세기 후반의 인구에 비해 30,000명 이상 증가했다. 이는 1909년 통감부가 시행한 민적법에 따라 예전에 호적이 없던 계층을 호구 산출에 편입했기 때문이다. 을사늑약으로 조선은 일본인들이 이익을 창출하는 기회의 땅이 되었다. 1915년 4월 13일

자『부산일보』에 밀양에 적을 둔 일본인은 2,796명, 호수가 758호이다. 일본인 758호 중 밀양역과 읍내 부근에 338호, 삼랑진역(三浪津驛)과 낙동강역(洛東江驛) 부근에 218호, 상남면에 130호, 하남면 수산리에 36호, 기타 지역에 36호가 있는 것으로 나타났다. 이보다 앞서 1911년의 일본인 호수는 표에 있듯이 밀양면은 336호, 하동면은 179호로 파악되었다.

1915년 신문 기사에서 상남면의 일본인 호수가 130호로 많은 것은 다소 이례적이다. 예림교가 건립되기 10여 년 전이라 밀양 읍내와 밀양역을 왕래하기 매우 불편했는데도 말이다. 다름 아니라 1907년 합자회사 밀양은행을 설립한 유아사 본페이(湯浅凡平)가 경술국치 후 일본 정부의 협조를 받아 밀양역이 마주 보이는 예림의 양림간·동촌 일대에 일본 농업인을 집단 이주시켜 탕천촌(湯淺村)을 만들었기 때문이

<그림7> 상남면 예림리 탕천촌
(「밀양」, 1918, 국립중앙박물관 소장)

다. 이 이주촌은 조선총독부에서 1914년 정밀 측량한 「밀양」 상세 지도를 비롯해 1928년 「밀양」 지도에도 여전히 보인다.

한편 앞의 표에서 1922년 통계를 보면 일본인 인구가 대폭 줄었는데, 이는 밀양독립만세운동에 이어 최수봉 의사의 밀양경찰서 폭탄 투척 의거로 일본인들이 불안을 느껴 다른 지역으로 거주공간을 옮겼지 않나 싶다. 이후 밀양 인구는 점차 증가한 추세인데, 읍면별 인구 분포는 어떠했을까.

1932년 8월 박수헌(朴秀憲)이 저술하고 밀양군 향교에서 발간한『밀주지』[16]에 구체적인 정보가 들어 있다. 다만 이 통계 자료는 1931년 이전에 수집한 것으로 보인다.『동아일보』1930년 10월 22일 기사에 있듯이, 당시 신간회

밀양지회와 청년동맹에서는 유림 몇 사람이 새로 양반이 되고자 하는 사람들의 돈을 받아 당국의 허가 하에 발간하려는 이 읍지에 대해 "썩은 책자"라며 적극적으로 반대한 사실이 있고, 실제 목판으로 인출하기까지 상당한 시일이 소요되었기 때문이다. 밀양군의 면별 국적 분포를 표로 보이면 다음과 같다.

1931년경 밀양군의 인종별 인구

	조선인		일본인		중국인		전 체	
	호수	인구	호수	인구	호수	인구	호수	인구
밀양읍	2,443	11,760	310	1,217	17	60	2,770	13,037
삼랑진면	2,233	11,506	116	462	2	4	2,351	11,972
부북면	1,659	9,756	8	38	–	–	1,667	9,794
상동면	1,269	6,633	14	62	–	–	1,283	6,695
산외면	1,092	6,171	4	11	–	–	1,096	6,182
산내면	1,684	9,350	2	6	1	3	1,687	9,359
단장면	2,049	11,555	3	7	1	1	2,053	11,563
상남면	2,439	10,460	74	361	1	1	2,514	10,822
하남면	1,946	10,125	59	255	3	7	2,008	10,387
초동면	1,426	7,500	5	15	–	–	1,431	7,515
이동면	1,141	6,241	1	4	–	–	1,142	6,245
하서면	1,417	7,799	19	81	1	3	1,437	7,883
청도면	1,104	5,851	3	5	–	–	1,107	5,856
계	21,902	114,707	618	2,524	26	79	22,546	117,310

위의 표에서 보듯이 1931년경의 밀양 인구는 117,310명으로 10년 전과 비교해 약 10,000명이 늘었고, 일본인은 2,524명으로 증가했다. 삼랑진면(三浪津面) 인구는 11,972명으로 전체 인구 대비 10%를 약간 넘고, 읍면 중에서

밀양읍 다음으로 많았다. 그리고 일본인들은 초창기에 정착한 밀양읍과 삼랑진면 외에 상남면과 하남면에 집중적으로 분포하고 있었다. 이는 1916년 9월 상남수리조합 설치 인가와 1923년 12월 하남수리조합 인가를 받음으로써 그곳이 식민지 이윤을 획득하는 통로가 되었기 때문이다. 일본인들은 관청이나 기차역 주변, 수리조합이 있는 지역에 밀집해 살면서 지역 행정이나 경제 체계를 실질적으로 장악해 나갔음을 보여준다.

　이어서 일제강점기부터 최근까지 밀양시와 삼랑진읍의 인구 동태는 어떠한지를 살펴보기로 한다.[17]

일제강점기~2021년 밀양시와 삼랑진읍의 인구 동태

	밀양시				삼랑진읍					
	세대수	인구	동태		세대수	인구			동태	
			출생	사망		계	남	여	출생	사망
1932	24,194	127,183	3,797	1,980	2,348	13,505	–	–	–	–
1936	25,503	132,604	3,742	2,612	–	–	–	–	–	–
1959	32,155	184,365	3,919	1,007	3,251	18,421	9,042	9,379	349	78
1965	35,404	215,173	5,562	2,214	–	–	–	–	–	–
1966	35,677	206,277	4,935	2,077	–	–	–	–	–	–
1967	34,643	205,966	5,786	2,579	3,686	21,337	10,753	10,584	879	217
1968	33,793	202,877	–	–	–	–	–	–	–	–
1970	35,212	195,429	–	–	–	–	–	–	–	–
1975	34,604	179,296								
1978	35,589	171,809								
1980	34,228	161,444	–	–	–	–	–	–	–	–
1984	35,429	156,181			3,925	17,827	9,000	8,827		
1985	36,778	151,805	–	–	–	–	–	–	–	–
1990	37,839	132,953	1,698	1,554	–	–	–	–	–	–
1991	37,687	135,999	1,580	1,536	3,794	13,608	6,692	6,916	–	–

	밀양시				삼랑진읍					
	세대수	인구	동태		세대수	인구			동태	
			출생	사망		계	남	여	출생	사망
1992	38,297	134,894	1,738	1,541	3,763	13,179	6,472	6,707	–	–
1993	39,145	134,239	1,763	1,502	3,768	12,825	6,313	6,512	–	–
1994	39,582	132,735	1,740	1,537	3,688	12,251	6,069	6,182	88	121
1995	40,266	131,390	1,654	1,517	3,692	11,870	5,885	5,985	132	201
1996	40,486	129,498	1,648	1,360	3,644	11,480	5,568	5,812	127	154
1997	41,438	129,124	1,556	1,438	3,646	11,134	5,453	5,681	89	142
1998	41,915	128,073	1,517	1,375	3,669	10,798	5,308	5,490	112	147
1999	42,056	126,641	1,460	1,363	3,663	10,535	5,181	5,354	88	121
2000	42,162	124,574	1,439	1,339	3,557	10,098	4,980	5,118	81	137
2001	42,491	122,999	1,162	1,276	3,552	9,832	4,865	4,967	70	138
2002	42,487	120,342	1,027	1,216	3,451	9,329	4,621	4,708	–	–
2003	42,722	117,732	1,012	1,270	3,452	9,037	4,493	4,544	57	111
2004	43,042	115,459	956	1,087	3,423	8,692	4,326	4,366	–	–
2005	43,472	113,636	729	1,158	3,447	8,453	4,212	4,241	44	140
2006	43,815	112,025	786	1,107	3,462	8,330	4,135	4,195	–	–
2007	44,426	111,473	944	1,033	3,425	8,223	4,093	4,130	–	–
2008	45,121	110,858	828	1,104	3,409	7,958	3,974	3,984	30	110
2009	45,673	110,858	770	1,047	3,401	7,729	3,850	3,879	38	95
2010	46,904	110,479	775	1,059	3,519	7,670	3,803	3,867	27	99
2011	46,963	109,329	747	1,085	3,486	7,524	3,732	3,792	27	77
2012	47,423	108,755	761	1,118	3,466	7,391	3,665	3,726	28	99
2013	47,872	108,342	653	996	3,472	7,219	3,548	3,671	13	89
2014	48,321	107,765	602	1,150	3,502	7,171	3,537	3,634	27	94
2015	49,197	107,896	617	1,122	3,532	7,114	3,519	3,625	25	77
2016	50,158	108,354	638	1,081	3,584	7,119	3,473	3,646	26	94
2017	50,597	107,898	627	1,094	3,648	7,074	3,441	3,633	22	111
2018	51,044	106,744	468	1,198	3,679	6,975	3,413	3,562	8	84

	밀양시				삼랑진읍					
	세대수	인구	동태		세대수	인구			동태	
			출생	사망		계	남	여	출생	사망
2019	51,552	105,552	457	1,165	3,670	6,849	3,367	3,482	22	116
2020	52,673	104,831	373	1,180	3,640	7,003	3,563	3,440	12	125
2021	53,120	103,525	342	1,188	3,623	6,499	3,245	3,254	3	101

밀양시 인구는 일제강점기 때에 130,000명을 상회했고, 광복 이후 계속 증가해 1965년에는 215,173명에는 달했다. 이 해를 정점으로 매년 감소해 1990년 130,000명대로 떨어졌고, 2001년 이후 출생률과 사망률이 역전되어 2021년 12월 현재 103,525명이다. 삼랑진읍(三浪津邑)은 1967년 21,337명을 정점으로 해서 매년 감소하여 2001년 9,000명대로 하락해 2021년 12월 현재 6,499명이다. 밀양 전체 인구와 대비할 때 1967년 10.4%, 1995년 9%, 2000년 8%, 2010년 7%, 2021년 6%를 차지하고 있다. 삼랑진읍의 인구 감소가 우리나라의 보편적인 당면 문제에 속하기는 하나 해마다 밀양 전체에서 차지하는 비율이 줄어든다는 점에서 적극적인 대책이 필요하다.

한편 우리나라의 자연 인구 감소와 저출산은 외국인들을 유입하는 계기가 되었다. 다문화 정책은 지역사회의 발전과 연동해 추진되고 있다. 밀양시가 국적별 외국인 집계를 공식적으로 시작한 1995년 경우 203명이던 외국인 수는 매년 증가해 2003년에는 3.5배가 증가한 699명이었고, 2018년 2,648명을 정점으로 점차 하향하는 추세에 있다.

2021년 12월 기준으로 경상남도 전체 외국인은 63,148명이다. 밀양시 등록 외국인은 2,470명으로 경남 전체 대비 4%이고, 밀양시 전체 인구 대비 2% 수준이다. 외국인 국적은 다음 표에서 보듯이 캄보디아, 베트남, 네팔, 태국, 중국 순으로 나타난다. 이 중 삼랑진읍(三浪津邑)에는 300여 명이 등록되어 있다.

국적	캄보디아	베트남	네팔	태국	중국	필리핀	미얀마	우즈벡	스리랑카	인니	일본	방글라데시	기타	합계
인구	921	315	222	155	176	140	109	107	74	52	36	23	140	2,470

4. 역대 밀양 행정의 최고 책임자

지방행정의 요체는 지역민의 생활 안정과 행복을 이끄는 데 있다. 기록으로 확인되는 사실을 바탕으로 고려시대부터 현재까지 밀양의 행정 최고 책임자를 정리해 본다. 먼저 고려 후기~조선 후기의 밀양 행정책임자인 군수 혹은 부사 명단이다.[18] 짧은 기간이나 1517년 윤12월부터 1522년 1월까지는 현감이었다. 비고란에는 재임 중의 특이사항을 적었다.

밀성(밀양)군수

이름	재임 시기	본관	생몰	비고
유희(劉曦)	고려 의종대			
오중후(吳仲侯)	1281			수산제 파괴해 사익 취득
정운경(鄭云敬)	1343	봉화	1305~1366	
윤송균(尹松筠)				
김주(金湊)	1365~1366	낙안	1339~1404	영남루 개창(1365)

밀양부사

이름	재임 시기	본관	생몰	비고
김온(金穩)	1390년대 초반	울산	1348~1413	
박상경(朴尙絅)	1398			
류두명(柳斗明)	1401.1 제수	풍산	?~1408	
우균(禹均)	1407~1409.윤4	단양		

밀양부사

이름	재임 시기	본관	생몰	비고
한유문(韓有紋)	1411~1412	청주	?~1436	
이간(李暕)	1415.9 파면			
어중연(魚仲淵)	1426.8 파면	충주		
류지례(柳之禮)	1430~1431	문화		『집주두공부초당시』(경남 유형 문화재 제396호) 간행
김유온(金有溫)	1439.6 파면	순천		
안질(安質)	1439.6 제수	순흥	?~1477	영남루 중수(1439), 小樓(침류당의 전신) 창건(1439)→경상도사 권기(權技)가 소루(召樓)로 개칭(1442)
남계영(南季瑛)	1448 이전 제수	의령	1415~?	
이백상(李伯常)	1448.12~1452.5	양성		수산 덕민정 창건(1450), 명례에 이주촌 조성
이긴(李緊)	1452.5 제수	양성		『협주명현십초시』(보물 제1926호, 규장각) 중간(1452.8월경)
이교연(李皎然)	1453.10~1454	고성	1413~1475	
이사계(李師季)	1455	덕산		
성순조(成順祖)	1457	창녕	1418~1473	
강숙경(姜叔卿)	1460~1461	진주	1428~1481	영남루 중수(1460)
우해(禹垓)	1466.11 파직	단양		
윤호(尹壕)	1467	파평	1424~1496	수산 제방 개축(1467)
정형(鄭亨)	1469~1471경	진양		
임수창(林壽昌)	1473~1476.3경	평택	1426~1501	
박희윤(朴希尹)	1476			
박시형(朴時衡)	1478.4	밀양		
민효남(閔孝男)	1480.11 파직	여흥		
류양(柳壤)	1482.3	진주	1425~1491	
이인형(李仁亨)	1485~1487	함안	1436~1503	
김영추(金永錘)	1488	안동	1433~?	망호당(능파당 전신) 건립(1488)

밀양부사

이름	재임 시기	본관	생몰	비고
허혼(許混)	1488.8~1489.12	양천	?~1491	
허계(許誡)	1490.1 제수	하양	?~1502	
홍석보(洪碩輔)	1492.8 제수	남양		
이세전(李世銓)		광주		
한증(韓曾)	1496~1497.1	청주		
이충걸(李忠傑)	1503?	장수	1465~1527	소루(召樓) 증축 후 임경당(침류당 전신)으로 개칭 ※이세걸→이충걸→이충순으로 개명(1504.5)
안자성(安子誠)	1505	죽산	1447~1514	
강중진(康仲珍)		신천	1459~1520	
정자지(鄭子芝)	1507~1508.5 파직	광주		
이곤(李坤)	1512	연안	1462~1524	
이세응(李世應)	1512	함안	1473~1528	
이현보(李賢輔)	1514.3~1516.9	영천	1467~1555	
송수(宋壽)	1516.12~1517.9	여산	1470~1517	풍각현 박군효의 살부(殺父) 사건 발생(1516.12.24)

밀양현감

이름	재임 시기	본관	생몰	비고
박진(朴譜)	1517			재임 중 현감으로 지위 강등
김광철(金光轍)	1517.윤12.17 제수	강릉	1493~1550	
김영(金瑛)	1518~1519	안동	1475~1528	
황효헌(黃孝獻)	1519.윤2~1520	장수	1491~1532	

밀양부사

이름	재임 시기	본관	생몰	비고
조수천(趙壽千)	1529	함안	1482~1553	
조적(趙績)	1529	함안	1479~?	

밀양부사				
이름	재임 시기	본관	생몰	비고
권성(權晟)	?~1529.11	안동	1478~?	
이언적(李彦迪)	1529.11~1530.10	여주	1491~1553	
권벌(權橃)	1533.6~1535	안동	1478~1548	
장적(張籍)	1538~1538.10	단양	1471~1543	남수정 창건(1538)
어득강(魚得江)	1538.10~1539.12	함종	1470~1550	남수정 작명 및 단청(1539.봄)
박세후(朴世煦)	1539.12~1542.가을	상주	1494~1550	영남루 중수(1542), 망호당 이건 후 능파당(凌波堂)으로 개칭(1542), 임경당 중수 후 침류당(枕流堂)으로 개칭, 남수정 확장
전팽령(全彭齡)	1546.3/11	옥천	1480~1560	
조세영(趙世英)	1546.11~1546.12	풍양	?~1546	부임 1달 만에 죽음
안주(安宙)	1546.12~1550	광주	1500~1569	※청도군수(1541~1542) 역임
윤과(尹果)	1550.10 파직	파평		향교 보수
장응성(張應星)	?~1551.6	창녕	1509~?	
강응태(姜應台)	1551.7~1552.1	진주	1495~1552	재임 중 죽음
김우(金雨)	1553~1555	남원		향교 보수, 기민 구제
이도남(李圖南)	1555.가을~1557.봄	합천	1496~1567	
최개국(崔蓋國)	1557~1561.봄	충주	1516~1579	
서구연(徐九淵)	1561.여름~1562.2	달성	1502~1562	재임 중 죽음
정현(鄭礥)	1562.3~1562.가을	온양	1526~?	
한성원(韓性源)	1562.겨울~1565.봄	청주	1520~1593	
이경우(李慶祐)	1565.봄~1568.여름	전의	1518~1574	덕성서원(예림서원 전신) 창건(1567) →이황이 점필서원으로 개칭
송거(宋鐻)	1568.10~1570.여름	진천		
박승간(朴承侃)	1570.8~1571.봄	반남	1508~1588	
황박(黃博)	1571.가을~1573.가을	장수		
양의(梁艤)	1573.겨울~1575.봄	남원		
김극일(金克一)	1575.봄~1579.봄	의성	1522~1585	김종직의 쌍수정(雙樹亭) 보수(1576), 신계성여표비 건립(1576)

밀양부사

이름	재임 시기	본관	생몰	비고
이언유(李彦愉)	1579.4~9	전주	1527~?	
하진보(河晋寶)	1579.겨울~1583.여름	진양	1530~1585	성황사를 읍성 동문 안으로 이전 (1580), 신원촌에 있던 여단을 구대촌 서쪽으로, 종남산 아래의 사직단을 오례촌 남쪽으로 각각 이전(1580) ☆관아 앞 인정비(1906.2 중수)
김우홍(金宇弘)	1583.가을~1584.겨울	의성	1522~1590	
박광옥(朴光玉)	1585.봄~1586.봄	음성	1526~1593	
정인관(鄭仁寬)	1586.봄~가을	나주		
김해(金澥)	1587.봄~1590.가을	예안	1534~1593	사창(司倉) 건립(1588)
신잡(申磼)	1590.11~1591.6	평산	1541~1609	밀양읍성 해자 조성(1590)
변기(邊璣)	1591.7~9	원주		
박진(朴晉)	1591.10~1592	밀양	1560~1597	
김태허(金太虛)	1592	광주	1555~1620	
이수일(李守一)	1592.10~1593.3	경주	1554~1632	
박경신(朴慶新)	1593.4~1594	밀양	1539~1594	
이방좌(李邦佐)	1594.9~1595.여름	경주	1538~?	
배설(裵楔)	1595.10~1596.1	성주	1551~1599	
박기백(朴己百)	1596.1~1596	함양	1539~1598	
김준계(金遵階)	1597.1~5	희천	1554~1623	
이영(李英)	1597.5~1599	양성	1559~1616	억석당(영남루 전신) 건립 (1599)
권응수(權應銖)	1599.2 제수	안동	1546~1608	
김응서(金應瑞)	1601.8~12	김해	1564~1624	
이염(李琰)	1601.2~겨울			
최기(崔沂)	1602.2~6	해주	1553~1616	용가리의 소실된 대성전을 교동에 중창(1602)
여유길(呂裕吉)	1603.7~12	함양	1558~1619	
정기룡(鄭起龍)	1604.2~1605.7	진양	1562~1622	
이수(李璲)	1605.7~12	전주	1553~1631	

밀양부사

이름	재임 시기	본관	생몰	비고
오응태(吳應台)	1606.1~겨울	용안		덕성서원 복원, 회내창(會內倉) 중창, 군기소 창건(1606)
김억추(金億秋)	1607.1~9	청주	1548~1618	
기효복(奇孝福)	1607.9~1610.5	행주		침류당·능파당 중창(1609.7), 대동청 신설(1609)
원유남(元裕男)	1610.5~1612.윤11	원주	1561~1631	관아 중창(1611)
안륵(安玏)	1612.12~1613.7			연당(蓮堂) 건립(1613), 향사당 중창(1613)
정사신(鄭士信)	1613.8~10	청주	1558~1619	
성진선(成晉善)	1613.11~1615.여름	창녕	1557~1623	향교 동·서무 중창(1614), 관정 중창(1615)
이홍사(李弘嗣)	1615.7~1618.12	광주	1553~1635	대성전 들보 붕괴(1616)→동쪽으로 이건(1617), 명륜당과 동·서재 중창(1618)
신경진(申景珍)	1619.2~1622.가을	평산	1568~1648	구대촌에 있던 여단을 월산촌 동쪽으로 이전(1620)
박계장(朴啓章)	1622.9~1623.4	죽산	1580~1643	
변흡(邊潝)	1623.5~7	원주	1568~1644	향약 설치(1623)
한호문(韓好問)	1623.8~10	청주		
이안직(李安直)	1623.윤10~1626.여름	덕수		부사(부장청) 중건
여우길(呂祐吉)	1626.7~1628.1	함양	1567~1632	정묘호란 때 밀양인 박유의 참전 지원
정두원(鄭斗源)	1628.3~12	광주	1581~1642	용두연 기우제 거행(1628)
이언영(李彦英)	1629.2~1630.4	벽진	1568~1639	
이필영(李必榮)	1630.8~1633.1	광주	1573~1645	용두제 수축(1631), 서역소·동고·교방 중창(1632), 옥장(獄墻) 중수(1632)
이유달(李惟達)	1633.2~1635.7	전주	1579~1635	연정(蓮亭) 건립(1633), 김종직신도비·신계성여표비 중건(1634), 위양제 수축(1634), 덕성서원 예림으로 이건 시작(1635.봄)
김지복(金知復)	1635.7~1635.9	영동	1568~1635	
이필달(李必達)	1635.10~1638.4	전주	1588~1651	덕성서원 이건 완료(1636)→예림서원으로 개칭(1637)

밀양부사

이름	재임 시기	본관	생몰	비고
이사상(李士祥)	1638.4~1639.8	용인	1573~1644	
신즙(申楫)	1639.8	영해	1580~1639	
선약해(宣若海)	1639.11~1641.9	보성	1579~1643	
심기성(沈器成)	1641.10~1643.8	청송	?~1644	공진관 중창(1642), 영남루·능파당 신축(1643)
이지선(李祉先)	1643.9~1645.7	성주	1584~1645	재임 중 죽음 ☆관아 앞 청검선정비(1646.2)
신익량(申翊亮)	1645.9 제수	평산	1590~1650	
정태제(鄭泰齊)	1645.10~1646.4	동래	1612~1669	
김여옥(金汝鈺)	1646.6~1647.8	광산	1596~1662	
강대수(姜大遂)	1647.10~1648.5	진주	1591~1658	향약 절목 수정(1648)
나위소(羅緯素)	1648.7~1649.봄	나주	1583~1667	
조정립(曹挺立)	1649	창녕	1583~1660	
최욱(崔煜)	1649.12~1651.10	수원	1594~?	
김응조(金應祖)	1651.12~1652.4	풍산	1587~1667	공진관(拱辰館)을 영남루 북쪽에 중창(1652), 예림서원 강당·신문 창건(1652)
신익전(申翊全)	1652.5~8	평산	1605~1660	『밀양지』 편찬(1652.6)
이진(李袗)	1652.11~1653.8	연안	1600~1668	
정창주(鄭昌胄)	1653.10~1654.12	초계	1606~1664	백산 봉수대 설치
윤득열(尹得說)	1655.1~1656.10		1598~1656	
권령(權坽)	1656.12 제수	안동	1604~1675	
김하량(金厦樑)	1657.2~9	선산	1605~?	
황준구(黃儁耉)	1658.1~12	창원	1616~1692	
송시철(宋時喆)	1659.2~1660.2	여산	1610~1673	
이지온(李之馧)	1660.5~1662.가을	공주	1603~1671	침류당 단청(1661), 내창·동고(東庫) 창건(1661), 공진관 단청 후 밀주관(密州館)으로 개칭(1661), 서고(西庫) 신축(1662), 좌기청 신설, 고마청(雇馬廳) 설치
이극성(李克誠)	1663.3~4			

밀양부사

이름	재임 시기	본관	생몰	비고
조사기(趙嗣基)	1663.6~1664.7	한양	1617~1694	
홍성구(洪聖龜)	1664.9~1665.10	남양	1626~?	요선관(현 천진궁) 창건(1665), 노형소를 관민국(寬民局)으로 개명
이정(李晸)	1665.12~1666.7			
이동직(李東稷)	1666.9~1669.2	한산	1611~1675	회내창·좌기청·서고 재건(1668), 용두제 증축
이규진(李奎鎭)	1669.봄~1671.겨울			예림서원 사액(1669), 향사당 확장(1670)
임윤석(任允錫)	1672.1 파직	풍천	1606~1685	
이희년(李喜年)	1672.2~1675.9	한산		대동청·좌기청·서고(1674) 중수, 연당 별관 건립, 성황사를 남림(현 삼문동)으로 이전(1674), 용두제 축조(1675), 삼랑창 창설(1675)
윤이익(尹以益)	1675.9~가을	파평	1616~?	
–	1675.가을~1676.10	–	–	–
김빈(金賓)	1676.11~1677.5	의성	1621~1694	
류지(柳楮)	1677.6~1678.1	전주	1626~1701	
이혜(李嵇)	1678.4~1679.2	덕수	1635~1679	예림서원 강당과 사우 소실(1678)
박흥문(朴興文)	1679.4~1680.1			
목창명(睦昌明)	1680.5~동월	사천	1645~1695	
남익훈(南益熏)	1680.6~1681.1	의령	1640~1693	예림서원 사포에 이건 복원(1680)
이효원(李孝源)	1681.2~1684.3			
심익상(沈益相)	1684.5~1688.11	청송		
홍수주(洪受疇)	1688.12~1689.7	남양	1642~1704	
류이정(柳以井)	1689.11~1693.1	전주		밀양향안 작성(1691) ☆관아 앞 휼민선정만세불망비 (1693.5)
김봉지(金鳳至)	1693.3~1694.7	안동	1649~1713	
홍득우(洪得禹)	1694.9~1696.12	남양	1641~1700	☆관아 앞 청덕선정비(1696.12)

밀양부사

이름	재임 시기	본관	생몰	비고
심징(沈澂)	1697.1~1701.3	청송		☆관아 앞 선정혜민비(1703.2)
정시선(鄭是先)	1701.9~1703.8	동래	1650~1717	
조태로(趙泰老)	1703.9~1704.8	양주	1658~1717	
김홍정(金弘楨)	1704.10~1706.4			
이징하(李徵夏)	1706.7~1708.6			
임방(任埅)	1708.9~1710.1	풍천	1640~1724	
한세량(韓世良)	1710.3~1711.겨울	청주	1653~1723	예림서원 중수(1711)
김창석(金昌錫)	1712.3~1716.4	경주	1648~1724	충효사(孝忠祠) 건립(1714), 표충사(表忠祠) 건립과 표충암(表忠庵) 중창 진행(1714)→1721년 봄 완공, 향사당 이건(1715) ☆관아 앞 휼민선정비(1716.3)
김시경(金始慶)	1716.10~1717.9	안동	1659~1735	
홍중연(洪重衍)	1717.9~1718.4	풍산	1643~1714	
이정영(李挺英)	1718.7~1721.1	전주	1655~1726	
이수(李洙)	1721.2~1722.6			
이희주(李熙疇)	1722.8~1725.7			영남루·능파당 중건(1724), 연정(蓮亭) 개수(1724)
조언신(趙彦臣)	1725.8~1727.6	순창	1682~1731	
이경제(李敬躋)	1727.9~1730.9			
정혁선(鄭赫先)	1730.11~1733.3	동래	1666~1733	
이중협(李重協)	1733.5~1734.3	경주	1681~?	
한덕전(韓德全)	1734.5~9	곡산	1685~?	
홍진유(洪晉猷)	1734.10~1735.10	남양	1691~	
김도흡(金道洽)	1735.12 제수	청풍	1681~1743	
이광보(李匡輔)	1736.1~1737.7	전주	1687~?	
임수적(任守迪)	1737.9~1740.1	풍천	1671~1744	공수(公須) 중수(1738), 매죽당 중수(1739), 요선관 소실(1739), 작원잔도 보수(1739)
윤무교(尹懋敎)	1740.3~1742.1	파평		
이현보(李玄輔)	1743.4~1744.4	연안	1679~?	질관청 공고 중수

밀양부사

이름	재임 시기	본관	생몰	비고
송문상(宋文相)	1744.6~1745.4			표충암 승려 남붕의 장계로 파직
홍윤보(洪允輔)	1745.7~1747.5			
이연덕(李延德)	1747.7~1748.5	전의	1682~1750	
신준(申晙)	1748.윤7~1751.5	평산		요선관 중창(1749)
이덕현(李德顯)	1751.8~1752.5			군부청(구 서역소) 중창(1752)
조집명(趙集命)	1752.9~1754.5	풍양		석빙고 창설(1753) ☆관아 앞 영세불망비(1754.10)
김상열(金相說)	1754.7~1757.3	광산		서창(西倉), 동창(東倉) 건립
이창원(李昌元)	1757.3~1759.3			
조재선(趙載選)	1759.윤6~1761.1	풍양	1713~?	☆관아 앞 영세불망비(1760.12)
이익현(李益炫)	1760.12~1763.12	전주		
김인대(金仁大)	1764.2~1767.4	경주		향사당 중수(1764), 신계성여표비 중건(1765), 후조창 설치(1766), 읍승정 창건(1766) ☆후조창의 유애비
윤상후(尹象厚)	1767.4~윤7	파평	1727~?	
송진흠(宋晉欽)	1767.윤7~1770.4		1703~?	
황인겸(黃仁謙)	1770.4~1772.1	창원	1712~?	남창(南倉) 창건
김상무(金相戊)	1772.1~12	광산		
이백규(李白圭)	1772.12~1773.4	전주		조선(漕船) 사건으로 파직
김상직(金相直)	1773.6~8	광산	?~1773	
정존중(鄭存中)	1773.10~1776.11	동래	1721~1798	향교 절목 제정(1773), 매죽당 중건(1775), 삼강사비 이건(1775) ☆관아 앞 유애불망비(1778.6)
윤광유(尹光裕)	1776.11~1779.5	파평	1728~?	남루 누각 공해루 건립(1778)
김이안(金履安)	1779.6~1780.2	안동	1722~1791	
홍병은(洪秉殷)	1780.3~1781.1	남양		
김이탁(金履鐸)	1781.3~1785.4	안동	1735~1795	영남루 시판. 무봉암 중건(1783)
심진(沈鉁)	1785.4~1787.4	청송		
조휘진(曺彙振)	1787.4~1789.6	창녕	1734~?	영남루 중수(1788.봄)

밀양부사

이름	재임 시기	본관	생몰	비고
이지채(李趾采)	1789.6~1790.7	한산		
이복섭(李復燮)	1790.7~1792.5	전주		조선(漕船) 사건으로 파직
이최원(李寂源)	1792.5~1793.6	연안		조선(漕船) 사건으로 파직
조관진(趙觀鎭)	1793.6~1796.6	풍양		균부청 중수(1796)
김사의(金思義)	1796.6~11	경주	1750~1796	
이의강(李義綱)	1796.11~1797.4	전주	1742~1799	조선(漕船) 사건으로 파직
윤숙(尹㷤)	1797.4~1798.4	파평		
윤광호(尹光濩)	1798.4~1799.1	파평		
김이현(金履顯)	1799.1~1800.8	안동	1742~1800	
이경로(李敬魯)	1800.9~1802.1	경주	1746~1814	
박종우(朴宗羽)	1802.2~1804.7	반남	1745~?	명륜당 중수(1803)
이영하(李永夏)	1804.7~1806.2	월성		
김재화(金載華)	1806.2~1807.12	상산	?~1807	영남루 보수(1806), 능파각 보수, 읍승정 개건
성긍주(成肯柱)	1808.1~1809.6	창녕	1755~1815	
홍양묵(洪養默)	1809.7~1810.4	남양		
홍이간(洪履簡)	1810.4~1812.5	남양	1753~1827	☆후조창의 영세불망비(1812.2)
이승로(李昇老)	1812.5~12	전주	?~1812	
민두혁(閔斗爀)	1812.12~1813.7	여흥		
정치우(鄭致愚)	1813.8~1816.2	온양		
김이완(金履完)	1816.2~1818.2	안동		
이현시(李玄始)	1818.2~1821.6	전의		대성전을 명륜당 서쪽 위로 이건(1820) ☆관아 앞 흥학유애비(1824)
김희신(金熙臣)	1821.6~1825.7	청풍	1761~?	
이화연(李和淵)	1825.7~1829.12	전주	1769~?	능파당 보수(1825), 사마소 중수 후 육영재(育英齋)로 개명(1826)
정동구(鄭東龜)	1829.12~1831.6	동래	1769~1837	
조기복(趙基復)	1831.6~1833.8	임천	1773~1839	영남루 중수(1832)

밀양부사

이름	재임 시기	본관	생몰	비고
이정민(李鼎民)	1833.8~1835.11	전주	1800~?	
이응연(李應淵)	1835.10~1836.6	전주	1771~?	
이휘녕(李彙寧)	1836.6~1838.2	진성	1788~1861	향약 수정(1836)
심의복(沈宜復)	1838.2~12	청송	1788~?	표충사(表忠祠)의 영정사 옛터 이건 지원→표충사(表忠寺)로 개명(1839.1)
이곽(李灈)	1838.12~1839.6	덕수	1790~1859	조선(漕船) 사건으로 파직
조운표(趙雲杓)	1839.6~1842.12	풍양	1776~?	☆관아 앞 복수(復藪)선정비, 후 조창의 영세불망비(1843.2)
이인재(李寅在)	1842.12~1846.1			영남루 중창(1844) ☆관아 앞 영세불망비
정윤용(鄭允容)	1846.11~1848.6	동래	1792~1865	
이도(李璹)	1848.6~1849.12	三州		
이원룡(李源龍)	1849.12~1852.6	용인		
서유여(徐有舍)	1852.6~1854.5	달성	1792~1879	
정해상(鄭海尙)	1854.5~10	연일	1812~1873	☆영세불망비(청도면 두곡리)
정로용(鄭老容)	1854.10~1856.6	동래	1798~1865	
이정재(李定在)	1856.6~1857.11	한산		☆후조창의 선정비(1857.3)
조장호(趙章鎬)	1857.11~1859.8	임천	1815~1890	
조영화(趙永和)	1859.8~1860.1	풍양	1806~?	
윤자응(尹滋膺)	1859.12~1860.11	파평	1812~1860	
윤재성(尹載成)	1860.11~1862.4	파평	1793~1862	
이경(李璥)	1862.4~1864.10	三州 (우봉)		향약 재설치(1862) ☆관아 앞 향약부설비(1864.12)
조병로(趙秉老)	1864.10~1865.1	양주	1816~1886	
이상억(李象億)	1865.1~1866.6	전주	1798~?	향약 중수(1865), 남수정 시판
정헌조(鄭憲朝)	1866.6~12	동래	1821~1910	
유치장(兪致長)	1866.12~1868.5	기계	1814~?	조운(漕運) 지연으로 처벌 논의
이승신(李承臣)	1868.5~1869.12	한산	1803~?	임명 시 이름은 이신병(李臣秉)
남정현(南廷顯)	1869.12~1871.6	의령	1820~1886	예림서원 철폐(1871)

	밀양부사			
이름	재임 시기	본관	생몰	비고
이철연(李喆淵)	1871.6~1873.6	전주	1810~?	☆후조창의 영세불망비 2기 (1872)
이정기(李廷器)	1873.윤6~1874.6	전주		
김온순(金蘊淳)	1874.7~11	안동	1812~1894	예림서원 강당 복구 →예림재 명명
이경직(李敬稙)	1874.11~1875.8	한산		
이태진(李泰鎭)	1875.8~1876.3	승평		
원세철(元世澈)	1876.3~1877.10	원주	1817~1892	향교 경영 혁폐 ☆관아 앞 진황영사비(1879.3)
심의현(沈宜絢)	1877.10~1878.6	청송	1810~?	
신석균(申奭均)	1878.6~1879.11	평산	1824~?	향안 재수정(1878), 조선(漕船) 사건으로 교체
홍응주(洪膺周)	1879.11~1880.4	풍산	1820~?	
윤횡선(尹宖善)	1880.4~10	해평	1832~?	
오장묵(吳章黙)	1880.10~1883.1	해주		풍화루 중수(1882)
홍우경(洪祐慶)	1883.1~12	풍산		
권인국(權仁國)	1883.12~1884.8	안동	1830~1913	
민종렬(閔種烈)	1884.8~1885.3	여흥		
김규승(金奎升)	1885.4~10	청풍		
이원상(李源祥)	1885.10~1886.12	전주		
이건응(李建膺)	1886.12~1887.6	전주		
조관재(趙寬在)	1887.6~10	배천	1829~?	
조준구(趙駿九)	1887.10~1888.5	풍양	1823~?	☆관아 앞 거사비(1888.7), 다죽리 마애선정비
정병하(鄭秉夏)	1888.5~1894.7	온양	1839~1896	영남루 중수(1890), 무봉임 중수 (1889.여름) ☆관아 앞 애민송덕비(1892.7)
정동기(鄭東箕)	1894.7~12	진양		
심현택(沈賢澤)	1894.12~1895.7	청송		

1895~1910 밀양군수

이름	재임 시기	본관	생몰	비고
권용철(權用哲)	1895.7~9	안동		
신태긍(申泰兢)	1895.10			
이정환(李鼎煥)	1895.11~1897.4			
이명직(李命稙)	1897.4~1899.8.26	한산	1865~1915	
박병익(朴炳翊)	1899.8.26~1900.9.11	죽산		
권상문(權相文)	1901.1.19~1901.4.23	안동	1850~1931	
이계필(李啓弼)	1901.4.23~9	경주	1860~?	
김종원(金宗源)	1902.4~11.26			
조종서(趙鍾緖)	1902.11.26~1906.2.26	한양		명륜당 중수(1904)
이재익(李載益)	1906.2.26~1907.11.19		1877~?	
김중연(金重演)	1907.11~1908.11		1861~?	일본인의 밀양은행 설립(1907)
박정규(朴晶奎)	1908.12.3~1910.5.2	밀양	1865~?	밀양공립보통학교장 겸임 (1909.4)
손지현(孫之鉉)	1910.5.2~1910.8	밀양	1867~1945	밀양공립보통학교장 겸임

다음으로 일제강점기 때 재임한 밀양군수 명단이다. 밀양면은 1941년 4월 1일 밀양읍으로 승격되어 읍장이 시내 행정을 책임졌다. 비고란은 재임 중의 특이사항이다.

일제강점기 밀양군수

이름	재임 시기	비고
임영준(林英俊)	1912~1913	민영의 한천공장 설립
신태무(申泰茂)	1914~1918.7	밀양우편소 설립(1914)
원훈상(元勛常)	1918.9.12~1923.2	원촌중성(元村重盛)으로 창씨개명
민인호(閔麟鎬)	1923.4~1924.12	
이원구(李源九)	1924.12~1927.5	용두교 준공(1926.10)

일제강점기 밀양군수

이름	재임 시기	비고
김한식(金翰植)	1927.6~1928.7	뇌물 횡령죄로 파면
최두연(崔斗淵)	1928.12~1931.12.28	남천교(밀양교 개칭) 준공(1929.6) 영남루 중수(1930)
김의용(金義鎔)	1931.12.28~1935.4	밀양우편소 신축(1932)
이찬용(李燦容)	1935.4~1939	부산지방법원 밀양지청 부활(1935) 밀양세무서 신청사 준공(1936.12)
송천명의(松川明義)	1940~1941.4	이찬용의 창씨개명
유길호지조(有吉虎之助)	1941.5~1943	

다음은 광복 후부터 1988년까지 임명직 밀양군수 명단이다.

1945~1988 밀양군수

이상용(李相龍)	1945.10.20~1946.10.19	노이식(盧利植)	1966.8.22~1968.4.30
임종국(林鍾國)	1946.10.26~1947.9.15	이영화(李泳和)	1968.5.1~1968.12.17
신원재(愼源縡)	1947.9.15~1949.6.20	송상기(宋相基)	1969.1.1~1970.3.2
임기즙(林基楫)	1949.6.21~1950.5.6	김성태(金聖泰)	1970.3.3~1971.8.20
이박규(李璞珪)	1950.5.6~1950.9.23	이재석(李載錫)	1971.8.21~1973.6.30
이희득(李喜得)	1950.9.23~1951.10.5	박용범(朴容範)	1973.7.1~1974.12.31
노재륜(盧在崙)	1951.10.5~1954.3.6	이한순(李澣純)	1975.1.1~1976.3.31
이수일(李秀一)	1954.3.6~1954.11.2	황길태(黃吉台)	1976.4.1~1977.7.25
조승래(趙升來)	1954.11.2~1955.7.18	이인호(李仁浩)	1977.8.2~1978.5.3
원종훈(元鍾勳)	1955.8.9~1956.4.13	문백(文伯)	1978.5.4~1980.3.18
조창제(趙昌濟)	1956.4.13~1958.3.15	정계수(鄭桂守)	1980.3.18~1980.7.18
이백순(李伯淳)	1958.3.15~1959.11.12	권택훈(權宅焄)	1980.7.25~1981.6.30
양승앙(梁承昂)	1959.11.26~1960.5.25	노을환(盧乙煥)	1981.7.1~1983.4.11
박재욱(朴載煜)	1960.5.25~1960.11.21	여주환(呂鉒煥)	1983.4.11~1983.12.27
홍승순(洪承洵)	1960.11.23~1961.4.7	박지근(朴志根)	1983.12.27~1985.3.11

이상철(李相轍)	1961.4.7~1961.6.18	강대의(姜大義)	1985.3.11~1985.6.27
이진섭(李晉燮)	1961.6.18~1961.10.25	이구섭(李球燮)	1985.6.27~1988.6.11
정명철(鄭明哲)	1961.10.25~1962.3.20	양종수(梁鍾守)	1988.6.11~1988.9.9
이남두(李南斗)	1962.3.21~1965.3.31	문용술(文容述)	1988.9.9~1988.12.31
김종구(金鍾求)	1965.4.1~1966.8.22		

다음은 1989년 1월 1일부터 1994년까지는 시장과 군수가 양립한 시기로 당시의 밀양시장과 밀양군수 명단을 보이면 아래와 같다.

1989~1994 밀양시장/군수

밀양시장	박창기	1989.1.1~1992.4.23	밀양군수	문용술	1989.1.1~1992.11.17
	이진영	1992.4.23~1993.7.20		김인규	1992.11.17~1994.1.3
	강태선	1993.7.20~1994.7.4		손현식	1994.1.4~1994.12.31
	김진백	1994.7.4~1994.12.31			

1995년 1월 1일부터 도농복합형 밀양시가 출범함에 따라 통합 밀양시장이 재임했고, 1995년 7월 1일부터 민선 시장의 시대가 열렸다.

1995~현재 밀양시장

김진백(金鎭伯)	1995.1.1~1995.3.31	엄용수(嚴龍洙)	2006.7.1~2010.6.30
권욱(權郁)	1995.4.4~1995.6.30		2010.7.1~2014.6.30
이상조(李相兆)	1995.7.1~1998.6.30	박일호(朴一浩)	2014.7.1~2018.6.30
	1998.7.1~2002.6.30		2018.7.1~2022.6.30
	2002.7.1~2006.6.30		2022.7.1~현재

삼랑진읍의 행정책임자

삼랑진은 조선시대부터 1928년 4월 1일까지 삼랑진면으로 개칭될 때까지 하동면으로 존재했다. 1963년 1월 1일 삼랑진읍으로 승격해 오늘에 이르고 있다. 읍면 단위 행정책임자는 1917년부터 임명되었는데 하동면장은 1919년에 이름이 보인다. 행정구역 명칭 변경에 따른 면장과 읍장의 명단을 보이면 아래와 같다.[19]

1919~1927 하동면장			
박병희(朴炳喜)	1919	김성제(金成濟)	1922~1924
오국현(吳國絢)	1920	박상훈(朴相勳)	1925
박한생(朴漢生)	1921	박우목(朴祐穆)	1926~1927

1928~1962 삼랑진면장			
박우목(朴祐穆)	1928~1933	정석륜(丁碩倫)	1952.5.5~1953.3.31
김상균(金想均)	1934~1941.1.21	이상문	1953.3.31~1957.5.14
수원정의(水原正義)	1941.1.21~1944.12.13	배상수	1957.5.15~1959.4.24
송만술(宋萬述)	1945.3.31~1947.6.12	정석륜(丁碩倫)	1959.8.1~1960.1.14
김상균(金想均)	1947.8.1~1948.11.17	백창현	1961.7.19~1962.12.31
이기호(李起鎬)	1948.11.17~1952.5.5		

1963~현재 삼랑진읍장			
백창현	1963.1.1~1966.4.15	최영묵	2001.1.10~2003.2.20
장종탁	1966.4.16~1968.3.31	도재호	2003.2.21~2005.2.14
이태형	1968.3.31~1972.4.10	윤현철	2005.2.15~2006.11.27
임채환	1972.4.10~1975.9.10	윤종절	2006.11.28~2008.11.9
차정화	1975.9.10~1983.12.5	이봉대	2008.11.10~2010.10.12

이병기	1983.12.5~1989.6.30	박용보	2010.10.13~2013.1.6
박종근	1989.7.6~1994.6.10	손태모	2013.1.7~2014.12.31
김종성	1994.6.20~1994.12.30	배영환	2015.1.1~2015.12.31
신준철	1995.1.1~1996.1.20	최웅길	2016.1.1~2016.12.31
오소부	1996.1.20~1997.7.28	이강일	2017.1.1~2018.7.10
이계역	1997.7.28~1998.9.20	박경덕	2018.7.11~2019.6.30
정수창	1998.9.21~1999.5.2	김외호	2019.7.1~2021.6.30
김병해	1999.5.3~2001.1.9	전장표	2021.7.1~현재

미주

1 천태산은 일제강점기 때 등장한 이름으로 원래는 '천대암산'이었다. 앞으로 명칭 변경이 필요한데 그 이유는 제2부에서 자세히 서술할 것이다.

2 무월산은 원래 '무흘산'으로 1902년 이곳을 관통한 터널 명칭을 '무월산수도'로 쓰면서 정착되었다. 앞으로 명칭 변경이 필요한데 그 이유는 제2부에서 서술할 것이다.

3 선사시대부터 신라 때까지의 유적 발굴 성과는 『밀양』(국립김해박물관 특별전시 도록, 2017)에서 많은 도움을 받았다.

4 이제영(1799~1871)이 지은 「응주잡시이십수 용노두진주시운(凝州雜詩二十首用老杜秦州詩韻)」〈제14수〉(『동아집』 권1)가 왕정자를 제재로 했다.

5 한국고전종합DB에서 '박군효'로 검색하면 『조선왕조실록』에 1517년 12월 13일부터 1540년 7월 6일까지 총 33건의 기사가 검색된다. 중종대 국가 차원의 중대한 사건으로 인식되었음을 알 수 있다.

6 지명에 쓰인 '於'나 '弥'는 '미(彌)'자와 동자이고, 구결로 쓰일 때는 '며'로 읽는다.

7 「대한제국 관보」 제4722호, 1910.7.5.

8 조선총독부 부령 제14호, 「조선총독부 관보」 제175호, 1913.3.4

9 표 속의 『밀양부지』는 『경상도읍지』 「밀양」(『향토사료집』 2집, 밀양문화원 영인, 1987), 『밀양부지』는 『경상도읍지』 「밀양」(규666), 『명칭일람』은 『지방 행정구역 명칭일람』(1912), 『신구대조』는 『신구대조 조선전도 부군면리동 명칭일람』(1917)의 약칭이다.

10 『경남일보』(1910.12.29, 3면)에 게재된 1910년 전반기 경상남도 군별 호구면(戶口面) 수를 표로 보이면 아래와 같다.

	호수	인구	면수
창원군	22,439	107,817	18
진주군	18,832	90,548	50
김해군	16,323	81,835	31
밀양군	17,901	80,873	12
울산군	16,269	76,754	19
함안군	14,996	72,065	24
동래군	13,960	69,469	14
고성군	12,813	59,155	22
하동군	12,193	54,518	19
의령군	11,629	48,626	25
거창군	10,827	47,633	22
합천군	9,353	45,800	20
용남군	9,985	44,944	13
함양군	9,389	43,208	18

	호수	인구	면수
남해군	10,015	42,739	8
거제군	8,152	41,714	10
산청군	7,996	37,921	12
삼가군	8,477	37,277	20
창녕군	8,079	36,917	16
안의군	7,748	35,614	12
양산군	7,059	35,595	9
초계군	6,095	28,541	11
영산군	6,436	27,339	8
사천군	5,371	25,318	10
곤양군	5,135	25,258	10
단성군	4,747	21,649	8
언양군	4,472	20,759	6
기장군	3,999	20,054	8
울도군	907	4,959	3
합계	291,597	1,364,899	458

11 『부산일보』, 1915.4.13, 8면.

12 『매일신보』, 1923.2.19, 4면.

13 『조선중앙일보』, 1933.3.27, 4면.

14 『매일신보』, 1936.12.13, 4면.

15 조선총독부 철도국, 『조선철도선로안내』, 동경인쇄주식회사, 1911.5, 20쪽.

16 박수헌, 『밀주지』(목판본), 밀양군 향교, 1932. 이 책에서 전체 호수는 22,186호, 인구는 117,312 명으로 기재했으나 상남면·이동면·일본인의 호수와 인구를 잘못 합산했기에 고쳐서 표를 작성했다. 한편 손병현이 같은 해에 저술한 『밀주승람』(필사본)은 『밀주지』의 통계 수치 오류 까지 동일하며, 1936년 안병희가 저술하고 예림재에서 간행한 『밀주징신록』에는 전체 호수와 인구수가 『밀주지』와 같고 면별 인구 통계를 생략했다.

17 일제 때의 통계는 당시 신문 기사에 근거했고, 1959년부터 2021년까지는 『밀양군지』·『시정백 서』·『1980 부산·경남연감』(국제신문, 1980)을 활용했다. 또 밀양시 홈페이지의 '밀양통계정 보〉분야별통계〉인구·토지'에 행정구역별 세대 및 인구수(2017.6~2022.5), 인구 동태(2015.12 ~2020.12), 외국인 수(2015.12~2022.3)가 나온다. 그리고 경남도청은 '경남통계〉통계DB〉주민 등록인구'에 기초단체별 세대 및 인구와 외국인 국적 현황이 있다.

18 조선 후기까지 밀양부사는 『영남읍지』「밀양부」〈읍선생안〉(1895)과 「밀양부선생안」(『향토 사료집』 2집)을 토대로 정리했다. 누락된 부사와 임기는 『고려사』, 『고려사절요』, 『조선왕조실 록』, 개인 문집을 참고해 보완했다. 그리고 구한말 밀양군수부터 현재 밀양시장까지는 「대한 제국 관보」, 「조선총독부 관보」, 일제강점기 신문, 밀양시 발간의 『시정백서』를 참고했다.

19 역대 삼랑진읍장은 밀양시의 연도별 『시정백서』를 참고했다. 누락된 면장과 읍장은 「조선총 독부 관보」, 일제강점기 발행 신문, 개인 문집 등에서 찾아 보완했다.

제2부 고지도로 읽는 삼랑진의 장소성

제1장 밀양 고지도 속의 삼랑진

조선시대 군현 지도는 주로 지방 통치를 위해 제작한 것으로 회화식 지도가 많이 남아 있다. 관청의 주요 건물, 군사 시설, 세수 규모, 면별 위치와 거리, 산과 하천, 교통로, 역사적 사건과 결부된 장소 등을 시각화했다. 이를 시각화한 것이 한 면에 지역 정보를 다 표현할 수 없을 때는 다른 면에 주기(註記)해 보완했다. 고지도는 지역의 장소성을 탐색하는 데 매우 유용하다.

그렇다면 삼랑진 지도에는 무엇이 표현되어 있는가. 타자의 관점에서 보면 삼랑진이라 할 때 연상되는 것들이다. 삼랑진만을 그린 지도는 없으므로 밀양부 지도로 살펴봐야 한다. 대개 밀양부 고지도는 지방지도의 일부이거나 읍지에 수록되어 있다. 규장각 한국학연구원의 「해동지도(海東地圖)」·「지승(地乘)」·「여지도(輿地圖)」·「광여도(廣輿圖)」·「동여도(東輿圖)」·「대동여지도」·「대동방여지노」, 국립중앙도서관의 「고지도」·「각읍 지도」, 국립중앙박물관의 「동여(東輿)」, 장서각의 「영남도」, 영남대 박물관의 「영남지도」 등이 대표적이다.

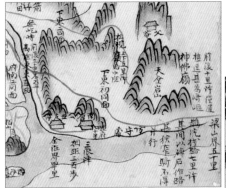

〈그림1〉「해동지도」〈밀양부〉삼랑진 부분

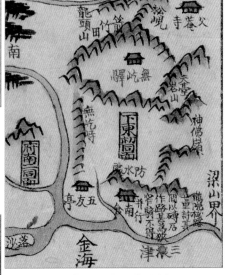

〈그림2〉「여지도」〈밀양부〉삼랑진 부분

〈그림3〉「지승」〈밀양부〉삼랑진 부분

〈그림4〉「광여도」〈밀양부〉삼랑진 부분

삼랑진의 장소성을 나타내는 주기(註記)를 보건대 천대암산, 부암사(부암), 작원잔로, 삼랑진, 오우정, 남창, 신불령이 네 지도에 모두 들어 있다. 그리고 자씨산, 송현, 만어사, 무흘치, 무흘역, 오우정, 방수처가 세 지도에 표시되었다. 또 무흘역관(원해)은 두 지도에 들어 있다. 만보산은 「여지도」에, 삼강사와 통영창은 「광여도」에만 들어 있다. 정보의 출현 횟수는 네 지도에 한정한 것이라 여기서 소개하지 않은 지도를 고려하면 그 빈도수가 달라질 수 있다. 대체로 장소성을 담고 있는 정보는 위에서 열거한 요소들이 포함된다.

밀양 고지도에 그려진 삼랑진의 장소성

우선 언급할 것은 천대암산(天臺巖山), 자씨산(慈氏山), 만어산(萬魚山), 신불령(神佛嶺)과 같은 거대한 산들과 송현(松峴), 무흘치(無訖峙) 고개라는 정보이다. 산에는 유구한 역사를 지닌 사찰이 있다. 부암사(父菴寺) 혹은 부암(父菴)은 가야 제2대 거등왕이 창건하고 원효대사가 수도한 사찰로, 광복 후 옛터보다 아래의 현 위치에 복원해 부은사(父恩寺)로 개칭했다. 가야 수로왕과의 관련성은 삼랑진의 불교 유적에 담긴 문화적 기억이 특별하다는 뜻이다. 「여지도」의 만보산(萬普山)은 송현 너머 있는 만어산의 '魚'자를 '普'자로 잘못 표기한 것이다. 참고로 「동여」(국립중앙박물관 소장)에는 자민산(慈民山)으로 오기했다.

천대암산의 작원잔로(鵲院棧路)는 밀양과 양산을 잇는 영남대로였고, 임진왜란 때 양산에서 밀양으로 진격하던 왜적을 1차 방어한 전적지가 있다. 방수처는 「해동지도」에는 '防守處'로, 「지승」과 「여지도」에는 '防水處'로 각기 다르게 표기되어 있다. 「해동지도」를 보면 방수처 글씨를 작원잔로에 나란히 붙여 썼고 「지승」과 「여지도」에서 남창과 천대암산 사이에 방수처 위치를 표시한 점을 고려할 때 '水'가 아닌 '守'자가 적절하다. 이 부분은 뒤에서 다시 서술할 것이다.

역원 시설에는 무흘역(無訖驛), 무흘역관(無訖驛館), 원해(院廨)가 있다. 무흘역관이나 원해는 고려시대 이래 무흘역을 이용하는 사람들이 숙식을 해결하던 곳이다. 『여지도서』에 표기된 무흘관(無訖館)이 관사 명칭이었던 것으로 보인다.

남창(南倉)은 백성들의 기근을 구제하기 위해 삼랑리에 환곡 보관용으로 설치한 사창(社倉)이다. 낙동강 가에 있다고 해서 강창(江倉)으로도 불렸다. 1863년경 편찬된 『대동지지』를 보면 하동면에는 남창, 하동창, 삼랑창이 있다. 삼랑창은 1765년 후조창(後漕倉)이 되면서 조창과 통용되었다. 이외에도 밀양 지역에는 읍창(邑倉), 고미면 사물리의 북창(北倉), 산외면 금곡리의 동창(東倉), 무안면 수안리의 서창(西倉)이 있었다. 또 1872년 제작된 「지방지도」〈밀양부〉에는 삼랑진 율동과 임천의 사창을 비롯해 부북 청운리, 상동 옥산리 여수동, 산내 금산리, 산외 봉촌리, 단장 도연리, 하남 대사동과 금동, 초동 서호리, 무안 수안리에 각각 사창이 그려져 있다.

삼랑진은 자의로는 삼랑리(三浪里)에 설치한 나루이다. 삼랑포(三浪浦)에서 작원포(鵲院浦)에 이르는 낙동강 줄기 전체를 아우르는 개념이다. 일찍부터 삼랑리에 건립된 오우정(五友亭)과 삼강사(三江祠)는 민씨 오형제의 우애가 전하는 곳으로 삼랑진에 특별한 장소성이 깃들어 있다.

이를 종합해보면, 밀양 고지도 속의 삼랑진은 가야와 신라의 자취에 심취할 수 있는 사찰이 있고, 고려 때부터 영남대로의 중요한 길목으로 임진왜란 때는 항쟁의 현장이었으며, 조선 후기 후조창 설치로 조운 정책에서 매우 중요했던 고장이라는 문화적 기억을 저장하고 있다.

위에서 간략히 소개한 지도 정보들을 하나씩 구체적으로 검토해보자. 지도상의 표기 오류나 지금까지 알고 있는 것과 다른 사실이 있음을 밝힘으로써 삼랑진의 장소성에 대한 깊은 이해를 공유하고자 한다.

제2장 천태산의 바른 이름 '천대암산'

양산과 경계를 이루는 삼랑진읍 안태리에는 천대암산(天臺巖山)이 있다. 흔히 천태산(天台山)이라 부르는 이 산은 가야 불교문화의 원형이 남아 있는 부은사와 낙동강을 조망할 수 있는 수려한 경치로 밀양을 대표하는 명소 중 하나가 되었다. 산 정상과 그 아래 중턱에 있는 거대한 암석은 작은 산 이상의 크기라 경이롭고, 두 산이 만들어낸 협곡에 자리를 잡은 사찰이 신비감을 자아낸다.

그렇다면 조선시대에 천태산 이름은 있었는가. 결론을 미리 말하자면 밀양 읍지나 고지도에서 전혀 쓰인 적이 없다는 사실이다. 고지도를 보면 천대암산이 유달리 강조되어 있다. 화가는 단순히 산 이름을 적는 것으로는 부족해서 별도의 천대암산의 주기(註記)를 덧붙였다. 대부분의 밀양 고지도가 영남 읍지 속에 들어 있는 만큼 단순히 와유(臥遊)를 위한 명승도 개념보다는 인문지리적 성격을 반영한 것이다. 바로 천대암산에 깊이 스며들어 있는 임진왜란의 역사 때문이다.

부 남쪽으로 떨어진 하동면(下東面) 오십 리 지점의 작원잔로(鵲院棧路). 그

위에 천대암산이 있으니 지세가 매우 험하여 산성을 설치할 만한 곳이다. 잔로에서 무너짐의 완급을 조절하다가 천대암 북쪽의 신불령에서 지켰더라면 막을수 있었을 것이라 한다[府南距下東面五十里許, 鵲院棧路. 其上有天臺巖山, 勢甚固險, 可設山城處. 而若當緩急凌夷棧路防守於天臺巖北邊神佛嶺, 則可以拒塞云云].

　인용문은 「여지도」의 별도 지면에 들어 있는 정보이다. 이와 유사한 표현이 「지승」의 별도 지면, 「해동지도」의 하단, 「경주도회」의 상단에 각각 들어있다. 배경은 밀양부사 박진(朴晉)이 왜적 방어에 실패한 1592년 작원관 전투이다. 작원잔도는 양산 쪽에서는 황산잔도라 부른다. 박진은 밀양과 양산사이의 요충지인 작원관 부근에 방어선을 구축했다. 작원은 밀양에서 동쪽으로 50리 정도 떨어진 곳으로 부산에서 양산을 통과해 서울로 진군하는왜군은 반드시 이곳을 거쳐야 했기 때문이다. 4월 17일 동래에서 달려온박진은 적군이 황산잔도에 이르렀다는 정보를 듣고 작원잔도의 좁은 길목을가로막아 방어하려 하였다.

　하지만 박진의 예측과는 달리 기회를 엿보던 고니시 유키나가(小西行長)휘하의 왜군은 작원에 군사가 있음을 보고는 뒷산 위로 우회하는 전략을

택했다. 작원에서 하루를 지체한 왜군이 이튿날 높은 산에서 조총을 쏘아대며 개미 떼처럼 붙어서 사방으로 내려오자 협곡을 지키던 아군은 이대수, 김효우 등 300여 명이 목숨을 잃었다. 이때 삼랑진의 명소와 관청이 불길에 휩싸였음은 물론이다. 결국 박진은 후퇴해 밀양강 종병탄에서 밀려오던 왜군과 싸우다 거듭 패한 뒤 읍성 안의 여러 창고에 불을 지르고 퇴각함으로써 밀양은 무인지경에 들어가듯이 적의 수중에 떨어지고 말았다.

임진왜란 이후 각별하게 주목받은 천대암산

천대암산은 작원잔도 위에 있고 산성 축조에 적합한 산세인데, 임란 때 박진이 천대암 북쪽의 신불령(神佛嶺)에서 방어했으면 왜군을 막을 수 있었을 것이라고 하는 세상의 평가를 중요한 지리 정보로 채택했다. 현재 신불암고개라 부르는 천대암산의 줄기 신불령은 전략상 매우 중요한 요충지임을 강조하고 있다. 이에 「영남지도」〈밀양부〉의 우측 주기와 「영남도」〈밀양부〉 상단 주기에서 왜적 방수처(防守處)라 표기한 것이다. 이렇게 본다면 신불령은

〈그림6〉 작원잔도가 남아 있는 노적봉 원경. 멀리 무척산과 사명산이 보인다. 물길 따라 내려가면 양산 용당에 닿는다.

낙동강 범람의 피해를 막는 뜻의 방수처(防水處)가 될 수 없다는 결론에 이른다.

천대암산 일대를 진 왜적 방어기지로 활용했어야 옳았다는 비판적 성찰은 임란 후 진작에 제기되었다. 그러한 정황은 한 세대가 지난 뒤 간송 조임도 (1585~1664)의 글에서 확인된다. 그는 1635년 3월 2일 김해 신산서원 원장으로서 춘향(春享)을 드리기 위해 남지읍 용산의 낙동강에서 배를 타고 물길을 따라 창원 본포, 양산의 용당과 황산역을 경유해 3일 김해에 도착했다. 7일 서원의 향사를 거행한 뒤 김해 지역을 답사하다가 11일 다시 배를 타고 오랑루(五郞樓)를 거쳐 수산창(秀山倉)과 영포(靈浦)에서 각각 1박을 한 뒤 13일 용산 집으로 돌아왔다.

그중 3월 3일 아침 배 안에서 임란으로 황폐화한 수산 남수정(攬秀亭)을 개탄하고, 김제남 옥사 여파를 피해 남으로 내려와 멱례 강가에 띠집을 짓고 살다 여생을 마친 이번(1575~1633)의 옛집을 구슬프게 본 뒤 삼랑진 모습을 관찰하고 서술한 대목을 인용한다.

"그(낙주재) 앞 10리쯤 거리에 삼랑정(三郞亭) 옛터가 있는데, 고깃배와 장삿배가 바위 아래에 모여 있었다. 세상에 전하는바 '삼랑정 자리에 오랑루를 지었네[三郞亭作五郞樓]'라고 한 것이 이곳이다. 영남루 아래로 흐르는 물이 그 앞에서 모인다. 삼랑정 아래로 10여 리 되는 곳에 한 가닥의 실 같은 위험한 잔도가 강을 따라 산을 두르며 양산(梁山)의 경계까지 이르는데, 작원천(鵲院遷)이라 부른다. 동래와 밀양을 왕래하는 요충지이다. 막히고 좁은 지세는 정형(井陘) 정도는 아니지만 참으로 하늘이 설치한 매우 험한 곳이다. 임진·계사년 왜적의 난리 때 끝내 막을 수 없어 적이 말을 몰아 무인지경에 들어가듯이 하게 하였으니, 사람의 계책이 좋지 못한 것이 이와 같구나. 작원 아래 10리쯤에 끊긴 산기슭이 불쑥 나와 있고, 검푸른 못이 거울처럼 펼쳐져 있다. 강 너머 북쪽을 바라보니 빈집이 우뚝한데 소위 상룡당(上龍堂)이다.

—조임도, 「유관록(遊觀錄)」, 『간송집』 권4

영남루 아래로 흐르는 밀양강과 낙동강이 합류하는 지점에 임란 때 소실된 오랑루(五郞樓)가 있고, 바위 아래에는 어업으로 생계를 유지하는 고깃배와 장삿배가 줄을 지었다고 했다. 삼랑정 옛터에 오랑루를 지었다는 말은 밀양부사 안주(1600~1650)의 오우정 시에서 유래하는데, 제5부 제2장에서 자세히 다룰 것이다. 오우정은 1695년에 중건했으니 이때에는 삼랑정도 오우정도 없었다. 삼랑정 옛터 아래로 10여 리를 지난 곳에서부터 양산 경계까지 이어지는 작원천(鵲院遷)이 천연 요충지임에도 부사의 전략 실패로 북진하는 왜적에게 밀양 땅을 손쉽게 내준 사실을 회고하고 있다. 조임도의 작원잔도 장소성 인식은 100여 년이 훨씬 지난 18세기 중엽의 밀양 고지도에 반영되었고, 내용상 진배없다.

한편 천대암산이 산성을 쌓기에 좋은 천험의 요새라 인식했음에도 조선시대 내내 성을 쌓지 않았다. 논의가 없었던 것은 아니다. 『순조실록』 1811년 3월 30일자 기사를 보면, 비변사의 산성 축조 건의를 받은 선조는 종전부터 작원에 산성을 하자는 논의가 있었지만 근래 준공한 동래 금정산성의 운영 제도를 완결짓지 못해 뒤로 미루는 것이 좋겠다고 회답했다. 이렇듯 순조의 진전된 산성 설치 계획이 있었지만 결국 불발에 거쳤다.

천태산은 천대암산으로 바꿔야 한다

천대암산은 앞서 살펴본 바대로 밀양 고지도에 거의 필수적으로 정보 요소로 나타나고, 구한말에 나온 영남 읍지에도 반영되었다. 때로는 「고지도」〈밀양〉(국립중앙박물관 소장)처럼 '巖'자를 생략한 '천대산(天臺山)'으로 표기했고, 대한제국 관보에서도 '천대산'이라 썼다. 또 「동여도」, 「대동여지도」, 「대동방여지도」의 밀양부 지도에 있듯이 '臺'의 고자인 '㙜'자를 취하기도 했다. 이처럼 근대 이전까지 삼랑진 땅에는 천대암산만이 존재했을 뿐이다.

그런데 천대암산의 이름이 언젠가 '천태산(天台山)'으로 바뀌어 보편적으로 쓰이고 있다. 다름 아니라 일본인은 자기네 언어관습대로 '臺'자를 약자인 '台'자로 쓰고, 본자든 약자든 둘 다 통상 '다이(タイ)'로 발음한다. 우리 자전을 보면, '台'는 쓰임에 따라 '이/태/대' 세 가지 한자음이 있다. '이'는 전문 고전학자가 아니라면 알 수 없는 발음이고, '臺'의 약자로 쓰일 때만 '대'이다. 또 용례의 대다수를 차지하는 '태'는 별 이름, 삼공의 자리나 남의 높임말로 쓰일 때로 한정된다. 곧 '台'가 지명에 쓰인 '臺'의 약자인 줄을 알면 '대'로 읽을 터이나 그 유래를 모르면 '태'로 읽기 십상이다. 더구나 1990년 호적법 개정으로 대법원에서 '台'가 인명용일 경우 한자음을 '태'로 지정함으로써 '대'로 읽을 가능성이 더욱 희박해졌다. 그리하여 일제강점기 때 나온 문헌들과 『밀주지』, 『밀주승람』, 『밀주징신록』에 등재된 '天台山'이 천태산으로 현재까지 널리 쓰이고 있다.

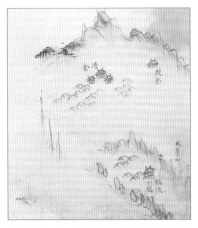

〈그림7〉 「고지도」 〈밀양〉(국립중앙도서관 소장)에 표기된 '天臺山'

口2 【台】 ⑤ ❶나 이 囡 yí
❷별 이름 태 灰 tái
❸늙을 대 灰 sì

소전 초서 參考 ①중국에서는 臺(1470)·颱(2025)의 간체자(簡體字)로 쓰고 있다. ②대법원 지정 인명용 한자의 음은 '태'이다.

字解 ❶①나. ≒予. 〔書經〕 祗台德先. ②기뻐하다. =怡. 〔史記〕 諸呂不台. ③기르다, 양육하다. ≒頤. ④잃다, 잃어버리다. ≒駘. ⑤두려워하다. ⑥주다, 베풀다. ≒遺. ⑦어찌. ≒何. ⑧성(姓). ❷①별 이름. 삼공(三公)의 자리나 남의 높임말로 쓰인다. 〔後漢書〕 推𦐇台衡. ②땅 이름. 〔春秋左氏傳〕 莒人伐我東鄙, 圍台. ③성(姓). ❸①늙다, 늙은이. ≒鮐. 〔詩經〕 黃耇台背. ②잇다, 계승하다. ≒嗣. 〔後漢書〕 有于德不台淵穆之讓.

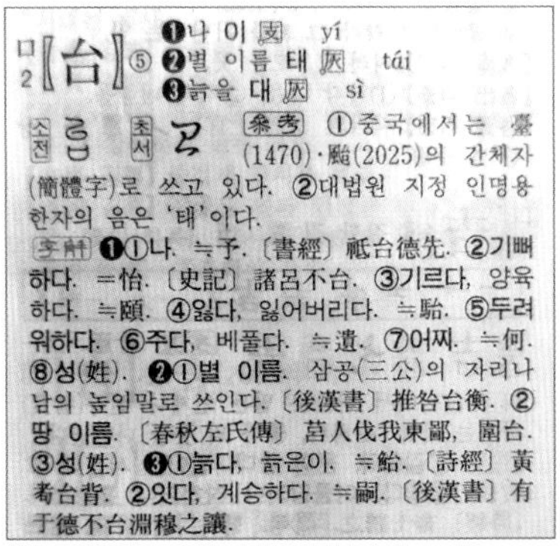

〈그림8〉 『동아 백년옥편』, 두산동아, 2009, 267쪽.

천태산은 역사성이 없고, 천대암산은 임란과 결부되어 고지도에 빠짐없이 등장하는 명칭이다. 이름과 실제가 맞지 않으면 고쳐야 한다. 하늘을 떠받치는 누대가 육중한 바위이다. 하늘로 통하는 첫 계단인 암산(巖山)에 의지해 각고 정진할 때 해탈 세계에 닿을 수 있다는 희망을 품게 한다. 그런 산이 천대암산이다.

늦었지만 우리가 주체적으로 쓴 천대암산이나 천대산으로 바꿔야 한다.

<그림9> 1901년 11월 17일에 찍은 작원관과 작원잔도의 모습. 먼 산은 삿갓봉, 우측은 시루봉이다. 앞쪽 강가에 돌출한 바위가 원추암(員墜巖)으로 보인다. 고토 분지로 지음, 손일 옮김, 『조선기행록』, 푸른길, 2010, 327쪽.

쓰지 않을 이유가 없다. 아울러 안태호 상단에 있되 행정구역상 양산 원동에 속하는 천태호도 마찬가지로 '천대호'가 되어야 할 것이다. 또 산 너머에는 원효대사를 비롯한 많은 고승들이 머물렀다는 천태사가 있다. 사찰 명칭이 천대암산이 아닌 중국 절강성 천태산에서 유래한 것이라면 소재지를 천대암 산의 천태사로 지칭해야 합당하다.

작원잔도는 조선시대 영남대로에 속하는 소로였다. 이 잔도를 걷거나 말을 타고 왕래하던 사람들이 이용한 시설이 작원(鵲院)이었다. 작원의 과거와 현재를 따라가 보기로 한다.

제3장 영남대로를 밀어낸 경부선철도와 작원관의 운명

관청의 공문 전달, 변방의 긴급한 군사 정보 공유, 사신의 영송과 접대, 공공물자의 운송 등은 지방행정의 중요한 영역이었다. 이러한 임무에 종사한 사람들에게 숙식이나 휴식의 편의를 제공한 건물이 역원(驛院)이다. 물론 과거 응시생이나 보부상이나 나그네도 이용했다. 지방에 출장 간 관리는 마패를 받아 그 동판에 새겨져 있는 역마의 수효만큼 말을 징발할 수 있었다.

1652년 당시 밀양에는 작원, 신원, 북정원, 요제원, 남정원, 금곡원, 다원, 무량원, 입량적원(마산원), 해양원, 성덕원 등의 11개 역원이 있었다. 역원은 17세기 이후 관에서 설치한 주점(酒店)과 민간 경영의 점막(店幕) 성행으로 쇠퇴했다. 특히 임란 직후인 1597년 관찰사나 병마사가 관리하는 파발참(擺撥站)이 설치되어 기존 역원의 기능을 점차 흡수한 배경도 크게 작용했다. 조선 중기에는 역원에서

〈그림10〉『신증동국여지승람』『밀양도호부』의 작원(鵲院)

여행자들에게 땔감과 물만을 제공한 반면에, 주막은 소정의 대금을 받고 길손들에게 숙식을 제공했다. 그리하여 차츰 역원이 자취를 감추게 되었다.[1]

이를 반영하듯 18세기 중엽의 『여지도서』·『밀양읍지』·『밀양부읍지』의 〈역원〉조를 보면, 작원(鵲院)은 다른 역원들과 함께 폐지되어 지명만 전해진다고 기록되어 있다. 1871년 저술된 「황산역지」에는 역원 항목이 아예 빠져 있다. 말하자면 적어도 18세기 초반에 역원으로서는 작원은 없고 작원마을과 작원잔도만 존재했다. 다만 「동여도」에 작천(鵲遷)과 함께 표기된 작원은 작원관 문루의 약칭으로 쓴 듯하다.

영남대로의 핵심 육로교통은 작원잔도

작원은 영남대로 중 밀양과 양산 사이의 검세리에 소재한다. 육로로 밀양에서 동래로 가거나 양산에서 밀양으로 갈 때 반드시 이용할 수밖에 없는 것이 작원의 잔도였다. 작원이 밀양의 여느 역원과 별반 다르지 않았으나 그곳의 지리적 특성으로 일찍부터 주목받게 된 것이다. 『신증동국여지승람』에서 작원잔도에 대해 다음과 같이 기술하고 있다.

원으로부터 남으로 5~6리 가면 낭떠러지를 따라 잔도(棧道)가 있어 매우 위험하다. 그 한 구비는 돌을 깨고 길을 만들었으므로 내려다보면 천 길 연못으로 물빛이 짙은 푸른 빛이라, 사람들이 모두 마음을 졸이고 두려운 걸음으로 지나간다. 예전에 한 수령이 떨어져서 물에 빠진 까닭에 지금까지 원추암(員墜巖)이라고 부른다. [自院南行五六里, 沿崖棧道甚危險. 其一曲鑿石開路, 俯視千丈之淵, 水色深碧, 人皆兢魂, 疊足而過. 昔有一守令墜而溺, 故至今號員墜巖.]

영남대로는 서울에서 양산을 거쳐 부산 동래에 이르는 도로인데, 밀양 구간은 청도 유천을 따라 내려와 밀양 읍성과 남포리 이창(耳倉)을 거친 다음 삼랑진 무흘현(無訖峴)을 지나 양산 내포에 이르는 길이다. 이해를 돕기 위해 노정을 더 세분화해보면, 유천 관마을 → 옥산리 → 외여수 → 상동터널 → 빈지소 → 포평 → 구곡 → 신안 → 매일마을 → 제사고개 → 송정 → 용가역 → 남정원 → 남문 → 삼문동 → 가곡동 → 이창원 → 박근내연 → 시목포 → 무흘고개 → 무흘역 → 처자교 → 작원잔도 → 양산이다.[2] 이 중 작원잔도는 삼랑진 작원마을과 노적봉(일명 삼랑진 시루봉) 사이의 강가 절벽에 난 벼랑 길을 통칭한다.

영남대로를 이용하기 위해서는 길이 없는 길을 내어야 했다. 낙동강 위의 천 길 낭떠러지의 바위를 파서 만든 길이 잔도이고, 사람들은 말 한 마리가 겨우 다닐 수 있는 그 길을 조심조심 걸어도 행여 밑으로 떨어지지 않을까 두려워했다. 한 수령이 물에 빠진 고사는 실감(實感)을 배가한다. 이러한 극단의 위험을 감수하는 것은 작원잔도가 지름길이었기 때문이다. 예나 지금이나 배를 타려면 상당한 경비가 들고, 또 정해진 시간에 맞춰야 하는 불편함이 뒤따르기 마련이다.

18세기 중엽에 제작된 「해동지도」, 「지승」, 「여지도」를 보면 작원잔도와 함께 "그 사이에 벽돌로 길을 만들었으므로 매우 좁아 말과 함께 다닐 수 없다(其間以磚石作路 甚爲狹窄狹, 騎不得幷行)."라는 주기를 적었다. 그중에서 벽돌을 뜻하는 '전석(磚石)' 두 글자에 눈길이 간다. 『신증동국여지승람』의 착석(鑿石)처럼 돌을 깨어 길을 만들고, 때로는 흙과 돌이 밑으로 흘러내리지 않도록 반반한 자연석을 단단히 포개어 쌓았다. 상상 이상의 노력과 위험을 감수하고서 만든 길이 작원잔도이다. 현재 일부 남아 있는 자취를 통해 옛길을 짐작할 수 있다.

작원잔도는 좁으면 넓혀야 하고 무너지면 고쳐야 한다. 또 뽀족한 곳은 평탄하게 하고 위험한 곳은 안전하게 해야 한다. 우환을 없애려면 잔도를 수시로 관리해야 한다. 무안 내진리 출신의 죽파 이이정(1619~1679)이 지은 「작원잔도수치보권문(鵲院棧道修治普勸文)」(『죽파집』 권3)에 저간의 사정이 어

〈그림11〉 작원잔도 잔존 구간. 납작한 돌이 받침돌 위에 층층이 쌓여 있다.

느 정도 확인된다. 그는 임진왜란 후 향교를 중건하고 점필재서원을 예림의 현 위치로 옮겨 세우는 사업을 주도한 인물이다. 승려인 사응(思應)이 고을 사람들과 논의해 통행을 막는 산 같은 바윗덩어리를 뽑거나 망치를 두드려 길을 넓히고자 하는데 인력과 물자가 매우 부족하다는 것이다. 한 승려의 자비심에서 시작된 작원잔도를 보수하는 일에 불교계나 향촌사회가 두루 동참하기를 권유하고 있다.

승려의 자발적 의지를 부각하고 있으나 밀양부사 지시를 받고 움직인 정황은 황산잔도 개수 사실에서 엿볼 수 있다. 『양산군지』에 보면 1694년 양산군수 권성구(權聖矩)가 승려 탄해(坦海)와 별시 김효의를 시켜 재원을 모았다고 했다. 또 1736년에는 양산군수 임진하(任震夏)가 승려 학능(學能)에게 명하여 재원을 마련하게 했고, 이를 기반으로 4년 뒤인 1739년 양산군수 박규환(朴奎煥)이 밀양부사 임수적(1671~1744)과 협력해 직업 없이 놀고 있는 자들을 고용해 황산·작원 두 잔도를 보강했다. 잔도 이름은 둘이나 하나로 이어진 길이라 두 수령이 함께 나선 것이다.

이로써 보건대 작원잔도를 보수할 때면 밀양부사는 권선문을 지어 반포하고 승려가 주관자가 되어 경비를 모금한 뒤 험난한 역사에 동참할 수

있는 인력을 확보해 진행했음을 유추할 수 있다. 이런 과정을 거쳐 조성된
작원잔도는 부분적으로 남아 1983년 7월 경상남도 문화재자료 제73호로
지정되었다.

작원잔도의 또 다른 이름은 작천(鵲遷)

작원잔도를 이용하기 위해서는 2개 다리를 건너야 했다. 1642(인조20)년
검세리에 가설한 작원대교(鵲院大橋)와 1690(숙종16)년 나무다리에서 돌다리
로 바꾼 작원진석교이다. 전자는 『신증동국여지승람』에서 작원 앞에 있다고
한 사포교(四浦橋)로, 이 다리 설치와 관련한 애틋한 설화는 구비문학 분야에
서 다룰 것이다. 현재 작원관 비각에 두 교량의 연혁을 새긴 비석이 보존되고
있다.

한편 조선시대는 조임도의 기행문에서 보았듯이 잔도를 지칭할 때 벼랑
뜻이 있는 천(遷)자를 빈번히 썼다. 김창협(1651~1708)은 「동유기」에서 천에
잔도 의미를 부여한 것은 우리나라의 고유 용법이라 했다. 아울러 고지도나
그림에 천(遷)의 속자 '迁'을 두루 썼으니,
「대동여지도」·「대동방여전도」·「동여도」
에서 작원잔도를 작천(鵲迁), 황산잔도를
황산천(黃山迁)이라 표기했다. 따라서 '작
천잔도'라는 말은 성립할 수 없다.

잔도는 정겨운 우리말 이칭도 있다. 문
경시 마성면의 관갑천(串岬遷)은 일명 토
끼비리라 부른다.[3] 이 잔도는 작원잔도,
황산잔도와 더불어 영남대로의 3대 잔도
에 속한다. 유래는 『신증동국여지승람』에
나오는데, 고려 태조가 남하해 이곳에 이

〈그림12〉〈웅천〉(용인대학교박물관 소장). 그림 속의
'迁'은 벼랑길을 뜻한다.

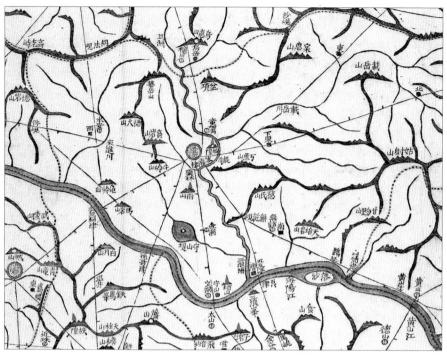

〈그림13〉 작천(鵲遷), 황산천(黃山遷)이 표기된 「대동여지도」

르렀을 때 토끼가 벼랑을 따라 달아나면서 길을 열어주어 갈 수 있었으므로 토천(兔遷)이라 불렀다고 한다. 낙하생 이학규(1770~1835)는 특이하게도 작원잔도를 토천(兔遷)이라 했다.[4] 또 창녕 남지 개비리길에서 보듯이 '비리'는 천(遷)과 상응한다. 진주 남강의 '뒷벼리'도 절벽을 뜻하고, 그 지역에서는 대개 '뒷베리'라 발음한다. 이처럼 벼랑은 지역에 따라 발음이 다양하게 존재한다. 한편 울산 반구대에서 암각화 유적으로 가다 보면 1655년 절벽에 새긴 음각 한문을 만나게 된다. 일명 연로개수기(硯路改修記)이다. 당시 언양 사람들이 어떻게 발음했는지는 알 수 없으나, 말하자면 석공은 '비리'를 '벼루'의 변음으로 생각해 '硯路'라 표현한 것이다. 그러다 보니 원래 뜻에서 상당히 멀어졌다.

경부선철도에 밀려난 천혜의 요새 작원관

험준한 작원잔도는 왜적의 침입을
막는 첩첩 관문을 설치하는 요로로 적
합했다. 고려시대 왜적의 침입을 방어
하던 요새에 설치한 관문이 작원관(鵲
院關)이다. 건립 시기를 자세히 알 만한
문헌은 없으나 제2부 제3장에서 상세
히 다루겠지만 안숙(1572~1624)의 작원
시에 박진이 왜군과 맞서 싸운 장소로
관문이 나온다. 다만 『선조실록』에 잔
도(棧道) 혹은 잔교(棧橋)만 언급했다.
1610년대 전후에 작원관을 복구할 때[5]
원문(院門) 명칭은 남녘을 막는다는 뜻
에서 '한남문(捍南門)'이라 정하고, 문루
는 구름 끝에 아득히 있는 미인 곧 임금

〈그림14〉 철도 개설 이전의 최초 작원관.
https://www.bing.com/images

〈그림15〉 최초 작원관의 자리. 현재 작원잔도 잔존구간이
있고, 오른쪽 위는 작원관터널이다.

을 떠받든다는 뜻을 담아 '공운루(拱雲樓)'라 지었다.

1881년 신사유람단 일원으로 일본을 다녀온 이헌영(1837~1907)은 그해
윤7월 27일 양산에서 밀양으로 가던 낙동강 선상에서 작원 관문의 편액
한남문(捍南門)을 보았다고 했다. 원래는 작원잔도로 가려고 했으나 그날
아침부터 내린 비로 빗물이 불어 짐을 실은 말만 산길로 가게 하고 일행은
물금에서 배를 타고 가서 삼랑포에서 다시 합류했다.[6] 또 1899년에 편찬된
『밀양군읍지』(규장각 소장)에서는 작원관을 '한남관(捍南關)'으로 적었다.

이렇듯 작원관은 조선조 끝자락까지 존재하다가 경부선 철도 부설로 굴곡
진 운명을 맞는다. 한국 정부의 허가를 받은 일본철도회사는 1902년 8월
초순에 구포–삼랑진 구간을 착공해 12월 준공했다.[7] 또 밀양–성현 구간은

다음 해 4월 기공하고 1904년 4월에 준공했다. 그중 양산 원동과 검세리 작원마을 사이, 즉 시루봉 속을 통과하는 터널을 4개월 만에 뚫어 작원관수도(鵲院關隧道)라 명명했다. 그들이 '속성시대'라 부를 만큼 공사는 속도전을 방불케 해 밀양의 옛 영남대로가 순식간에 근대 철도에 밀려나고 말았다.

〈그림16〉 철길이 깔린 작원관터널.
『조선철도선로안내』(1911), 15쪽.

문제는 기차가 작원관터널을 빠져나와 작원마을로 가는 강가 잔도(〈그림9〉참조)에 작원관이 있었다는 점이다. 굴을 더 뚫지 않고 철길을 놓자면 작원관을 없애거나 이전하는 방법밖에 없었다. 갈림길에 처한 작원관은 결국 약 300m 위쪽으로 옮겼는바, 삼랑진역 기준으로 3.2km 거리에 있다. 해당 구간의 굴을 관통한 뒤 1903년 11월에 철로를 모두 깔았으니, 작원관 이전 시점은 당연히 그 이전이 될 터이다.

〈그림17〉 작원관 이전 후의 모습.
『조선철도선로안내』(1911), 20쪽.

이설 후 1911년에 촬영된 작원관(〈그림17〉)을 예전의 건축 구조(〈그림14〉)와 비교해보면, 팔작지붕과 정면 네 칸 문루와 네모난 원문의 형태는 변함이 없다. 반면에 문루 기단은 자연석이 아닌 시멘트 석재를 축조했다. 옹벽 위에는 잘 정비된 철길이 나 있고, 전신주도

〈그림18〉 『부산압록강간 사집첩』(1910년대)에 실린 작원관. 이 사진은 『한국철도선로안내』(1908) 화보의 사진과 동일하다.

中 行 進 車 列 關 院 鵲
A Train passing the Vicinity of Famous Kachi-w)n-Koan along the Nak-tong River.

〈그림19〉 「일한합병기념 대일본제국조선사진첩」(1910.9)에 실린 작원관. 증기를 뿜으며 달리는 기차 뒤로 작원관터널이 보인다. 강가를 걸어가는 차림새로 보아 겨울이다.

보인다. 또 철로를 확보하느라 기단 위치를 예전(〈그림14〉)에 비해 낮게 잡음으로써 여름철 집중 호우에 취약한 형태를 보인다. 게다가 그보다 3년 전에 찍은 사진(〈그림18〉)은 산비탈의 돌무더기가 금방이라도 철로를 쏟아져 내릴 듯하고, 작원관은 기차 진동의 영향을 많이 받을 것 같은 느낌이다.

작원관이 엄청난 홍수로 흔적 없이 사라지다

그런데 새 둥지를 튼 작원관의 문루가 붕괴되는 사태가 벌어졌다. 『매일신보』 1917년 7월 8일자 기사에는 임진왜란 전적지로 300여 년을 버텨온 작원관이 6일 아침에 붕괴해 애석하다고 했다. 그 원인에 대해서는 일언반구도 없이 그냥 "별안간" 일어난 일로 보았다. 이에 비해 『부산일보』는 7월 10일과 11일 연속의 짤막한 기사로 작원관이 5일 오후 12시경에 갑작스러운 호우로 무너졌다는 소식을 전하고 있다.

鵲院關의崩壞
六일아참에
작원관의문루ᄂᆞᆫ 건축ᄒᆞᆫ지 삼ᄇᆡᆨ여년
을 경과ᄒᆞ야임의부패되얏더니 六일
아참에 별안간붕괴되얏더라 이작원
관이괴홈은 삼랑진역동방오리되에
잇스며 원리외뎍을방어홀 목뎍으로
리됴즁엽에 건축ᄒᆞᆫ자이라 임진역뎍
에도 왜장소셔힝장과 격젼ᄒᆞᆫ역사가
잇ᄂᆞᆫ곳이라 력사상유명ᄒᆞᆫ 건축물이
붕괴됨은가셕ᄒᆞᆫ일이라ᄒᆞ겟더라

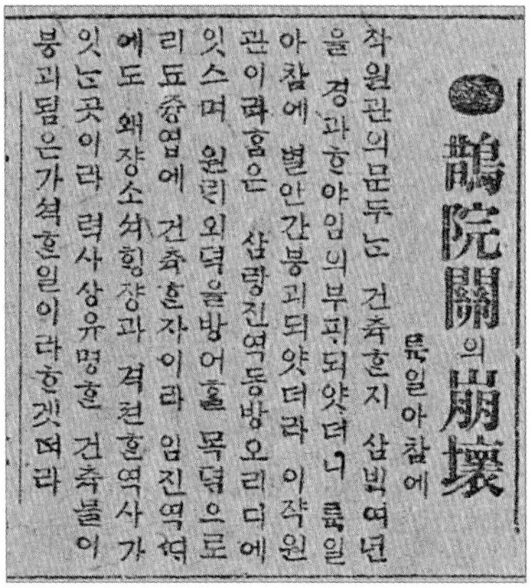

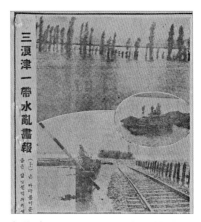

〈그림20〉 1917년 7월 6일 작원관 붕괴를 애석해하는 기사. 『매일신보』 1917.7.8.

작원관 문루의 복원 시점은 알 수 없지만 1936년 7~8월 두 달 동안 전국을 강타한 대홍수를 비켜 가지 못했다. 『동아일보』 8월 15일자 기사에서는 낙동강 범람으로 확장 공사 중이던 검세리 제방이 무너져 농작물 전멸, 인가 350호 침수, 피난민 250명 산속 대피 등의 극심한 피해를 전하고 있다. 또 16일 기사에서는 전신주 유실로 삼랑진 시가지가 암흑천지로 변했다고 했으며, 18일에서는 낙동강 유역에서도 수해의 중심지가 삼랑진이라고 했다. 검세리 제방이 터질 정도 급격히 불어난 강물에 작원관은 건물 전체가 휩쓸려 떠내려가 빈터로 남았다.

〈그림21〉 바다를 이룬 침수상태, 침수 가옥, 침수된 마산선 철도 선로라는 사진 설명이 있다. 참고로 마산선 기점이 2010년 철거된 낙동강역이다. 『매일신보』 1936.8.16.

이후 경부선 철도를 복선화하면서 옛 한남문 자리에 '작원관원문기지(鵲院關院門基址)' 석비를 세워 사라진 기억을 보존했는데, 비석 측면에 1939년 10월이라는 건립 시기를 새겨넣었다. 그들은 비석에 인색하게도 작원관 원문이 있던 자리라는 뜻의 일곱 자만 밋밋하게 새겼을 뿐이다. 현재 작원관 비각 안의 작원대교비와 작원진 사이에 있다.

한편 1971년 밀양의 한 주민이 땅속에 묻혀 있던 작원관 현판을 발견했다. '원(院)'자가 결실되어 작(鵲)과 관(關) 두 자만 남아 있고, 전체 크기는 107.0× 66.5㎝이다. 예전부터 한남문이 문루에 걸렸던 만큼 내벽 편액으

〈그림22〉 작원관 내벽에 걸렸던 '작○관' 편액. 현재 밀양시립박물관에 상설 전시되고 있다.

로 짐작된다. 현판 좌측에 "을해 맹추(8월) 경상도관찰사"라는 간기와 낙관이 새겨져 있다. 을해년은 작원관이 건립된 후인 1635년, 1695년, 1755년, 1815년, 1875년 중의 하나일 것이다.

낙관 글씨는 유력한 정보이겠으나 서체가 특이해 알아보기 힘들다. 다만 현판 상태나 여러 정황을 감안하면 제작 시기는 19세기로 추정되고, 2주갑에 해당하는 관찰사를 확인하면 되겠다. 이천보의 손자 이존수(1772~1829)는 1814.6~1816년, 박제인(1818~1884)은 1875.6~1878년간 재임했다. 이 중 관찰사 이존수(李存秀)가 유력한데 작원관과 홍수의 연관성 때문이다. 이존수가 1815(순조15)년 8월 19일 올린 장계를 살펴보면, 그는 대구감영에 부임하자마자 7월 24~25일 이틀간의 홍수로 함안 등 여러 고을에서 무너지고 떠내려간 민가가 2,019호이며, 물에 빠져 죽거나 깔려 죽은 자가 570명이라고 했다. 순조가 홍수로 사망한 자에 대해서는 신포와 환포를 모두 탕감해주라는 조치를 내렸다. 삼랑진의 극심한 피해로 작원관은 당연히 주목을 받았을 것이고, 그런 연유로 작원관 현판 글씨를 써서 주민들의 심기일전을 당부했으리라 추정된다.

주민의 노력으로 1990년대 작원관 복원을 시동 걸다

광복 전후로 삼랑진면장을 지내면서 주민들에게 신망을 얻었던 송만술(宋萬述)은 1980년대 초반 지역 인사들과 함께 작원관 터를 보존하는 데 앞장섰다. 그리하여 1983년 경상남도 문화재자료 제73호로 지정되었고, 삼랑진읍민 일동 이름으로 세운 작원관 복원 기념비가 작원관 비각 앞에 있다. 한편 송만술이 1969년에 작사한 송원 동민의 노래비가 2004년 마을회관 앞에 건립되었다.

〈그림23〉 송만술 면장

1990년대 접어들어 작원마을을 중심으로 작원관 복원 움직임이 일어났다. 그러려면 새로운 부지가 필요했다. 작원관지보존위원회 결성되자 주민 25명은 적극적으로 동조해 토지를 내놓았다. 밀양시는 그 토지에 작원관 성역화 사업을 추진해 1995년 작원마을 초입에 작원관을 복원하면서 옛터에 있던 「작원대교비」, 「작원진석교비」, 「작원관원문기지비」를 한 곳으로 옮기고 보호 비각도 건립했다. 1902년경부터 있던 장소에서 약 800m 떨어진

〈그림24〉 작원관 비각(좌), 작원관위령탑(중), 작원관(우)

거리이다. 작원관이 낙동강 대홍수로 유실된 뒤 60년째 되던 해였다.

또 2001년 작원관 위쪽의 높은 언덕을 평탄하게 만든 뒤 작원관위령탑(鵲院關慰靈塔)을 세우고 기단 좌우에 초동면 봉황 출신인 박병련 교수의 비문과 작원관 설명문을 새긴 돌을 부착했다. 그리고 작원관지보존위원회는 2014년 5월 성역화 기틀을 처음 마련한 주민들의 뜻을 기리는 송덕비를 작원관 문루 입구에 세웠다.

호국영령들에 대한 위령제는 매년 음력 4월 18일에 봉행한다. 1994년 삼랑진읍 연합청년회인 양지회에서 첫 공식 봉행의식을 주관했고, 작원관을 복원하고 1996년부터는 작원관보존위원회가 맡아 2022년 5월 18일 '제29회 작원관 위령제'를 거행했다.

제4장 강봉휴 찰방비가 알려주는 경상도 역제의 변화

역제(驛制)는 고려 때 기초를 마련하고 조선에서 발전시킨 교통 운영체계이다. 이와 관련해 삼랑진읍 미전리 대신경로당 앞에 오래된 비석 하나가 있다. 마모된 비문을 자세히 살펴보면, '行察訪姜鳳休善政碑'라 음각된 글씨가 확인된다.

미전리의 전신인 무흘리는 무흘역(無訖驛)이 위치한 데서 이름이 여유한다. 산외면 죽원 출신의 청천 신유한(1681~1752)은 조선통신사 제술관으로 일본에 다녀와 『해유록』(1720)을 남겼는데, 1719년 5월 12일 양산으로 떠나기 전에 점심을 먹은 곳이 바로 무흘역이다.

〈그림25〉 미전리 대신마을의 강봉휴 찰방비
(1738)

강봉휴 찰방비가 미전리에 있는 까닭

이 비석은 현재 밀양에 남아 있는 유일한 찰방비이다. 원래는 무흘역 티 주변에 여러 기의 찰방비가 있었으나 1970년대 새마을사업으로 이리저리 흩어졌고, 또 대규모 농공단지 조성으로 지형이 대폭 변경된 탓에 발굴은 엄두조차 하기 어렵다. 자칫 사라질 뻔했던 이 찰방비가 주민들의 안목으로 그나마 존치되어 무흘역의 옛 역사를 가까스로 증언하고 있다.

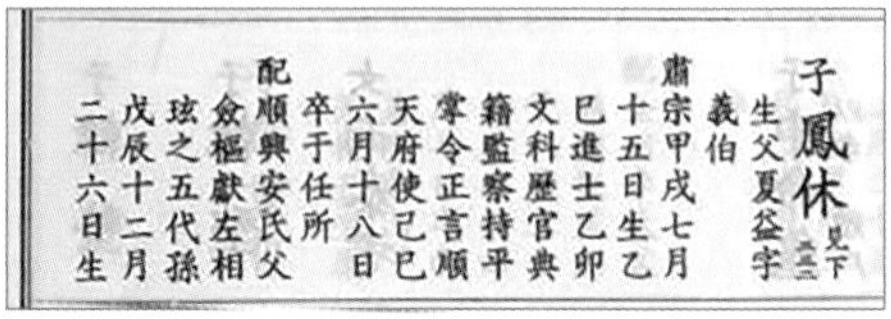

강봉휴(1694~1749)는 본관이 금 천이고 강감찬(姜邯贊) 장군의 20세 손이다. 1735년 문과 급제해 중앙 요직을 두루 역임하고 순천부사 재 직 중 임소에서 졸했다. 그는 황해도

〈그림26〉 「금천강씨족보」(회상사, 1988)의 강봉휴

해주에 거주하며 1725년 진사시에 합격한 그는 2년 뒤 소두(疏頭)로서 유생들 과 함께 영조에게 수양산 기슭의 청성묘(清聖廟)에 내걸 편액을 청하는 상소를 올려 '백세청풍(百世清 風)'의 어필을 받아 묘비(廟碑)를 세웠다. 이 사실은 『영조실록』에 비중 있게 실려 있고, 이후 해주의 명 소로 인식되었으니 고전소설 『조생원전』에도 나온 다.[8] 강봉휴가 1736년 6월 1일 황산도 찰방에 제수 된 뒤 달을 넘겨 부임한 사실은 『영조실록』에 나오 며, 1738년까지 재직한 것으로 1871년 편찬된 『영남 읍지』 「황산역지」 〈선생안〉에 등재되어 있다.

강봉휴 찰방비가 삼랑진읍에 있는 까닭은 과거 무흘역이 미전리에 소재했기 때문이다. 그런데 경 신(1740)년 9월에 건립된 그의 선정비가 양산향교 비석군에 하나 더 있다. 그가 부임할 당시 역참 편제

〈그림27〉 양산향교의 강봉휴 찰방비

상 밀양이 성현도(省峴道)에, 양산이 황산도(黃山道)에 편성되어 있었다면, 이치상 강봉휴는 무흘역을 관장할 수 없었다. 의문을 풀기 위해서는 밀양의 역도 변천사를 짚어봐야 한다.

성현도 관할의 밀양 5개 속역

밀양은 양산과 더불어 고려 현종 때(1009~1031) 설치된 금주도(金州道) 31개 역에 속했다. 밀성(밀양)이 관할한 속역은 용가(用家), 무을이(無乙伊), 영안(永安) 3개였다. 양산은 양주, 항산, 원포, 위천의 네 역을 거느렸다. 일각에서 고려시대 역명을 '무을이'가 아닌 '무월이'로 표기하는 예가 있으나 사실과 다르다. 무월이는 경부선 철도 개통 이후에 등장하는 이름이다.

그러다가 1423(세종5)년에 경상도 역로가 분화되어 밀양은 성현역을 중심으로 한 성현도에, 양산은 황산역을 중심으로 한 황산도에 포함되었다.[9] 성현도에는 청도, 창녕, 현풍, 대구, 성주 등지의 소로에 설치한 11개 역이 있었다. 이 중 밀양은 1425년의 『경상도지리지』 「밀양도호부」에 나오는 것처럼 5개 속역이 있었다. 즉 고려 때부터 있던 용가역(龍駕驛), 무흘역(無屹驛), 수안역(水安驛)과 당시 신설한 수산현의 이동음신역(伊冬音新驛)[10]과 풍각현의 신역(역명 미기재)이다. 그 뒤 1454(단종2)년에 편찬된 『세종실록』 「지리시」를 보면, 성현도 14개 역 중 밀양 속역은 수산현에 증설한 수산신역(守山新驛)을 포함해 총 6개 역이 되었다. 또 같은 책 〈밀양도호부〉조에서는 6개 역을 들면서 용가(龍駕)는 옛 용가(用家)이고, 무흘(無屹)은 옛 무걸이(無乞伊)며, 수안(水安)은 옛 영안(永安)이라 했다. 이처럼 역명 유래를 부기하면서도 무흘역의 한자는 별다른 언급 없이 무흘(無訖)로 표기했다.

『세종실록』의 무흘역 이름 '무걸이(無乞伊)'는 어떻게 생겨난 것인가. 세종대에 역로를 정비하면서 고려 때의 무을이역을 무흘역으로 개칭한 것은 분명한 사실이다. 이보다 앞서 나온『경
상도지리지』에 이미 무흘역이 쓰였다
는 점에 비추어본다면, 무걸이는 전사
하는 과정에서 흘(訖) 혹은 흘(屹)을 걸
(乞)로 잘못 표기한 것이라는 추론이 성
립된다. 아울러 전자판『세종실록』번
역본의 '무흘이역'과 '동음신역'은 무흘

〈그림28〉『세종실록』「지리지」〈경상도〉조의 무흘역과 이동음역 부분

역과 이동음신역의 띄어읽기 착오에서 비롯된 것임을 유의할 필요가 있다.
역사적으로 삼랑진에는 '무흘이역'은 없었다.

1462(세조8)년 성현도의 속역은 19개이다. 그중 밀양 관내의 속역은 용가
역, 무흘역(無訖驛)[11], 수안역, 기존의 수산신역을 개칭한 양동역(良洞驛), 이
동음신역을 개칭한 금동역(金洞驛)[12], 풍각신역을 개칭한 유산역(幽山驛) 6개
였다.

또 17세기 후반 풍각현의 대구부 이속으로 각북의 유산역이 밀양 속역에
서 제외됨으로써 성현도의 밀양은 용가, 무흘, 금동, 수안의 5개 속역을 관할
했다.

황산도는『세종실록』「지리지」에 13개 속역이 나오나 1462년 무렵에 2개
역이 줄어 황산역, 윤산역, 위천역, 소산역, 휴산역, 굴화역 등 울산과 양산과
동래의 11개 역을 관할하도록 했다.[13]

그러면 밀양 속역의 규모는 어떠했는가. 1760년경 편찬된『여지도서』에
따르면 무흘역은 역리(驛吏) 363명, 역노(驛奴) 13명과 역마(驛馬) 8필이 배속되
어 있었다. 그리고 용가역은 역리 104명·역노 14명·역마 8필, 금동역은 역리
245명·역노 13명·역마 11필, 양동역은 역리 14명·역마 9필, 수안역은 역리
290명·역노 28명·역마 11필이었다. 무흘역이 가장 크고, 수안역이 그 다음이
었다.

양산에서도 궁금해하는 밀양 속역의 황산도 이관 시기

다시 황산찰방 강봉휴로 돌아가 보자. 당시 밀양 5개 역이 변함없이 성현도 소속이었는가. 그 답은 신경준(1712~1781)이 1770(영조46)년에 저술한 『도로고』 「역로」에서 우선 찾을 수 있다. 곧 용가·무흘·금동·수안 4개 역은 양산의 황산도에, 양동역은 창원 자여역(自如驛)을 중심으로 한 자여도에 각각 편입되어 있다는 점이다. 또 1808(순조8)년에 편찬된 『만기요람』 「군정편」 〈역체〉에도 동일한 속역 편제가 확인된다. 따라서 밀양 속역이 1770년 이전에 황산도와 자여도에 분산 배치된 사실은 틀림없다.

그렇다면 언제 속역 편제가 있었던가. 이는 황산역을 문화자원으로 육성하고 있는 양산시에서도 궁금해하는 부분이다. 중요한 단서가 위에서 언급한 『영남읍지』 「황산역지」 〈속역〉조에 들어 있다.

> 도합 속역은 16개이다. 본래 11개 역으로 왜관(倭館)을 이설한 뒤 밀양 지역의 무흘·금동·수안·용가, 김해 지역의 덕산을 이속하였다[合屬驛十六, 本以十一驛, 倭館移設後, 密陽地無屹·金洞·龍駕·水安·金海地德山, 移屬焉].**14**

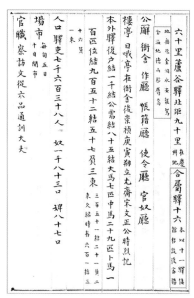

〈그림29〉 우측 1행 협주에 '왜관(倭館)'이 보인다. (「황산역지」 24면.)

황산도 역제는 앞서 보았듯이 1462년 이후 존치한 11개 속역이 '왜관'을 이전한 뒤에 밀양의 무흘·금동·수안·용가 4개 역과 자여도 소속의 김해 덕산역을 이속해 총 16개가 되었다고 했다. 1894년의 『영남역지』 「황산역지」에는 『영남읍지』와 속역 내용은 같고, 다만 왜관이 일관(日館)으로 표기되었

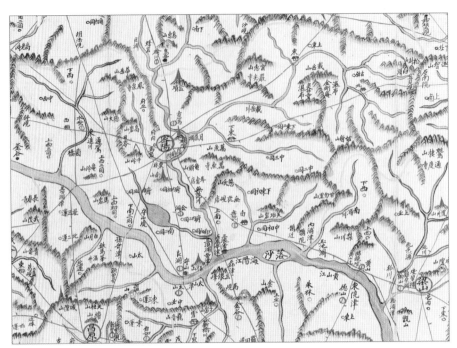

〈그림30〉「동여도」〈밀양부〉(규장각 한국학연구원 소장). 1850년 전후의 지도로 밀양의 행정구역 정보와 함께 성현도·황산도 소속의 역로와 역참이 그려져 있다.

을 뿐이다.**15** 일관이든 왜관이든 둘 다 같은 대상으로 바로 초량왜관(草梁倭館)을 지칭한 것이다. 초량왜관은 1607년부터 현 동구청 부근에 있던 두모포왜관이 일본 측의 억지로 1678(숙종4)년 용두산 일대의 넓은 지역으로 이전함으로써 생긴 명칭이다. 왜관의 중심지가 신초량으로 바뀜에 따라 예전의 두모포왜관은 고관(古館)이라 불렀다.**16**

초량왜관이 10만 평이 넘는 부지에 들어서면서 왜관의 지형도가 변해 상주하는 인구는 대폭 증가했고, 무역을 위해 찾아오는 유동 인구도 훨씬 많아졌다. 정부는 초량왜관을 근거지로 삼아 바닷길과 낙동강 연안의 황산 역로를 통해 북상하는 왜인들을 관리 감독하는 체계를 정비할 필요가 있었다. 그 대응책이 김해 덕산역과 밀양 속역의 황산도 편입으로 나타났다. 이는 부산과 수로가 맞닿아 있는 양산 황산역의 역할 강화가 대일 교섭

창구로서 유리했기 때문이다. 초량왜관은 강화도조약 체결 이후에는 일본인 전관거류지로 성격이 바뀌었다. 이로써 지금까지 한 번도 규명되지 않았던 성현도와 황산도의 속역 개편 시기가 세상에 밝혀졌다. 황산찰방 강봉휴가 성현도가 아닌 황산도 선생안에 들어 있는 까닭도 자연스레 이해된다. 밀양 속역을 흡수한 황산도는 1894년 갑오경장 때 역사 속으로 쓸쓸히 퇴장했다.

성현도의 밀양 5개 속역은 1678년에 양산 황산역 소속으로 바뀌었다. 그로부터 58년 뒤에 찰방으로 내려온 강봉휴는 황산도를 두세 해 관장하다가 1738년 11월 성균관 전적에 제수되어 서울로 올라갔다. 비문이 심하게 마모되어 그의 선정 내용을 자세하게 알 수 없지만 맨 끝행 아래에 '무오'(1738년)라는 각자가 희미하게 보인다. 무흘리 주민들은 그가 이임할 때 무흘역에 선정비를 세웠음을 알 수 있다. 이것이 대신마을의 강봉휴 찰방비 유래이다.

삼랑진 지명에 무흘을 부활해야 한다

미전리 대천마을에서 화성마을로 넘어가는 고개는 「대동여지도」에 무흘현(無訖峴)이라 되어 있고, 대개 무흘고개라 불렀다. 「해동지도」, 「여지도」, 「지승」에서는 무흘치(無屹峙)라 표기했다. 무흘고개는 영남대로의 주요 길목으로 밀양 구간은 삼랑진 작원마을에서 상동면 옥산리 여수마을까지이다. 과거 무흘고개는 대천리 쪽에서는 봉오재에 해당하는데, 지금은 화성마을의 트윈터널 조성과 미전농공단지개발로 자동차로 쉽게 왕래할 수 있는 도로로 변모했다.

〈그림31〉 '무흘(無屹)'이 표기된 1913년 밀양 지도. 국립중앙박물관 소장.

일본인은 1902년 경부선 철도를 닦으면서 무흘산을 관통하는 이곳 지명을 '무월(無月)'로 바꾸고 터널도 무월산수도(無月山隧道)라 명명했다. 수(隧)의 자의가 굴이니, 수도는 바위를 뚫어 만든 굴길을 뜻한다. 원래 무흘은 처음 지을 때 고개가 하도 높아 끝이 보이지 않는다는 뜻을 나타내는 한자어일 터인데 달이 보이지 않는다는 의미를 억지로 집어넣었다. 사실 일본인들도 그들이 작명한 무월산 혹은 무월산수도가 정착하기 전까지 무흘(無屹)을 그대로 쓰기도 했다. 예컨대 일본육지측량부에서 1909년 측량하고 1913년 5월 제작한 밀양 상세 지도에는 무흘(無屹)이 여전히 표기되어 있다. 지명이란 오래전부터 내려온 것이기에 하루아침에 바뀔 수 없는 법이다.

월연수도는 용평동 월연대(月淵臺)에서, 청룡산수도는 용성리 청룡산(靑龍山)에서, 작원관수도는 검세리의 작원관(鵲院關)에서 각각 취했다. 하나같이 철로가 지나는 지점에 근거해 작명했는바, 지금도 각 터널 입구 윗벽에 가로로 새겨져 있다. 이로써 본다면 무월은 '無月'이 아닌 연원이 있는 '無屹'로 표기해야 합당하다. 무월산, 무월역, 무월고개, 무월수도, 무월터널에 본래의 지명 '무흘'을 되돌려주어야 한다.

삼랑진읍 삼랑리에는 육로 교통인 무흘역 자취 외에 수로 운송의 사적지가 있다. 후조창 비석군의 내면에 숨겨진 이야기를 풀어보자.

〈그림32〉 청룡산수도

〈그림33〉 작원관수도

제5장 밀양인의 애잔함이 선정비와 교차하는 후조창

　고지도에 나오는 삼랑창, 조창은 후조창(後漕倉)을 일컫는 말이다. 삼랑리 상부마을에 후조창 비석군이 있다. 과거 삼랑진 일대에는 세곡의 저장·운송·상납에 종사하던 관리, 아전, 선주, 창고지기, 조졸(漕卒)인 사공과 곁꾼, 장사꾼, 노비들이 집단으로 거주해 골목마다 사람들로 넘쳐났다. 삼랑리 내부마을은 후조창의 관리와 아전들이 주재했고, 통창(統倉)이 그곳에 소재

〈그림34〉 삼랑리 상부마을의 후조창 유지 비석군

해 통창골이라 했다. 상부마을 앞에는 조선(漕船)을 대는 삼랑진나루가 있었다. 하부마을은 지점거리, 각거리 등의 지명이 남아 있을 정도로 후조창의 중심지대였다.[17]

삼랑진 후조창에는 어떤 비석들이 있는가

후조창 유지(遺址)의 총 8기 비석이 2006년 1월 경상남도 문화재자료 제393호로 지정된 이후 이곳을 찾는 사람들의 발걸음이 더욱 잦다. 삼랑진의 장소성을 대표하는 사적이라는 뜻이다. 비석을 위에서 아래로 위치한 순서에 따라 표로 정리하면 아래와 같다.

	비석	종류	건립 시기	건립자
①	부사김후인대유애비(府使金侯仁大遺愛碑)	석비	병술(1766)	–
②	부사홍후이간영세불망비(府使洪侯履簡永世不忘碑)	석비	임신(1812) 2월	후조창 선주 등
③	관찰사조상국인영조폐리정영세불망비(觀察使趙相國寅永漕弊釐正永世不忘碑)	철비	도광23년 계묘(1843) 2월	선청
④	도차사원행도호부사조공운표영세불망비(都差使員行都護府使趙公雲杓永世不忘碑)	철비	도광23년 계묘(1843) 2월	선청
⑤	부사이후정재선정비(府使李侯定在善政碑)	석비	정사(1857) 3월	삼랑리
⑥	관찰사김공세호영세불망비(觀察使金公世鎬永世不忘碑)	석비	동치11년 임신(1872) 9월	삼랑리
⑦	부백이후철연영세불망비(府伯李侯喆淵永世不忘碑)	석비	동치11년 임신(1872) 9월	삼랑리
⑧	부사이후철연영세불망비(府使李侯喆淵永世不忘碑)	석비	동치11년 임신(1872) 3월	선주 등

신분으로 보건대 관찰사 비석이 2기(③, ⑥)이고, 부사 비석 6기 중 이철연

비석이 둘(⑦, ⑧)이다. 석비가 6기, 철비가 2기(③, ④)이다. 김인대 비석①이 1766년으로 가장 빠르고,**18** 나머지는 1812년부터 1872년까지 60년에 걸쳐 있다. 1843년 건립한 비석이 2기, 1872년 건립한 비석은 3기나 된다. 비석은 부사나 관찰사로 재임 시기를 고려해 배열했는데, ⑧번 비석은 ⑤번 다음에 위치해야 순서가 바르다. 여느 비석처럼 영세불망(永世不忘), 선정(善政), 유애(遺愛)라는 미칭을 붙였다. 비문 중 도차사원(都差使員)과 조폐리정(漕弊釐正)은 후조창 운영과 관련된 용어이다. 그리고 비석을 건립한 주체는 삼랑리, 후조창 선청(船廳), 선주(船主)이다. 선청은 선주들이 사무를 보던 공간이다.

건립 시기를 보면 부사 김인대, 홍이간, 이정재, 이철연의 비석은 그들이 재직하던 중에 세웠다. 반면에 부사 조운표 비석은 이임 직후에 건립했고, 김세호의 비석은 그가 이임하고 1년 반 뒤에 각각 세웠다. 특히 풍양조씨 세도정치의 중심인물인 조인영 비석은 그가 경상감사를 그만둔 지 무려 16년 만에 세웠는데, 그때는 우의정과 영의정을 한 해 전에 그만둔 상태였다.

과거 번창한 시절을 말없이 증언하는 비석에 새겨진 밀양부사나 경상도관찰사의 업적은 무엇인가. 과연 삼랑리 주민과 선주들이 자발적으로 비석을 세웠는가. '도차사원'은 어떤 벼슬이며, '조폐리정'은 무엇을 말하는가. 이러한 의문점은 삼랑리 후조창을 이해하는 데 기본 요소이다. 조선의 수운 제도와 운영, 후조창의 설치와 그 경과, 밀양부사의 교체 등을 차례로 살펴보기로 하자.

고을 수령은 국가재정을 충낭하기 위해 주민들에게 법으로 정해진 세금을 거두어 중앙에 상납했다. 일부는 해당 관아의 공공 용도로 사용했다. 공부(貢賦) 대부분은 쌀이었으므로 세곡의 저장, 운반, 납부에 행정력을 집중할 수밖에 없었다. 고려 초기에 이미 전국에 13조창을 설치해 조운을 통해 각 지방의 세곡을 예성강 입구의 경창까지 운반했다. 마산의 석두창(石頭倉)은 경상도 동남부 지역을, 사천의 통양창(通陽倉)은 경상도 서남부 지역을 담당했다. 이후에 김해의 불암창(佛巖倉)이 추가되었다.

1765년 이전 삼랑진 세곡은 충주까지는 배로 수송

조선 초기에도 고려 때처럼 경상도 세곡은 도내의 가까운 곳에 따라 불암창, 마산창, 통양창 등으로 나누어 수송한 뒤 바다를 따라 전라도와 충청도 해로를 지나서 한강에 이르러 용산의 경창에 이르도록 했다. 하지만 험악한 수로 때문에 배가 침몰하는 사태가 잦자 1403(태종3)년에 세 조창을 폐지하고 충주의 경원창으로 바로 바치게 했는데, 1465(세조11)년 이를 대신해 가흥창(可興倉)[19]을 설치했다. 운송로가 기존의 바닷길에서 내륙 수로로 바뀐 것이다.

밀양(密陽)은 남포리 이창(耳倉)에서 세곡을 배에 실어 삼랑진의 낙동강을 거슬러 올라가 상주에서 육로로 바꿔 문경 초점(현 조령)[20]을 지나 충주 가흥창에 운반한 뒤, 이곳부터는 참선(站船)으로 남한강(南漢江) 수로를 따라 용산의 경창(京倉)에 이르도록 했다. 참선은 내륙 하천에 설치한 역참인 수참(水站)에서 관리하던 배를 말한다. 반면에 육로는 육참(陸站)이라 했다. 이창에서 상주까지는 수로를 이용해 12일, 육로 구간인 조령에서 충주 가흥창까지는 4일이 걸렸다. 가흥창에 이르면 뱃일을 생업으로 삼는 경강(京江)의 선주들이 선혜청 있는 용산의 경창으로 세곡을 운반했다.

문제는 교활한 경강의 선주들이 고의로 늦게 내려오거나 곡식을 축내는 경우 재차 징수당하는 곤욕을 치러야 했다. 사태의 심각성을 인지한 경상도 관찰사 조엄(1719~1777)이 도민의 고통을 덜어주기 위해 다

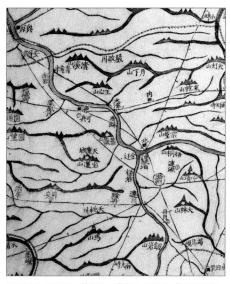

〈그림35〉 목계나루 왼쪽에 가흥창이 보인다. 「대동여지도」.

시 바닷길로 운송하는 방침을 세웠다. 1760(영조36)년에 창원 합포구 남성동의 마산창, 사천군 장암리(현 진주)의 가산창을 설치했다. 조선 초기에 폐지된 영남의 좌우 조창이 약 360년 만에 부활한 것이다.

영남의 3조창 하나로 후조창이 설치되다

그리고 5년 뒤인 1765(영조41)년 11월 선혜청 당상관이던 우참찬 이익보(1708~1767)가 삼랑창(三浪倉)을 후조창(後漕倉)으로 삼도록 영조에게 건의했고,²¹ 임금은 경상도관찰사를 지낸 비변사 당상관 조엄(趙曮)에게 의견을 물은 뒤에 설치를 허락했다. 이익보 또한 10년 전에 경상도관찰사를 지냈으므로 경상도의 대동미 납부 사정을 훤히 파악하고 있었다. 이리하여 1766년 밀양부사 김인대(金仁大)가 삼랑창 주변 6개 고을의 세곡을 저장하는 여러 창고시설을 갖춤으로써 소위 경상도 '3조창 시대'가 열린 것이다. 후조창이 시기적으로 늦게 설치된 점은 있었으나 무엇보다 창원과 진주의 두 조창보다 지리적으로 뒤쪽 내륙에 위치함으로 후창(後倉)이 되었다.

삼랑진 후조창은 설치할 당시는 밀양, 현풍, 창녕, 영산, 양산, 김해 등 6개 고을의 조세를 관할했다. 김해는 본래 좌창인 마산창에 속했는데 후조창이 설치된 뒤에 이속되었다. 후창이 보유한 조선(漕船) 15척은 천자문 순서로 표시했고, 사공 1명과 결꾼[格軍] 15명의 조졸(漕卒)이 천 석을 적재한 배를 몰았다. 밀양부사가 전세(田稅, 토지세)와 대동미(大同米)를 징수하고, 창

〈그림36〉 삼랑진 후조창에서 경창까지 조운선의 항로. 『한국민족문화대백과사전』〈조운〉

원의 제포만호는 운반과 상납을 담당했다. 후조창 운영 전체를 총괄한 밀양부사는 도차사원(都差使員)의 직함을 가져 예컨대 조운표(趙雲杓) 비석의 비문 첫머리에 쓰였고, 제포만호는 영운차사원(領運差使員)이라 했다. 특히 후조창은 낙동강 연안 7개 고을의 세미(稅米)를 수납하여 삼도 수군통제영에 보내는 창고를 삼랑리에 별도로 지었는데, 이를 통영창(統營倉) 혹은 통창(統倉)이라 불렀다. 밀양 고지도에 남창(南倉)만 표시되어 있다면 1765년 이전에 제작되었을 확률이 높다.

그렇다면 삼랑진에서 서울까지 운송한 뱃길이 궁금해진다. 밀양부는 6개 고을의 세곡을 후조창에 보관하다가 대개 3월에 세곡선에 실어 5~6월 사이 경창에 도착하면 서울의 각 사창으로 분배했다. 항로를 보면, 후조창 삼랑포~김해 류도(1913년 삼랑리 편입)~작원(鵲院)~김해~양산 원동~물금~김해 서산창~명호포~웅천 제포~통영을 거쳐 전라도 순천~해남~영암~영광~부안~충청도 서산~경기도 굴포천~한강~서울 용산의 경창에 이르는 뱃길이었다. 세곡 중에서 대동미가 대부분이어서 선혜청이 수납을 주관했다.

후조창의 뱃길은 좌창과 우창에 비해 갑절 이상 멀고 장맛비라도 내리면 자연 지체될 뿐만 아니라 늘 풍랑의 우환이 존재했다.[22] 겉으로 보면 후조창 비석들이 수운의 전성기를 보여주는 듯하나 실상은 그렇지만 않았다. 1792(정조16)년 7월 3일 후조창 조선 4척이 김포 통진에서 침몰해 도차사원 밀양부사 이복섭(李復燮)을 유배 보내고, 제포만호 남궁심은 곤장을 때리고 쫓아냈다. 이듬해 9월 11일에는 간성군수 때 세운 공이 있어 정조의 특별한 배려로 임명된 밀양부사 이최원(李最源)이 세곡을 늦게 실어 곡식을 부패하게 한 죄로 언양을 거쳐 하동으로 유배되었으며, 1797년 4월 25일 밀양부사 이의강(李義綱)은 조선 6척을 침몰하게 한 죄로 처벌받았다.

후조창 비석들의 비문은 무슨 뜻을 담고 있나

이처럼 후조창에 각종 사고가 잠복해 있는지라 밀양부사 직책은 호락호락한 자리가 아니었다. 그렇다면 후조창 비석군의 선정비에 새겨진 문자는 어떤 의미를 지니고 있는가? 비문 내용을 사료와 결부해 해석할 때 맥락이 구체적으로 드러날 것이다. 김세호의 비문은 산문이고, 나머지는 운문이다. 운문 중 김인대(金仁大) 비문은 7언율시이고, 나머지는 명(銘)이다.[23]

비문의 온전한 해독과 풀이는 처음 시도하는 것으로 후조창의 성격과 해당 밀양부사의 업적을 심층적으로 이해하는 데 도움이 될 것이다.

맨 위쪽 비석의 주인공은 1764년 2월부터 1767년 4월까지 재임한 밀양부사 김인대(생졸년 미상)이다. 후조창이 1765년 이익보(李益輔)의 건의와 조엄(趙曮)의 조언으로 설치되었음을 앞에서 보았다. 그 과정에 후조창의 창고들을 짓는 일만이 김인대의 소임이었겠는가. 그의 역할에 대해 사서에 한 줄의 언급도 없고, 다만 밀양 읍지에서 후조창을 창건한 부사라고 간단히 적었을 뿐이다. 다름 아니라 7언율시의 비문은 김인대의 숨은 공적을 증언하는 기록이라는 사실이다.

<그림37> 김인대 유애비 비문

비석의 성격을 이렇게 우선 규정해도 막상 비문의 마산창, 산산(蒜山, 김해), 인자용(仁者勇)[24] 등의 단어는 매우 낯설다. 결정적인 단서는 밀양의 학자 신국빈(1724~1799)의 「삼랑발선요 9장」에 덧붙인 소서(小序)[25]에서 찾을 수 있다. 이 소서는 말하자면 김인대 비문에 함축된 의미를 산문으로 풀이한 격이다. 그 병서에 근거에 비문의 전후 맥락을 파악하면 다음과 같다. 김인대는 부임 직후에 밀양인들이 1760년 설치된 마산창에 배로 대동포를 운송하면서 거리가 너무 멀어서 당하는 처참한 광경을 보았다. 그는 밀양인의 고통을 진정 자기의 근심으로 여기고는 문제 해결의

대상자	비문	해석
①김인대	密人寧飮三浪水 不食馬山倉下魚 不有賢侯仁者勇 蒜山幾與馬山如	밀양인은 삼랑포 물을 마실지언정/ 마산창 아래의 고기는 먹지 않는다/ 현명한 부사에게 어진 사람 용기 없었다면/ 산산창은 마산창과 거의 같았으리
②홍이간	侯來何暮　革我一郡 秉心仁厚　莅事敏謹 捐俸救瘼　惠洽漕運 實蹟千秋　視此歌韻	부사는 어찌 늦게 오셨나요/ 우리 한 고을 혁파할 제/ 어질고 너그러운 마음으로써/ 일 처리함에 민첩하고도 삼가네/ 봉급을 덜어 병든 이를 구하고/ 은혜는 조운을 넉넉하게 하시니/ 천추에 남을 실적은/ 이 노래로 살피리라
③조인영	追逑家謨　克廣遺惠 刊定恒規　永革流弊 船旣完葺　糧又餘積 悠久悠思　可語者石	가정의 법도를 이어받아/ 지극히 넓은 은혜를 끼치고/ 항구적인 법규를 정해/ 길이 누적된 폐단을 고치셨네/ 배가 이미 완전히 수리되어/ 세곡 또한 넉넉하게 실을 수 있네/ 오랠수록 사모함이 더할지니/ 말할 자는 이 돌(철 비)이라네
④조운표	製錦餘年　優於漕政 操心廉白　莅事公正 特損常俸　用恤艱食 何以報之　記玆珉功	수령 된 지 몇 년 만에/ 조창 다스리는 데 뛰어났으니/ 청렴결백한 마음을 굳게 지켜/ 일을 처리함에 공정하셨네/ 특히 봉급을 덜어/ 백성의 굶주림을 구제하셨으니/ 무엇으 로 보답할까마는/ 이 아름다운 돌(철비)에 기록함일세
⑤이정재	淸如河社　和若益張 輿誦溢口　勒以不忘	맑기는 하사(河社)와 같고/ 온화함이 더욱 높아/ 사람들의 칭송이 입가에 넘쳐나니/ 새겨서 잊지 않으리
⑥김세호	奥在庚辰辛巳等年, 公之王 尊, 公諱熙臣, 出宰玆邑 五 載居官, 一境安堵, 反風之遺 化不沫, 酌水之舊謠尙傳, 今 於五十餘年之後. 又我巡相 公按節本道, 繼逑先志, 復二 錢石頭之稅, 抹三浪燃眉之 瘼, 仰惟鴻恩, 與天無極. 昔 年舊民, 尙多在世, 伊時烟 月, 再見於今日, 一感一愴. 罔知攸報, 玆刻一片不朽之 石, 聊表百世難忘之蹟.	옛적 경신(1820)년·신사(1821)년 등의 해에 공의 조부 휘 희신(熙臣)께서 본읍 수령으로 와서 5년을 다스렸으니, 온 경내가 안정되고 풍속을 되돌린 교화는 없어지지 않아 청백함을 노래한 옛 노래가 아직도 전합니다. 지금 50여 년 뒤에 우리 상국께서 경상도 안절사로 와서는 조부의 뜻을 이어받아 이전(二錢) 석두세를 회복하고 삼랑리의 절박한 폐해를 바로잡았으니, 넓은 은혜를 우러러볼진대 하늘과 더불어 끝이 없습니다. 예전 사람들이 아직 세상에 많이 있는데, 그때 좋은 세월이 오늘날 다시 나타났으니 한편으로는 감격하고 한편으로는 슬퍼합니다. 보답할 방 도를 몰라 이에 한 조각 썩지 않을 돌에 새겨 백세토록 잊기 어려운 자취를 애오라지 표합니다.
⑦이철연	弊極浪浦　危如漏船 二錢鹽稅　存亡攸關 緊我侯來　惟厥民隱 轉及棠聽　快邃蔀願 向經延燒　偏蒙曲軫 劃材助需　比屋如新	삼랑포에 폐단이 극심해/ 위험하기가 물 새는 배와 같고/ 이전(二錢)의 염세에/ 생사가 달렸지/ 아, 우리 수령이 오셔/ 오직 백성의 고통을 생각하며/ 돌아다니다가 감당나 무에서 듣고/ 오두막집 소원을 시원스레 이루어주시네/ 집이 잇달아 불타는 일을 겪고 나서/ 곡진한 사랑을 유독 많이 받았거늘/ 목재를 쪼개고 비용을 보태니/ 집마다 새롭도다
⑧이철연	侯來何暮　政先漕倉 旣合其分　大損其剩 誠功上納　惠洽下究 謬例已鐲　積弊自抹 恩山德海　何以仰酬 謹刻一石　永傳千秋	수령께서 어찌 늦게 오셨나/ 정치는 조창을 우선으로 삼아/ 이미 세분된 것을 합치고/ 남는 인원을 크게 줄이셨네/ 상납에 성실한 공을 들여/ 혜택이 아래로 미쳐/ 오해 사례는 이미 밝혀졌고/ 적폐는 저절로 사라졌네/ 산과 같은 은혜, 바다 같은 덕망은/ 무엇으로 받들어 보답하나/ 삼가 돌 하나에 새기니/ 천추에 길이 전하리라

방법으로 후조창 설치를 고안했다. 이에 주장을 관철하느라 대구감영을 예닐곱 번 왕래했다. 그때 김해부사가 건의를 가로채어 후조창을 김해 산산창(蒜山倉)[26]에 두려고 하니 감영 분위기는 김해 쪽으로 기우는 형국이었다. 이렇게 되자 김인대 부사는 입지 조건상 김해의 부당성과 밀양의 적합성을 조목조목 내세워 투쟁하다시피 강력하게 밀어붙인 끝에 감영의 동의를 얻어내는 데 성공했다.

이후 경상도관찰사 정존겸(鄭存謙)은 창녕·영산·현풍의 실정도 함께 파악해 1765년 조정에 후조창 설치 건의서를 올렸다. 이들 고을 역시 김해보다는 거리가 가까운 밀양을 선호했다. 그해 11월 영조가 대신들을 인견하고는 삼랑진 후조창을 허가하기에 이르렀다. 당시 적극적으로 동의 의사를 표시한 조엄은 김인대의 척족이었다. 이런 과정을 잘 알고 있던 신국빈(申國賓)은 시 병서의 서두를, 김인대가 밀양인들에게 길이 남을 은혜를 베풀었다는 문장으로 시작한 것이다.

이로써 비문에 있는 마산창, 김해, 인자용의 함의가 구체적으로 드러났다. 곧 밀양인은 한이 맺혀 마산창 강가에 나는 고기를 먹지 않을뿐더러 만일 김해에 후조창이 설치되었다면 예전처럼 가혹한 시련을 겪게 될 사태를 막아준 김인대의 용기 있는 결단력을 비문에서 부각했다. 이처럼 부사 김인대의 진정한 용기에 깊은 감사를 표현했다. 비문을 7언율시로 적는 예는 흔하지 않은데, 그렇다면 누가 지었는가. 비문이 「삼랑발선요」의 마지막 연과 한 글자도 다르지 않다는 점에서 신국빈의 저작임을 알 수 있다. 두 사람의 관계에 대해서는 제5부 제2장에서 자세히 다룰 것이다.

홍이간(1753~1827)은 1810년 4월부터 1812년 5월까지 2년간 부사로 재직했는데, 후조창 선주들을 대표한 선청(船廳)에 그가 봉급을 덜어 백성의 질병을 구제하고 조창을 합리적으로 운영한 실적은 마땅히 칭송해야 한다고 비석을 1812년 2월에 세웠다. 아들 매산 홍직필(洪直弼)은 부친이 임소에 내려온 그해 10월에 근친하러 밀양에 와서 아랑 전설을 채록한 뒤 최초의

문헌 기록인 「기영남루사(記嶺南樓事)」를 남겼다.[27]

조인영(1782~1850)은 1825~1827년 경상감사로 재직했는데, 후조창 설치의 기틀을 닦은 조엄(趙曮)의 손자이다. 선청에서 1843년 2월 세운 철비 비문을 보면, 그가 항구적인 규정을 만들어 후조창 적폐를 해소하는 데 노력했고, 낡은 배를 완전하게 수리해 세곡을 넉넉히 실을 수 있도록 함으로써 상납 지연 문제나 세곡 손실을 사전에 방지했다고 했다. 이런 연유로 '조폐리정(漕弊釐正)'을 이름 뒤에 새겨넣었다.

조운표(趙雲杓)는 1839~1842년 밀양부사로 재직했는데 『순조실록』에 별다른 기록을 찾을 수 없다. 선청에서 조인영의 철비와 같은 달에 건립한 비문을 보면, 그가 조운 정책을 시행하고 조창을 관리하는 데 각별한 관심을 두는 한편, 사비를 털어 굶주린 백성들을 구제한 뜻이 높다고 했다. 밀양 관아 비석군에도 그의 복수(復藪)선정비가 있다.

이정재(李定在)는 1856년 6월부터 1857년 11월까지 밀양부사를 지냈다. 삼랑리 주민이 1857년 3월에 세운 비석 명문의 핵심어는 하사(河社)[28]이다. 곧 황하가 천년에 한번 맑아지면 나오는 성인이나 임금의 명령을 잘 시행하는 성인에 비유해 부사의 출중한 정치력을 칭송했다. 지극히 맑고 온화한 성품을 부각했을 뿐 조창과 관련해 특별한 선정(善政) 업적은 문면에 드러나지 않는다. 그가 밀양부사를 마치고 공주목사로 발령받아 임지로 갈 때 동아 이제영(1799~1871)은 전별시를 지어주었다.

김세호(1806~1884)는 1869년 6월 경상도관찰사에 제수되어 1871년 4월까지 재임했다. 삼랑리의 경우 1872년 9월 석두세(石頭稅)[29]를 2전(二錢)으로 회복하고, 후조창의 고치기 어려운 폐단을 바로잡은 그의 은혜가 크다고 했다. 게다가 김세호가 50년 전인 1821~1825년 밀양부사를 지내면서 고을을 안정시킨 청렴한 인품으로 여전히 기억되고 있는 김희신(金熙臣)의 손자이기에 더욱 잊기 어렵다고 했다.

이철연(李喆淵)은 1871~1873년 부사로 재직하면서 밀양읍성의 성가퀴를 정성 들여 수리해 고종으로부터 포상을 받은 바 있다. 선주들은 1872년 3월에 비석을 세워 그가 조창을 체계적으로 관리하고 경창까지의 해상 운송을 무난하게 함으로써 조선의 지연 도착이나 고의적인 배의 파손 등의 오해를 불식하고 조창 종사자들의 적폐를 없앤 업적을 내세웠다. 또 동년 9월에는 부사가 조창의 극심한 폐단을 없애고, 군포세 일부를 대체해 거두던 염세(鹽稅)를 줄여 예전처럼 2전으로 유지했으며, 마을이 불에 탔을 때 관아 물자를 제공해 새집을 지을 수 있도록 했다며 삼랑리 주민들이 비를 세워 칭송했다.

비석들 이면에 들어 있는 밀양인의 애잔한 슬픔

후조창이 설치되었다고 해서, 밀양부사나 관찰사 선정비가 있다고 해서 조세 문제가 해결된 것은 아니었다. 백성들은 여전히 세곡의 징수와 보관, 운반과 상납, 세곡 손실 처리 등의 과정에서 막심한 고통을 겪었다. 흔히 폐막(弊瘼)이나 적폐(積弊)라는 용어로 표현된다. 우선 조창을 설치한 뒤로 세미(稅米)를 운반하는 사공과 격군(格軍)이 감관(監官)이나 색리(色吏)들의 청탁으로 뽑힌 이가 허다했다. 또 이들이 만일의 사고에 대비해 비축해둔 쌀을 빼돌려 묵은 빚을 갚고 잡비로 쓰는 바람에 백성들은 부족하게 된 세미를 추가로 부담할 수밖에 없었다. 이는 1798(정조22)년 양산군수 윤노동(尹魯東)이 상소[30]에 적시한 후조창 운영상의 신랄한 문제점이다.

또 세곡 운송 과정에서 손실된 분량을 보충해야 했다. 1794(정조18)년 영남 위유사(慰諭使) 이익운(1748~1817)이 정조에게 올린 장계 별단[31]에서 백성들의 참상이 어떠했는지를 살펴볼 수 있다. 위유사는 천재지변이 있을 때 백성을 위로하려고 어명에 따라 임시로 파견한 벼슬아치이다. 그가 밀양에 도착하자 백성들이 앞을 가로막고 억울해서 살 수 없다며 울부짖었다. 배경은 조운선이 김포 통진(通津)에서 전복해 4천여 석을 잃은 사고와 관련되었다.

당시 호조와 선혜청에서 정한 일반적인 규례대로 밀양 백성들은 건져낸 쌀 중에서 품질이 나쁜 쌀은 새 쌀로 바꾸어 상납하고, 아전·사공·격군은 건지지 못한 수량만큼 물어줘야 했다.[32] 사공과 격군은 포구에 거주하며 죽음을 무릅쓰고 위험한 뱃일을 해서 입에 풀칠을 하던 사람들이다. 이들이 관청의 독촉을 이기지 못해 도망가면 이웃이나 친족이 부담했다. 이익운(李益運)이 만난 밀양 백성은 사공과 격군의 이웃 아니면 친족이었다. 이렇다 보니 삼랑창은 마을이 쇠잔하고 인가도 드물었으

〈그림38〉 선재봉산(船材封山)이 표기된 재약산과 고야산. 「광여도」〈밀양부〉.

며, 남아 있는 사람들도 침탈을 견디지 못해 사방으로 흩어질 상황이라고 아울러 적고 있다.

조운선은 수시로 난파되거나 일정 기간이 지나면 썩어서 사용할 수 없게 된다. 배를 새로 건조하고 수리하는 데 목재와 인력이 필요하다. 그때마다 백성들은 노동력을 제공하고 비용을 부담해야 했다. 여기에 부정이 개입될 소지가 있었다. 선박 용재는 나라에서 일반인의 벌채와 입산을 금지한 봉산(封山)에서 취했다. 밀양에는 고지도에 표시된 것처럼 단장면의 두 곳에 봉산이 있었고, 『만기요람』에 의하면 배를 새로 만들 때 큰 소나무 73그루가 들었다.

이처럼 백성들은 관원들의 부정과 책임 회피, 아전들의 토색질, 과도한 세금 징수, 무리한 세곡 변제, 배 건조 비용 부담 등의 고질적인 병폐로 등골이 휘고도 남았다. 경상도관찰사나 밀양부사의 선정은 적폐를 철저히 파헤쳐 신속하게 해결했음을 의미한다. 비문 내용을 있는 그대로 받아들이면 선정비의 주인공은 후조창 선주들이나 주민들이 마땅히 칭송할 만했다.

한편 선주들은 조세를 수송하고 경창에 상납하는 실무를 대행하면서 막대

한 이득을 취할 수 있는 구조에 있었다. 이익을 탐내 협잡질하거나 세곡 손실을 고의로 속이는 경우가 비일비재했다. 게다가 1879(고종16)년 5월 세미 천여 석을 싣고 가다가 중도에서 불법으로 빼돌려 초량왜관에 밀매했다가 붙잡힌 정두성(丁斗星) 같은 비양심적인 선주도 있었다. 선주들이 교활할수록 이권 추구와 거리가 있는 백성들의 고초는 가중되었다. 선주나 삼랑리 주민은 비석을 세울 때마다 부사나 관찰사의 공적으로 치켜세운 적폐 해소를 뒤집어보면 후조창 운영을 둘러싼 부패가 그만큼 만연되었음을 뜻한다. 실제 수운 제도가 소멸할 때까지 악폐는 지속되었다.

다산 정약용이 『목민심서』에서 고을 백성으로부터 돈을 갹출해 권력자의 공덕비를 세우는 일을 비채(碑債)라 하며 질타한 대목이 떠오른다. 민중의 갖은 애환이 겹친 후조창은 세금의 금납화와 경부선 철도 개통으로 역사적 소임을 다했다. 번성했던 삼랑리 나루는 지금 기억하는 사람이 많지 않다.

후조창 비석군의 맨 좌측에 제법 큰 바위 두 개가 포개져 있다. 사전 정보가 없다면 그냥 지나치고 말 것이다. 이끼가 잔뜩 끼고 마모된 돌을 유심히 관찰하면 '당매대(棠梅臺)' 세 글자가 확인된다. 혹시 바로 위 언덕의 오우정과 어떠한 관계가 있을까. 그 실체를 찾아 발걸음을 옮겨본다.

〈그림39〉 '당매대(棠梅臺)' 바위. 우측은 밀양부사 김인대 유애비.

제6장 16세기 전국에 명성을 떨친 민씨 오형제의 우애

오우정(五友亭)은 육재 민구령(閔九齡), 경재 민구소(閔九韶), 우우정 민구연(閔九淵), 무명당 민구주(閔九疇), 삼매당 민구서(閔九敍) 다섯 형제의 우애가 깃들어 있는 정자이다. 오형제의 증조부 민근(閔謹)이 성주현령으로 있을 때 강호 김숙자(金叔滋)와 혼사를 맺기로 약속함에 따라 아들 민제(1437~1457)는 김숙자의 사위가 되었다. 민제는 겨우 2년 만에 세상을 떠났고, 1457년 유복자로 태어난 민경(閔頴)이 외가인 부북 제대리에 처음으로 복거한 뒤 낳은 다섯 아들이 곧 오우정의 주인공들이다.

오형제 모두는 효성이 출중했을 뿐만 아니라 어려서부터 진외종조부 점필재 김종직(1431~1492)의 문하에서 노닐어 학문과 덕행으로 칭찬이 자자했다. 무오사화·갑자사화가 연이어 일어나자 1510(중종5)년 삼랑강 위에 정자를 지어 함께 거처했다. 그 남쪽에는 압구정(狎鷗亭)이 있어 운치를 한층 더했다. 청도현 박군효의 부친 살해가 있기 5년 전이었다. 원감국사 충지(沖止)의 삼랑루 시가 『신증동국여지승람』에 수록됨으로써 일찍부터 밀양을 대표하는 명소로 자리를 잡았다.

삼랑리에 아로새겨진 민씨 오형제의 우애

이들 형제의 우애는 천성에서 나왔다고 할만 했다. 봄가을에는 거의 30명이나 되는 여러 자식과 손주들을 데리고 정자 주위에서 소요하며 종일토록 즐거워했다. 잠잘 때 다섯 형제가 이불을 함께 덮었고, 식사 때가 되면 같이 먹었으며, 부친이 재물을 다섯 아들에게 나누어주려 하자 형제는 한결같이 사양하고는 문서 대신 말로써 재물을 평생 공유하며 아껴 썼다.

경상도관찰사 임호신(1506~1556)이 1547(명종2)년 고을을 순시하다가 밤중에 혼자 예고 없이 오형제의 침소를 찾았는데 과연 소문대로 같은 이불을 덮고 자는 것을 확인하고는 '오우(五友)'라는 현판을 정자에 내걸도록 했다. 이후 조정에 장계를 올림으로써 형제의 명성이 온 고을에 자자해졌다. 임호신(任虎臣)은 일두 정여창(1450~1504)의 외손서이다. 오형제는 이후 몇 차례 조정의 부름을 받았으나 벼슬을 마다했다. 형제 중 세상에 마지막으로 남은 삼매당 민구서(1572년 졸)가 1563(명종18)년 고을 선비들과 뜻을 함께하여 오우정 왼쪽에 삼강사(三江祠)를, 그 아래쪽에 기사비(記事碑)를 세워 봄가을로 향사하며 효행과 우애의 정신을 이어갔다.

〈그림40〉 낙동강이 내려다보이는 후포산 자락에 삼강사비각(좌), 오우정(삼강서원), 삼강사가 'ㄱ'자 형태로 배치되어 있다.

오우정은 작원전투 후 북상하던 왜적의 침탈로 경내의 삼강사, 사적비와 더불어 모두 파괴되고 말았다. 자손들도 참화를 입어 경황이 없어 초석만이 폐허 속에 묻힌 채로 있었다. 1650(효종1)년 도임한 밀양부사 최욱(崔煜)은 옛터를 둘러보고 난 뒤 밀양 유생들을 불러 관아에서 오우정을 제재로 백일장을 개최했는데, 손습(1616~1650)과 죽파 이이정(1619~1679)의 시를 잘된 작품으로 뽑았다. 그리고 1695(숙종21)년 후손이 고을 사람들과 뜻을 합쳐 옛터에 오우정을 예전대로 다시 지었다. 실로 임란 후 백여 년만의 성사였다. 또 1704(숙종30)년 삼강사(三江祠)를 정자 왼쪽에 세웠는바 오우사(五友祠)라 부르기도 했다. 세월이 흘러 비바람에 심하게 훼손된 오우정을 1735년 대대적으로 중수했다.[33]

1753(영조29)년 8월에는 민구연의 6세손 민우사(閔友賜)와 7세손 민함수·민광수가 임란 때 없어진 삼강사비(三江祠碑)를 정자 앞의 강 언덕에 다시 세웠다. 전 대사헌 정암 민우수(閔遇洙)가 비문을 짓고 글씨도 썼으며, 전액은 글씨에 능했던 지돈녕부사 퇴어 김진상(金鎭商)이 썼다. 그리고 밀양부사 정존중(鄭存中)[34]은 1775(영조51)년 봄에 후손들과 협의해 오우정 앞에 있던 비석을 오우사 뜰 앞으로 옮기기로 하고, 이 비석을 새로 다듬어서 세웠다.

〈그림41〉 삼강사비. 우측은 오우선생약전비.

아울러 그는 사림의 요청에 따라 삼강사비를 고쳐 세운 연유를 비석 뒷면에 추가로 새겼다.

훼철된 삼강서원이 부활하기까지

1868년 흥선대원군 때 서원이 훼철됨에 정자도 따라서 무너져 버렸다. 서원은 없어졌지만 1874년 민함수(1700~1761)의 증손자 민치홍(閔致洪)의 주도로 『오우선생실기』가 목판으로 간행되었다. 또 1897년에 민구연의 12세손 민영지, 민구서의 12세손 민영하 등이 주축이 되어 삼강사 터에 오우정을 이건해 향례를 이어갔다.[35] 그리고 1923년에는 밀양 선비 손익현, 안장원, 손양훈, 이조현 등 170명이 삼강유계(三江儒契)를 결성해 삼강서원에 면면히 흐르는 효우 정신을 계승했다.[36]

해방 후 향례 중단으로 폐허가 된 오우정을 1979년 4월 종원들이 합심해 중수해 향례를 다시 거행했다. 그때 삼강사비 서쪽에 '효우천지(孝友天至)'를 기단석 중앙에 붙인 '오우선생 약전비'를 건립했다. 1995년 5월 '삼강사비'와 '오우선생실기 책판'이 경상남도 유형문화재 제306호로 지정되었다. 1997년에는 책판을 보관하기 위해 장판각을 건립했는데, 2013년 밀양시립박물관으로 이전했다. 2016년 서예가 하한식(河漢植)의 글씨를 새긴 삼강서원 편액을

〈그림42〉 삼강서원(좌), 삼강사(우)

〈그림43〉 삼강서원 내부

처마에 다시 내걸면서 오우정 현판은 내벽 중앙으로 이동했다. 2021년에는 몇 년간의 정부 보조로 진행하던 오우정 경내 정비를 완료했고, 비어 있던 장판각을 삼강사로 중건해 오형제 위패를 봉안했다. 현재 서원 내벽에는 역대 밀양부사의 현판시를 비롯해 수암 권상하 글씨의 상우당(象友堂), 민함수(閔涵洙)의 「오우정 팔경시」, 김녕한(1878~1950)의 「오우정이건기」(1931) 등이 걸려 있다.

후조창 비석군의 당매대가 뜻하는 것은

밀양 고지도와 읍지에는 삼강사(三江祠)가 거의 필수적인 정보 요소로 등장한다. 그렇다면 후조창 비석군에 있는 '당매대(棠梅臺)'와는 어떤 관련이 있을까. 두 가지 해석이 가능할 것 같다.

먼저 오우정에 깃든 우애라는 문화적 기억과 연계해 '棠'을 산사(山樝), 즉 아가위나무로 보는 경우이다. 『시경』「소아」〈당체〉는 아가위 꽃을 매개로 형제라는 존재의 의미를 노래했는데, 해당 시는 아래와 같이 시작한다.

아가위 꽃이여/ 꽃송이 울긋불긋 아름답네   棠棣之華 鄂不韡韡
지금 모든 사람 중에/ 형제 같은 이는 없네   凡今之人 莫如兄弟

이후의 시행에서 형제가 가장 소중한 이유를 들고 있다. 즉 죽을 고비를 당하면 형제가 먼저 생각나고, 집안에서 다투다가도 밖에서 모욕을 당하면 힘을 모아 맞서는 것이 형제이다. 아무리 좋은 벗이라도 형제만큼 돕지 않고, 배불리 먹고 술 먹을 때라도 형제와 함께라야 오래도록 화락할 수 있다는 것이다. 『시경』에서 노래로 표현한 형제에 대한 애틋한 정서는 오늘날에도 별 차이 없이 가슴에 와닿는다. '棠'은 아가위나무로 민씨 오형제의 우애를 상징한다.

'梅'는 매화 혹은 매화꽃이겠는데 우애와 관련해 특별한 의미는 없다. 다만 1753년 삼강사비 이전 건립을 주도한 민우사, 민함수, 민광수가 민구연의 직계 후손이라는 점이다. 민구연의 호가 삼매당(三梅堂)이므로 '梅'는 여기서 유래한 듯하다. 이렇게 본다면 오우정의 효우를 선양하는 데 각별한 관심을 가졌던 민구연의 후손이 '棠梅臺'를 새겼지 않았나 싶다.

다음으로 '棠'을 아가위가 아닌 감당(甘棠), 즉 팥배나무로 보는 경우이다. 『시경』「소남」〈감당〉은 주나라 소공(召公)의 고사를 배경으로 한 시인데 일부를 인용한다.

작고 무성한 팥배나무	蔽芾甘棠
자르지 말고 꺾지 마라	勿翦勿敗
소백께서 쉬시던 곳이라네	召伯所憩

싱싱한 팥배나무를 잘 보호하라는 취지의 노래이다. 소공은 주 무왕의 동생으로 섬서성 서쪽 지방을 다스렸다. 남국을 순행하며 정사를 다스리고 농사를 권하면서 하루는 팥배나무 그늘에서 잠시 쉬었는데, 백성들이 소공의 선정을 추모하는 뜻에서 팥배나무를 기념하여 잘 가꾸며 노래했다는 것이다. 나무를 손상하는 행위를 어진 관리를 모르는 우둔한 마음과 동일시하고 있다. '甘棠' 혹은 '棠'은 옛 시문에서 수령의 선정이나 애민을 비유하는 어휘로 쓰였다.

당매대 바위가 후조창 비석군에 있으므로, '棠'은 밀양부사나 경상도관찰사의 선정을 상징한다. 이때 '梅'는 수령의 고결한 품격 정도의 의미인 듯하다.

'당매'의 뜻을 위의 둘 중에서 굳이 선택할 것까지는 없겠다. 우애이든 선정이든 당매대가 후조창 터에 든든하게 남아 있기에 오우정과 후조창의 장소성이 강화된다.

지금까지 밀양 고지도의 주기 정보를 중심으로 삼랑진읍 장소성의 성격을 탐색해보았다. 최대한 문헌에 근거해 사적들의 내력을 밝히고 문화적 맥락을 드러내기 위해 서술의 초점을 두었다. 장소성은 문화적 기억이 오래전부터 차곡차곡 쌓였을 때 깊은 인상을 주게 된다. 옛 학자들이 남겨놓은 여러 시문은 삼랑진 주민들, 나아가 밀양인의 생활상을 깊이 들여다보는 데 더할 수 없는 자료이다. 주기 정보나 장소 의미를 더욱 세밀하게 파악할 수 있는 바, 제5부 제2장에서 자세히 검토하도록 하겠다. 끝으로 이상에서 다룬 본문 이해와 직결되는 밀양 고지도를 모아서 수록한다.

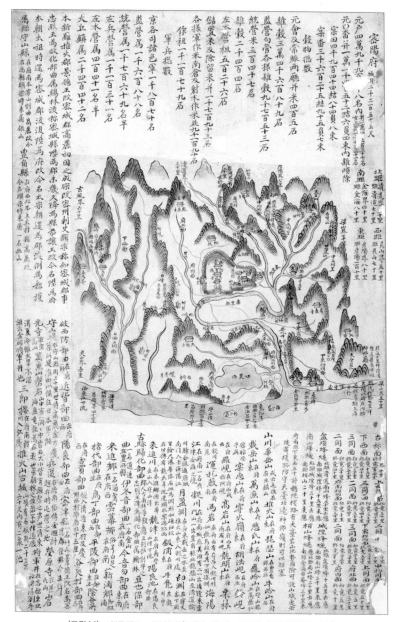

〈그림44〉 해동지도 〈밀양부〉(1724~1776, 규장각 한국학연구원 소장)

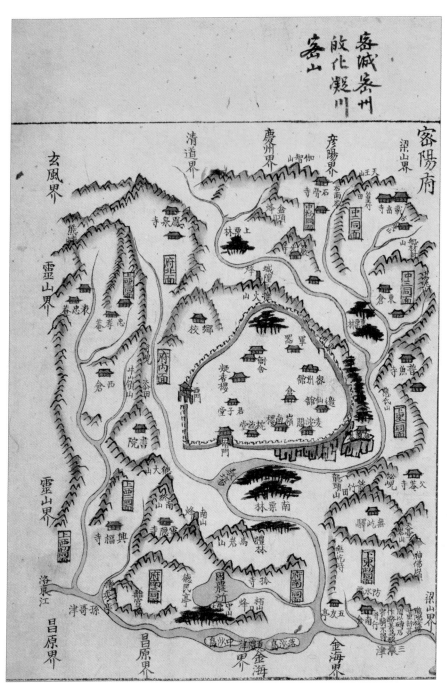

〈그림45〉 『여지도』 〈밀양부〉(18세기 중엽, 규장각 한국학연구원 소장)

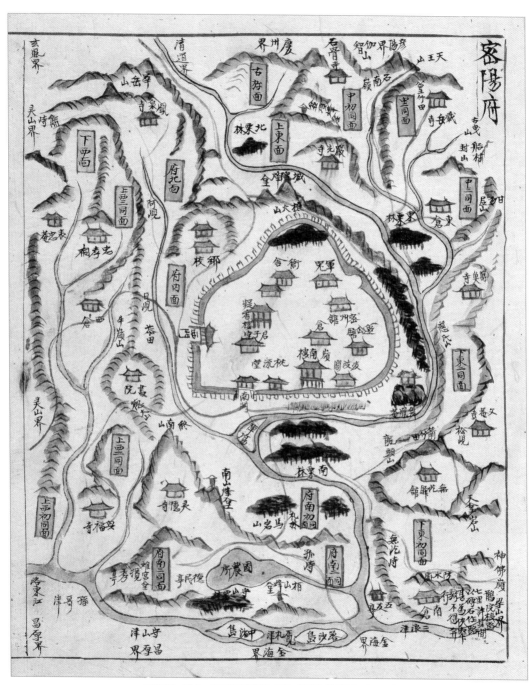

〈그림46〉 지승: 《밀양부》(18세기 중엽, 규장각 한국학연구원 소장)

〈그림47〉「광여도」〈밀양부〉(1737~1776, 규장각 한국학연구원 소장)

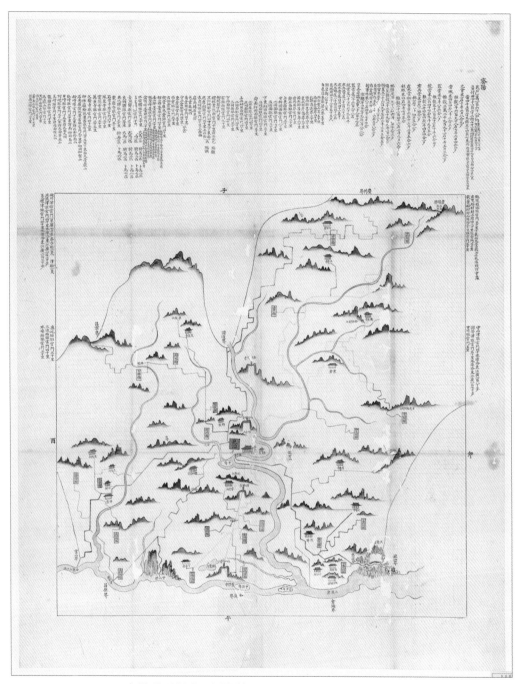

〈그림48〉 『영남지도』 〈밀양부〉(1725~1767, 규장각 한국학연구원 소장)

<그림49> 「영남도」 〈밀양〉(18세기 중반, 장서각 소장)

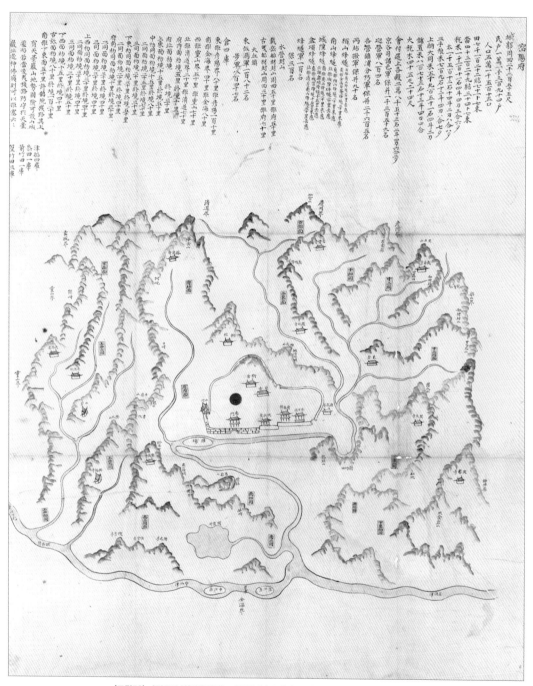

〈그림50〉 「경주도회(좌통지도)」 〈밀양부〉(18세기 중엽, 규장각 한국학연구원 소장)

〈그림51〉「지방지도」〈밀양부〉(1872, 규장각 한국학연구원 소장)

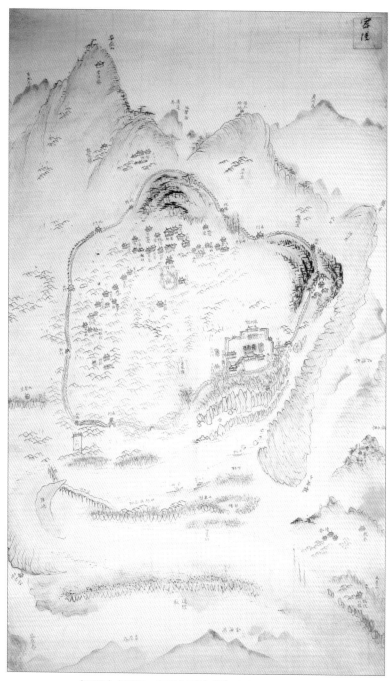

〈그림52〉 고지도: 《밀양》(19세기 중엽, 국립중앙도서관 소장)

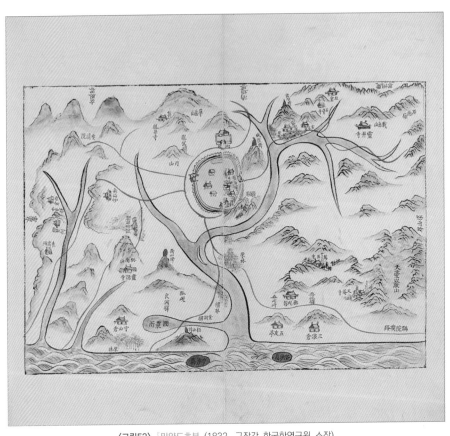

〈그림53〉『밀양도호부』(1832, 규장각 한국학연구원 소장)

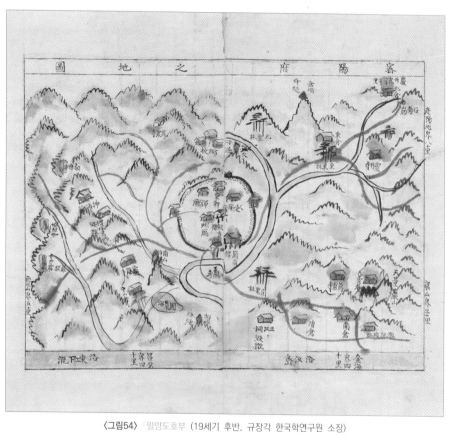

〈그림54〉 밀양도호부 (19세기 후반, 규장각 한국학연구원 소장)

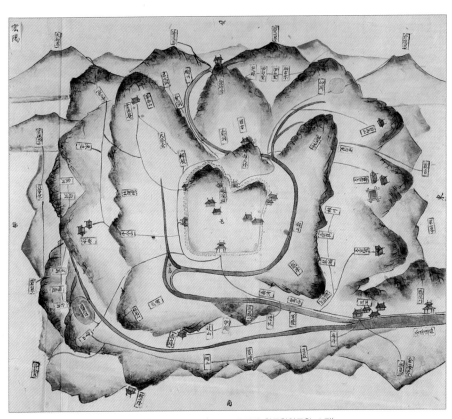

〈그림55〉「밀양도호부」(1899, 규장각 한국학연구원 소장)

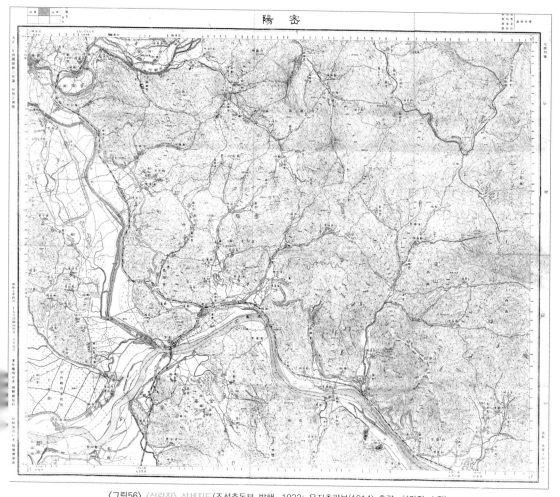

〈그림56〉 〈삼랑진〉 상세지도(조선총독부 발행, 1932; 육지측량부(1914) 측량, 하강진 소장)

미주

1 홍사중, 『과거 보러 가는 길』, 이다미디어, 40쪽.

2 박순문, 「영남대로 밀양구간 노선설정과 옛 지명의 관광스토리」, 『'영남대로 밀양 옛길 관광사업화 및 문화유적 정비'에 관한 심포지엄 자료집』(밀양시), 2012, 44쪽. 본문 서술에 맞게 구간을 하행 방향으로 조정했다.

3 1482년 6월 김종직이 서거정(1420~1488)의 「문경현 팔영」을 차운해 지은 「문경팔영(聞慶八詠)」(『점필재시집』 권16) 중 제2수가 '관갑잔도(串岬棧道)'이다. 윤상(1373~1455)은 그들보다 훨씬 앞서 「문경팔영」(『별동집』 권1)을 지었다.

4 이학규는 유배에 풀려난 뒤 1829년에서 1830년 사이에 작원을 소재로 3수의 시를 지었다. 해당 시의 구절이나 원주에서 작원을 작원(鵲院)으로, 작원잔도를 토천(兔遷)이라 표기했다. 아울러 '천'은 방언에서 물기의 산 비탈길을 부르는 말이라 했다. 「각시재집」 〈작원(鵲院)〉, 『낙하생집』 책18.

5 『밀양지』(1987, 576쪽)에서 광해군 이후로 옛터에 역원을 다시 세우고 관문과 잔도를 수치했으며, 작원나루터도 정비하기 시작한 것으로 서술했다.

6 이헌영, 『일사집략』地. "雨水漲溢, 邊隅之路, 不得通行. 自此乘舟, 卜駄亦載舟, 騎卜馬則使之迂回山路, 來待三浪浦. 舟中望見鵲院路, 有鵲院關門, 而題捍南門. 到密陽地三浪浦店, 止宿."

7 무흘산터널과 청룡산터널도 같은 시기에 준공되었다(조선총독부 철도국, 『조선철도사』, 1915, 110쪽). 한편 1902년 10월 26일 무흘산터널 공사 중 죽은 고지마 야노스케(兒嶋彌之助)의 추모모비가 현재 트윈터널 입구에 있다(『밀양』, 국립김해박물관 전시도록, 2017, 239쪽).

8 하강진, 「필사본 〈조생원전〉의 이본 유형과 담론 변이의 특징」, 『한국문학논총』 84, 한국문학회, 2020.

9 『세종실록』, 1423.7.8.

10 수산현의 역 신설은 선초의 수운 제도 정비와 밀접한 관계가 있다. 1403년부터 밀양의 세곡선은 내륙의 낙동강 연안을 이용하게 되었고, 수산을 경유해 상주로 운반함에 따라 물자와 사람의 이동이 많아져 역의 증설이 필요했다. 이런 까닭으로 수산현에 밀양부사 이백상이 1450년 덕민정(德民亭)을, 밀양부사 장적이 1538년 덕민정 서남쪽에 남수정(攬秀亭)을 각각 창건했다.

11 무흘역은 김종직(金宗直)의 「손봉산용전운 작연아이기 부화(孫鳳山用前韻作演雅以寄復和)」(『점필재시집』 권6)에 나오는데, 1470년 한식일에 밀양부사가 무흘역에서 잡은 노루와 돼지고기를 싸 들고 만어산 아래에서 지인들과 즐겼다.

12 김종직이 1465년에 지은 「응천죽지곡 9장」(『점필재시집』 권1) 중 제6장이 금동역을 소재로 했다.

13 『세조실록』, 1462.8.5.

14 『영남읍지』(1871) 4책 「황산역지」 〈속역〉, 규장각 한국학연구원, 22쪽.

15 『영남역지』(1894) 2책 「황산역지」〈속역〉, 규장각 한국학연구원, 112쪽.

16 부산박물관, 『초량왜관』(도록), 한글그라픽스, 2017 참조.

17 밀양문화원, 『밀양지명고』, 태화출판인쇄사, 1994, 99~104쪽.

18 현재 비석 뒷면은 마모가 심해 각자가 당초에 있었는지 분명하지 않다. 다만 『밀양지』(1987) 558쪽에 "1766(영조42, 병술)년에 건립"했다고 되어 있어 이를 따랐다.

19 1468년 4월 김종직은 「가흥참(可興站)」(『점필재시집』권4) 시를 지어 백성의 고혈을 빨아먹는 아전들의 탐욕을 고발했다.

20 1469년 1월 김종직이 지은 「초참(草岾)」(『점필재시집』권5) 시가 있다.

21 『영조실록』, 1765.11.14.

22 후조창이 있기 전에도 서해안은 조운선의 항로였다. 김종직은 1488년 3월 법성포의 조운선 약 30척이 부안 변산에서 풍랑을 만나 모두 파손되어 익사자가 3백여 명이 되었다고 했다. 「고부민락정 망조선(古阜民樂亭望漕船)」, 『점필재시집』권22.

23 비문의 운문은 대개 4언체이고 7언율시는 매우 드물다(이희득, 『한국의 철비』, 좋은땅, 2021).

24 "어진 사람은 반드시 용기가 있게 마련이지만, 용감한 자라고 해서 반드시 어진 것은 아니다 [仁者必有勇, 勇者不必有仁]."(『논어』「헌문」)

25 신국빈, 「삼랑발선요 구장(三浪發船謠九章)」병소서, 『태을암집』권2.

26 산산창(蒜山倉): 1744년 영의정 김재로가 건의해 김해 명지에 설치했고, 운영상 백성과 분쟁 여지가 있어 1763년부터 대구감영에서 전적으로 관리했다.

27 하강진, 『밀양 천년의 인물계보와 고전학』, 경진출판, 2021, 471~474쪽 참조.

28 위나라 이강(李康)의 「운명론」(『문선』권53)에 "무릇 황하가 맑아지면 성인이 태어나고, 이사 가 울면 성인이 나온다[夫黃河淸而聖人生, 里社鳴而聖人出]."라는 말이 보인다. 협주에 따르면 '사(社)'는 마을의 군주, '명(鳴)'은 교령이 시행됨을 뜻한다. 곧 백성을 따뜻하게 보살펴 돌아오 게 만드는 일은 오직 성인이 할 수 있다.

29 석두세(石頭稅): 사창의 환곡미를 봄에 나누어주고 가을에 거두어들일 때 섬[石]당 부과하던 세금, 혹은 연안에서 생산한 소금에 매기던 세금으로 보인다. 「통리교섭통상사무아문 소납염 세 절목」(1885, 규장각 소장) 참조.

30 『정조실록』, 1798.11.29.

31 『정조실록』, 1794.12.30.

32 1488년 3월 김종직이 법성포 조운선이 부서져 바다에 가라앉아 유실된 쌀을 건져내는 고된 과정과 악취 나는 쌀을 강제로 농민에게 분배하는 부당함을 탄식하며 지은 시에서 당시의 불합리한 조운 제도를 살필 수 있다. 「녹미탄(漉米嘆)」, 『점필재시집』권22.

33 이 중수 연도는 민함수(閔涵洙)의 오우정 중수시 중 "乙亥年同乙卯年"이라는 시행에 근거한다. 뒤의 시문편에서 상세히 다루었다.

34 밀양 관아 앞 비석군(좌10)에 정존중 유애불망비가 있다.

35 김녕한, 「오우정이건기」, 『급우재속집』권4 추록.

36 노상직, 「삼강유계서」, 『소눌집』권26.

제3부 삼랑진읍 마을 개요

〈그림1〉 삼랑진읍 안내도

〈그림2〉 삼랑진읍 행정복지센터 조감도(2023.6. 완공 예정)

〈그림3〉 삼랑진읍 행정복지센터(2022.4. 철거 전)

제1장 밀양시 행정구역 현황

(2021.12.31. 기준)

1. 행정구역별 면적과 용도

	전(㎡)	답(㎡)	임야(㎡)	대지(㎡)	기타(㎡)	계(㎡)
삼랑진읍	6.44	9.12	48.32	1.62	12.80	78.30
내일동	1.09	0.80	6.08	0.43	3.70	12.10
내이동	0.12	0.91	0.16	0.90	0.97	3.06
교동	0.52	0.60	1.87	0.44	1.19	4.62
삼문동	0.69	0.00	0.07	0.75	1.41	2.92
가곡동	0.53	0.25	3.45	0.44	1.53	6.20
하남읍	4.04	16.31	6.27	1.46	8.80	36.88
부북면	2.81	12.50	30.18	1.70	8.13	55.31
상동면	3.36	6.20	35.32	1.05	6.12	52.05
산외면	1.80	4.83	22.49	1.03	5.24	35.39
산내면	4.54	7.81	85.16	1.45	8.56	107.52
단장면	5.16	7.87	117.62	1.95	9.52	142.12
상남면	6.20	15.89	20.36	1.73	11.76	55.94

	전(㎡)	답(㎡)	임야(㎡)	대지(㎡)	기타(㎡)	계(㎡)
초동면	3.88	12.48	21.36	1.29	9.38	48.39
무안면	3.93	13.78	71.72	1.69	9.23	100.35
청도면	1.90	5.46	44.94	0.68	4.53	57.51
계	47.01	114.81	515.37	18.61	102.87	798.67

2. 행정구역별 법정리동

	법정리동	통리수	세대수	인구			고령 비율 (%)
				계	남	여	
삼랑진읍	13	31	3,623	6,499	3,245	3,254	41
내일동	3	10	1,446	2,612	1,263	1,349	35
내이동	2	19	8,021	16,341	8,097	8,244	17
교동	1	9	2,759	5,817	2,818	2,999	21
삼문동	1	22	8,259	20,120	9,658	10,462	16
가곡동	2	14	4,144	7,809	3,634	4,175	28
하남읍	8	33	3,819	7,042	3,528	3,514	37
부북면	16	22	2,858	5,076	2,133	2,443	39
상동면	8	18	1,869	3,039	1,459	1,580	47
산외면	6	19	1,312	2,799	1,427	1,370	40
산내면	8	23	2,138	3,807	1,940	1,867	42
단장면	12	25	2,531	4,272	2,121	2,151	42
상남면	9	31	4,151	8,262	4,123	4,139	33
초동면	12	24	1,983	3,365	1,661	1,704	46
무안면	20	28	2,809	4,897	2,390	2,507	44
청도면	7	12	1,098	1,768	850	918	51
계	127	340	53,120	103,525	50,849	82,676	

3. 삼랑진읍 동리 현황

법정리	행정리	인구(명)
임천리	임천, 금곡	395
숭진리	숭진, 금호	304
청학리	청학	212
용성리	청용, 칠성	350
용전리	용전	203
미전리	미촌, 대신	672
삼랑리	상부, 하부, 내부, 하양, 거족	503
송지리	내송 1~2, 외송 1~2, 신천, 죽곡	1,817
율동리	무곡, 율곡	370
우곡리	우곡, 염동	358
검세리	검세, 송원	609
안태리	안태, 동양	294
행곡리	안촌, 남촌	412
계		6,499

제2장 삼랑진읍 법정리별 특징

　삼랑진읍은 밀양시의 동남쪽에 위치하여 동쪽으로 금오산과 천태산을 사이에 두고 양산시 원동면(院洞面)과 경계를 이루었고, 서쪽으로 밀양강 하류를 사이에 두고 상남면(上南面)과 마주하고 있으며, 북쪽으로는 만어산 줄기를 경계로 단장면(丹場面)과 접하고 있다. 만어산, 금오산, 구천산 등의 산에서 시작된 여러 하천들은 삼랑진읍을 돌아 흐르면서 그 주변으로 평야를 형성하고 낙동강으로 흘러들어간다. 또한 경전선, 경부선의 분기점인 삼랑진역과 대구–부산 고속도로의 인터체인지 등을 통해 도로와 철도 교통의 요지를 이루고 있다.

　읍의 명칭을 살펴보면, 16세기 초에 면방 구역을 정비할 때 상동면, 중동면과 나란히 밀양군의 아래쪽에 위치했다고 하여 하동면으로 불리었다가 이후 1914년에 13개 법정리로 행정구역이 정비되고 다시 1928년 4월 1일부터 하동면에서 삼랑진면으로 개칭되었다. 1963년 1월 1일에는 삼랑진면에서 삼랑진읍으로 승격되었다. 현재 삼랑진읍은 임천리, 승진리, 청학리, 용성리, 용전리, 미전리, 삼랑리, 송지리, 율동리, 우곡리, 검세리, 안태리, 행곡리의 총 13개 법정리와 그 아래 31개 행정리와 86통반, 58개 자연마을로 이루어져 있다.

삼랑진읍에서는 주민들의 행정 편의를 위해 삼랑진읍 행정복지센터를 신축 중이다. 기존의 읍사무소는 1988년에 건립되어 30여 년을 사용해 왔으나 건물이 낡고 협소해 2022년 4월에 철거했고, 그 자리에

<그림4> 현재 삼랑진읍사무소로 사용 중인 삼랑진읍민회관

신청사를 2023년 6월 준공할 예정이다. 현재 방문 민원인들의 불편함을 최소화하기 위해 삼랑진읍민회관에 청사를 임시로 운영하고 있다. 그리고 임천리, 숭진리, 청학리, 용성리 등의 주민들을 위해 임천출장소를 1966년 7월 15일 개소했다. 원활한 업무 처리를 위해 1974년 7월 선립한 건물이 노후화되어 2015년 12월 9일 시비 4억 6천여만 원을 들여 신축했다.

삼랑진읍에서는 하천 인근 평야를 중심으로 벼농사 외에도 딸기·복숭아·단감·고추 등의 특용작물을 재배하고 있다. 2020년 기준, 딸기는 재배 면적

<그림5> 임천출장소 준공식(2015.12.9)

189.1ha, 생산량 6445.5톤으로 삼랑진의 농특산물 가운데 가장 큰 비중을 차지하고 있다. 그 다음으로는 용전리와 청학리를 중심으로 재배되는 단감으로, 재배 면적은 214ha, 생산량은 2,654톤에 달한다. 최근에는 딸기, 파프리카, 토마토 등을 생산하는 스마트팜 혁신밸리가 조성되어 농업 경쟁력을 강화하고 있다.

농업 외에도 용전산업단지와 미전농공단지를 중심으로 새로운 생산 산업 활동이 이루어지고 있으며, 삼랑진읍이 보유한 다양한 문화유산과 천혜의 자연환경은 관광산업 육성의 소중한 자원으로 무궁무진하게 활용될 여지가 있다.

최근 삼랑 벚꽃길과 만어산 인근에는 꽃이 가득한 산자락을 품은 카페들이 들어서고 있으며, 낙동강 강줄기를 따라서 조성된 자전거길 인근에는 자전거 라이딩을 즐기는 관광객을 대상으로 한 여러 카페와 편의시설이 생겨나고 있다. 이들 카페에서는 삼랑진의 특산물인 딸기 등을 이용한 식음료를 개발하여 판매하여 마을 주민들과 상생하고자 노력하고 있다.

이러한 변화와 함께 발맞추어 밀양시와 삼랑진읍에서도 다양한 지역 발전 사업을 꾸준히 추진하고 있는데 구체적인 사업은 후술할 삼랑진읍의 주요 사업(1991~2022) 표에서 확인할 수 있다. 끊임없이 발전하고 있는 삼랑진읍의 생생한 모습을 법정리별로 살펴보자.

1. 임천리

밀양에서 국도 58호선을 타고 임천터널을 빠져나오면 가장 먼저 마주치는 마을이 바로 임천리(林川里)이다. 낙동강에 제방이 생기기 전에는 강이 자주 범람하여 마을 주민들이 "메기만 울어도 임천 들판에 물이 찬다"고 할 정도였다. 이 마을 어른들의 증언에 따르면 강이 범람하여 밭에 심은 작물들이

〈그림6〉 임천리 경상남도 스마트팜 혁신밸리

다 물에 쓸려가면 멀리까지 가서 버려진 무를 주워다가 먹어야 할 정도로 살기가 힘들었다고 한다. 그러나 제방이 만들어진 후에는 마을 앞으로 크고 번듯한 개간지 평야가 생겨 농사짓기가 수월해졌다고 한다.

임천리 일대에서는 벼농사와 함께 딸기를 많이 재배하고 있는데 최근에는 자동화된 최신 농업기술이 적용된 '경상남도 스마트팜 혁신밸리'가 들어서서 새로운 농업 환경이 조성되었다. 이 혁신밸리는 국비 576억, 도비 328억이 투입된 스마트 농업혁신단지이며, 핵심시설로는 청년스마트팜 농업인을 육성하는 청년창업보육센터, 임대형 스마트팜, 스마트팜 기자재를 생산하는 기업체가 연구개발을 진행할 실증단지, 그리고 혁신밸리 지원센터가 있다. 밀양시는 이를 기반으로 임천리 일대를 스마트 농업의 중심지역으로 육성할 계획이다.

중세 시대에 임천리는 이웃한 숭진리, 청학리와 함께 금음물(今音勿)부곡에 속해 있었다. 금음물부곡은 15세기까지 존재한 것으로 보이는데 옛 흔적이 마을 앞 들판을 부르는 '거물들'이라는 이름에 남아 있다.

임천리에 속한 행정리에는 임천마을과 금곡마을이 있다. 예전의 자연부락으로는 새각단, 웃각단, 아래각단, 모티 등이 있었다.

임천마을의 입구에는 당나무가 있는데 예전에는 당나무들이 여럿 우거져 당숲을 이루었다. 임천(林川)이라는 마을 이름은 제방이 생기기 전에 이 당숲이 강물이 범람할 때 물이 마을로 들어오는 것을 막아주었다고 하는 데서 유래한다.

〈그림7〉 임천마을 전경

금곡(金谷)마을은 옛날부터 이곳 뒷산에 철광이 있었기 때문에 붙여진 이름으로 쇠실, 쇠술, 쇠점이라고도 불렸다. 마을 앞 새로 생긴 길 옆 밭에는 아직도 가끔 쇠 부스러기

〈그림8〉 임천리회관(임천3길 10-2)

가 나오기도 하고, 마을 뒤 대나무 숲에서는 쇠를 녹이고 남은 쇠똥이 많이 남아 있다고 한다. 2012년 실시된 국립문화재연구원의 조사에 따르면 금곡

마을 동쪽 산자락에서 삼국시대 제철로 65기, 추정 배소로 1기, 제철관련 폐기장 12기, 점토저장시설 1개소 및 점토채취장 10개소, 가마 2기, 탄요 1기, 수혈 26기가 발견되었다. 이들 유적의 제철로는 대부분 소형이지만 점토 채취 및 저장시설 등 제철조업의 다양한 면들을 새롭게 확인할 수 있어, 제철을 활용한 다양한 복합 공정이 이 지역에서 이루어졌음을 알 수 있다.

배산임수의 천혜의 자연조건을

〈그림9〉 금곡마을 전경

〈그림10〉 금곡복지회관(임천5길 33)

갖춘 임천리에는 오래전부터 사람이 살았던 흔적이 있다.『밀양시 문화유적
지도』에 의하면 임천리 농경지 일대에는 모두 9기의 고인돌이 있다고 한다.
고인돌은 청동기시대의 대표적인 무덤 형식인데, 이들 무덤이 임천리에 있
다는 것은 청동기시대부터 이곳에 사람이 살았다는 것을 의미한다.『밀양지』
에는 임천리 마을 뒤 경작지에 접한 언덕에 있는 고분군을 소개하고 있다.
고분군은 4기가 있는데 삼국시대의 것으로 추정된다. 1960년경에 도굴이
되었는데 이 주변에서 많은 토기 조각이 발굴되기도 했다.

임천리는 강을 경계로 상남면과 마주하고 있기 때문에 오래전부터 여러
나루가 존재했다. 임천마을에는 거물들을 중심으로 윗나릿가[上津]와 아랫
나릿가[下津]가 있었다. 금곡마을에도 나루가 있었는데 강폭이 넓고 수심이
얕아서 여울이 많이 생기는 나루라는 뜻에서 광탄나루(廣灘津) 혹은 여울나
루라고 불렀다. 임진왜란 때 부사 박진이 작원관 방어선이 무너지는 바람에
큰길을 피해 이 나루를 건너 후퇴하다가 물의 깊이를 제대로 헤아리지 못해
병사들의 태반을 잃고 말았다고 한다.

임천리 출신 유명 인물로는 조선 중종 때 교리 손수(孫洙, 미상~1522)를
들 수 있다. 손수는 1509년 과거에 급제한 후에 홍문관에 재직하면서 국왕이
가야 할 바른길에 대해 간언을 많이 해서 왕의 신임을 받았다. 글도 잘 써서
1520년 중종이 신하들을 대상으로 시짓기 시험을 했을 때 2등으로 뽑혀
어린 말 1필을 하사받기도 했다. 1522년 이조정랑에 재임하던 중 사망하였
는데 왕이 친히 전교를 내려 "손수는 쓸모 있는 사람으로 대간·시종을 오래
지냈는데, 지금 그의 병사 소식을 들으니 매우 애통하다. 속히 부의를 보내
라." 하였다. 마을에 전해지는 이야기에 따르면 이렇게 뛰어난 능력을 갖춘
손수에 비해 아들 손천석은 일자무식에 미련하여 아버지의 재주를 전혀
닮지 않았다. 그래서 당시 마을 사람들은 못난 남의 자식을 놀릴 때 "불초하
기가 손천석을 닮았다"라고 했다 한다.

2. 숭진리

숭진리(崇眞里)는 임천리와 동서로 나란히 인접하여 흔히 '임천 숭진'이라 불리던 마을이다. 임천리, 청학리와 함께 중세 이래 금음물부곡에 속했던 옛 마을이기도 하다. 숭진리는 동쪽으로는 만어산, 북쪽으로는 도장산과 자씨산을 끼고 있다. 이 주변 산과 계곡에서 내려오는 물이 임천천을 이루고 숭진리를 지나 임천리를 통과하여 밀양강으로 흘러간다. 과거에는 홍수가 나 밀양강의 강물이 임천천을 따라 범람하면 배가 마을 안까지 들어왔을 정도라고 한다. 제방이 만들어진 후에는 너른 개간지가 생겨 농지로 활용하고 있다. 주로 벼농사를 짓고 있으나, 최근에는 특산물로 복분자와 맥문동 등을 많이 재배하고 있다.

숭진리에 속한 행정리에는 숭진마을과 금호마을이 있다. 숭진마을에 웃각단과 아래각단, 금호마을에 양달과 음달이라는 자연마을이 있었다.

숭진리와 숭진마을의 지명은 이 마을에 있었다고 하는 숭진사(崇眞寺)에서 유래했다. 현재는 폐사(廢寺)되어 절은 사라지고 절터만 일부 남아 있다. 숭진마을에서 서남쪽으로 내려오면 있는 큰 마을이 바로 금호(琴湖)이다. 금호의 지명은 옛 금음물부곡의 명칭에서 나왔다는 설과 옛날 이 마을에서 두 성씨 집단의 분쟁이 그치지 않자, 마을 장로가 "거문고와 같이 화합된 소리로, 호수처럼 관대한 마음으로 서로 돕고 살자"고 화해를 주선해서 마을 이름을 금호라 했다는 설이 있다. 금호

〈그림11〉 숭진마을 전경

〈그림12〉 숭진복지회관(숭진석탑길 86)

마을에는 과거 밀양강이 범람하여 물이 마을까지 들어왔을 때 배를 매었던 선창이 있었다고 한다. 임천 제방이 생긴 뒤로는 거물들이 생겨나면서 뒷창골(후창곡) 등의 지명으로 그 흔적만 찾을 수 있다.

〈그림13〉 금호마을 전경

금호마을 동남쪽, 부산대학교 밀양캠퍼스로 들어가는 길 좌우로 넓은 들이 펼쳐져 있다. 마을 주민들은 이곳을 왕당들 혹은 왕장지들이라고 부른다. 전설에 따르면 신라 때 임금들이 봄에 하남면의 국농소

〈그림14〉 금호회관(숭진길 56)

에 가다가 경주에서 울산, 언양을 거쳐 이곳에서 쉬어 갔다고 한다. 그때 왕이 쉬어 가던 작은 정자[堂]가 있던 곳이라 왕당들이라고 한다는 것이다. 또 다른 설로는 들 가운데 있는 한 바위에 왕이 앉아 쉬었다고 해서 앉을 좌(座)를 써서 왕좌들, 또는 왕당들, 왕장지들이라 했다고 한다.

숭진리의 대표적인 문화 유적으로는 숭진사 삼층석탑을 들 수 있다. 『밀양시 문화유적지도』에 의하면 숭진사는 숭진마을 동북쪽 숭진리 412번지 일대에 있었던 것으로 추정된다. 인근 주민들은 이 절을 숭진사, 용우사, 가리사 등으로 불리었다. 1652년 신익전(申翊全)이 남긴 『밀양지』에 밀양에 숭진사라는 사찰이 있었다는 기록으로 볼 때 아마도 그때까지는 절이 남아 있었던 것 같다.

20여 년 전까지만 해도 근처에서 기와나 자기, 석재 등이 출토되었다고 하는데, 현재로서 절터의 흔적은 논밭 한가운데 자리한 삼층석탑이 거의 유일하다. 석탑은 화강암으로 조성한 높이 3m의 크기의 단층 기단의 삼층석탑으로, 제작 방식이나 양식으로 보아 고려 중기에 건립된 것으로 추정된다.

〈그림15〉 숭진리 삼층석탑(보물 제468호, 숭진리 412-1번지)

삼층석탑은 1968년 12월 19일 보물 제468호로 지정되어 그 가치를 인정받았다.

숭진리 금호마을의 유명 인물로는 조경암 장문익(蔣文益, 1596~1652) 부자가 있다. 장문익은 1613년 부친인 성현찰방 장경신이 별세한 뒤 모친 밀양박씨를 모시고 삼랑진 숭진리 금호에 터를 잡고 살았다. 이후 1627년 정묘호란이 일어나자 경상도 호소사(號召使)로 의병을 총괄하던 스승 장현광에게 발탁되어 12읍 의병장으로 추대되었으며, 병자호란 당시에도 이 지역의 의병들을 이끌고 활약하였다.

아들 장희적(蔣熙績, 1627~1705)은 어릴 때부터 성품이 따스하고 재주가 뛰어났으며 공부하기를 즐겼는데, 갈암 이현일이 일찍이 그에 대해서 "시를 주고 옛일을 이야기하니 책 속의 사람을 대한 듯하다."고 평하기도 했다. 1652년 12월 20일 부친상을 당하자 무덤 옆에 초려(草廬)를 지어 비바람을 개의치 아니하고 아침저녁으로 통곡하며 항상 묘소를 정성껏 보살피니 마을 사람들이 하늘이 낳은 효성이라 칭송하였다. 그 뒤 1672년에 어머니가 별세했을 때도 상복을 입고 밤마다 통곡하여 피눈물을 흘리니 다시금 온 마을 사람들이 그의 효성을 흠모하였다. 동생 장희백(蔣熙伯) 역시 어릴 때부터 재지가 탁월했는데, 부친이 큰아들 장희적에게 "이 아이가 장차 나아갈 곳이 있을 것이나 우리는 늙어서 그 결과를 볼 수 없으니 네가 잘 지도해주어라." 고 하였다. 이에 장희적은 부모님이 남긴 말을 받들어 잠시도 방임하지 않고 면학에 마음을 다하도록 유도하여 두 형제가 모두 문학과 필법으로 대성하였다. 장희적은 만년에 환난상휼(患難相恤)의 미풍양속을 권장하기 위하여 양곡 수십 석을 내어 마을 안에 굶주리는 사람이 없게 함으로써 인근 사람들의 칭송을 받았기도 했다. 금호마을 서쪽 언덕에 있는 세심정(洗心亭)은 장희적 형제가 1677년에 지어 거처하면서 도학에 힘쓴 곳으로, 후대에 이르러 화재로 없어지고 현재는 거처하던 동네 안쪽의 옛집에 세심정 현판을 내걸었다.

숭진리의 교육기관으로는 숭진리 600번지(삼랑진로 1286)에 숭진초등학교가 있다. 숭진초등학교의 구체적인 연혁은 제6부 제1장에서 자세히 다룰 것이다.

3. 청학리

삼랑진 서북쪽에 위치한 청학리(靑鶴里)는 북쪽으로는 만어산 자락을 둘러싸고 남쪽으로는 응천강이 흐르는 너른 들판이 펼쳐진 전형적인 배산임수의 형세를 갖춘 마을이다. 임천 제방이 생기기 전에는 이 들판은 항상 물이 고여 있는 억새밭이었다고 하는데, 숭진리 금호마을에서 왕당들까지 이어진다. 청학리에서는 비옥한 들판을 활용하여 벼농사를 주로 하고 있는데, 시설하우스를 활용한 토마토 재배 역시 늘어나는 추세이다.

청학리도 인근 마을들과 마찬가

〈그림16〉 청학마을 전경

지로 금음물부곡의 속했던 마을로, 1914년 행정구역 통폐합 때 임천리, 숭진리, 용성리에서 일부를 병합하여 새롭게 법정리로 형성되었다. 청학리에 속한 자연부락으로는 학동·가정자·용복마을이 있다.

〈그림17〉 청학동복지회관(청학1길 77)

　청학리 북쪽 산기슭의 학동(鶴洞)마을은 청학리의 중심마을로, 뒷산 푸른 소나무 숲에 학이 날아와 산다고 해서 이름 붙여졌다. 학동마을 남쪽에는 가정마을 혹은 가정자마을이 있다. 가정이라는 지명에 대해서는 마을 앞에 개오동나무(檟)로 만든 정자가 있어서 가정(檟亭)이라고 불렀다는 설과 아름다운 정자라 가정(佳亭)이라 불렀다는 설이 있다. 마을 동남쪽으로 솔티고개가 있어 용전리로 이어지는데, 옛날 삼랑진 시장으로 가는 길이라고 해서 이 고개를 장고개라 불렀다고 한다. 학동마을 서쪽에는 용복(龍伏)마을이 있다. 이 마을 북쪽의 산이 마치 용이 엎드려 있는 형세와 같아서 용북(龍北) 혹은 용복이라고 부르게 되었다고 한다.

〈그림18〉 용복마을 전경

　마을 주민들에 따르면 학동마을 앞을 흐르는 응천강은 지금은 물이 얕지만 예전에는 배가 드나들 정도로 깊었다고 한다. 철도가 생기기 전에는 상인들이 배에 짐을 싣고 물건을 팔러 이 일대까지 들어왔고, 아주 옛날에는 큰 홍수가 나면 해일이 일어서 먼 바닷물이 강물과 함께 마을 안까지 들어왔다고 한다. 그때 밀려온 조개들이 아직 흔적이 남아서 학동마을 앞 들판에 농사를 짓느라 땅을 엎어보면 조개껍질이 많이 나온다고 한다. 그래서 이 일대를 조개짐이라고 부르게 되었다.

　청학1길 뒤쪽의 산 중턱에 조선 중기 학자이자 의병장으로 널리 알려진 조경암 장문익(蔣文益, 1596~1652)의 묘가 있다.

〈그림19〉 조경암 장문익 묘

한편, 조선 중기에 나주 정씨 20세손이자 〈고암공파〉 파조 정윤희의 6세손인 정지원이 삼랑진 청학리로 이거하여 학동을 세거지로 삼았는데, 청학리 학동마을에 있는 고원재(顧源齋)가 바로 나주 정씨 재실이다.

청학리의 교육기관으로는 청학리 56번지(삼랑진로 1268-50) 일대에 너른 부지에 조성된 부산대학교 밀양캠퍼스가 있다. 부산대학교 밀양캠퍼스와 관련된 자세한 이야기는 6부에서 자세히 다루고자 한다.

ㄴ. 용성리

용성리(龍城里)는 숭진리에서부터 내려오는 응천강의 하류 지역에 위치한 마을이다. 마을 동쪽에 청룡산이 자리 잡고 있는데, 산줄기 너머로 용전리와 이웃하고 있다. 마을 북쪽에는 임천리에서부터 이어진 너른 개간지가 펼쳐져 있으며, 응천강은 이 들판을 가로질러 서쪽 밀양강으로 흐른다.

지금은 마을 앞으로 경부선 철도가 지나고 있지만, 철도가 생기기 전에는 밀양강 하구를 통해 많은 상선이 드나들었다고 한다. 광탱이나루, 인구리나루, 미전나루 등 옛 나루터의 유적은 이 마을이 과거 수운 교통의 요지였음을 확인시켜 준다.

〈그림20〉 용성마을 전경

현재 용성리에서는 주로 벼농사를 하고 있으며, 시설하우스를 이용한 토마토·딸기를 많이 재배하고 있다. 이와 더불어 청룡(靑龍)마을 입구에 용성보건진료소가 있고, 임용한우단지에서 한우를 대량으로 사육하고 있다.

용성리는 인근 마을들과 마찬가지로 중세시대까지는 금음물부곡에 속했던 마을로, 1914년 행정구역 통폐합 때 새로 법정리를 만들면서, 대표 마을인 청룡마을과 칠성마을에서 한 글자씩을 가지고 와서 용성리라고 이름붙였다. 현재 용성리에 속한 행정리에는 청룡, 칠성, 인전이 있다. 과거 자연부락으로는 솔배개, 샛터 등이 있었다.

청룡마을은 용성리의 동북쪽 솔티고개 밑에 있는 오래된 마을로 마을 뒤편에 푸른 소나무가 우거져 있는 모습이 마치 용이 움직이고 있는 형상과 닮았다고 해서 청룡이라는 지명이 붙었다. 밀양에서는 예로부터 "일안태(一安台) 이청룡(二靑龍) 삼사포(三沙浦)"라는 말이 있다. 이는 풍수지리학적 관점에서 밀양의 여러 마을 가운데 명당의 순위를 매긴 것인데 청룡마을은 이가운데 두 번째로 손꼽히었다. 청룡마을의 경우 마을 북쪽 청룡산에서 내려오는 산줄기가 좌청룡과 우백호의 혈에 해당한다고 한다. 명당으로 소문난마을답게 청룡마을은 조선 초부터 양반들의 우거지로도 이름이 높았으며 많은 인물을 배출하였다. 조선초에는 직강 조휘, 진사 조연, 조언 등 함안 조씨 일가와 현감 박진, 생원 박응 등 밀성 박씨들이 대거 입촌하였다. 명종 때에는 조연의 외손인 류창무와 그 아들 찰방 류광윤이 우거하면서 문화 류씨의 세거지가 되었다. 영조 때에는 벽진 이씨 집안의 이정윤, 이곤윤 형제가 우거하면서

〈그림21〉 청룡마을 경로당(청룡1길 44)

〈그림22〉 청룡복지회관(청룡2길 30)

이 일대에 벽진 이씨가 많이 살기도
했다.

청룡마을에 있는 영사정은 문화
류씨 재실로, 본래 1637년 류광윤이
건립하여 공부하던 장소로 사용하
다가 이후 무너져 그 터만 남은 것

〈그림23〉 영사정 노비연개비(청룡2길 52-2)

을 1918년 류창무의 11세손인 류영우가 다시 창건하였다. 영사정 내는 의로
운 노비를 기리는 의비연개비(義婢蓮介碑)가 있다. 연개는 문화 류씨 집안의
노비로 청룡마을에 입촌한 류창무의 조부부터 그 아들인 류광윤까지 4대를
극진히 모신 공이 있어 특별히 비석을 세웠다고 한다.

솔배개는 솔배기라고도 하는데 본래 마을 주변에 소나무와 잣나무가 무성
하여 송백(松柏)이라고 했다가 솔백이, 솔배기, 솔배개 등으로 음이 바뀐 것
이다. 지금은 근처에 소나무와 잣나무는 없어지고 마을 이름에만 그 흔적이
남아 있다. 샛터마을은 청룡마을 북쪽에 새로 생긴 마을로 새롭게 생겨난
마을이라는 뜻을 담고 있다.

청룡마을 서남쪽에는 칠성(七星)
마을이 있다. 마을 인근에 큰 바위
일곱 개가 있어서 마치 북두칠성과
같다고 칠성마을이라고 불렀다고
한다. 전해지는 이야기에 따르면 예
전에 이 바위 근처에 살던 사람이
사는 데 불편해서 돌을 움직여 보려
고 했는데 부정이 타서 기르던 가축
이 죽고 가족들이 병에 걸렸다고 한
다. 이후 마을 사람들은 이 바위를
용하게 여겨서 기자와 기복을 하는

〈그림24〉 칠성마을 전경

〈그림25〉 칠성마을회관(칠성길 68)

장소로 널리 알려지게 되었다고 한
다. 칠성마을회관에서 북쪽으로 올
라가 용성교 좌측 산록에는 창원부
사 손기양의 차남으로 장문익의 촉
망받는 제자였으나 요절한 손습(孫
濕, 1616~1650)의 묘가 있다.

〈그림26〉 인전마을회관(칠성2길 10)

칠성마을 남쪽 웅천강변에는 인
굴이마을 혹은 인전(印轉)마을이라
하는 오래된 자연마을이 있다. 마을
의 이름은 남쪽 현랑산(玄浪山) 아래

〈그림27〉 백곡 이지운 묘 후경

에 있는 깊은 연못과 관계가 있다. 옛날 경상감사가 고을을 순찰하기 위해
이곳에 왔다가 뱃놀이를 하게 되었는데, 우연히 허리춤에 차고 있던 직인(職
印)을 물속에 떨어뜨렸다고 한다. 그 뒤로 이 연못을 인굴이소 또는 인전소
(印轉沼)라고 불렀다고 한다.

현랑산 기슭에 백곡 이지운(1681~1763)의 묘가 있다. 그는 어려서부터 효
행으로 유명했다. 그의 나이 8세 때 아버지가 별세하자 상(喪)을 주관했고.

〈그림28〉 인전마을 앞 인전소에서 본 밀양강 광탄

이후 지극정성으로 봉양하던 할머니와 어머니가 세상을 떠났을 때도 상을 정성껏 치러 향리에서 칭송이 자자하였다고 한다.

5. 용전리

사방이 산으로 둘러싸인 용전리(龍田里)는 삼랑진읍에서도 가장 높은 곳에 위치한 마을로, 북쪽으로 만어산에서부터 서남쪽 들판까지 오이처럼 길게 이어진 모양을 하고 있다. 대체로 북쪽은 지대가 높고 남쪽으로 갈수록 낮아지는데 북쪽 여러 산골짜기에서 내려오는 물이 미전천을 이루어 미전리, 송지리, 검세리를 거쳐 낙동강으로 흘러간다. 이 미전천을 중심으로 너른 들판이 펼쳐져 있다. 남쪽 들을 중심으로 벼농사와 밭작물을 재배하고 있으며, 북서쪽의 대부분 지역은 경작지가 부족해 주로 산비탈에서 단감을 재배하고 있다.

용전리라는 명칭은 1914년 행정구역 통폐합 당시 대표적인 두 마을인 용어(龍魚)마을과 직전마을을 아울러서 법정리로 삼으면서 생겨났다. 용전리에 속한 자연마을로는 용어·사기점·상신기·새터·직전·하신기가 있다. 이 중 상신기·직전·하신기마을 일대에 일반산업단지가 조성되어 예전의 용전리 분위기와는 사뭇 달라졌다.

만어사 바로 밑에 자리잡고 있는 용어마을은 만어마을이라고도 하

〈그림29〉 용전리 전경

〈그림30〉 사기점 마을회관. 독립지사 김성두 공적안내판

는데 옛날에는 단장면과 숭진리, 우곡리, 미전리 등으로 나가는 교통의 요지였다. 이 마을의 지명은 만어산 연못에 살면서 사람을 해치던 독룡(毒龍)이 부처님의 교화를 받아 승천했다는 전설에서 유래했다고 한다.

사기점(沙器店)마을은 과거 만어사와 인근 마을에 사기그릇을 만들어 팔던 마을로 알려져 있다. 밀양 지역은 예로부터 도자기의 원료가 되는 좋은 흙이 많아서 분청사기 등을 생산하던 가마가 곳곳에 있었는데, 그 가운데 삼랑진의 사기점은 왕실에 납품되던 도자기를 구워냈던 곳으로 유명하다. 가마터는 현재 사기점마을 뒤편 감나무 과수원과 논밭에 걸쳐 600여 평 부지에 비교적 넓게 분포하였다. 여기서 최근까지도 귀얄무늬·인화무늬·덤벙 분청 등의 도자기 파편이 무더기로 발견됐으며, 파편 가운데는 '밀양장흥고(密陽長興庫)'라는 글자가 새겨진 것도 조사되었다. 장흥고는 궁중에서 사용되는 여러 물품을 조달하던 관청으로 이는 이 지역에서 만들어진 도자기가 장흥고에 납품되었음을 의미한다. 그리고 사기점마을은 독립운동가 김성두(金成斗, 1885~1952)가 출생한 곳으로 생가가 있고, 그의 묘는 만어산 자락인 성모동굴성당 옆에 있다. 이에 대해서는 제8부에서 구체적으로 다룰 것이다.

사기점마을에서 새터마을로 가는 삼거리 맞은 편에는 왕정자(王亭子) 터가 있다. 동쪽으로 고개를 넘어가면 우곡리 서남쪽으로 이어진다. 이곳은 옛날에 만어사로 향하는 길목이었는데 신라 때 임금이 만어사에 행차하면 이곳에서 쉬어 갔다는 이야기가 전해진다. 옛날에는 임금이 머물렀던 곳을 기념하여 지은 정자가 있었다고 한다. 지금은 진양테크 아래의 무성한 대나무숲으로 변해 있다.

직전(稷田)마을은 미전리의 북쪽 청룡산 골짜기를 따라 북쪽으로 이어진 마을이다. 직전의 지명에 대해서는 두 가지 설이 있다. 하나는 이 일대가 예전에 수리 시설이 부족히

〈그림31〉 왕정자 터

여 가뭄이 들면 마른 밭에 피(稷)만
무성했기 때문에 직전이라고 불렀
다는 것이다. 또 하나는 이 마을 일
대가 지금의 미전리 대천마을에 있
던 무흘역에 딸려 있던 토지였다는

<그림32> 직전마을회관(미율로 307)

설이다. 즉 옛날 지방 관청의 운영
경비를 충당하기 위해 지급된 토지인 지전(紙田)에서 그 음이 변하여 이어져
내려왔다는 것이다. 직전마을에 위치한 벽소정(碧疎亭)은 안동손씨 손조서
(孫肇瑞)의 묘를 수호하고자 1904년에 건립한 분암(墳庵)이다. 또한 마을 경로
당 옆에는 이 마을 출신의 대표적인 문인인 오규원(1941~2007) 시인의 생가
가 있다.

용전리와 우곡리의 경계를 이루는 해발 670m의 만어산 중턱에 위치한
만어사는 『삼국유사』「탑상」편 '어산불영(魚山佛影)'에 가야 수로왕이 독룡
과 나찰녀를 교화시키기 위해 부처님의 설법을 청했다는 창건 설화가 전해
지는 오래된 고찰이다. 만어사 미륵전 남쪽에는 크고 작은 검은 돌이 쏟아져
내린 듯이 널브러져 있는 너덜겅이
펼쳐져 있다. 이 돌들은 천연기념물
제528호로 지정되었으며, 밀양 3대
신비로 불리기도 한다. 만어사 경내
에는 보물 제466호로 지정된 삼층
석탑이 있다.

<그림33> 용전리 새터마을

용전리 만어산 기슭에는 한국 천
주교 최초의 순교자인 김범우 묘가
있다. 김범우는 1774년 이승훈에게
세례를 받은 뒤 열렬한 천주교 신자
가 되었는데, 1785년 그의 집에서

<그림34> 성모동굴성당에서 본 용전산업단지

예배를 보다가 적발되어 혹독한 형벌을 당한 후 밀양으로 유배되었다가 2년 후인 1787년 37세의 나이로 선종하였다. 2011년에는 묘역 일대에 김범우 순교자 기념 성모동굴성당과 교육관 및 사제관 등을 조성하여 이곳은 지금까지도 많은 순례객이 방문하는 주요한 성지가 되었다. 만어사와 성모동굴성당은 제6부 제2장에서 구체적으로 다룰 것이다.

6. 미전리

미전리(美田里)는 밀양강 하류 강변을 타고 내려온 경부선 철도가 삼랑진 역으로 이어지는 길목에 위치한 마을이다. 동북쪽으로는 음달산을 사이에 두고 용전리와 용성리와 경계를 하고 있으며, 동남쪽으로는 매봉산 너머 송지리·삼랑리와 이웃하고 있다. 마을 서쪽으로는 응천강 하류를 따라 상남면과 경계를 이루고 있다. 만어산에서 내려온 물줄기는 미전천을 이루어 미전리 앞을 지나 검세리를 거쳐 낙동강으로 흘러들어가는데, 미전천 주위로 너른 들이 형성되어 있다. 주요 산업은 벼농사이며, 시설하우스 딸기와 수박 외에도 복숭아가 많이 생산되고 있다. 미전천을 따라 이어진 58번 국도 주변으로 조성된 미전농공단지는 지역에 새로운 활력을 제공하고 있다. 또 옛 무월산터널을 개조한 트윈터널은 아동을 위시해 많은 관광객이 찾는 명소가 되고 있다.

미전리는 부산 동래에서 출발하여 한양까지 이르는 영남대로의 역 중 하나인 무흘역(無訖驛)이 위치했던 곳이다. 무흘역은 무을이역 혹은 무월이역, 무걸이역 등으로 불렀다. 고려시대 이래 무흘역은 조선 후기까지 상당한 규모를 유지하면서 운송

〈그림35〉 미전농공단지

과 관련한 중요한 기능을 수행했다. 대한제국 시대인 1896년 폐지된 무흘역의 흔적은 지명에서 찾아볼 수 있다. 미전리 대신마을 앞에 펼쳐진 들을 마구들(馬廏坪)이라고 하는데,

〈그림36〉 미전역

무흘역에 딸린 역마들을 사육하기 위한 마구간에서 그 이름이 유래하였다. 마구들 인근에는 말에게 물을 먹였다는 말샘도 남아 있다. 특히 대신마을 경노당 앞에는 강봉휴 찰방 비석이 있는데, 이 비석이 갖는 의미에 대해서는 제2부 제4장에서 새로운 관점으로 서술하였다.

미전리 산 102번지에 있는 미전역은 밀양역과 삼랑진역 사이에 위치한 신호소이다. 1945년 6월 1일 영업을 시작하였는데, 본래는 미전선을 통해 경부선과 경전선의 선로를 이어주는 역할을 위해 만들어졌다. 여객을 위한 철도역이 아니기 때문에 따로 정거장 시설은 없으며 3층 높이의 소규모 건물이 분기 지점 인근에 세워져 있다.

미전리는 1914년 행정구역 개편 시에 대미, 중마을, 무흘, 입성, 화성과 삼랑리에 속했던 대신을 병합하여 생겨났다. 옛날에 농토가 비전박토라 농사짓기가 어렵고 농민들의 생활이 곤란하였기에 비전을 아름

〈그림37〉 대천마을 전경

다운 밭으로 가꾸자는 뜻을 담아 미전(美田)이라 했다. 현재는 미촌과 대신으로 나누어져 있다. 미촌에는 대미, 중촌, 화성골 마을이 속해 있다. 또 대신마을에는 샛터, 골안, 무

〈그림38〉 미촌복지회관(미전2길 91)

월마을이 속해 있다.

대미(大美)마을은 미전천을 중심으로 용전리와 인접하고 있다. 마을 남쪽에는 중촌(中村)이 있는데, 대미마을과 무월마을 중간에 위치했다고 해서 중촌이라고 불렀다. 이들 마을은 미전농공단지개발로 거의 없어지고 현재 이름만 남은 상태이다. 미촌마을 복지회관 옆에는 미전 보건지료소가 있다.

〈그림39〉 대신본동경로당(삼랑진로 375)

〈그림40〉 대신경로당(미전1길 23)

화성(火城)마을은 옛날 무흘역에서 묵어가는 관인이나 역졸, 길손들을 상대로 장사하던 마을이었다. 그래서 이곳에는 여인숙과 주막 등의 점포가 많았다. 그러나 철도가 생겨나면서 철도변 정비사업으로 이웃 입성과 화성 두 마을 사람들은 매봉산 북쪽의 새터마을, 현재의 대신마을로 이주했다. 봉오재만댕이라고 부르는 화성동의 뒷산에는 파발참의 연락 수단으로 봉화불을 올렸던 석축의 담장이 지금도 남아 있다.

대신(大新)은 아래쪽에 새로 생긴 마을이라 하여 붙인 이름으로, 근대 이후 경부선 철도가 생겨나고 그 연변 정비사업을 위해 철도변 인근 마을 주민들이 옮겨 와 살면서 형성된 마을이다. 매봉산 아래의 중심 마을을 새터마을이라고도 한다. 무월마을은 무흘, 대천 등으로 불리기도

〈그림41〉 화성마을 전경

〈그림42〉 김상우 효자각

하는데, 옛날 무흘역이 있던 마을이다. 이 일대에는 무흘역에 속한 공수전(公須田)이 넓게 펼쳐져 있었으며, 역마를 사육하는 마장도 있었다.

미전리의 역사 인물로는 효자 김상우(金商瑀, 1856~1924)가 있다. 그는 일찍이 어머니를 여의고 지극한 효성으로 아버지를 모셨다. 그가 14세가 되던해 아버지가 병이 들어 아무 음식도 입에 대지 못하고 점차 쇠약해져 갔다. 이에 부친이 메기탕을 먹고 싶다고 하자, 김상우는 엄동설한에도 불구하고 낙동강 꽁꽁 언 강물을 깨고 메기를 잡아 와 대접했다. 그러던 어느 날 한 의원이 산삼을 먹어야 쾌차할 것이라고 하자, 김상우는 이 말을 듣고서 깊은 산으로 들어가 며칠을 헤매며 치성을 드렸다. 그러자 갑자기 한 백발 노인이 나타나 산삼을 주었는데 값을 물어보니 홀연 보이지 않고 사라졌다고 한다. 이에 마을 사람들이 그 효성에 감동하였다. 이후 1937년경에 그 아들인 김선제가 경학원(經學院)에 부친의 효행을 알리고 포장(褒章)을 받아 미전리에 정려각을 세웠다.

7. 삼랑리

삼랑리(三浪里)는 밀양강과 낙동강이 마주치는 강변 마을이다. 마을 동쪽에 있는 매봉산을 사이에 두고 송지리와 이웃해 있으며, 북쪽으로는 야트막한 야산들과 늘판을 가로질러 미전리와 경계를 이루고 있다. 마을 서남쪽에는 밀양강이 낙동강 본류로 합류하는 하구를 끼고 있으며, 남쪽은 낙동강 너머로 김해 생림면과 마주 보고 있다. 삼랑리는 낙동강 본류와 진주 방면의 남강, 밀양 남천강 등 세 갈래의 물결이 서로 부딪쳐서 거세게 흐르는 곳이라 하여 삼랑(三浪)이라 부르게 되었다고 한다. 강줄기 따라 흐르는 물결은 그 풍경이 아름다워 고려 때에는 이곳에 삼랑루(三郎樓)가 있었다고 한다. 고려 때 원감국사 충지(冲止)의 「삼랑루」 시가 일찍부터 유명했는데, 시작 배경과

시의 의미는 제5부 제2장에서 확인할 수 있다.

삼랑리는 예로부터 수운 교통의 요지로 널리 알려졌는데, 특히 조선 영조 때 경상도 3조창의 하나인 후조창이 설치되었다. 조선시대에는 수로를 통해 도성으로 조세와 공물을 운송했다. 이를 위해 조세를 징수하고 물품을 보관하는 창고를 조창이라고 했다. 당시 후조창은 지금의 삼랑리 472-46번지 하부마을 인근에 있었다고 하는데, 이 일대에는 관원이 공무를 보던 차소, 선주들이 집무하던 선청, 관노와 색리들을 위한 집들과 여러 채의 창고들이 늘어서 있었다고 한다. 자세한 설명은 제2부 제5장을 참고하면 된다.

경부선철도 개통으로 조창이 없어졌지만 광복 직후까지도 창고 등의 일부 건물이 남아 있었다. 현재는 완전히 민가로 변해 그 흔적은 없고, 다만 '조창 만댕이', '조창나루터', '저점거리' 등과 같은 지명에서 옛 자취를 찾아볼 수 있다. 또 삼랑리 상부마을에서 뒷기미로 가는 고갯길 입구에는 후조창과 관련된 비석들이 모여 있다. 이들 비석은 1766년에서부터 1872년까지 약 100여 년 동안 당시 조창 이권을 좌우한 밀양부사와 경상도관찰사를 위해 세운 것인데, 비석군의 성격과 의미에 대한 자세한 설명은 제2부 제5장에서 확인할 수 있다.

현재 낙동강철교가 있는 인근에는 김해군 생림면과 연결되는 삼랑진나루 터가 있다. 이곳을 중심으로 강줄기를 따라 도요나루, 뒷기미나루, 석제나루 등 크고 작은 나루들이 존재했다. 이 나루들은 철도가 생겨나고 삼랑진철교 가 준공되고 나서도 오랫동안 이 지역 주민들을 태우고 강 이쪽과 저쪽을 오가는 주요한 교통수단으로 사랑받았다.

삼랑리는 1914년 행정구역 개편 때 거족·뒷기미·상부·하부·내부·하양 등 의 마을이 모여 법정리가 되었다. 현재는 상부·하부·하양·내부·거족마을로 행정리를 구분하고 있다.

상부(上部)마을은 밀양강과 낙동강 물이 합류하는 하구 근처에 있는 마을 로, 마을 앞에는 백사장이 넓게 펼쳐져 있다. 본래 마을이 넓었으나 해마다

강물이 범람하여 현재는 매우 작아
졌다고 한다. 과거에는 후조창과 삼
랑진 나루를 중심으로 상인들이 오
가며 매우 번창했다. 현재는 시설하
우스로 딸기와 단감을 재배하고 있
기는 하지만, 횟집 등 상업 활동에
종사하는 인구가 더 많다. 최근에는
민물 횟집촌으로 많이 알려져 있다.

〈그림43〉 상부동회관(삼랑1길 32-10, 뒤쪽은 오우정)

상부마을회관 뒤에는 여흥 민씨
오형제의 우애가 귀감으로 전해지
는 오우정이 있는데, 자세한 내력은

〈그림44〉 옛 오우정나루에 비치는 석양

제2부 제6장에서 서술할 것이다. 그리고 상부마을 뒤편 낙동강 가에는 뒷기
미라는 작은 마을이 있다. 뒷기미는 후포산(後浦山)의 한글 명칭이다. 옛날
오우정나루(일명 뒷기미나루)가 있었고, 요산 김정한의 「뒷기미나루」(1969)
소설도 있다.

후포산은 해발 235m 남짓한데 그 중턱에 돌로 쌓은 산성이 있었다. 후포
산의 서쪽과 남쪽은 각각 낙동강과 밀양강에 붙은 벼랑이고 트여 있는 동쪽
에 방어와 감시를 위한 성벽을 지었던 것으로 보인다. 성 내부에서 발견된
토기 조각으로 미루어보아 약 3~4세기경 축조되었으리라 짐작된다. 이 산성
에는 한때 교동의 추화산성과 마찬가지로 손긍훈과 박욱 장군을 기리는
의충사가 있었다. 두 사람은 왕건을 도와 고려 건국에 공을 세운 인물이다.
전설에 따르면 임진왜란 때 밀양에 왜군이 침입하자 수천의 신병(神兵)을
거느리고 나타나 왜군을 무찔렀다고 하며, 병자호란 때는 밀양부사였던 이
필달이 충주 달천에서 고전하자 꿈속에 나타나서 모두 무사히 돌아올 수
있게 해주었다고 한다. 사당은 없어진 지 오래고, 산 정상부마저 개발로
흔적조차 사라져버렸다.

하부(下部)마을은 상부마을의 아래쪽에 있다고 하여 부르는 지명이다. 과거 하부마을은 후조창과 관련된 객주집, 여인숙, 난전 등이 즐비하게 늘어져 있어 지점거리 또는 각거리라고 불리기도 했다. 하부마을 앞쪽에 낙동나루터공원이 있다. 제방 아래에 광장과 벽면을 조성해 옛 낙동강나루터를 기억하도록 했다. 벽면에는 삼랑진 옛 나루들, 딸기축제, 처자교, 삼랑진 역사(驛舍)와

〈그림45〉 하부마을회관(삼랑4길 24)

〈그림46〉 낙동나루터공원(하부마을회관 앞)

급수탑, 낙동강철교 등 삼랑진을 대표하는 문화자산을 소개하고 있다.

내부(內部)마을은 삼랑리에서 가장 안쪽에 위치하고 있다. 과거 후조창의 관원들이 공무를 보던 차소, 선주들이 집무하던 선청, 색리와 관노들이 머물던 집과 여러 채의 창고들이 늘어서 있었다고 한다. 내부마을은 통창 혹은 통작골이라 불렸는데, 과거 이곳에 조세를 보관하던 통영창이 있었기 때문에 붙여진 이름이다. 후조창이 번성하던 때에는 매년 음력 정월 대보름날에는 조세를 실어 나르는 선박들이 뱃길에 안전하기를 바라는 별신굿을 올렸다고 한다.

〈그림47〉 내부·하부·하양·새동네 마을 전경

하양(下洋)마을은 하부마을 동쪽에 있으며, 밀양에서 삼랑진읍을 지나 김해로 가는 국도 58호선을 따라

〈그림48〉 내부동회관(삼랑2길 13-1)

길게 형성되어 있다. 마을 근처에 흐르는 낙동강의 강폭이 넓어 바다와 같다고 하양이라 부르게 되었다. 과거 후조창에 드나드는 배가 머무르던 선창을 중심으로 생겨난 마을이다. 최근에는 강가를 따라 자전거 도로와 산책로 등이 조성되어 관광객이 모여들고 있으며, 새로운 명소로서 낙동강의 풍경을 바라보는 카페도 생겨나고 있다. 독립운동가 김학득(1927~2003)은 이 마을 출신으로 그의 공적안내판이 삼랑진교 아래

〈그림49〉 하양동 경로당(삼랑진로 46-1)

〈그림50〉 하양동 새동네

팔각정 곁에 있고, 자세한 것은 제8부에서 다룰 것이다. 그리고 하양마을 북쪽의 새동네에 부산, 김해 등지의 사람들이 이주해 새로운 마을 풍경을 만들고 있다.

거족(巨族)마을은 삼랑리 북쪽 밀양강 근처에 있는 마을이다. 지대가 낮아서 현재와 같이 견고한 제방이 없었을 때는 해마다 강물이 범람하여 마을 전체가 침수되는 일이 잦았다고 한다. 거족이라는 지명은 큰 제비를 뜻하는 거제비에서 유래했다. 마을에 전해지는 전설에 따르면 옛날 어느 해에 마을 사람들이 강물이 범람하지 않기를 바라며 제를 올리는데 난데없이 큰 제비 수십 마리

〈그림51〉 거족마을 전경

〈그림52〉 거족동회관(삼랑1길 221)

가 제상 위를 빙빙 날아다니면서 구슬프게 울었다고 한다. 그 일이 있고 난 뒤로부터는 큰 수해가 발생하지 않게 되었고 그래서 마을 이름을 거제비 혹은 거지비라고 부르게 된 것이다. 거족마을에 속하는 자연마을로는 음달 과 양달이 있다.

삼랑리 15-1번지에 있는 낙동강역은 철도를 통한 육로 교통의 흥망성쇠를 보여주는 시설물이다. 1906년 12월 12일 보통역으로 영업을 시작한 낙동강역 은 오랜 기간 인근 주민들을 위한 여객 업무를 담당했다. 그러나 점차 수요가 줄어들어서 2004년부터는 역무원이 없는 무배치 간이역으로 격하되었다가 2010년부터는 열차가 정차하지 않는 무정차 간이역을 거쳐 2010년 11월 12일에 역사가 완전히 철거되었다. 현재는 낙동강역 공원을 조성하여 낙동강 역의 역사를 소개하는 안내 게시판을 비롯한 여러 조형물들을 전시해 옛 자취를 간직하고 있다. 또한 가볍게 운동할 수 있는 체력단련기구들과 벤치들 을 마련하여 인근 주민들에게 쉼터를 제공하고 있다.

삼랑리에 있는 세 개의 철교도 시대의 흐름에 따라 변해 가는 흥미로운 역사를 이야기해준다. 낙동강을 따라 삼랑리에는 세 차례에 걸쳐 철교가 건설되었다. 첫 번째 낙동강철교는 일제강점기인 1905년에 임시 군용 철도 마산선 개통 당시 길이 550m의 목제 철교가 가설되었는데, 비가 내 리기만 하면 침수가 되는 바람에 1908년 4월에 대대적인 보수를 거쳐 개량 준공하였다. 이 철교는 삼랑 진~마산을 연결하는 경전선 철도의 일부로 1962년 말까지 이용되었다. 이후 2세대 낙동강철교의 완공으로 철도로서의 수명을 다하고 1964년

〈그림53〉 운행 중지한 낙동강역의 소공원

〈그림54〉 1960년에 준공된 낙동배수문

12월에 삼랑진교로 불리며 차도와 인도의 역할을 하게 되었다. 그러나 다리 너비가 4.3m에 불과하여 안전을 위해 총 중량 3.3t 이상의 차량 통행을 금지하였다. 2011년 신삼랑진교가 개통된 뒤에는 차량도 통행할 수 있으나 그보다는 관광명소로서 더욱 유명해졌다. 최근에는 '콰이강의 다리'라고 불리고 있는데 이 다리 위에서 찍는 낙동강의 전경이 아름다워 사진작가와 관광객들이 이곳을 많이 찾고 있다.

첫 번째 철교에서 하부로 200m쯤 아래에 있는 옛 낙동강철교는 1938년 9월 착공을 시작하였으나 제2차 세계 대전과 6.25전쟁을 거치며 1962년 12월에 최종적으로 준공이 완료되었다. 길이 996.6m로 당시 한강철교 다음가는 긴 다리였다. 이후 새로운 낙동강철교가 완공된 이후 폐선철로 관광사업으로 김해낙동강레일파크로 운영되고 있다. 현재 삼랑진 방면에서 탑승은 불가능하다.

가장 최근에 설치된 낙동강철교는 마산·진주권 지역에 KTX를 운행하기 위한 경전선 복선전철화와 부산신항 배후철도 기반시설을 구축하기 위한 사업의 일환으로 건설되었다. 2009년 9월 29일 추석을 앞두고 단선으로 우선 개통되었다가 이후 2010년 12월 15일 삼랑진~마산 구간의 복선전철화가 완공되어 마산역까지 KTX 운행을 시작하였다. 삼랑진 인도교에서 바라보면 강을 따라 둥글게 휘어져 있는 옅은 분홍색의 철교 위로 기차가 다니는 모습은 멋진 구경거리라 할 수 있다.

이들 다리를 바라볼 수 있는 강변에는 최근 새로운 카페들이 생겨나고 있다. 도도하게 흐르는 세 갈래의 물결 위로 서 있는 다리를 바라보는 풍경은 삼랑진에서만 느낄 수 있는 풍경이기에 이들 카페는 언제나 인근 지역에서 일부로 찾아온 관광객으로 가득한 새로운 명물이 되고 있다. 이와 관련해 제7부에서 보다 상세히 서술할 것이다.

8. 송지리

송지리(松旨里)는 낙동강 북쪽에 위치한 큰 마을로 서쪽 매봉산과 북쪽의 야산들을 제외하고는 강변 충적평야로 이루어진 비옥한 농경지대이다. 과거에는 상습 수해지역으로 사람들이 거주하기 어려웠다고 하는데, 삼랑진 제방이 준공되어 수해의 위험이 줄어들고 삼랑진역이 생기면서 급성장한 지역이다. 1963년 삼랑진읍 승격과 함께 1976년 도시 계획 구역으로 확정, 고시되면서 개발이 지속적으로 추진되었다. 그에 따라 삼랑진읍의 행정, 교육, 교통, 산업의 중심지로서 읍사무소, 경찰지서, 초등학교와 중·고등학교, 농협조합, 은행, 시장, 보건소 등의 공공기관이 집결되어 있다. 2021년 12월 31일 기준으로 삼랑진읍 전체인구 6,499명 중 1,817명이 송지리에 거주하고 있다. 삼랑진읍에서도 가장 번화한 지역이다.

송지리는 1914년 행정구역 개편 시에 율동리, 검세리, 미전리의 일부를 병합하고 김해시 생림면 도요리에 속했던 류도마을을 편입하여 이루어졌는데. 지금은 외송1리, 외송2리, 내송1리, 내송2리, 신천, 죽곡으로 행정리가 나누어져 있다.

외송(外松)은 경부선 철길 바깥에 있는 송지마을이라고 하여 붙여진 이름이다. 개화기 이후에 주로 일본인들이 거주하면서 번성하였는데, 그때 일본인 자녀들의 교육을 위해 설립된 심상고등소학교는 지금의 송진초등학교 전신이다. 외송리가 점차 커지면서 읍사무소를 중심으로 하는 외송1리와 송지시장과 농

〈그림55〉 외송마을 전경

〈그림56〉 외송마을회관(외송중앙길 15)

협, 우체국 등이 위치한 외송2리로 분동되었다. 일부 주민은 시설하우스에서 딸기, 단감, 포도 등을 생산하고 있지만 주민 대다수는 상업에 종사하고 있다. 외송1리에 속한 버들섬은 류도(柳島)라고도 하는데 삼랑진 제방 바깥쪽 낙동강 가에 있었던 삼각주 마을이다. 본래는 김해시 생림면에 속했는데 1913년 행정구역을 개편할 때 새롭게 측량함에 따라 삼랑진으로 편입되었다. 일제강점기에 100여 호가 넘을 만큼 번성했던 마을은 이후 삼랑진 제방이 마을을 가로질러 조성되면서 많은 주민들이 인근 마을로 분산 이주했다.

내송(內松)은 경부선 철길 안쪽에 위치한 송지 마을이라 하여 붙은 이름이다. 내송마을은 송지리에서 가장 먼저 마을이 형성된 곳으로 송지(솔마루)라는 지명도 이 마을 북쪽에 소나무가 빽빽하게 우거진 데에서 유래하였다. 일제강점기에 부유한 일본인들이 많이 거주하면서 인근에서 가장 번창한 마을이 되었다. 지금도 삼랑진역 근처를 중심으로 일본식 건물인 적산가옥이 많이 남

〈그림57〉 내송1마을 전경

〈그림58〉 내송1마을회관(송지1안길 6-4)

〈그림59〉 내송마을 전경

〈그림60〉 내송경로당(만어로 22-4)

아 있어 독특한 풍경을 이루고 있다. 마을이 커지면서 읍사무소와 삼랑진역 사이의 내송1리와 삼랑진역 앞의 내송2리(내송)로 분동되었다. 내송1리에는 삼랑진초등학교, 밀양도서관이 있다. 내송2리에는 삼랑진역과 삼랑진중학교, 삼랑진고등학교 등이 있다. 내송경로당이 있고, 그 앞의 내송마을회관은 신축 중이다. 학교에 대해서는 제6부에서 자세히 다룰 것이다.

신천(新泉)은 매봉산 자락에 위치한 마을로 마을 뒷산에서 찬샘물이 나온다고 해서 냉천 혹은 찬새미 마을로 불리기도 한다. 1913년 삼랑리에 편입된 인근의 버들섬 사람들이 이곳으로 많이 이주하면서 매봉산 남쪽 제방 근처까지 마을이 확장되면서 신냉천 혹은 신천이라고 부르게 되었다. 경전선 철도가 마을 앞쪽을 지나고 있다. 독립운동가 임병찬(1923~1950)이 이 마을 출신으로 공적안내판이 마을회관 팔각정 곁에 있고, 자세한 것은 제8부에서 다룰 것이다.

〈그림61〉 신천마을 전경

〈그림62〉 신천동회관(신천길 49-1)

송지리의 북쪽 야산 기슭의 깊은 골짜기 마을인 죽곡(竹谷)은 본래 대나무가 무성하여 붙여진 지명이다. 지금은 온 마을이 복숭아밭으로 개간되어 봄에 꽃이 필 무렵이 되면 많은 관광객이 몰려 삼랑진의 새로운 명소가 되고 있다.

〈그림63〉 죽곡마을 전경

삼랑진역은 1905년 1월 1일 경부선으로 영업을 시작하였으며 5월 26일부터는 삼랑진과 마산을 연결하는 경전선을 개시하였다. 이후 현재까지도 경부선과 경전선을 연결하는 철도 교통의 삼각지대로서 역

〈그림64〉 죽곡회관(송지1길 115)

할을 담당하고 있다. 삼랑진역 내에는 1923년 건축된 급수탑이 있다. 이 탑은 당시 증기기관차에 필요한 물을 공급하는 철도시설물이었는데, 철도 역사의 이해와 근대 교통사 연구의 주요 유산으로 인정받아 2003년 문화재청 등록문화재 제51호로 등록되었다. 이에 관해서는 제4부에서 자세히 다룰 것이다.

송지리 남쪽에 낙동강과 밀양강이 합류하는 강변 둔치에는 삼랑진생태문

〈그림65〉 삼랑진생태문화공원

화공원이 있다. 이곳은 낙동강 종주 자전거길과 밀양 산악자전거길이 합류되는 지점이기에 자전거 동호인들에게도 인기가 많다. 뿐만 아니라 일반인을 위한 너른 산책로와 운동 시설, 파크 골프장, 정자 등의 편의시설도 준비되어 있다. 공원에는 봄이면 벚꽃이 가득하고, 가을에는 갈대가 장관을 이룬다. 사시사철 도도히 흐르는 낙동강을 바라볼 수 있기에 읍민이나 외지인의 휴식처로 각광을 받고 있는 명소이다.

9. 율동리

율동리(栗洞里)는 삼랑진읍의 중앙에 위치한 산중의 마을이다. 만어산에서 내려온 물줄기가 우곡천을 이루고, 다시 하류로 흐르면서 율동리과 무곡리 앞들을 거쳐 낙동강으로 흘러간다.

이 강줄기를 따라 마을 중심부에는 율곡들, 웃솔배미들, 샛들 등 넓은 경작지와 저습지가 있다. 그 양쪽에는 갈미봉과 삿갓봉이 서로 마주보면서 동서로 산악을 이루고 있다.

마을 북쪽으로는 하천과 들판이 우곡리로 이어졌으며, 동쪽 산자락 너머로는 행곡리와 경계를 이루고 있다.

남쪽으로는 검세리, 송지리를 사이에 두고 이웃해 있는데 그 모습이 세로로 길게 연결된 누에고치 모양이다. 주민들은 벼농사 외에도 복숭아를 많이 재배하고 있다.

율동리는 18세기까지 율동과 칠기점으로 구분되어 있었는데 이후 1914년에 율동, 칠기점 이외에 무곡, 광천 등의 마을이 합쳐져서 법정리가 되었으며, 현재는 무곡과 율곡 두 행정리로 나누어져 있다. 무곡(茂谷)에는 무실과 칠기점, 율곡에는 밤골과 광천이 있다.

무실은 삿갓봉 아래에 있는 마을이다. 마을 지명에 대해서는 마을 뒷산에

나무가 울창하고 수풀이 무성하여
무실이라고 부르게 되었다는 설과
먼 옛날 사람들이 무리를 지어 이곳
에 들어와 마을을 이루었다고 '무리
실'이라고 한 것이 '무실'로 변한 것
이라는 설이 있다. 충주 지씨 참의
공파 중 삼남 지한생(池漢生)의 후예
가 율동리 무실에 모여 사는데, 뒷
산 기슭에 무산재(茂山齋)와 죽강(竹
岡) 지공 유적비(遺蹟碑), 지창규(池
昌奎) 기적비가 남아 있다.

〈그림66〉 무곡마을 전경

〈그림67〉 무곡마을회관(율동2길 6)

　칠기점은 남쪽 송지리와 경계 지
점에 있는 마을이다. 옛날 이 마을 뒷산 일대에 옻나무가 많아 옻칠을 하는
장인들이 모여 살았다고 하여 마을 이름이 붙여졌다. 1960년대까지 마을에
옹기와 기와를 구워 파는 주민들이
많았다고 한다.

　율곡(栗谷)은 율동리 동쪽의 갈마
봉 기슭에 있다. 밤골은 옛날부터
주위에 밤나무가 많아서 밤골 또는
밤마을이라고 불렸다.

　조선 후기 금고 이화(李鏵, 1769~
1841)가 이 마을에 우거했다. 그는
1629~1630년 밀양부사를 지낸 벽
진이씨 완정 이언영(李彦英)의 6세
손으로 1836년 향약의 최고책임자
인 도약정을 지냈다. 또 밀양시 전

〈그림68〉 율곡마을 전경

〈그림69〉 밤골복지회관(율동4길 90)

사포리에 세거하던 광주안씨의 선
조 묘역이 이곳에 있어서 그 후손들
이 1908년에 이출재(履怵齋)를 세워
향사하고 있다. 한편 독립운동가 송
채원(1872~1935)이 밤골 출생이다.
이에 대해서는 제8부에서 구체적으
로 소개할 것이다.

〈그림70〉 광천마을 표지석

　광천(廣川)은 우곡리와 경계 지점
에 위치해 있는데, 마을 앞쪽으로
비교적 넓은 들판이 있고 그 가운데

〈그림71〉 율곡장수문화관(율동5길 19)

를 우곡천이 흐르고 있다. 하천의
폭이 넓어서 광천이라고 불렀다고 한다.

10. 우곡리

　우곡리(牛谷里)는 삼랑진읍의 가장 북쪽에 위치한 마을이다. 마을 북쪽으
로는 만어산이 높이 솟아 있고, 동쪽으로는 구천산이 둘러싸고 있으며, 서남
쪽으로 좁은 경작지들이 모여 율동리와 연결되어 있다. 본래 우곡리는 경작
지가 드물었는데 피난민과 화전민이 들어와 개간하여 마을을 이루게 되었다
고 한다. 최근에는 시설하우스 딸기와 함께 개간지와 산비탈에 단감과 복숭
아를 많이 재배하고 있다.

　우곡리는 1652년 신익전이 지은 『밀양지』에 우곡읍(于谷邑)으로 기록되어
있으며, 19세기 중엽에는 하동초동면의 소속이었다. 1914년에 행정 구역
정리 때 인근 여러 마을을 병합하여 법정리인 우곡리를 만들고 행정리로
우곡과 덕촌을 두었다. 지금은 우곡과 염동 두 행정리로 나누어져 있다.

우곡이라는 지명에 대해서는 다음과 같은 전설이 전한다. 조선 영조 때 마을 인근에 돌림병이 돌아서 소들이 거의 죽어 나갔다. 마을 사람들은 몇 년째 농사를 짓지 못해 큰 고통을 받고 있었는데, 어느 날 난데없이 건강하고 힘센 소 두 마리가 마을에 들어왔다. 사람들은 이 소를 신령님이 보내준 것으로 믿고 집마다 차례를 정하고 소를 부려 논밭을 갈았다. 그러나 너무 많은 일거리를 감당할 수 없었는지 지친 두 마리의 소는 그만 죽고 말았다. 마을 사람들은 눈물을 흘리며 마을 언덕에 죽은 소를

〈그림72〉 우곡마을 전경

〈그림73〉 우곡복지회관(우곡2길 33)

고이 묻어 주었다. 이때부터 마을에는 해마다 소도 늘어나고 풍년이 계속되었다고 한다. 이에 소를 묻은 골짜기라는 뜻에서 우곡(牛谷) 또는 우실, 웁실이라고 부르게 되었다. 우곡리에 속한 자연마을에는 열심히 마을을 개간하던 옛사람들의 흔적이 아직도 남아 있다.

우곡리 들머리에 있는 덕촌(德村) 마을은 비옥한 들판을 앞에 두고 있어 인근에서는 가장 부자 마을이었다고 한다. 구한말에 벽진 이씨 이근보 형제가 입향하여 쌍벽재라는

〈그림74〉 덕촌마을 전경

〈그림75〉 도성사에서 본 치밭골

서당을 짓고 강학을 했으나 지금은 없어졌다. 추전(楸田)마을은 우곡리 북쪽 만어산 기슭에 있는 작은 마을이다. 본래 추씨가 일구던 땅을 추밭골, 최씨가 일군 땅을 최밭골이라 했는데 근대에 이르러 두 사람은 사라지고 이 둘을 합쳐 마을 이름을 정할 때 추밭이 부르기 쉽다고 하여 추전으로 했다고 한다. 흔히 치밭골이라 부른다.

염동은 우곡마을 동쪽 골짜기에 있는 마을이다. 옛날에 염씨 성을 가진 사람이 들어와 화전을 일구고 살았다고 하여 생긴 지명이다. 또 다른 설로는 마음이 청렴한 선비가 숨어 살았다고 하여 염사(廉士)의 마을이라는 뜻에서 지명을 삼았다고도 한다. 염동에 속한 자연마을인 삼봉안은 염동 북쪽에 있는 산간 마을이다. 마을 뒤에 높은 산봉우리가 있다고 하여 상봉안[上峯內]라 했는데 삼봉안으로 고쳐 부르게 되었다고도 한다.

우곡리를 둘러싸고 있는 만어산과 구천산의 산자락은 최근 들어 도심에 지친 인근 부산과 양산 등지의 도시민들에게 새로운 힐링 장소로 주목받고 있다. 주말이면 산길을 따라 드라이브를 즐기는 사람들이 늘어나면서 산기슭을 따라 풍경을 즐길 수 있는 카페들이 많이 생겨나고 있다. 이들 카페에서는 넓은 통창을 통해 멀리 산자락과 우곡리의 고즈넉한 풍경을 즐길 수 있는 것은 물

〈그림76〉 한 카페에서 본 염동마을과 우곡리

〈그림77〉 염동마을회관(염동길 41)

론, 인근 마을에서 재배한 딸기와 사과 등의 농특산품을 가공한 식음료를 판매하기도 한다.

11. 검세리

검세리(儉世里)는 삼랑진읍의 동남쪽 낙동강 강변에 위치해 있다. 낙동강의 본류가 'ㄱ'자로 꺾여 남쪽으로 흐르는 강가에 위치하고 있어서 예로부터 강물의 범람이 잦은 상습 수해지였다. 그러나 최근에는 견고한 제방과 양수시설로 경작지가 늘어나고 수해의 위험도 줄어들었다. 마을 가운데를 흐르는 우곡천과 안태천이 낙동강으로 흘러드는 하류의 벼랑에는 작원관 요새가 있다. 이곳은 황금 까치 전설과 함께 임진왜란 때의 격전지로 유명하다. 옛 영남대로가 양산에서 이 마을을 통과하여 무흘역을 지나 밀양으로 갔다고 한다. 현재는 영남대로의 흔적만 일부 남아 있고 대신 강줄기를 따라 철길이 검세리를 지나가고 있다.

검세리는 송원과 검세 두 행정리로 이루어져 있다. 송원(松園)은 삼랑진역 동쪽과 이어진 신송마을, 낙동강 절벽 근처에 있는 작원마을을 합하여 부르는 이름이다. 신송(新松) 마을은 본래 낙동강의 모래가 밀려 충적토양을 이룬 곳으로 '모래등'이라 불렸다. 1910년경에 일본인들이 이곳에 정착하여 밭을 개간하고 과수원을 일구어 '송지원'이라 이름을 붙였다. 이후 송원이라고 고쳐 부르다가 본래 마을의 위치가 송지리와 인접했기에 송지리에 새로 생긴 마을이라는 뜻으로 신송이라고 부르게 되었다. 송원회관 앞에는 옛 이름이 '모래등'이라는 유래를 알리는 표지석과 동민 노래비가 있다. 특히 노래비는 건립추진위원회에서 2004년 5월 1

〈그림78〉 송원마을 전경

〈그림79〉 송원회관(송원길 65-3)

일 건립했는데, 지역에서 명망이 높았던 송만술 전 면장이 1969년에 만든 노랫말에 당시 삼랑진중학교 차순련 음악교사가 곡을 붙였다. 비문에는 전국 최초의 마을 동민회가를 탄생시킨 자부심을 새겨놓았다.

〈그림80〉 송원마을 표지석

검세는 검세리 북쪽 산기슭에 있는 큰검세, 작은검세, 후검, 작원의 4개 마을로 이루어진 행정리이다. 요즘은 인구가 줄어들어 큰검세, 작은검세, 후검은 세분하지 않고 검세

〈그림81〉 송원 동민의 노래비

마을로 통칭한다. 검세는 본래 작원에서 날아온 금까치가 이곳에 떨어졌다는 데에서 유래해 금새라고 불렸다고 한다. 그 후 어느 날 이름난 도사가 마을을 지나다가 마을 이름을 검세로 고치고 주민들이 근검하게 살면 마을

이 번창할 것이라고 하여 이때부터 이름을 검세로 고쳐 부르게 되었다.

큰검세 마을 뒤편의 구릉은 금구덕이[金穴]이라고도 부르는데 1962년 6월 28일에 이곳에서 전답을 개간하다가 땅속에서 삼국시대의 부장품 유물이 담긴 석함을 발견한 것에서 유래한 지명이다. 큰검세마을은 밀양 박씨 세거지이기도 하다. 판도판각공파 중조 박천익(朴天翊)의 후예 가운데 남은 박중길이 1726년에 당쟁을 피해 한성부 좌윤 관직

〈그림82〉 검세마을 전경

〈그림83〉 검세마을회관(검세길 145)

을 버리고 이곳에 이거하면서 후손들의 세거지가 되었는데, 현재 중조인 박천익 제단비가 있다.

〈그림84〉 작은검세

작원(鵲院)마을은 낙동강이 휘어져 흐르는 지점의 강변 언덕에 소재한 마을로, 깐촌이라고도 불린다. 철둑 인근에도 본래 마을이 있었는데 철도 주변 정비사업으로 모두 마을 안으로 이주하였고, 지금은 철둑 주변에 마을 흔적만 남아 있다.

〈그림85〉 작원(깐촌)

마을 이름에 관해서는 두 가지 전설이 전해진다. 하나는 신라 때 어느 임금이 만어사 행차를 위하여 김해에서 배를 타고 이곳 나루를 건너게 되었는데, 갑자기 깎아지른 절벽 위에서 까치떼가 지저귀며 임금 일행을 환영하여 맞이했다고 한다. 이로 인해 까치원(=깐촌, 작원)이라고 부르게 되었다는 것이다.

또 다른 이야기로는 신라 김유신 장군과 관련된 것이 전한다. 김유신 장군이 이곳에서 백제의 군대와 싸우게 되었다. 전투가 치열해지면서 백제의 임금이 위기에 몰렸는데, 이에 아버지를 따라 종군한 백제의 공주가 아버지를 구하고자 금까치로 변신하여 김유신 장군의 깃발 위에 있었다. 금빛 친란한 까치가 이리저리 날아다니면서 김유신 장군의 군대를 교란시켜 결국 백제의 임금은 무사히 도망칠 수가 있었다. 이에 김유신 장군이 활을 쏘아 금까치를 맞추었는데, 금까치는 검세 쪽으로 추락하고 말았다. 이에 가까이 가 보니 까치는 없고 미녀의 시체가 있었다고 한다. 이에 이곳을 까치가 날아오른 곳이라고 작원이라 하고 까치가 떨어진 곳을 금새 혹은 검세라고 부르게 되었다고 한다.

마을에서 약 500m 철길을 따라 내려가면 작원관이 있다. 작원관은 낙동강

〈그림86〉 삼랑진생태문화공원에서 본 작원

과 절벽을 끼고 있는 천혜의 요새로 임진왜란 당시에는 밀양부사 박진(朴晉)
이 밀려드는 왜적을 맞아 결사적으로 싸운 격전지였다. 작원관에서 양산
쪽으로 넘어가는 절벽 길가에는 원추암이라는 바위가 있었다고 한다. 이와
관련한 자세한 내용은 제2부 제3장에서 다루었다. 그리고 검세리 757번지에
는 처자교(處子橋)의 옛 자취가 남아 있다. 너비 4.2m, 길이 25.3m의 쌍무지개
형태의 석조 다리인 처자교는 현재는 훼손과 유실을 막고 이후 완벽한 복원
을 위해 모래로 덮어둔 상태이다. 처자교 설화에 대해서는 제5부에서 다룰
것이다.

12. 안태리

안태리(安泰里)는 삼랑진읍의 동쪽 끝, 천태산과 구천산의 산줄기 사이에
형성된 마을이다. 예로부터 풍수지리학적 관점에서 밀양의 여러 마을 가운
데 명당의 순위를 매길 때 "일안태(一安泰) 이청룡(二靑龍) 삼사포(三沙浦)"라
고 해서 안태를 제일로 꼽았다. 구천산을 좌청룡으로, 천태산을 우백호로

삼고 남쪽으로 확 트인 강줄기가 흘러 이른바 배산임수의 천혜의 환경으로 안과태평(安過泰平)하다는 의미에서 안태(安泰)라고 조선시대 내내 밀양 고지도나 밀양지에서 표기했다. 1913년 일본의 삼랑진 측량 지도에는 안태(安太)로 되어 있다. 그러다가 1914년 행정구역을 정비할 때 일본인이 표기하기 쉽도록 안태(安台)로 고쳤고, 1930년대 밀양의 사찬 읍지에서 그대로 받아씀으로써 현재까지 쓰는 동명 한자가 되었다. 해방 후 안태리에 삼랑진양수발전소가 들어서면서 마을은 점차 변화하게 되었는데, 특히 최근에는 안태호와 천태호, 그리고 호반 주위를 도는 벚꽃길을 중심으로 관광객을 위한 다양한 상업시설이 들어서면서 옛 마을의 모습은 거의 사라져가고 있다.

안태리는 안태와 동양으로 행정리가 나누어져 있다. 자연마을로는 안태에 속한 서남마을과 동양에 속한 동촌마을과 배양마을이 있다. 양수발전소 교차로에 안태공원이 있고, 이곳에서 매년 딸기축제가 열린다.

안태(安泰)는 남북으로 길게 비옥한 들판이 펼쳐져 있는 안태리의 오래된 중심 마을이다. 먼 옛날에는 양반들이 살지 않았는데 1622년에 교리 심광세가 이 마을에 맨 처음 터를 잡은 후에 그 손자 심양해, 매부인 김구, 이석번 등이 내려와 살게 되었다고 한다. 안태 본동마을 서쪽으로는 수십 호 주민이 살던 서병(西屛)마을이 있었으나 40여 년 전 안태양수발전소 하부댐을 건설할 때 수몰되면서 주민들은 농양마을로 이주해 서남(西南)마을을 이루고 산다. 안태호 서쪽에 서병마을 수몰 망향비가 있다.

동촌(東村)은 안태 본동의 동쪽에 위치했다고 동촌이라고 불렀는데

〈그림87〉 안태마을 전경

〈그림88〉 안태마을 동촌마을 전경

행정적으로 본래 안태에 소속되어 있었으나 지금은 동양에 속하게 되었다. 동촌에서 1022번 지방도로를 타고 넘어가는 고개를 신불암고개라고 부르며, 2.2km를 가면 행정구역상 양산에 이어진다.

〈그림89〉 안태동회관(안태2길 17)

동양(東養)은 동뱀부락이라고도 한다. 안태리 남쪽에 위치한 배양마을이 동양리의 중심 마을로 동양이라는 지명도 배양마을을 중심으로 배양의 동쪽에 있는 마을이라는 데에서 유래하였다. 배양은 뱀동 혹은 배암동이라고도 하는데, 마을 뒤의 산세가 마치 긴 뱀이 먹이를 발견하고 산을 내려오는 형상과 같다고 해서 붙인 이름이다. 마을 앞들 가운데에는 개구리 모양을 한 바위가 있다.

〈그림90〉 동촌마을회관(안태3길 12-3)

안태리에 위치한 삼랑진 양수발전소는 청평양수발전소에 이어 두 번째로 건설된 한국 최대의 양수식 지하 발전소로 순수 우리 기술로

〈그림91〉 서남마을 동양마을 전경

〈그림92〉 서남동회관(안태1길 15)

1979년 10월에 착공하여 1986년 4월에 준공되었다. 이에 대해 자세한 것은 제7부에서 서술할 것이다. 또한 발전소를 건설하면서 함께 조성된 삼랑진 안태공원은 하부 저수지 위쪽에 광장과 소나무 숲 2개 지역으로 이루어져 있다. 이 공원을 기점으로 상부 저수지에 이르는 6km의 도로는 주변 경관이 뛰어나 드라이브 코스로도 유명하다.

〈그림93〉 김해 생림면 도요양수장에서 본 검세리 행곡리 안태리 일대

안태리의 문화유적으로는 부은사(父恩寺)가 있다. 부은사는 가야국 제2대 거등왕이 부왕인 수로왕의 은혜를 기리기 위하여 서기 200년 무렵에 세웠다고 전해지는 사찰이다. 천태산 자락에 위치한 부은사에서는 멀리 남쪽으로 낙동강이 내려다보이고, 북쪽으로는 천태산의 기암이 올려다보여 경관이 뛰어나다. 이에 대해서는 제7부에서 상세히 서술하겠다.

13. 행곡리

삼랑진읍의 동쪽 끝에 위치한 행곡리(杏谷里)는 구천산, 금오산, 천태산의 높은 산줄기가 북·동·남쪽에서부터 마을의 한가운데로 내려와 세 갈래의 골짜기를 이루고 있다. 행곡이라는 지명은 이 골짜기 골짜기마다 살구나무가 많아 봄이 되면 꽃이 만발한다고 하여 붙여진 것이다. 삼랑진 양수발전소 주변이 드라이브 코스로 손꼽혀 관광객이 많이 방문하는 곳이다.

1652년에 편찬된 『밀양지』나 숙종대의 『밀주지』에는 마을 이름이 나오지 않다가 19세기 중엽에 이르러 하동초동면에 이름이 보인다. 이후 1914년 행정구역 통폐합 때 양산군 내포리 일부를 병합하고 안촌, 통점, 행촌, 남촌을 합하여 법정리를 이루었다. 행정리는 현재 안촌과 남촌으로 나누어져 있다.

〈그림94〉 행곡리 전경

안촌(安村)마을은 행곡리의 중심 지대에 있는 행정리로 과거에는 안쪽에 위치한 마을이라는 뜻에서 내촌으로 불리기도 했다. 또 밀양에서 양산으로 넘어가는 길목에 위치한 마을이라 하여 사이목, 샛목이라고 불리기도 했다. 인근 금오산과 천태산으로 이어지는 등산로가 있어서 귀촌이나 요양을 위한 마을로 인기가 많다. 마을의 자랑거리 중 하나는 국가 산림문화자산으로 지정된 당산숲이다. 안촌마을에는 밀양박씨 재실인 안양재, 나주정씨 문중회관, 청주한씨 문중회관이 있다.

〈그림95〉 안촌마을 전경

안촌에 속한 자연마을 가운데 숭촌(崇村)은 천태산 북쪽 산자락에 자리 잡은 마을로 행곡리 중에서도 가장 고지대에 속한다. 마을 서남쪽에는 수재바위 혹은 수재방우라 불리는 큰 바위가 있는데, 바위 윗면이 널찍하여 10여 명이 앉아 놀 수 있

〈그림96〉 안촌마을회관(행곡2길 29-17)

〈그림97〉 안촌마을 당산숲

을 정도이다. 전설에 따르면 옛날에 부은암에서 공부하던 몇 사람의 수재들이 이 바위 위에서 공부하여 과거에 합격했다고 한다.

〈그림98〉 숭촌경로당(행곡3길 99)

남촌은 구남, 행촌의 자연마을로 이루어진 행정리이다. 행촌(杏村)은 마을 앞으로 계단식 논들이 늘어선 골짜기 마을로 살구나무가 많다고 해서 이름을 지었다. 마을 아래쪽으로는 안태호가 있다. 구남(龜南)은 본래 마을 위쪽에 거북이 모양의 바

〈그림99〉 숭촌경로당에서 본 양산 매봉

위가 있다고 하여 구암(龜巖) 혹은 남쪽 마을이라는 뜻으로 남촌(南村)이라 부르기도 했다. 본래의 옛 마을은 삼랑진양수발전소에 따른 천태호 조성으로 모두 철거되었으나 최근에는 호수 주위로 전원주택이 많이 들어서면서 새로운 마을이 형성되었다.

행곡리 북쪽의 금오산 자락에는 여여정사가 있다. '여여(如如)'란 시비 분별을 버리고 있는 그대로를 순수하게 바라보라는 부처님의 가르침을 뜻한다. 대웅보전, 약사전, 동굴 법당 등이 널리 알려져 많은 관광객이 찾고 있다. 자세한 내용은 제7부에서 서술할 것이다.

〈그림100〉 남촌마을 전경

끝으로 2011년부터 2022년까지 삼랑진읍에서 의욕적으로 추진한 주요 사업을 소개하면 아래와 같다.

〈그림101〉 남촌회관(행곡1길 183-6)

2011	숭진마을안길 정비공사, 금호농로 및 칠성안길 정비, 용전 및 미촌안길 보수공사, 금곡안길 및 신천배수로 정비, 외송안길 포장공사, 내부안길 정비공사, 청학도로 재포장공사, 청학 및 숭진도로 정비공사, 검세 배수장 주변 정비공사
2014	하양회관 방송탑 설치공사, 용전 및 청학농로 정비공사, 덕천농업용관정 전기 인입공사, 팔각정자 보수공사, 청학진입로 가드레일 설치공사, 죽곡세천 정비공사, 숭진마을 진입로 정비공사, 율동세천 정비공사, 청학세천 정비공사, 거족세천 정비공사, 우곡안길 정비공사, 미전농배수로 정비공사, 용성안길 및 세천정비공사, 무곡세천 정비공사, 숭촌마을안길 정비공사, 삼랑세천 정비공사, 율동세천 정비공사, 행곡리 도로포장공사
2015	청학농로 포장공사, 우곡세천 정비공사, 금호안길 정비공사, 내부세천 정비공사, 안태안길 정비공사, 삼랑진읍사무소 창호교체공사, 청학농로가각 정비공사, 남촌우수관 설치공사, 덕촌세천 정비공사, 무곡농로 정비공사, 청용안길 정비공사, 밤공안길 정비공사, 우곡안길 정비공사, 칠성용배수로 정비공사, 청학관정 착정공사, 학동관정 착정공사
2016	죽곡안길 정비공사, 내송배수로 정비공사, 안태안길 정비공사, 숭진농로 정비공사, 용성안길 정비공사, 인전마을세천 정비 공사, 금곡회관 주차장 정비공사, 청학 위험도로 정비공사, 인전배수로 정비공사, 안촌구판장 주변 정비공사, 서남동 다목적실 보수공사, 거족 우험도로 정비공사, 행곡안길 정비공사, 사기범세천 정비공사, 밤골안길 난간 설치 공사
2019	우곡세천 정비공사, 율곡마을 세천정비공사, 숭촌마을 쉼터부지 조성공사, 거족들 농수로 정비공사, 용전마을 안길 정비공사, 송지시장 뒤 주차장 조성공사, 금곡마을 배수로 정비공사, 화성마을 위험지역 정비 및 쉼터 조성공사, 안촌마을 안길 정비공사, 칠성마을 안길 정비공사, 염동마을 안길 정비공사, 하부마을 배수로 외 1개소 정비공사, 임천마을 배수로 정비공사, 숭촌마을 안길 수해복구공사, 안태마을 농업용수관 매설공사
2020	청학마을 안길 정비공사, 염동마을 안길 정비공사, 내부마을 안길 정비공사, 우곡마을 안길 정비공사, 용전마을 안길 정비공사, 칠성마을 안길 정비공사, 무곡마을 배수로 정비공사, 검세마을 세천 정비공사
2021	인전마을 농로 정비공사, 우곡천(광천지구) 정비공사, 염동세천 정비공사, 안촌마을 도로 정비, 우곡농로 포장공사, 청학마을 안길정비, 미전농로 정비공사, 거족농로 정비공사
2022	외송1마을 안길정비공사, 청학마을 안길 정비공사, 광천마을 세천 정비공사, 염동마을 세천 정비공사, 숭진마을 세천 정비공사,숭촌마을 안길 정비공사, 용전마을 안길 정비공사, 용전저수지 취입시설 설치

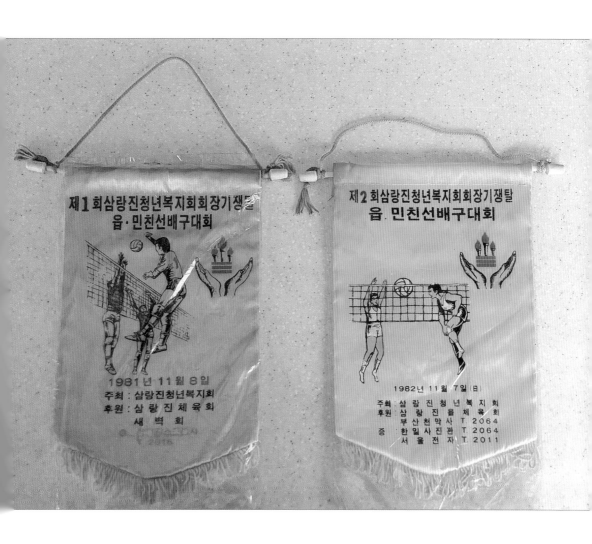

제4부 삼랑진의 근대화 물결

'근대화(近代化, modernization)'라는 단어는 많은 것을 함축하고 있다. 1970년대 우리가 자랐던 동네에는 간판 없는 '점빵'[1]과 칠성사이다와 펩시콜라가 그려진 간판이 있는 '근대화슈퍼'가 있었다. 점빵에는 종류가 얼마 안 되는 약간 후줄근한 물건들이 있었고, 문을 열고 들어가면 사람이 없어서 "보이소에!" 하는 외침을 먼저 들려주어야, 주인장(주로 할머니나 할아버지)께서 "뭐 주꼬?" 하며 거래가 이루어졌다. 물론 때에 따라 에누리와 덤이 가능했다. 하지만 근대화슈퍼는 발음도 어렵고 주인장도 젊었으며, 다양하고 깨끗한 물건이 있었지만 점빵보다 약간 비쌌다. 당연히 에누리와 덤은 없었다.

점빵의 물건처럼 후줄근했던 그 당시 동네 아이들에게, 근대화슈퍼는 어쩌다 한 번씩 가거나 바라만 보는 완상(玩賞)의 대상이었고, 점빵은 돈이 생기는 대로 가는 생활의 공간이었다. 점빵은 웬지 전통적이고 농업적이고 보수적이었고, 근대화슈퍼는 서구적이고 상업적이고 합리적이었다. 점빵이 농촌 공간이었다면, 근대화슈퍼는 도시 공간이었다.[2] 지금 여기 2022년 삼랑진에, 점빵은 사라지고 근대화슈퍼의 발전형인 현대화된 마트와 편의점만 보인다.

우리의 근대화는, 그리고 삼랑진의 근대화는, 전통적이고 보수적인 '점빵'이 서구적이고 합리적인 '근대화슈퍼'로 변하는 과정과 별반 다르지 않다. 점빵은 정치·경제·사회·문화·가치관 등의 모든 면에서 전반적으로 후진적인 상태이고, 근대화슈퍼는 그 후진적인 상태에서 구조적 변화가 진행되어 보다 향상된 생활 조건을 보이는 상태로 보면 된다. 이처럼 전반적으로 후진적인 상태에서 보다 향상된 생활 조건을 조성해 가는 과정을 '근대화'로 볼 수 있다.

이렇게 간단하게 근대화를 규정할 수도 있지만, 실상 '근대화' 또는 '근대'는 보기보다 개념 정의가 상당히 어렵다. '근대'의 형성에는, 중세의 신분질서 해체로 이루어진 '자의식(Selbstbewusstsein)'이 중요한 토대로 작용한다. 즉 인간을 공동체로 이해하지 않고 개체로 이해함으로써, 개인 중심의 인간 중심주의는 정치적 자유민주주의와 경제적 자본주의를 가능하게 했는데, 이를 근대의 형성으로 볼 수 있다는 것이다.[3] '근대화'의 정의는 마르크스 경제학의 생산 양식까지 그 기원이 소급된다. 경남 진영 출신의 평론가 김윤식(金允植)은 근대화를 국민국가의 형성과 자본제 생산양식이라고 명쾌하게 규정하기도 했다.[4] 즉, 근대화는 왕권이나 봉건제 형태에서 국가의 주권이 국민에게 있다는 정치 형태와, 봉건적이고 자연 발생적인 신분적 소유가 무너지고 화폐를 매개로 하는 자본가와 노동자라는 임금 노동 관계의 생산 양식을 그 특성으로 볼 수 있다. 또한 근대화는 봉건사회로부터 자본주의사회로의 이행 과정으로 보기도 하고, 서양식 기준의 보편화 과정이라는 비판적 관점에서 규정되기도 한다.[5]

이처럼 근대화라는 말은 여러 곳에서 다양한 의미로 사용되고 있다. 근대화라는 말은 서구화·공업화·민주화·합리화·도시화 등으로 대치되어 사용되기도 한다. 하지만 근대화는 앞에서 밝힌 것처럼 정치적 형태의 근대화와 경제적 형태의 근대화로 크게 나누어 볼 수 있다. 이 글에서는 정치적 근대화는 다루지 않고 경제적 근대화에 치중해서 삼랑진의 근대화를 살피고자 한다. 즉 근대화는 경제적 근대화인데, 이는 산업화 또는 도시화와 비슷한 의미로 규정하기로 한다. 다시 말하면, 농업사회를 벗어나 산업사회로 진입하는 과정을 '근대화'로 보기로 한다. 따라서 삼랑진의 근대화를 농업사회에서 벗어나 산업사회로 변모하는 과정 및 결과라고 규정할 수 있다.

경제적 근대화의 관점에서 삼랑진의 근대화를 다룬다면, 철도와 방직공장과 딸기재배산업으로 나누어 살필 수 있다. 철도는 축소되었고, 방직공장은 농공단지로 변형되었으며, 딸기 재배산업은 지금도 계속되고 있다.

제1장 근대화의 첫걸음이 된 철도

 세계 철도의 시작은 산업 생산물의 이동과 그 맥을 같이한다. 세계 최초의 철도는 1830년 9월 15일 영국 리버풀과 맨체스터 사이를 달린 순간이었는데, 당시 맨체스터는 영국 최대의 상공업 도시였고, 리버풀은 영국 최대의 항구로서 원료와 제품의 출입 창구였다.[6] 맨체스터에서 생산된 면직물은 1830년에 개통된 철도를 통해 리버풀 항구로 옮겨져 전 세계로 팔려 나갔다.[7] 다른 열강들의 사정도 비슷해서 미국은 서부 개척을 위해 철도를 확장했고, 독일은 공업과 상업의 발달에 철도를 적극 활용했으며, 프랑스도 탄광 지대에 처음 철도를 건설했다.

 우리나라 역시 근대 산업의 진흥과 상공업의 발달을 위해 철도를 건설하고자 했다.[8] 하지만 우리의 철도는 우리의 필요에 의해 건설된 것이 아니라, 열강이 자기 필요에 의해 강제로 건설했다는 점에서 침략의 시작을 알리는 신호탄이 되었다. 우리나라를 둘러싼 열강들의 철도 이권 다툼에는 일본, 미국, 프랑스 등이 경합을 하다가 최종적으로 일본이 철도 이권을 독점하게 되었다.[9] 따라서 우리나라 철도의 역사는 일제강점기에 시작되었는데, 1899년 9월 18일 노량진-인천 간 33.8km의 경인철도가 최초로 개통되어 임시

운수 영업을 개시하였다.[10]

철도는 많은 화물을 신속·편리하게 운송한다는 장점이 있다. 하지만 이는 어디까지나 철도를 운용 또는 이용하는 측의 장점이다. 철도가 있어도 이용할 수가 없다면, 그야말로 그림의 떡에 불과하다. 일제강점기의 철도는 조선과 조선 백성에게 이용의 대상이 아니었다. 오히려 조선은 철도를 이용하는 입장보다는 철도를 위해 이용당하는 입장이었다. 조선은 일본에게 철도 건설에 필요한 토지를 무상으로 제공하였고,[11] 일본인 건설 노무자가 조선인에게 많은 행패를 부렸으며,[12] 철도 건설에 동원된 조선인 노동자를 가혹하게 사역하여 폭동이 일어나기도 했다.[13] 이처럼 많은 토지와 인력이 무상 또는 강제로 수용되었고, 철도 운임은 비싼 편이어서 일반 조선인은 선뜻 이용할 수가 없었다.[14] 철도 요금도 근거리 요금이 장거리 요금에 비해 상대적으로 비쌌다. 1908년에 근거리 요금을 대폭 인상했는데, 이는 근거리를 주로 이용하는 조선인 승객보다는 장거리를 주로 이용하는 일본인 승객에 유리한 요금 제도였다.[15] 심지어 조선인은 기차표를 살 때 '황국신민의 서사'를 외워야 하기도 했다.[16] 또한 철도 건설로 인하여 직접·간접으로 피해를 입은 주민들은 일본인에 대한 감정이 좋지 않았기 때문에 새로운 교통로를 사용하는 사람은 극히 적었다.[17]

경부선 시작과 함께 한 삼랑진역

삼랑진은 경부선과 경전선의 기로에 있다는 지정학적 위치와 수운을 이용한 물산 이동의 연계 때문에[18] 기차역 건설이 필요했다. 그래서 당시에는 사람이 거의 살지 않던 지금의 송원마을(모래등) 근처 모래벌판을 정리하여 제방을 쌓고 역을 만들었다. 삼랑진역은 1905년 1월 1일에 보통역으로 영업을 시작하였다. '삼랑'이란 명칭은 역 건설 이전에도 있었다. 세곡의 수납·보

〈그림1〉 1905년 개통 당시의 삼랑진역(평곡수재, 『한국사진첩』, 1905.6)

관·운송을 담당한 삼랑창(三浪倉), 곧 후조창이 있었는데, 이에 대해서는 이 책의 제2부와 제7부에서 고찰하고 있다.

강원도에서부터 흘러내린 낙동강과 하남평야를 가로질러 흐르는 밀양강, 그리고 낙동강 하류로부터의 세 물결이 만나 부딪쳐 일렁이는 곳이라 하여 '삼랑진'이라 명명했다. 현재의 삼랑진역은 1999년 12월에 신축된 건물이고, 여객, 화물, 승차권 발매 등의 업무를 담당한다. 삼랑진역은 2022년 3월 31일 기준으로 경부선 상행 하행 각각 15회 정차하고, 경전선 상행 하행 각각 4회 정차하고 있다. 이는 1970~1980년대에 비해서 열차의 운행이 많이 감소한 편이다. 비둘기호가 없어지고 KTX가 정차하지 않고 무궁화호만 운행되면서, 삼랑진역의 승객과 화물은 예전보다 눈에 띄게 줄어들었다.

경부선의 최초 지선인 마산선이 1905년 5월 26일에 개통된다.[19] 삼랑진-마산 간의 마산선(계획 당시는 三馬鐵道)은 본래 박기종(朴琪淙)이 부설 특허를 받은 노선이지만, 러일전쟁 도발 직후 원활한 병참 수송을 계획한 일본 군대에게 부설권을 **빼앗긴다**.[20] 1905년 5월 25일 낙동강 교량이 준공되고, 5월 26일 시운전을 하게 된다. 마무리 공사와 홍수 피해 복구 공사 등으로 인하여 삼랑진-마산포 전 구간이 개통된 것은 1905년 10월 21일이다.[21] 최남선(崔南善)은 1908년 지은 〈경부텰도 노래〉에서 삼랑진역과 마산의 경로를 "그다음에 잇난驛 三浪津이니, 馬山浦로 갈나난 分岐點이라, 예서부터 馬山이 百里 동안에, 여섯군대 停車場 디나간다네"로[22] 노래하고 있다. 당시 삼랑진에서 마산까지 여섯 정거장은 '삼랑진-낙동강-진영-창원-구마산-마산'인 것으로 보인다.[23]

그리고 삼랑진역 영업 시작 약 1년 후인 1906년 12월 12일에는 낙동강역이 영업을 개시한다. 낙동강역은 경전선에 있던 기차역으로 삼랑진역과 한림정역 사이에 있었다. 이 역은 1906년 12월 12일 보통역으로 영업을 시작하였고, 1912년에는 승차 인원 2만 4,454명, 하차 인원 2만

〈그림2〉 삼랑진역 안내 방송 자료(1930)

4,959명, 하루 평균 승객 수가 130여 명일 정도로 흥성대는 역이었다.[24] 그러다가 점점 여객 수요가 줄어 2004년에는 무배치 간이역(역무원이 없는 간이역)으로, 2010년에는 무정차 간이역(열차가 정차하지 않는 간이역)으로 격하된 후, 2010년 11월 12일 역사가 철거되었다. 코레일(Korail) 부산경남본부 소속으로 경상남도 밀양시 삼랑진읍 삼랑리 15-1에 있었다.[25]

서민들의 삶과 열정이 깃든 철길

1970~80년대 삼랑진역은 경부선의 환승역과 경전선의 기점역이어서 많은 승객들로 북적였다. 경부선은 장거리 승객이 많았는데, 주로 부산·대구·서울로 가는 승객들이었다. 경부선 고객은 군인, 특히 해군이 많았는데, 삼랑진에서 진해로 가는 해군과, 진해에서 삼랑진을 통해 서울 쪽으로 가는 해군들이 많았다고 한다. 경전선은 단거리 승객이 많았는데, 당시의 시골 완행버스와 비슷한 분위기였다. 마산·부산 방향으로 등교하는 통학생, 출퇴근하는 회사원, 채소·해산물·생활용품을 팔러가거나 구입해 오는 상인들이 주로 이용했다. 새벽에 도시로 가서 농산물을 팔고, 올 때는 공산품을 사 와서 다시 삼랑진 쪽 시장에서 파는 경우가 많았다고 한다.

당시 경전선 비둘기호 객실에서는 다음과 같은 장면이 있기도 했다.[26] 1980년대 중반이었다. 부산진역발 경전선 비둘기호를 타고 덕산역까지 가는 길이었다. 당시 부산진역에서 덕산역까지 요금은 500원 남짓했는데, 시외버스 완행 요금의 1/2 정도이고, 고속버스 요금의 1/3 정도였다. 대신 시간은 고속버스가 마산까지 1시간 정도였는데, 비둘기호는 부산진역에서 덕산역까지 2시간쯤 걸렸다. 부산진－사상－구포－물금－원동－삼랑진－낙동강－한림정－진영－덕산－창원－마산으로 연결되는 코스였다.

물금쯤에서 어느 아지매가 생미역을 기차간에서 팔았다. 제법 많은 미역 더미를 손에 들고 2천 원을 외치고 있었다. 승객 중 어느 한 분이 관심을 보이며 하나를 달라고 했다.

장사꾼 아지매: 사이소! 싸다, 싸, 2천 원백이 안 함미더!
구매자 아지매: 그거 2천 원이요?
장사꾼 아지매: 예, 단돈 2천 원! 억수로 싸지예?
구매자 아지매: 하나 주소.

그런데 하나를 달라고 하니까, 손에 들고 있는 많은 더미 중에서 하나만 쏙 빼어서 주는 게 아닌가? 손에 든 미역 모두가 2천 원인 줄 알았는데, 하나만 빼어서 주니까 승객 아지매가 사지 않겠다고 했다. 아마도 빼어낸 미역 줄기는 시중보다 값을 비싸게 부른 것 같았다. 승객 아지매가 사지 않는다고 하자, 장사꾼 아지매는 존대로 하던 말투를 벼락같이 반말로 바꾸어 승객 아지매를 공격했다.

구매자 아지매: 아이, 들고 있는 거 다 아니고, 한 개만 2천 원이가?

장사꾼 아지매: 예, 이거 하나에 단돈 2천 원임미더.

구매자 아지매: 어, 그, 그라모 안 살라요.

장사꾼 아지매: 아니, 이기 2천 원이 비싸나?

구매자 아지매: 내사 그거 다 2천 원인 줄 알았지…….

장사꾼 아지매: 지금 지 정신이가, 이걸 어데 가서 다 2천 원 주고 사노? 이거 한 개만 해도 2천 원이모 싸지.

구매자 아지매: …….

장사꾼 아지매: 참 내, 세상 물정 몰라도 너무 모르네, 이기 우째 다 2천 원이 되것노?

구매자 아지매: …….

장사꾼 아지매: 내 참, 우째 이래 가 세상을 사는가 모르겠네! 아지매, 이거 한 개 2천 원도 대한민국 어데 가도 몬 산다 카이!

구매자 아지매: …….

장사꾼 아지매: 아이고, 이 뭣도 모르는 아지매야, 다른 장사한테는 그라지 마라! 어이! 에이, 내 참, 쯧…….

구매자 아지매: …….

싸움이 날 법도 한데, 구매자 아지매는 묵묵무답이었고, 장사꾼 아지매는

〈그림3〉 벚꽃이 활짝 핀 2022년 4월의 삼랑진역

종내 투덜거리며 불평하다가 다음 객차로 사라졌다. 둘 사이의 소동을 아는지 모르는지 차창 밖으로는 하늘색 닮은 푸르디 푸른 바다 같은 낙동강이 시원스레 펼쳐졌다.

이런 식으로 삼랑진역을 오가는 경전선 철도 위에서는 삶의 열정과 치열함이 흥성댔다. 삼랑진 철도는 사람과 화물을 도시로 꾸준히 실어 나르고, 도시의 산업과 문명을 시골로 전해주면서 근대화의 전령사 역할을 제대로 해내었다.

한때 삼랑진역은 작품의 무대[27]나 인기 가요의 제목[28]이 될 만큼 전국적인 지명도를 갖는 역이었지만, 현재 삼랑진역은 옛날보다 그 번성함이 덜하다. 일단 KTX가 정차하지 않음으로 해서 많은 여객과 화물을 잃게 되었고, 그에 따르는 부수적인 상공업 활동도 사라지게 되었다.

삼랑진은 물길이 발달했고, 철길도 일찍 개통되었지만, 내륙이라는 지역적 특성 때문에 고속도로의 혜택은 상대적으로 늦게 받았다. 삼랑진 근처의 고속도로는 경부고속도로(1970년 7월 7일 개통), 남해고속도로(1973년 11월 14일 개통), 구마고속도로(1977년 12월 17일 개통) 등이 있는데, 모두 다 삼랑진에서 이용하기는 불편했다. 울산 언양이 그나마 가깝지만, 긴 거리와 험난한

길 때문에 이용에는 엄청나게 불편했다. 삼랑진의 고속도로 혜택은 2006년 1월 25일 대구부산고속도로가 완공되어 삼랑진 IC가 개통되면서 시작되었다. 차량이 보편화되면서 여객과 화물 이동의 주축이 자동차로 변했지만, 삼랑진은 이 변화의 대열에 늦게 합류한 셈이다.

철도관사와 급수탑의 어제와 오늘

송지리 송지2길 입구로 들어서면 왼쪽으로 '필 프라이스'[29]라는 마트가 보인다. 마트를 왼쪽으로 한 채 길을 계속 오르면, 양지바른 언덕에 자리 잡은 외양이 특이한 집이 몇 채 보이기 시작한다. 높고 날카로운 낯선 축대(築臺)와 우리식 지붕과는 물매가 다른 형태의 집이다. 낯설기도 하고 오래된 듯도 한 이 집들에서는 이질감과 친근함이 동시에 묻어난다. 그런 집들 사이로 원불교 교당, 우물터 등이 보인다. 과거와 현재가 공존하는 이곳에 바로 일제강점기 삼랑진역 직원을 위한 철도관사(鐵道官舍)가 있었다. 겉보기에 담장과 지붕은 그 당시의 모습을 거의 그대로 유지하고 있는 듯하다.

철도관사는 삼랑진 외에도 서울, 수원, 부산, 대구, 밀양, 경주, 진주, 영천, 안동, 영주, 제천, 순천, 남원, 동해 등 여러 지역에 지어졌다. 이러한 관사는 역 직원의 단체 거주와 업무의 편의, 유사시 신속한 대응을 위하여 건축되었다.[30] 하지만 주택난 해결과 업무의 능률화 외에 조선인과의 격리 거주를 통해 그들의 우월성을 나타내려는 식민지 정책의 일환으로 만들어지기도 했다.[31]

삼랑진역 철도관사 역시 식민지 정책의 일환으로, 삼랑진역에서 얼마 떨어지지 않은 남향 언덕에 세워졌다. 삼랑진의 철도관사는 1927년부터 1945년까지 18년에 걸쳐 동서 230m, 남북 260m 규모의 격자 주거지에 17동

〈그림4〉 송지리 내송마을에 있는 1920년대에 건립된 삼랑진역 직원을 위한 철도관사

34호가 건설되었다.**32** 관사는 역장, 부역장, 주임, 역원 등 직위에 따라 면적이 달랐고, 당연히 역장 관사의 면적이 가장 넓었다. 전망이 좋은 높은 북쪽은 상급 관사를 지었고, 전망이 좋지 않고 위치가 낮은 남쪽에는 하급 관사를 지었다. 역장 관사의 부지는 건축면적 25.8평(85㎡)·부지면적 142평(468㎡)이었고, 역원 관사의 부지는 건축면적 13.7평(45㎡)·부지면적 91평(299㎡)이었다.**33** 직원을 위한 철도병원이 내송마을 입구에 있었는데, 1989년쯤 철거되었고, 지금은 그 자리에 '필 프라이스' 마트가 들어서 있다.

　〈그림5〉**34**의 배치도를 보면 삼랑진의 철도관사를 한눈에 알아볼 수 있다. 모든 건물이 남쪽을 향하고 있고, 1필지에 2채의 집이 건축되어 17동 34호임을 알 수 있다. 그리고 가장 넓은 6등급부터 가장 좁은 8등급 관사까지 위치하고 있는 것도 볼 수 있다. 북동쪽 가장 높은 곳의 번호가 'K6a1'인데, 6등급 관사 1동임을 알 수 있다. 'K6a1'에 있는 번호 ①과 ②는 집이 2채임을 표시한다. 그 아래에 'K7a1'은 7등급 갑 관사 1동이며, 번호 ③과 ④는 집이 2채임을 표시한다. 그리고 아래쪽에 'K8a4'와 번호 ㉗, ㉘은 8등급 갑 관사 4동에

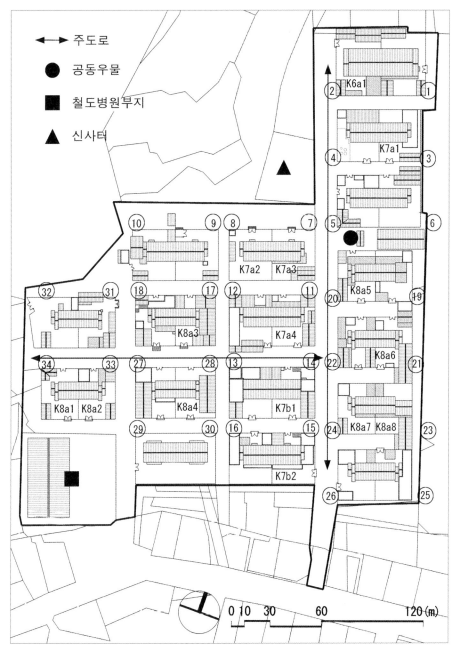

주도로

공동우물

철도병원부지

신사터

K6a1

K7a1

K7a2 K7a3

K8a5

K8a3 K7a4

K8a6

K8a1 K8a2 K8a4 K7b1

K8a7 K8a8

K7b2

0 10 30   60   120 (m)

〈그림5〉 삼랑진 철도관사 배치도

있는 집 2채를 표시한 것이다. 이런 식으로 6등급~8등급 관사 34채가 모두 확인된다. 철도병원 부지에는 지금 마트가 영업 중이고, 공동 우물터는 폐쇄된 채로 남아 있고, 일제강점기의 신사터에는 원불교 삼랑진교당이 서 있다.

삼랑진 철도관사는 지금도 34채가 남아 있다. 1970년대 개인에게 불하가 된 이후로 내부 구조나 출입구는 편의에 맞게 변경하거나 수리를 했다. 지금도 옛날의 모습이 많이 남아 있는 것은 축대와 지붕이다. 한옥과 다른 전형적인 일본식 물매를 보이는 지붕은 지금도 여러 집에서 확인이 된다. 그리고 1920년대 관사 건설 당시부터 거의 그대로 남아 있는 것은 집을 바치고 있는 축대이다. 10~20cm 또는 1m 정도의 높이로 기울기가 없는 축대도 있지만, 4~5m 정도로 성벽처럼 높고 기울기가 제법 되는 축대도 있다. 축대만 보아도 상급, 중급, 하급 직원의 주택이 어느 것인지 짐작할 수 있다. 그리고 이들 관사는 한눈에 보기에도 우리식 가옥 구조와는 이질적이다. 이처럼 삼랑진 철도관사는 건립 후 거의 100년 가까운 시간이 흘렀지만, 축대와 골조와 지붕의 기울기는 그 원형을 유지하고 있다. 하지만 비·바람과 세월의 흐름을 이기지 못한 담장, 벽, 지붕 재료 등은 보강하고 수리했다.

철도관사 지역을 답사하다가 원불교 삼랑진교당 맞은편에 있는 'K7a3', 즉 7등급 갑 관사 3동에 거주하는 정옥자 할머니(75세, 고졸)를 어렵사리 만나서, 집 구경도 하고 철도관사에 대한 여러 가지 이야기를 들을 수 있었다.

철도관사의 특징은 건물의 외벽과 내벽이 흙으로 되어 있는 점이었다. 외벽은 얼핏 나무 벽이나 통나무 벽으로 되어 있는 것처럼 보이지만, 흙벽에 나무를 갖다 붙인 것이었다. 그리고 내벽은 흙벽에다 회를 칠해서 하얗게 보인다. 그래서 여름에 바람이 잘 통해 에어컨 없이 여름을 지낼 수 있지만, 겨울에는 바람이 잘 통해 외풍이 세서 춥다고 했다. 일제강점기 때의 내부 구조는 그대로 둔 채 약간의 수리를 했다. 거실과 주방이 중앙에 위치하고, 양쪽으로 방을 낸 형태였다. 그리고 건축 당시에는 정원으로 이용했던 본채 건물 앞의 공간은 마당이나 창고로 사용하고 있었다. 출입구는 건축 당시에 모든 집들이 북쪽으로 나 있었는데, 남쪽으로 방향을 바꾼 집들도 제법 있다고 했다. 하지만 정옥자 할머니 집은 남쪽으로 향한 축대가 너무 높아서, 출입구를 새로 만들기 곤란해서 지금도 북쪽 대문으로 출입을 한다고 했다. 출입구를 남쪽으로 한 집들은 낮은 지대에 위치한 집들이었다. 높은 지대에 위치한 집들은 높은 축대 때문에 남쪽으로 출입구를 낼 수 없었다고 한다.

삼랑진 철도관사는 해방 이후에도 철도청 직원들이 계속 거주하다가 1970년부터 개인에게 불하(拂下)가 시작되었다. 1980년 무렵에 이 집으로 이사와서 지금까지 계속 거주하고 있는 정옥자 할머니는 집이 오래돼서 그런지 지네가 많이 나와서 불편하지만, 다른 것은 생활에 큰 불편이 없어서 앞으로도 계속 거주하고 싶다고 했다. 철도관사 지역은 거의가 땅은 국가 소유, 건물은 개인 소유로 되어 있다고 한다. 게다가 주인이 직접 거주하기도 하지만 세입자가 거주하는 경우가 많아서, 집수리에 별 관심이 없다고 했다. 그래서 세월이 흐를수록 집도 낡고 철도관사 동네 자체도 허름해진다고 했다.

철도관사 지역을 답사해보니, 밤이나 낮이나 인적이 드물었다. 아이 모습이나 목소리가 없고, 생활 소음도 잘 들리지 않는 적막한 공간이었다. 특히 밤에는 가로등도 부족하고 인적도 거의 없어서 불안이나 위험을 느낄 정도였다. 낮에도 조용하고 밤에는 더 조용한 동네였다. 거주하는 분들도 거의 할머니 할아버지들이 많고, 특히 할머니들이 많다고 했다. 주인 할머니와 세를 든 할머니, 이렇게 두 분이 거주하는 집들도 제법 있다고 했다. 노령화 문제가 심각했고, 공간의 조용함과 어두움이 생활의 조용함과 어두움으로 이어지는 듯 했다. 도시 미화 사업을 해서 미관이 환한 지역으로 만들든지, 문화유산의 공간으로 깨끗하게 정리를 하여 많은 사람들을 오고가게 하든지 해서, 활기 넘치는 철도관사 마을로 만들 필요가 있어 보였다.

철도관사는 삼랑진 외에도 여러 지역에서 찾을 수 있다. 대전, 익산, 영주, 순천 등에 철도관사가 아직도 남아 있고, 지방 자치 단체에서 '철도관사촌',

〈그림6〉 삼랑진역 구내의 급수탑

'철도관사마을', '관사골', '철도문화마을' 등으로 지정하여 관광 상품 또는 문화 상품으로 내세우고 있다. 삼랑진 철도관사는 이들 지역 못지않게 원형을 많이 유지하고 있기 때문에 관광자원화할 필요가 있다.

문제는 다른 지역과 구분되는 독특한 매력을 찾아야 한다는 것이다. 그래야 기억에 남고 자주 오고 싶은 곳이 될 수 있다. 단지 오래된 옛것이어서 가치가 있으니 보러 오라고 하기에는, 많은 사람을 오랫동안 오게 할 매력이 부족하다. 일제강점기의 건물이나 거리 또는 철도관사는 전국 곳곳에서 이미 '근대문화유산'이나 '철도 마을' 등으로 문화 상품화하고 있다. 삼랑진 철도관사를 매력적인 문화 상품으로 만들려면, 급수탑과 레일바이크를 묶어 관광과 체험을 함께 제공해야 한다. 등록문화재 제51호인 삼랑진역 급수탑은 1923년에 건립되었는데, 경부·경전선을 운행하던 증기기관차에 물을 공급하기 위한 시설물이었다.

오래된 철도관사에서 근대 건축의 모습과 일제강점기의 아픈 역사를 되새기게 하고, 급수탑을 보면서 증기기관차가 달렸던 시절을 추억하게 하고, 레일바이크를 이용해 낙동강 위를 천천히 달리면서 강과 하늘과 산과 나무가 만드는 환상적인 풍경을 볼 수 있게 해야 한다. 그러면 다른 지역에서는 찾을 수 없는 독특한 경험을 할 수 있을 것이다. 그래서 삼랑진을 과거의 소중함이 있는 기억에 남는 지역으로, 현재의 즐거움이 있는 자주 찾고 싶은 지역으로 만들 수 있을 것이다.

제2장 근대화와 함께 한 방직공장

우리나라 직기의 역사는[35] 1919년 일본인 회사인 조선방직의 역직기(力織機) 610대로부터 시작되었다. 곧 이어 1922년 한국 민족자본인 경성방직이 역직기(풍전식) 100대를 도입·가동하는 등 직기의 본격적인 근대화는 면직기에서부터 시작하였다. 역직기 1대의 생산성이 수직기 5대에 해당되었고, 직공 1인당 생산량이 수직기 3대 이상이나 되어, 당시 역직기의 출현은 재래식 수직기의 퇴락을 가져와 일종의 사회·산업적인 문제를 야기하기도 하였다.

이후 역직기의 증설은 계속되어, 8·15광복 이후 1947년에 한국의 역직기 보유 대수는 8,005대, 수직기(족답식 포함) 3,621대, 합계 11,626대(영세공장 및 농가 미등록분 제외)였다고 하는데, 이때만 해도 수직기의 비중이 컸고, 비록 어엿한 직물공장이라 할지라도 역직기와 수직기를 겸용하는 실정이었다. 이나마 광복 직후의 혼란으로 인한 조업 중단과 6·25전쟁으로 인한 대량 파손으로 한때는 암흑 속에 빠졌다. 이후 정부의 경제부흥정책에 따른 기설(旣設) 직기 설비의 복구와 국산 직기의 제작 및 보급에 힘입어, 1960년대는 1970년대 도약을 위한 성장 기반이 구축되었다. 1970년대 들어 섬유공업이 한국 수출산업의 주역이 되자, 수출산업으로서의 기반 확충 아래 대대적인 직기 증설과 대형 직물공장이 설치되었다.

1960~1970년대에 삼랑진에는 면직물공장이 많이 있었다. 면직물(綿織物)은 순면사 또는 면혼방사로 짠 직물의 총칭이다. 삼랑진에서 흔히 볼 수 있었던 공장은 실을 만드는 방적(紡績)공장이 아니라 실을 이용해서 직물을 짜는 방직(紡織)공장이었다. 방직은 섬유산업의 생산 구조에서는 '섬유원단' 분야의 '직물직조업'에 속한다고 볼 수 있는데,[36] 이러한 방직공장은 삼랑진의 경세 활성화에 크게 기여를 했다. 1차 산업이 주종을 이루던 시절에 그래도 '공장'이라는 이름을 달고 많은 사람들의 고용을 창출했다. 그리고 원료의 구입과 생산품의 운송, 그에 따르는 부수적인 자본의 이동도 활발하게 이루어져, 면직물공장은 음으로 양으로 삼랑진의 경제적 근대화 또는 산업화에 많은 기여를 했다.[37]

1970년대에 삼랑진 일대에는 하양(下洋)[38]마을에 200평 규모의 면직물공장이 4곳 있었고, 삼랑진역 근처 1km 반경 안에 약 15~20곳 정도의 공장이 있을 정도로 호황을 이루었다. 6·25전쟁 이후 1955년부터 2000년 무렵까지도 있었는데, 지금은 거의 다 사라지고, 하양마을과 신천마을에 원형의 흔적만 남기고 쓸쓸히 낡아가고 있다. 이하의 서술은 하양마을에 있었던 '삼랑진 직물공업사'에서 1970년~1972년 약 2년 동안 총무로 근무한 도경수 님[39]과 최근까지 공장을 운영한 최동규 님[40]의 구술을 기초로 하여 작성하였다.

삼랑진직물공업사의 자취

'삼랑진직물공업사'는 하양마을에 있었다. 직원은 사장, 총무, 기사, 기능직 직공, 단순직 직공 등으로 구성되었다. 총무가 하는 일은 공장 전체의 일반 관리였는데, 직원 출퇴근 점검, 매출액 관리, 지출 계산, 월급 계산

등이었다. 베틀[41] 기사의 임무는 베틀의 원활한 작동 즉, 가동·윤활·수리·보수 등을 책임지는 것이었다. 그리고 누가 하루에 얼마나 생산했는가를 기록해서 하루 통계를 기록하고, 한 달 통계를 기록하여 월급 산정에 반영했다. 총무와 기사의 월급은 2만원 정도였는데, 베틀 직공보다는 월급이 많았다.

면포(綿布)를 만드는 과정을 간단히 하면 다음과 같다.

실공장에서 가져온 원사를 삶는다-삶은 실에다 풀을 먹인다-풀 먹인 실을 말려서 깡통에 감는다[42]-깡통[43]에 감긴 실을 직조기(베틀)에 올린다-천을 짠다-만들어진 천을 한 필씩 감는다.

면직물을 짜기 위해서는 일단 실이 필요하다. 실 공장에서 가져온 직물의 원료가 되는 실, 즉 원사(原絲)는 누르스름한데, 이 실을 삶는 것이 면직물 생산의 첫 작업이다. 실을 삶는 작업을 하는데, 이 과정에 남자 3명 정도가 필요하다. 큰 솥에 실 뭉치를 넣고, 불을 지피고, 삶은 실을 꺼내는 작업을 한다. 보통 10~12시간 정도 삶는데, 준비 시간과 마무리 시간을 합치면 거의 24시간 정도가 걸린다. 저녁 8시에 삶기 시작하면, 밤새 실을 삶아 다음날 아침 8시쯤에 삶긴 실을 꺼내고, 꺼낸 실을 말리는 등 후속 작업을 하면 저녁 8시쯤에야 작업이 마무리된다. 실을 삶을 때 수산화나트륨을 넣어 희게 만드는 과정을 '사라시한다'[44]라고 한다. 이때 넣는 약품은 속칭 양잿물인데, 실이 갑자기 하얘진다고 해서 '벼락잿물'이라고 부르기도 했다.

실에 양잿물, 즉 수산화나트륨을 넣어 원사를 삶는 이유는 크게 세 가지이다. 첫째, 원사에 붙어 있는 불순물이나 기름기를 빼서 깨끗하게 하기 위해서이다. 둘째, 면직물을 짜기 위해 실에 힘이 들어가 단단하게 하기 위함이다. 셋째, 천을 짜기 위해 실을 빳빳하게 하려고 풀을 먹이는데, 사라시를 하면 실이 풀을 잘 먹게 되기 때문이다. 한 마디로 베 짜기 좋은 상태로 실을 만들기 위한 것이다.[45]

삼랑진직물공업사에서는 주문자의 요구에 따라 다양한 직물을 생산했다. 대체로 사라시를 한 실로 직물을 짰지만, 사라시를 하지 않은 실로 짠 직물도 있었다. 삼랑진직물공업사에서 생산한 직물은 광목(廣木, cotton cloth)[46], 방모, 옥양목, 기저귀, 손수건, 지지미, 포플린 등이었다. 이 중에서 광목과 방모는 사라시를 하지 않은 실로 짠 직물이고, 나머지는 사라시를 한 실로 짠 직물이다.

광목은 거친 천으로 값이 싸서 서민들이 일반적으로 이용하는 천이었다. 치마, 저고리, 이불 등으로 사용했다. 방모는 굵은 실로 짠 나무색으로 두꺼운 천인데, 겨울 신발에 안감으로 들어갔다. 당시 남자 직원 일부는 이것으로 겨울옷 안감을 해 입기도 했다. 옥양목은 표백한 면직물인데 주로 의류나 침구용으로 이용했다. 지지미는 올록볼록한 천인데 여름 속옷감으로 많이

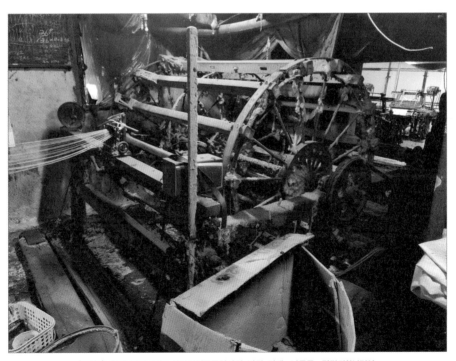

〈그림7〉 현재 남아 있는 삼랑진직물공업사의 방직 기계. 나름틀. 정경기(整經機).

팔렸다. 그리고 포플린은 흰색 천에다 컬러 무늬를 넣은 천으로, 다른 천보다 값이 비쌌다. 기저귀는 없어서 못 팔 정도였고, 한 때는 천 짜는 베틀이 모자라서 대구에 가서 날밤을 세워 기다리면서까지 베틀을 구입하기도 했다. 그리고 공장이 잘 돌아갔을 때는, 면방직 제품을 서로 사려고 부산진시장의 상인들이 삼랑진직물공업사에 직접 와서 줄을 서서 기다리기도 했다.

통상 '베틀'이라고 한 직조기는 반자동으로 당시 22대 정도 있었다. 폭(가로) 2m, 높이(세로) 1m 정도인데, 약 1.2m 넓이의 면직물을 생산했다. 위에는 실이 매달려 있고 매달린 실이 발처럼 내려지고, 그 사이로 북이 자동으로 딱딱 소리를 내며 가로로 왔다갔다하면서 천이 짜여졌다. 베틀 2대에 한 사람이 필요한데, 이 사람은 거의 여성이며 북의 실이 꼬이거나 끊어지거나 하지 않고 제대로 공급되는지를 살피는 기능공이었다. 북 안에는 지관(紙管)

〈그림8〉 현재 남아 있는 삼랑진직물공업사의 방직 기계. 베틀. 반자동 직조기(織造機).

이나 목관(木管)에 감긴 실이 있는데, 약 15분에 한 번씩 갈아주어야 했다.

이렇게 만들어진 면직물은 30마(碼)씩[47] 한 필(疋)을 만들고, 따로 포장을 하지 않고 100필 정도를 그대로 리어카에 실어 낙동강역으로 갔다. 따로 포장을 하지 않은 이유는, 면직물을 다른 공장으로 보내면 거기에서 다시 표백을 하기 때문에 면포가 조금 오염되더라도 상관없었기 때문이었다. 한 필씩 묶여진 면직물은 삼랑진직물공업사에서 얼마 떨어지지 않은 낙동강역을 통해서 주로 부산으로 운송되었다.[48]

1970년대 삼랑진직물공업사의 종사자의 현황 다음과 같았다. 근무 형태는 주야 2교대로 아침 8시에 출근하면 오후 8시에 교대했다. 주야 20명씩 근무를 했으므로 종사자는 약 40명이었다. 20명의 구성 현황을 보면, 베틀이 22대 정도여서 11명의 여자가 필요하고, 실을 나르고 풀을 먹이는데 3명

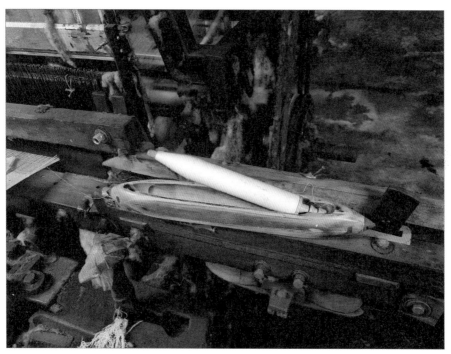

〈그림9〉 실이 감긴 목관이 장착된 북. 목관을 북 안으로 완전히 밀어 넣고, 북을 베틀 좌우로 움직이면서 천을 짜낸다.

정도의 남자가 필요했고, 기계를 다룰 줄 아는 남자 기술자 1명, 베틀에 윤활유를 치는 등 기계 관련 잡일을 하는 남자 1명, 회사 업무 전반을 관장하는 총무 1명, 기타 3~4명 등이 필요했다. 대체로 나이는 20세 이하였고, 남녀 비율은 3:7 정도였으며, 학력은 초등학교를 겨우 졸업했거나 그 이하였다.

보수는 일정하지 않았는데, 당시 시세로 일반 직원은 대개 1만 원 수준을 받았다. 그리고 베틀 기능공은 도급·성과급이어서 직원마다 자기가 일하는 만큼의 월급을 받았는데, 1만 5천 원 이상을 받았다. 지금으로 말하면 약 100만 원~150만 원에 해당된다. 하지만 당시에는 지금보다 돈이 훨씬 귀한 시절이어서, 이 정도의 돈이면 여자가 버는 돈 치고는 제법 큰돈이었다. 참고로 1973년경에 순경 월급이 1만 5천 원 수준이었다.

〈그림10〉 먼지와 함께 조용히 낡아가는 정경기 뒤로, 2007년과 2010년 달력이 시간을 멈춘 채 달려 있다.

베틀이 있는 공장의 상황은 열악했다. 보풀과 먼지가 많이 날려서 호흡기가 불편했고, 북이 왔다갔다하면서 부딪치는 소리가 상당히 커서 귀가 멍멍할 정도였다. 베틀 작업은 섬세하고 약간의 기술이 필요하기에 아무나 할 수 없었다. 그 일이 손에 익숙한 사람이 해야 했다. 그래서 베틀 작업을 담당하는 직원이 결근을 하게 되면 면을 짤 수가 없었다. 한 사람이 2대의 베틀을 담당하기에 결원이 생기면 베틀 2대를 돌릴 수 없게 된다. 그리고 당시에 삼랑진 근처에는 이와 같은 소규모 공장이 15~20군데 있었고, 일손이 부족한 형편이어서, 베틀 담당 직원이 결근할까 봐 사용자는 노심초사했다. 그리고 혹시나 작업 시작 시간에 직원이 안 보이면 그의 집에 직접 찾아가서 출근을 종용하기도 했다. 게다가 직원들의 지각이나 결근도 잦아서, 거의 매일 직원을 정시에 출근시키는 것이 주요한 일이었다.

삼랑진 주위에 면직물공장은 많고, 주위에 일할 인력은 제한되어 있어서 숙련공은 회사에서 함부로 해고할 수 없었으며, 특히 여자로서는 수입이 괜찮은 직업이었다.[49]

제보자 최동규 님은 1997년쯤에 쇠퇴해 가는 삼랑진직물공업사를 아주 헐값으로 임대하여 한동안 공장을 운영했다고 한다. 하지만 점차 시대가 바뀌어 주요 생산품인 기저귀는 더 이상 팔리지 않았고, 다른 면직물은 자동화된 기계로 규모가 더 큰 공장에서 생산했기 때문에, 성글게 짠 면직물인 소창[50]을 만들어 팔았다고 한다. 소창은 장의용(葬儀用) 비품이나 무속용(巫俗用) 비품으로 팔려나갔다고 한다.[51] 하지만 중국산·인도산이 값싸게 수입되어 국산 소창은 가격 경쟁을 감당할 수 없어서, 2010년 이후로는 공장 가동을 중단했다고 한다.

쓸쓸히 사라져 간 방직공장

삼랑진 면직물산업의 초창기는 1950년대 6·25전쟁 이후이고, 전성기는 1960~1990년대 초반, 쇠퇴기는 1990년대 중반 이후로 볼 수 있다.

삼랑진 일대의 방직공장은 한동안 잘 되었지만, 현실에 안주하여 변화에 적응하지 않아 규모가 점점 작아졌다. 새로운 기술 개발이나 연구를 할 생각을 못했고, 면직물의 용도가 제한되어 서서히 쇠퇴하게 되었다. 1970년대 당시 부산만 해도 소음도 적고 신속하고 튼튼한 직물을 짜는 기계를 사용했지만, 삼랑진에서는 이를 구입할 계획도 자금도 없었다.

현재 삼랑진에는 방직공장의 흔적만 남아 있을 뿐이지만, 방직공장은 삼랑진의 근대화에 많은 역할을 담당했다. 사실 방직산업은 삼랑진의 근대화를 이끌었을 뿐만 아니라, 영국의 산업혁명 시초이기도 하고, 우리나라 근대화의 출발점이기도 하다.

영국에서는 면직물 공업이 기계화를 이끌어내었다. 1785년 최초의 증기

〈그림11〉 하양마을에 건물 일부가 남아 있는 삼랑진직물공업사의 모습

방적공장이 세워졌고, 1797년 방직기가 발명되면서 산업혁명의 초창기를 장식한다.[52] 노벨문학상 수상 작가인 윌리엄 포크너가 1928년 발표한『소리와 분노』라는 작품에서 1910년대 미국의 산업화를 상징하는 소재로 방직공장이 서술되어 있다.[53] 우리나라에서도 산업화 초창기인 1954년에 방직 공업이 전체 공업의 23.2%를 차지했고,[54] 부산의 경우 섬유업종이 전체의 37.6%를 차지할 정도였다.[55] 그리고 대기업 삼성의 모태는 제일모직이었고,[56] SK의 시작은 선경직물이었다.[57] 일본 역시 상황은 비슷한데, 세계적인 자동차 기업인 일본의 도요타자동차 역시 그 출발은 자동방직기였다.[58]

삼랑진 근대화의 물결을 주도한 방직공장은, 변신을 거듭하여 세계적인 기업이 된 삼성이나 SK와 달리, 역사 속의 물결로 사라지고 말았다. 그리고 사라진 삼랑진 방직공장 대신에 미전농공단지, 용전일반산업단지 등이 근대화의 새로운 물결이 되어 낙동강으로 흐르고 있다.

제3장 근대화를 촉진한 딸기 재배산업

딸기 재배가 처음 시작된 삼랑진

근대화는 '잘 살기'를 뜻하고, 잘 살기 위해서는 일정한 수입 또는 많은 수입이 있어야 가능하다. 일찍이 맹자도 항산(恒産) 없이는 항심(恒心)이 없다고 하였다.[59] 일정한 수입이나 경제적 안정이 없으면, 선하고 착한 마음을 지니기 어렵다는 말이다. 자본주의사회에서 '돈'은 안정된 생활을 위해서 꼭 필요한 것이다. 몸과 마음의 안정을 위해서 누구나 경제 활동에 열심이다. 삼랑진의 경제 활동에서 두드러지게 보이는 것은 딸기 재배산업이다.

딸기는 빨간 색깔, 둥그스름한 모양과 새콤달콤한 맛으로 사람들의 눈과 혀를 즐겁게 한다. 오늘날 우리가 즐기는 딸기는, 기원전 5000년경 스위스 원주민 유적지에서 그 종자가 발견된 것으로 보아 석기 시대부터 식용한 것으로 추정된다.[60]

딸기는 보통 초본성과 나무딸기류로 크게 나눌 수 있는데, 보통 우리가 먹는 딸기는 초본성 딸기라고 보면 된다. 현재 주위에서 쉽게 볼 수 있는 딸기 품종은 설향(雪香), 장희(章姬, 아키히메), 육보(陸宝, 레드펄), 매향(苺香),

고하(高夏) 등인데, 이 중에서 장희와 육보를 교배 선발하여 2005년 품종 개발된 설향이[61] 전국 재배 면적 68.2%를 차지한다(2011년 기준).[62] 하지만 설향은 수확량은 뛰어나나 과일의 경도가 낮아 고온기에 유통상의 문제가 발생할 수 있으므로, 저장성을 높이는 재배상의 관리가 필요하다.[63] 설향 이후에도 금향, 다홍, 고하, 강하, 수경, 감홍, 다은, 싼타 등 많은 딸기 품종이 개발되어 재배되고 있다.

딸기는 삼랑진의 대표적 농산물이다. 삼랑진의 산업은 상업·제조업이 있기는 하지만, 아직까지는 농업이 주를 이루고 있다. 삼랑진 총가구수는 3,623가구인데, 이 중에서 1,257가구가 농사에 종사하고 있다.[64] 특히 딸기 재배가 활발한데, 삼랑진 총 시설 원예면적 286ha 중 딸기 재배 면적은 189ha이고, 한 해 딸기 생산량이 6,445톤에 이른다.[65] 재배 면적과 재배 수량이 1위다. 딸기시배지라는 명성에 걸맞게 해마다 축제를 개최해 오고 있으며, 2022년에는 '벚꽃과 함께하는 밀양 삼랑진 딸기시배지 축제'를 개최했다. 삼랑진을 포함한 밀양의 딸기 생산량은 전국에서 1~2위를 다툰다. 논산도 딸기 생산지로 유명하지만, 삼랑진은 논산보다 겨울 기후가 온화해서 딸기 생산에 유리하다.

다음은 삼랑진에서 딸기를 직접 재배하고 있는 송기석 님[66]과의 대담을 자료로 하여 작성한 것이다.

기술과 자본이 필요한 산업인 딸기 재배

딸기는 전국 1년 매출액이 4조 원에 육박하는 굉장한 산업이다. 삼랑진의 딸기 재배는 일제강점기 검세마을에서 시작되었다. 그때부터 계속 딸기를 재배하여, 2021년 기준으로 농협을 통한 삼랑진의 딸기 매출은 141억 정도이다. 이는 삼랑진 전체 딸기 매출액의 약 70%에 속한다. 나머지 30%인

42억 정도는 농협을 통하지 않는 직접 판매나 수출되는 액수이다. 수출되는 딸기는 부피가 큰 것도 있지만, 작은 딸기도 수출이 잘 된다. 한국인들은 크고 달콤한 딸기를 선호하는데, 외국인들은 크고 달지 않은 딸기도 선호한다. 그래서 크기가 작고 맛이 새콤한 딸기는 국내 판매용보다는 주로 수출용 상품이 된다.

삼랑진에서 재배하는 딸기의 품종은 설향이 75% 정도이고, 나머지 25%를 장희, 죽향, 싼타, 금실, 킹스베리, 메리퀸, 매향 등이 차지하고 있다. 재배 방식은 땅에서 재배하는 토경 방식과 땅 위로 1m 정도 올린 베드에서 재배하는 수경 방식이 있는데,[67] 재배 비율은 9:1 정도이다. 수경 재배는 토경 재배보다 한 달 더 빨리 심고, 한 달 더 수확이 가능하다. 그래서 매출은 수경 재배가 토경 재배보다 많다. 토경 1동에서는 보통 1,500만 원 정도의 매출이 나오고, 수경 1동에서는 2,000만 원~3,000만 원 정도 매출이 나오는데, 딸기 시세가 좋을 때는 수경 1동에 5,000만 원까지 매출이 나올 때도 있다.[68] 수경 재배는 수익이 좋지만 시설비가 많이 들어 토경 재배를 수경 재배로

〈그림12〉 베드에 정식한 딸기(촬영일 2022.9.18)

바꾸기가 쉽지 않다고 한다.**69**

매출이 많아도 그에 따르는 지출도 만만찮다.**70** 총매출에서 수입과 지출의 비율은 약 4:6 정도이다. 딸기 매출을 1억 원 했다면, 지출이 6천만 원 정도이고, 순이익은 4천만 원 정도이다. 지출에서는 인건비가 50%, 물류비가 30%, 나머지 20%는 시설유지비, 모종값, 농약값, 비료, 퇴비, 난방비, 수도요금 등에 쓰인다. 물류비는 포장·운반·하역 등이 포함된 비용인데, 딸기는 신선도가 제품의 성패를 좌우하므로, 딸기의 원형을 살리는 포장과 빠른 수송이 아주 중요하다.**71**

삼랑진의 딸기 재배 과정을 간추리면 다음과 같다. 딸기는 과거에는 노지에서 재배했지만, 지금은 비닐하우스를 이용한 시설 재배로 전환되었다.**72** 딸기 재배는 품종에 따라 그 시기가 약간 다르지만, 대체로 다음과 같은 순서를 따른다. 딸기의 재배는 육묘(育苗), 정식(定植)**73**, 수확(收穫)으로 볼 수 있는데, 육묘가 딸기 재배의 80%를 차지한다는 말이 있을 정도로, 초기 싹을 잘 키우는 것이 중요하다. 3월말이나 4월초에 모주를 정식하여 주당 50주 정도의 자묘를 확보한다. 6월초부터 발생하는 자묘를 포트에 유인하고, 6월 하순에 포트 받기를 완료한다.[육묘] 정식은 포트 육모는 9월 중순경에 실시하고, 노지 육묘는 9월 하순에 실시한다. 이때 적절한 액아(腋芽) 제거와 과일 솎음 작업이 필요하다.[정식] 정식 이후에는 생육 상태를 보면서 솎아내기와 비슷한 적과(摘果)를 해야 한다. 크고 올바른 딸기를 수확하기 위해 적당한 양의 딸기만 남기는데, 보통 11개 정도 꽃이 피고 딸기가 열리는데, 이 중에서 7개를 취하고 4개 정도를 적과한다고 한다. 정식 후 40일 정도 지나면 개화하고, 90일 정도 성장하면 수확할 수 있다.**74** 과일 경도가 낮아 적기에 수확해야 하는데, 12월 중순부터 가능하다.[수확]

그리고 딸기 재배에는 물이 필수적인데, 삼랑진의 경우에 수량은 풍부하지만 수질은 그렇게 좋은 편이 아니다. 지하수에 중탄·산염이 섞여 있어서**75** 딸기 농사에 바로 사용하기에는 적당하지 않은 편이다. 그래서 상수도를 이용하는 농가도 있는데, 한 달 상수도 요금이 50만원에 육박할 정도이다. 가을, 겨울에는 난방비도 제법 들어간다. 딸기 생육온도가 섭씨 6~25도 사이로 평균 15도이다. 가을·겨울에는 난방을 해서 딸기 생육온도인 평균 15도를 맞추어야 한다.

딸기는 재배 면적 확장이 곤란하고, 생장 기간 단축도 어렵다. 그래서 수입이 일정하고 높은 편이어서, 아직은 다른 농작물보다 경쟁력이 있다. 그리고 최근에는 딸기의 생산, 판매 외에 체험 농장, 딸기 산지(産地)와 알림 행사를 활용한 브렌딩, 친환경 포장, 스마트팜[76] 등을 통한 부가가치 증가에도 많은 관심을 기울이고 있다. 하지만 여전히 재배 면적의 감소, 농장주들의 노령화, 인건비 상승, 모종 값 상승, 병충해[77] 등의 문제점이 있다. 특히 딸기 재배에 관한 체계적이고 실질적인 교육이나 지도가 아직까지 만족스럽지 못한 편이다.

〈그림13〉 베드에 정식한 후 45일 정도 자란 딸기(촬영일 2022.10.29)

딸기 한 알에 담긴 농부의 땀방울

딸기는 농산물이어서 농업의 관점에서 살펴야 하지만, 산업의 관점 또는 근대화의 관점에서 접근할 때 그 특징이 더 잘 드러난다. 딸기는 다른 농산물과 달리 기술과 자본이 많이 들어간다. 그래서 다른 농사, 특히 쌀농사와 비교해 보면 진입 장벽이 상당히 높은 편이다. 쌀농사는 전통적인 방식대로 하면서, 약간 기계화가 더해진 형태의 생산 방식이다. 하지만 딸기는 거의 해마다 새로운 품종이 나오고, 그 품종에 알맞은 생산 기술을 익혀야 제대로 된 딸기를 수확할 수 있다. 이러한 새로운 품종 개발과 생산 기술을 익혀 제대로 된 딸기 수확을 위해서는 자본과 기술이 뒤따라야 한다. 그리고 그 기술을 딸기 재배 현장에서 몸으로 실천할 수 있는 엄청난 노력이 필요하다. 즉, 딸기 재배는 아무나 함부로 할 수 있는 작업이 아니고, 그래서 재배 면적도 갑자기 늘어날 수 없다. 따라서 딸기 재배는 다른 농작물에 비해 자본과 기술과 노력의 영향을 많이 받고, 생산자의 수익도 다른 농작물에 비해 월등하게 높으므로, 산업화의 관점·근대화의 관점에서 접근할 수 있는 것이다.

2022년 9월 18일 일요일 오후 4시. 삼랑진의 딸기 재배에 관한 채록을 위해, 송기석 님 딸기 재배 농장에 도착했다. 삼랑진읍 외송마을에서 미전천을 따라 버들섬 쪽으로 가다 보면 게이트볼장이 나오고, 거기서 한 50m쯤 더 가면 집채 같은 비닐하우스 여러 동이 있고, 난데없는 중국 황실개 차우차우가 어슬렁거리고 있다. 거기가 바로 송기석 님 딸기 재배터이다. 9월 18일 그날은 태풍 난마돌 북상이 예고된 날이었다. 그런데 오전에는 바람도 없고, 비도 뿌리지 않았다. 그래서 송기석 님께 오늘(18일) 오후에 뵐 수 있느냐고 연락을 드렸다.

9월 8일에 딸기 농장에 갔을 때, 태풍 힌남노에 대비하여 육묘 중인 딸기를 모두 냉장 보관하기 위해, 딸기 모종을 포장하고 옮기는 작업이 한창이었다. 그때 냉장 보관했다가 9월 15일에 정식한다고 하셨다. 그래서 정식을 이미 한 딸기는 태풍이 오면 어떻게 하나 궁금했다. 이미 줄기가 많이 나온 딸기를 다시 포장해서 냉장 보관하기는 힘들어 보였기 때문이었다. 송 어르신께 전화로 궁금한 점을 여쭈어보니, 정식 후에 태풍이 오면 그냥 그대로 태풍을 맞는다고 하셨다. 태풍이 심해서 정식한 딸기 모종을 날려버려도 어쩔 수 없다는 안타까운 말씀과 함께. 정식한 딸기 모종도 직접 보아야 하기에, 오후 4시쯤에 농장으로 찾아가서 몇 가지 궁금한 점을 여쭙고 싶다고 하니, 흔쾌히 그러하고 하셨다. 그런데 4시에 도착하니 이게 웬일? 태풍 영향권에 든 초속 20~30m의 엄청 센 바람이 '윙-윙-윙-' 소리를 내며 하늘을 뒤덮고, 비닐하우스의 지붕 비닐이 풀어진 먹구름 더미처럼 휘청휘청 펄럭이고 있었다.

내가 도착하자 송기석 님은 노구를 이끄시고 쇠로 된 비닐하우스 철골에 올라가 계셨다. 바람에 펄럭이는 비닐을 잡아서 고정클립으로 지붕 철골에 끼우기도 하고, 운동화 끈보다 폭이 약간 넓은 줄을 비닐 지붕 위로 가로지

〈그림14〉 딸기 재배에 관한 제보자, 송기석 님

르게 해서 비닐하우스 양 끝에 묶는 작업을 하고 계셨다. 늙은 몸으로 비닐하우스 철골 구조를 힘들게 오르고, 이리저리 엉금엉금 다니는 게 너무나 보기에 안쓰러웠다. 나도 그냥 있을 수 없어서 함께 그 작업을 도왔다. 나는 젊고(?) 다행히 팔 힘도 좋아, 비닐하우스 철골 구조를 가뿐하게 왔다갔다 할 수 있었다.

약 2시간 동안, 송기석 님과 함께 비닐이 바람에 날리지 않도록 고정클립을 이용해 비닐을 철골에 고정시키고, 끈을 지붕 위로 가로지르게 해서 이쪽 비닐하우스 끝과 저쪽 비닐하우스 끝을 단단히 묶어, 바람에 비닐이 날아가지 않게 했다. 바람에 휘날리는 비닐을 손으로 잡기도 어렵고, 손으로 잡은 비닐을 철골에 고정시키는 것은 더 어려웠다. 게다가 비닐하우스 뼈대 같은 철골 위를 온전히 팔 힘만으로 위태롭게 오르락내리락하자니, 과로와 긴장으로 거센 바람 부는 시원한 날씨인데도 온몸이 단번에 땀범벅이 되었다.

입립개신고(粒粒皆辛苦)라고 했던가? 쌀만 한 톨 한 톨이 농부의 땀방울인 줄 알았는데, 딸기 한 알 한 알에도 농부의 애태움과 땀방울이 가득 들어 있다는 것을 깨닫는 하루였다.

미주

1 표준어로는 '점방(店房)'이다. 표기로는 '점방'이고 발음은 '점빵'이다. 하지만 1970년대에 삼랑진 근처에서는 다들 '점빵'이라고 했고, 가게의 의미로 사용했다. '점방'이라고 표기하면 '점빵'의 소박하고 독특한 분위기가 살아나지 않아서 '점빵'으로 표기하기로 한다.

2 1970년대 산업화 과정에서 소외된 계층의 참상을 우화적으로 그린 조세희의 소설 「난장이가 쏘아올린 작은 공」에서도 슈퍼마켓은 밝고 깨끗한 주택가에 위치해 있다. 여기서도 슈퍼는 '잘 사는 동네' 또는 '근대화'를 상징하고 있다. 조세희, 『난장이가 쏘아올린 작은 공』, 이성과힘, 2019, 122쪽.

3 우리사상연구소 엮음, 『우리말 철학사전』 3, 지식산업사, 2006, 121~124쪽.

4 김윤식, 『내가 살아온 한국 현대문학사』, 문학과지성사, 2009, 16~17쪽.

5 근대화는 인물성 동이(人物性同異)를 다루는 호락논쟁(湖洛論爭)까지 그 기원을 소급할 수 있다. 보편주의와 분별주의의 관점에서 차이를 인정할 것인가, 차별을 강조할 것인가의 문제로 접근할 수도 있다. 이에 대해서는 '이경구, 『조선, 철학의 왕국』, 푸른역사, 2018, 351~352쪽'을 참조할 것.

6 한국철도문화재단, 『2019 新한국철도사 총론』, 국토교통부, 2019, 23쪽.

7 전국역사교사모임, 『살아있는 세계사 교과서』 2, 휴머니스트, 2008, 33쪽.

8 한국철도문화재단, 『2019 新한국철도사 총론』, 국토교통부, 2019, 32쪽.

9 한국철도문화재단, 『2019 新한국철도사 총론』, 국토교통부, 2019, 38~40쪽.

10 한국철도문화재단, 『2019 新한국철도사 각론』 1, 국토교통부, 2019, 225쪽.

11 한국철도문화재단, 『2019 新한국철도사 총론』, 국토교통부, 2019, 47~48쪽.

12 민족시인 김소월의 부친(김성수)도 평북 정주와 곽산 사이의 철도를 부설하던 일본인 목도꾼에게 행패를 당하여 정신병자가 된다. 소월은 정신병자인 아버지를 피했으며 마음으로 미워했다. 당시 소월의 집안은 대지주였고 광산업도 하는 등 집안이 부유했다고 한다. 일본인 일꾼인 목도꾼조차, 조선인이라면 아무라도 정신병이 들 정도로 폭행을 할 수 있었던 것이다. 당시 철도 부설의 상황이 얼마나 강압적이고 폭력적이었는가를 선명하게 고발하는 사례라고 할 수 있다. 이에 대해서는 이선영 외, 『이 땅의 사람들』 2, 뿌리깊은나무, 1981, 256쪽; 김소월, 『진달래꽃』, 시인생각, 2017, 90쪽을 참조할 것.

13 한국철도문화재단, 『2019 新한국철도사 총론』, 국토교통부, 2019, 54~55쪽.

14 한국철도문화재단, 『2019 新한국철도사 총론』, 국토교통부, 2019, 66쪽.

15 국사편찬위원회 편, 『여행과 관광으로 본 근대』, 두산동아, 2008, 283~284쪽.

16 안재구, 『할배, 왜놈소는 조선소랑 우는 것도 다른강?』, 돌베개, 1997, 179쪽.

17 최영준, 『한국의 옛길 嶺南大路』, 고려대학교 민족문화연구원, 2004, 133쪽.

18 사람과 물산의 이동을 위해 삼랑진 지역에는 삼랑나루(낙동나루), 뒷기미나루, 작원나루, 도요 나루, 창암나루, 인굴이나루, 석제진나루 등 많은 나루가 있었다(박창희, 『나루를 찾아서』, 서해문집, 2006, 246~259쪽; 김봉우, 『낙동강 옛나루』, 경남, 2019, 315~332쪽). 이 나루들은 부산에서 안동까지 이어진 낙동강 뱃길에 속해 있었다(전성천, 『낙동강 소금배』, 현대문학사, 1976, 19~23쪽). 삼랑진 근처의 많았던 나루는 지금은 거의 없어지고, 그 흔적만 희미하게 남아 있다.

19 손길신, 『한국철도사』, 북코리아, 2021, 99쪽.

20 조기준, 「朴琪淙의 생애와 기업 활동」, 『鄕土文化』 3, 부산향토문화연구회, 1970, 196~200쪽.

21 일제강점기 민족시인 이육사의 글에서도 삼랑진역과 마산이 언급되고 있다. "지금 삼랑진 역에 나리니 육점종[여섯 시]. 그 앞 진주여관에 드니 마산(을) 7시 10분에 간다기(에) 대금 1원 60전에 낙동강 잉어회와 막걸리 5배를 통음하였다."(손병희 엮음, 『광야에서 부르리라』, 이육사문학관, 2020, 98쪽)

22 고려대학교 아세아문제연구소 육당전집편찬위원회 편, 『육당 최남선 전집』 5, 현암사, 1973, 351쪽.

23 조선총독부 철도국, 『朝鮮鐵道線路案內』, 일한인쇄주식회사, 1912, 46~47쪽.

24 박창희, 『나루를 찾아서』, 서해문집, 2006, 252~253쪽.

25 2022년 10월 현재 낙동강역은 흔적도 없고, 철로 바깥에 '낙동강역 공원'이 조성되어 있다. 자그마한 녹지 공간에 낙동강역 알림판, 벤치 몇 개, 간단한 체력단련기구 등이 있다. 하늘 향해 치솟은 우람한 나무 몇 그루가 옛날의 모습을 알려줄 뿐이다. 이 책의 제3부 참조.

26 필자가 직접 목격했던 경험담이다.

27 1917년 발표된 이광수의 『무정』에서, 주인공 일행이 기차를 타고 가다가 삼랑진 수해 현장을 보고, 삼랑진역 대합실에서 자선 음악회를 연다. 음악회에서 기부 받은 돈 80원을 수재민을 위해 써달라며 삼랑진 경찰서장에게 준다. 이 음악회를 계기로 이형식·김선형·박영채의 삼각 관계라는 개인적인 갈등이, 조선의 교육과 문명이라는 민족에 대한 각성으로 발전적으로 해소 된다(이광수, 『무정』, 민음사, 2016, 500~534쪽).

28 반야월은 6·25전쟁 중에 삼랑진에 위문 공연을 가서 삼랑진역에서 본 정경을 기초로 하여 〈비 나리는 삼랑진〉이라는 가요를 작사한다(반야월 외, 『털어놓고 하는 말』 1, 뿌리깊은나무, 1978, 130~131쪽). 이 노래는 1952년 가수 박재홍이 불러 당대에 많은 인기를 얻었다. 특히 영남 지방에서 많이 애창되었으며, '배추밭의 북실이'라는 애제(愛題)가 붙을 정도였다(한국문 화방송주식회사 편저, 『가요반세기』, 성음사, 1968, 147쪽). 이외 삼랑진을 소재로 지은 노래는 〈울리는 경부선〉(남인수), 〈경상도야 잘 있거라〉(남백송), 〈이별의 삼랑진역〉(문희옥), 〈삼랑 진의 밤〉(송재형), 〈낙동강 피리소리〉(박명애), 〈이별의 삼랑진역〉(김재일), 〈세 갈래길 삼랑 진〉(유경미) 등이 있다.

29 영어로 Peel Price. peel은 '(껍질을) 깎다'라는 뜻이고, price는 '가격'이니, '가격 할인점'으로 볼 수 있다. 하지만 이는 순전히 우리식 영어 표현인 콩글리쉬 또는 정체불명의 말이다. 왜냐하 면 우리는 '깎다'를 '물건의 거죽이나 표면을 얇게 벗겨 내다.'와 '값이나 금액을 낮추어서 줄이다.'를 함께 쓰지만, 영어 'peel'은 '(과일채소 등의) 껍질을 벗기다'로 쓰일 뿐이기 때문이다.

30 김수영, 「해방 이전 건립된 철도관사의 공급 방식과 평면유형의 특성에 관한 연구」, 한양대학

교 석사논문, 2000, 58쪽.

31 이철영, 「일제시대 철도관사 제도 연구」, 『연구논문집』 23, 울산과학대학, 1996, 5쪽.

32 박중신 외, 「밀양·삼랑진읍에 있어서 철도관사의 형성과 변용」, 『학술발표대회 논문집』 26(1), 대한건축학회, 2006, 529쪽.

33 박중신 외, 위의 글, 531쪽.

34 박중신 외, 위의 글, 531쪽.

35 이하의 서술은 『동아 원색세계대백과사전』의 '직기' 항목을 참조했다. 동아출판사 백과사전 부, 『동아 원색세계대백과사전』 26, 동아출판사, 1983, 88~90쪽.

36 한국공학한림원, 『한국산업기술발전사』 섬유·식품, 한국공학한림원, 2018, 25쪽.

37 1970년 통계에 따르면 국내 전체 제조업 생산액에서 섬유공업은 18.3%를, 섬유공업 중에서 면방직공업은 22.3%를 차지하고 있다. 전체 제조업 생산액에서 면방직공업은 4.1%를 점유하고 있다. 대한방직협회, 『綿紡織圖表』, 대한방직협회, 1972, 6쪽.

38 '하양(下洋)'이라는 명칭은 낙동강 아래쪽에 강폭이 아주 넓어 바다와 같다고 하여 붙여진 지명이다. 조희붕, 『밀양지명고』, 밀양문화원, 1994, 102쪽.

39 도경수(81세). 대졸. 경남 창원에서 태어났고, 부산에서 공부하고 직장 생활을 했음. 현재는 창원에 거주하고 있고, 삼랑진에는 연고가 있어서 젊은 날부터 지금까지 자주 방문하고 있음.

40 최종규(58세). 중졸. 삼랑진에서 태어났고, 김해에서 공부했음. 그 이후 지금까지 김해·부산·삼랑진 지역에서 직장 생활을 했고, 지금은 삼랑진에서 부인과 함께 작은 식당을 하고 있음.

41 실지로는 '방직기'인데, 방직기를 통칭 '베틀'이라고 해서 '베틀'로 칭함.

42 날실로 만드는 과정이다. 이 과정을 '나름한다'고 한다. 나름을 하는 기계가 따로 있는데, '나름틀' 또는 '정경기(整經機, warping frame)'라고 한다.

43 실을 감는 깡통은 1980년대부터는 종이 재질 또는 나무 재질로 바뀌었다고 한다. 깡통 대신 '지관(紙管)' 또는 '목관(木管)'에 실을 감았는데, 지관은 직경 5cm·길이 20cm 정도이고, 목관은 직경 3cm·길이 25cm 정도였다고 한다.

44 일본어 さらし[晒し·曝し]. 종이나 천 따위를 바래거나 화학 약품으로 탈색하여 희게 함. 또는 바래서 희게 한 물건, 특히 포목을 표백(漂白)하는 것을 뜻한다. 순화한 용어는 '바래기', '표백'.

45 수산화나트륨은 '가성소다'라고도 하는데, '면사, 면포의 정련'에 쓰인다(김창홍 외 감수, 『화학대사전』 1, 세화, 2001, 16쪽).

46 베틀로 짠 재래식 무명보다 폭을 훨씬 넓게 짠 면포라는 데에서 유래한 이름이다. 평직의 면직물로 표백 처리, 천연 염색 등의 가공을 거쳐 의복, 침구류 등에 활용된다(강순제 외, 『우리 옷감 이야기 103』, 교문사, 2012, 12쪽).

47 마(碼)는 야드(yard)의 번역어인데, 1마는 91.44cm이나 일반적으로 90cm를 기준으로 통용되고 있다(강순제 외, 『우리 옷감 이야기 103』, 교문사, 2012, 12쪽).

48 주로 부산의 '화랑염직'으로 발송했다고 한다. 화랑염직은 부산시 동구 범일동에 있었던 '화랑염직공업주식회사'인데, 지금은 현대백화점이 자리하고 있다. 한국산업은행, 『광업 및 제조업 사업체명부』, 한국산업은행, 1959, 88쪽.

49 그 당시 삼랑진 일원은 면직공장 외에도 딸기나 상추 재배 등 잔손을 필요로 하는 일이 많아서, 여자들이 작은 용돈을 버는 일이 그리 힘들지 않았다.

50 '소창'은 면 방적사가 평직으로 성글게 짜여 있는 면직물인데, 일반적으로 정련·표백하여 흰색으로 사용한다(강순제 외, 『우리 옷감 이야기 103』, 교문사, 2012, 13쪽).

51 장의용으로는 염을 하는 천 또는 관을 드는 끈의 용도로 사용되었고, 무속용으로는 굿을 할 때 길베로 사용되었다고 한다. 길베는 길[路]과 베[麻布]의 합성어로, 이승과 저승을 이어주는 길을 상징하는 폭 40~50cm에 한 필(40자) 길이의 긴 무명 또는 베를 말한다. 한 지역에 국한되지 않고 전국의 굿에서 두루 존재하는 무구이다. '질베', '길베', '다리베', '길천', '다리천' 등으로 불린다. 특히 망자를 좋은 곳으로 천도하는 오구굿에서 쓰이는 무구로, 이승과 저승을 매개하는 길[路] 또는 다리[橋]를 상징한다(국립민속박물관, 『한국민속신앙사전』 무속신앙, 국립민속박물관, 2009, 117~118쪽).

52 뿔 망두 저, 정윤형·김종철 공역, 『산업혁명사』下, 창작사, 1987, 434~435쪽.

53 윌리엄 포크너 지음, 공진호 옮김, 『소리와 분노』, 문학동네, 2013, 159~164쪽.

54 김대래, 『해방직후 부산·경남지역의 공업』, 효민, 2006, 140쪽.

55 김대래, 『해방직후 부산·경남지역의 공업』, 효민, 2006, 162쪽.

56 서문석 편집, 『고급기술자들의 구술을 통해 본 한국 면방직공업의 발전』, 국사편찬위원회, 2006, 120쪽.

57 『경향신문』, 2008.4.7, '방직기 15대 출발, 연매출 80조 신화' 기사 참조.

58 전병유, 『도요타』, 길벗, 1994, 154쪽.

59 "若民則無恒産 因無恒心(만약 백성들이 일정한 재산이나 생업이 없으면, 그로 인하여 항심이 없으니)."(성백효, 『맹자집주』, 한국인문고전연구소, 2014, 85~86쪽)

60 노일래, 『황후의 과일, 딸기』, 농촌진흥청, 2012, 1쪽.

61 윤혜숙 외, 『딸기야 놀자』, 일일사, 2010, 208~209쪽.

62 노일래, 『황후의 과일, 딸기』, 농촌진흥청, 2012, 20쪽.

63 김영철 외, 『딸기 재배도감』, 한국농업정보연구원, 2006, 41쪽.

64 이하 통계는 2022년 1월 1일 기준임.

65 이 중에서 설향 품종이 75%, 장희 15%, 그 외 죽향, 금실 등이 10%를 차지한다. 농산물 중 딸기 생산량이 1위인데, 2위인 단감이 2,654톤이다. 삼랑진에서 딸기는 생산량 2위인 단감보다 2배 이상 생산량이 많다.

66 69세. 고졸. 현 삼랑진 딸기연합회 총무. 삼랑진에서 태어난 후로 계속해서 삼랑진에 기주하면서 오랫동안 딸기 재배를 성공적으로 수행함.

67 수경 재배는 베드에 상토를 하여 딸기를 재배한다. 토경 방식, 수경 방식 모두 배양액으로 딸기를 성장시키는데, 토경은 배양액을 하루에 2회 정도, 베드 재배인 수경은 배양액을 하루에 8회 정도 공급한다고 한다. 배양액은 딸기 생육에 가장 알맞도록 처방한 영양제 같은 액체로 보면 된다. 질소, 칼륨, 인, 칼슘, 마그네슘, 철, 망간, 붕소, 아연, 구리 등을 포함한 13가지 성분으로 만든다고 한다.

68 베드 1줄(line)은 높이 약 1m, 길이 약 90m, 베드 줄 사이 간격은 약 90cm 정도이다. 보통 한 동에 6베드 정도가 들어간다. 딸기 농사를 잘 지을 경우, 베드 1줄에서 약 5백만원의 매출을 올릴 수 있다. 따라서 딸기를 아주 잘 재배할 경우, 한 동에서 3천만원 정도의 매출이 가능하다.

69 비닐하우스 시설비를 빼고, 베드만 설치할 경우에 현 시세로 18라인에 4천만원 정도 들어간다고 한다. 1라인에 2백 2십만원~2백 3십만원 정도. 비닐하우스 한 동에 보통 6라인이 들어가는데, 한 동에 베드 설치비만 최대 1천 4백만원 정도이다.

70 이러한 지출과 수입 관계는 농사의 '밑천과 이득'이라 할 수 있는데, 조선의 실학자 서유구는 『임원경제지(林園經濟志)』에서 이를 '본리(本利)'라 칭하고 있다(서유구 지음, 정명현 외 옮김, 『임원경제지』, 씨앗을 뿌리는 사람, 2013, 469~471쪽).

71 송기석 님이 2021년 1월 6일 서울시 영등포구 '아바이청과'와 거래한 명세표에 따르면, 판매대금 53만원 중에 수수료 42,400원, 운송비 24,750원, 하차비 2,906원 등 포장을 뺀 물류비만 약 7만원이다. 2019년 기준으로 딸기의 전국 평균 유통 비용 비율은 42.2%에 달한다. 생산자 수취율은 57.8%이다. 쉽게 말해서 대한민국에서 딸기 재배를 하여 100만원 매출을 하면 생산자는 약 60만원을 가져가는 구조이다. 그리고 생산자가 딸기 1kg을 5,496원에 중개인이나 도매상에 넘기면, 소비자는 9,552원에 구입하게 된다(한국농수산식품유통공사, 『2019 주요 농산물 유통 실태』 1권, 2020, 389~395쪽).

72 2019년 기준으로 전국 95%가 시설 재배이고, 최근 들어 재배와 수확 작업이 용이한 고설식 재배 방식(베드 재배 방식)이 증가하고 있다(한국농수산식품유통공사, 위의 책, 374쪽).

73 정식(定植): 온상에서 기른 모종을 밭에 내어다 제대로 심는 일.

74 송기석 님은 개화 후 약 45일 전후에 딸기를 수확한다고 하며, 정식 후 85일 전후에 수확이 가능하다고 했다.

75 송기석 님은 삼랑진 지하수에 중탄산염이 함유된 이유는 바닷물의 영향일 것 같다고 했다.

76 Smart Farm. 정보통신기술(ICT)을 온실·축사·과수원 등에 접목하여 원격지에서 자동으로 작물과 가축의 생육환경을 적정하게 유지 및 관리할 수 있는 지능형 농장을 말하는데, 이의 구성요소는 환경측정센서, 구동기, 통합제어기, 정보관리장치, 인터넷서비스로 이루어진다(이강오, 『즐거운 농업의 시작, 스마트팜 이야기』, 넥센미디어, 2021, 34~35쪽). 스마트팜의 유형은 분야에 따라 시설원예, 과수, 축산으로 나뉘며, 스마트팜의 운영 시설 규모 및 수준으로 세분화하여 11가지 유형으로 나눌 수 있다(농림축산식품부, 『현장에서 전하는 유형별 스마트팜 선도사례』, 진한엠앤비, 2017, 10~17쪽).

77 탄저병(잎 근처에 흑갈색 반점 발생하거나 포기가 시드는 병), 위황병(짝잎, 시들음병), 응애(거미류의 일종인데, 잎 영양분을 흡수함), 작은뿌리파리(딸기 뿌리를 손상시킴) 등의 병충해가 있다.

제5부 삼랑진을 품은 문학들

제1장 삼랑진의 구비문학

1. 밀양 구비문학의 축소판

이중환은 『택리지』에다 밀양을 다음과 같이 설명한다. 먼저, 대구 동남쪽에서 동래에 이르는 지역에는 여덟 개의 고을이 있는데, 토지는 비옥하지만 왜국과 가까워 살 만한 곳이 못 된다며 토지가 비옥하다는 강점과 일본에 가까워 자주 피해를 입는다는 약점을 함께 언급하고 있다. "오직 점필재 김종직의 고향인 밀양과 김굉필의 고향인 현풍만이 낙동강을 끼고 바다와 가까워서 생선과 소금을 팔아 이문을 남기고, 뱃길의 이로움을 누린다. 이들은 또한 번화하고 경치가 빼어난 고을이다. 한양의 역관 무리들은 이곳에 귀중한 재물을 많이 쟁여두고서 왜국과 교역하여 이익을 얻는다"[1]고 소개했다. 밀양은 토지가 비옥하고, 강과 바다가 가까워 이로움이 많고 경치가 빼어나며 교역을 통한 이익을 얻을 수 있는 곳이고, 한국의 대표 사림인 김종직이 활약한 유학의 고장이라는 소개도 잊지 않았다.

『밀양민요집』(한태문 외, 2010)에 실린 민요를 분류하면 일터에서 부른 노래가 50%(310개)로 가장 많다. 모내기노래, 길쌈노래, 어사용 등이다. 사랑가, 이별가, 탄로가 등 놀면서 부르는 노래가 35%(214편), 의례에서 부른 노래가 7%(41편), 아이들의 노래와 '밀양의 노래'(밀양아리랑 등)가 각각 3%(18편), 신민요와 창가가 2%(12편)로 그 뒤를 잇는다.[2] 여기서 일터에서 부른 노래가 많은 것도 밀양의 들판이 넓은 까닭이다.

MBC에서 만든 『한국민요대전』에는 밀양군의 민요 중에, 지신밟기, 모밟는 소리, 작두소리, 지신밟기, 목매(벼 껍질까는 도구)노래, 어산영, 모심는소리, 자장가, 지신밟기, 밀양아리랑, 줄꼬는 소리(게줄 당기기 노래)를[3] 소개하고 있는데, 여기서도 노동요가 다수를 이루고, 정상박·류종목의 『한국구비문학대계』(밀양군편 8-7, 8-8, 1983)에도 민요는 일노래(46%), 놀이요(28%), 사랑노래(24%), 기타(2%)의 순이다.

삼랑진은 산내면, 단장면과 함께 밀양의 동부에 속하는 마을로서, 마을 앞에는 경부선과 경전선이 가로 놓였다. 마을 뒤쪽의 자성산 줄기가 마을을 포옹하듯 자리하고, 이 산자락에 자리 잡은 마을 앞으로 넓은 들이 있으니 꽤 넓은 분지에 해당한다. 전형적인 농촌으로 최근까지 벼농사를 주로 해 왔다.[4] 『한국구비문학대계』에 소개한 삼랑진 민요 26편 중에 일노래 17편(65%), 놀이요 2편(8%), 사랑요 7편(27%)으로 밀양 전체의 분포와 크게 다르지 않다. 밀양의 민요는 넓은 농토로 인해 일터에서 부르는 노래가 많고, 〈밀양아리랑〉이라는 지역색 강한 작품이 자주 채록되는 것이 특징이다.

첫째, 여느 농촌 지역과 같이 〈과부타령 모심기 노래〉, 〈천자풀이 모노래〉, 〈나물 캐는 노래〉, 〈보리타작노래〉, 〈어사용〉, 〈풀무노래〉, 〈물레노래〉, 〈망깨 노래〉(땅 다지는 노래) 등 노동요가 다수를 이룬다.

둘째, 〈시집살이노래〉, 〈쌍금쌍금쌍가락지〉 등 여성의 삶의 애환을 노래한 작품도 다수 눈에 띈다.

셋째, 설화 가운데는 지역에 신비감을 부여하는 유래담이나 전설이 많은 편이다. 지역의 유구한 역사와 신성함에 대한 풍수지리학적 자부심을 반영한 것으로 보인다. 앞뜰이 넓고 뒷산이 높은데, 마을 주위의 산과 들에 내력

이야기나 전설이 깃들지 않은 곳이 거의 없다. 만어사와 너덜경 전설은『삼국유사』에 기록되었으니 그 역사가 매우 오래되었고, 『삼국유사』의 내용을 구체화한 설화가 만어사의 신이함을 더욱 부각시킨다. 〈호랑이가 정해 준 명당〉, 〈성지가 잡아 준 삼랑진(三浪津) 안태의 명당터〉, 〈독진(督鎭)골 지명 유래〉, 〈칠성리 지명 유래〉, 〈굿질의 지명 유래〉 등이 있다. 작원관, 즉 까치원(鵲院)의 지명 유래에 대해서도 재미난 3가지 설이 전한다. 하나는 신라 임금이 김해에서부터 배를 타고 와서 이곳 나루를 지나 만어사로 갈 때, 깎아지른 절벽 위에서 까치 떼가 왕을 환영했다는 고사이고, 다른 하나는 신라와 백제가 교전할 때 부왕을 따라 종군한 백제의 공주가 불리한 전세에 놓인 부왕을 구하고자 황금 까치로 변하여 김유신 장군을 교란하다 화살에 맞아 죽었다는 설화가 그것이다.[5] 『한국구비문학대계』 삼랑진읍 설화12에서는 그 위치가 까치목같이 생겼다 하여 '작음관(鵲音館)'이라고 했다고 전한다.

넷째, 불교와 유교석 전승담이 고르게 분포한다. 〈극락에 간 사람〉, 〈석가가 득도한 사연〉, 〈중 대접 잘해서 복 받은 사람〉은 불교사상을 담고, 〈저승에서 어머니를 만나고 온 효자〉나 〈황후가 된 효녀〉, 〈효자와 금북〉 등은 유교적 정려(旌閭)의 성격이 강하다. 다섯째, 매우 드물게 나타나는 구비문학도 눈에 띈다. 〈콩쥐팥쥐〉는 팥쥐의 악행에 대한 분명한 응징을 통해 인과응보를 명확히 하고, 〈인간 세상을 차지하고자 하는 미륵부처와 석가모니부처의 경쟁담〉은 불교와 무속에서 추앙하는 대상을 분명히 하고 신앙 대상에 대한 차별화된 인식을 보여주고 있어 불교와 무속의 특징을 보여주는 좋은 자료가 된다.

아리랑의 절정, '밀양아리랑'

먼저 〈밀양(密陽)아리랑〉은 영남루(嶺南樓)에 얽힌 아랑(阿娘)의 전설을 담고 있는데, 밀양부사(陽府使) 윤씨의 딸 아랑이 그를 사모하던 허통인(許通引)에게 억울한 죽음을 당한다는 사연을 담고 있다. 아랑의 죽음을 슬퍼하여 '아랑아랑'이라 헀다는 이야기도 있다. 투박스러운 경상도 억양으로,

1절: "영남루 명승(名勝)을 찾아가니/ 아랑의 애화 전해 있네."
2절: "저 건너 대가숲은 의의(依依)한데/ 아랑의 설은 넋이 애달프다."
3절: "채색(彩色)으로 단청된 아랑각(阿娘閣)은/ 아랑의 유혹(遺魂)이 깃들여 있네."
후렴: "아리아리랑 쓰리쓰리랑/ 아라리가 났네/ 아리랑 고개로 날 넘겨주오."

라는 가사를 경기민요와 같이 조금 빠른 3박의 장단형, 즉 세마치장단으로 부른다. 세마치장단의 장구 구음은 "덩-/덩-딱/쿵딱-"이다. 대중들에게는

1. 날좀보소 날좀보소 날좀보소
   동지섣달 꽃 본듯이 날좀보소
   아리아리랑 스리스리랑 아라리가 났네
   아리랑 고개로 날 넘겨주소

2. 정든 님이 오시는데 인사를 못해
   행주치마 입에 물고 입만 벙긋
   아리 아리랑 스리스리랑 아라리가 났네
   아리랑 고개로 날 넘겨주소

3. 다틀렸네 다틀렸네 다틀렸네
   가마타고 시집가긴 다틀렸네
   아리아리랑 스리스리랑 아라리가 났네

<〈그림1〉 영남루 원경

아리랑 고개로 날 넘겨주소

4. 영남루 명승을 찾아 가니
   아랑의 애화가 전해 있네
   아리 아리랑 쓰리 쓰리랑 아라리가 났네
   아리랑 고개로 날 넘겨주소

라는 가사가 더욱 익숙하다. 상남면에서 채록된 다음 민요 〈시집 한번 못 가고~〉, 가는 데마다 정이 드는데 이별을 하자 하니 그리움이 뼛속까지 사무치는데 이별이 잦아서 못 살겠다고 통곡하는 삼랑진읍의 〈간 데 족족~〉[6] 은 모두 〈밀양아리랑〉의 한(恨)과 깊은 슬픔의 근간을 이룬다. 〈밀양아리랑〉 은 아랑의 원통하고 한스러운 서사를 담고 있지만, 한을 풀고자 하는 신원(伸 寃)의 정서, 그 슬픔을 이겨내고 일상을 회복하려는 강한 의지가 강하다.

여성의 애환

삼랑진의 민요 중에 가장 먼저 눈에 띄는 것은 〈진주낭군가〉이다.

울도 담도 없는 집에 시집 삼년을 살고 나니
시어머님 하시는 말씀 아가 아가 며늘아가
너거 낭군님 볼라거든 진주야 남강을 빨래로 가라
진주 남강 빨래로 가니 물도 좋고 돌도 고와
오동통통 두드리니
난데없는 말구덕 소리가 철그득 철그득 나는구나
앞눈을 히뜩 보니 하늘 겉은 갓을 씨고
몬 본 체하고도 지내가네
껌둥 빨래 껌기 씻고 흰 빨래는 희게 씻고
천동지동(天動地動) 쫒아오니 시어머님 하시는 말씀
아가 아가 며늘아가 너거 낭군 볼라거든
아랫방을 내리가라
천둥지둥 쫒아가서 방문을 털컥 여니
열두 가지 술을 놓고 기생첩을 옆에 두고
권주가를 권하구나
천동지동 쫒아와서 석 자 수건 목에 걸고
찝게 칼로 품에 품고 목을 잘라서 죽었구나
낭군님 하시는 말씀
보소 보소 여보세요 니 그럴 줄 내 몰랐다
첩우야 방은 꽃밭이고 본처 방은 연못이라
꽃과 나비는 변할 수가 있는데 금붕어는 못 변한단다
맹동맹동 하더라도 니 그럴 줄 내 몰랐네.[7]

시집살이의 한을 절절히 그렸다. 가난한 집에 시집을 와서 3년을 살았는데, 남편이 다른 여자를 데리고 들어와 외도를 하니, 아내가 자살하고 남편이 때늦은 후회를 한다는 내용이다. 냇가에 가서 힘들게 빨래하는 모습은 시집살이의 고된 모습의 단면을, 시어머니가 아들의 외도를 말릴 생각은 하지 않고 수수방관하는 대목에는 야속한 마음을 담았다. 묘사된 남편의 후회도 반성으로 시작하지 않고, 첩의 방은 꽃밭이고 꽃과 나비는 철이 지나면 변하는 것인데 그 단순한 원리를 알지 못하고 아내가 떠날 줄을 몰랐다고 자기중심적 술회를 했다.

쌍금쌍금	쌍가락지	호작질로	딲아내여
먼데보니	달일레라	곁에보니	처녈레라
그 처녀	자는방에	숨소리가	둘일레라
홍달밧은	오라바님	거짓말쌈	말아시소
쪼고만한	제피방에	물레놓고	비틀놓고
비틀뒤에	열두가지	약을 놓고	혼차자도
비잡더라[8]			

청학리의 〈쌍금쌍금 쌍가락지〉도 여성의 한을 담았다. 위의 민요를 재구성하면 이렇게 된다. 한 처자의 결혼을 앞두고 쌍가락지를 꺼내 링을 내는 등 혼사 순비를 하고 있다. 그런데 이 처자가 혼자 자는 방에서 다른 사람의 숨소리가 들렸다는 흉흉한 소문이 난다. 그 소문의 진원지는 친척 오라버니, 혹은 동네 남자다. 이 처자는 그런 소문이 치욕스러워 목을 매어 자실하려고 한다. 죽음으로써 자신의 결백을 증명하려는 것이다.[9] 요즘의 관점에서 보면, 소문에 대해 사실이 아니라고 당당하게 반론을 제기하지 못하고 혼자 애태우는 모습이 답답하다. 그러나 전통사회에서는 이와 같은 소문이 난 자체로 여성에 대한 시선이 곱지 못했다. 평생 한 남자만 바라보며 순결을 지켜야

한다는 생각이 강박관념이 되어 순결을 복숨보다 중히 여기던 여성들의 순수한 마음이 안쓰러워, 과거의 제도와 풍속에 대해 야속한 마음이 든다.

다른 〈쌍금쌍금 쌍가락지〉에는 그 소문에 대응하여, 오빠에게 문풍지 떠는 소리였을 뿐이라고 항변하기도 한다. 그러나 오빠가 믿지 않자, 동생이 죽겠다고 하며, 자신이 죽은 후에 연꽃이 피어나면 잘 보살펴달라고 당부한다. 억울함과 좌절감을 담은 이야기이다. 오빠는 동생의 변명에 도리어 "에라 조년 요망한 년 문풍지 소리 모리고 인간 숨소리 모릴 소냐."[10]라고 일침을 가하기도 한다. 이는 일의 진위를 파악할 생각도 하지 않는 세간의 매정한 시선에 대한 야속한 마음을 담았다. 죽기를 결심하고 연대 밭에 묻어달라고 한 것은 체념과 좌절이다.[11] 그러나 연꽃으로 환생함으로써 억울함을 풀고자 하는 '해결'에 이르는 것이다. 죽음은 단순한 좌절이 아니라 자신의 누명을 벗고 존귀함을 인정받고자 하는 '역설적 해결'인 것이다.

〈진주낭군가〉나 〈쌍금쌍금 쌍가락지〉 등 서사민요에 죽음을 통한 역설적 해결이 많이 나타나는 것은 서사민요를 부르는 주향유층인 평민 여성들이 자신들의 현실을 그만큼 암담하고 고통스럽게 인식하고 있음을 보여주는 것이면서, 죽음을 통해서라도 자신의 고난을 해결하고자 하는 강한 의지의 표현이라 할 수 있다.[12]

눈길을 끄는 민요

> 탕구탕구 할마탕구
> 영감방에 드가니께네
> 꾸룽내가 물컥 나네
>
> (한태문 외 조사, 이정자(여, 80세), 삼랑진읍 임천리)

이 민요는 늙은이를 놀리는 노래이다.

"얼라리 꼴라리/ 이빨 빠진 갈강새/ 우물가에 가지마라/ 붕어 새끼 놀랜다"**13**

"누구누구는 오줌 쌌대요/ 누구누구는 오줌 쌌대요/ 얼러리 꼴러리/ 누구누구는 오줌 쌌대요/ 얼러리 꼴러리"**14**

위의 동요는 가장 흔히 접할 수 있던 〈이 빠진 아이 놀리는 노래〉, 〈오줌 싼 아이를 놀리는 소리〉이다. 이 밖에도 〈못생긴 사람 놀리는 노래〉, 〈빡빡이 대가리/ 까까머리 놀리는 소리〉, 〈울뱅이 찔뱅이/ 우는 아이 놀리는 소리〉 등이 더 있다.**15**

놀림 상대자	대상	노래의 종류
아동	외모	〈빡빡머리 놀리는 노래〉 〈곰보 놀리는 노래〉 〈버짐 난 아이 놀리는 노래〉 〈이에 물린 아이 놀리는 노래〉 〈앞니 빠진 아이 놀리는 노래〉
	행동	〈고자질하는 아이 놀리는 노래〉 〈우는 아이 놀리는 노래〉 〈오줌싸개 놀리는 노래〉
성인	특성	〈봉사 놀리는 노래〉 〈장사꾼 노래〉 〈뒷집 영감 놀리는 노래〉

남의 행동이나 외모나 실수를 놀리는 〈놀림노래〉는 아동을 대상으로 하는 경우가 많은데, 〈탕구탕구~〉는 어른을 놀리고 있다. 영감 방에 들어가니 고약한 냄새가 난다고 놀렸다. 대상과 의도성을 막론하고 남을 놀리는 행위는 유치하기 짝이 없다. 놀림을 받는 외모와 행동과 특성이 자기 탓이 아니니 억울한 마음이 들 것이고, 놀림이란 자기나 그 집단을 중심에 두고 결핍을 가신 대상을 소외·배제하고자 하는 악의적 행동이기 때문이다.

나이가 들면 행동이 느려지고 눈·귀·코의 감각이 둔해져서 자기 신체나 사는 공간을 청결하게 유지하기 어려운데, 〈탕구탕구~〉는 영감방의 냄새를 놀림의 대상으로 삼았다. 흔히 노인들이 늙음을 서럽다고 여길 때, "너희들도 늙어 보라"며 항변하지만 그런 이야기의 학습효과는 별로 없는 듯하고 자신도 늙어가는 도중에 비슷한 상황을 겪어야 겨우 그 말의 진의를 알아차리는 경우가 많다.

〈은교〉는 늙는 일에 대한 서러움을 표현하고, 노인의 갈망까지도 멸시하는 사회상에 항의한다. 그래서 소설 〈은교〉(2010)에서는 "나의 머리는 반백이 되고/ 나의 배는 복통처럼 불러지고/ 나의 기침은 그칠 새 없나/ 이제는 이제는 이제는/ 젊었을 때는 얼마나 행복했었는지! 참말로/ 해를 쪼이고 있는 도마뱀처럼/ 나의 발가락이 물가에서/ 갈색이 되어가는 것을 쳐다보며"(J.Prévert, 〈늙는다〉)를 소개했고, 영화 〈은교〉(2012)에서는 "너의 젊음이 너의 노력으로 얻은 상이 아니듯이 내 늙음도 내 잘못으로 받은 벌이 아니다"라는 항변을 전했다.

> 깐창아 깐창아
> 헌 이는 니 가가고
> 새 이는 날 좋코로 올라오도록 해도
> (이래 카며 던진다)[16]

위의 민요는 유치(乳齒)를 갈 때 부르는 노래이다. 깐창은 까치를 뜻한다. 윗니는 지붕으로 던지고, 아랫니는 아궁이로 던지라 했는데, 모두 "비슷한 것은 비슷한 것을 낳는다"는 유사 법칙(Law of Similarity)에 따른 동종주술(同種呪術, Homoeopathic Magic) 혹은 모방주술(模倣呪術, Imitative Magic)이다.

> "생쥐야 너의 무쇠같은 이빨을 내게 다오. 내가 너에게 나의 이를 줄 테니"
> ("Mouse, give me your iron tooth; I will give you my born tooth")

뉴질랜드의 바수토(Basuto)족은 뽑은 이를 늘 조심스럽게 관리한다. 그것이 요괴의 손에 들어가면 그 요괴는 그것에 주술을 걸고 그 소유자에게 해를 가할 수 있다고 생각하기도 하고, 다른 동물들의 이빨과 사람의 치아가

같아질 수 있다고 여긴 까닭이다. 우리 민간신앙에도 애니미즘적 사고에 따라 인체에 붙어 있던 손톱이나 머리카락의 뒤처리에 주의를 기울인 것과 흡사하다. 『황금가지』는 이가 빠진 사람은 그것을 다람쥐의 구멍 속에 넣어 두어야 한다는 독일의 민간신앙을 전하기도 한다. 위의 노래를 부르며 이를 던지면 새로 나는 이나 남은 이가 튼튼해진다고 믿는다.

태평양의 라라통가(Raratonga)에서는 아이의 이가 빠졌을 때 다음과 같은 기도를 반복한다.

"큰 쥐야, 작은 쥐야!
나의 낡은 이가 여기 있어.
내게 새 이를 좀 다오"
("Big rat! little rat!
Here is my old tooth.
Pray give me a new one.")**17**

그리고는 이를 초가지붕 위에 던지는데, 그 지붕에 쥐가 집을 짓고 있기 때문이다. 이런 경우 쥐에게 비는 까닭은 쥐의 이빨이 토착민들이 알고 있는 한 가장 튼튼한 이빨이기 때문이라고 전한다.

2. 삼랑진 설화의 몇몇 특징

주술(呪術)의 퇴조와 불교의 부각

『삼국유사』의 〈만어사(萬魚寺) 부처와 수로왕(首露王)〉도 매우 흥미롭다.

옛 기록에서 이렇게 말했다. 만어산은 옛날 자성산(慈成山)이고, 아아사산(阿耶斯山)이라고도 한다. 그 옆에 가라국이 있었다. 옛날에 하늘의 알이 바닷가에 내려와 사람이 되어 나라를 다스렸으니, 곧 수로왕이다. 그때 나라 경내에 옥으로 된 못이 있었고, 못에 독룡(毒龍)이 있었다. 만어산에는 다섯 나찰녀(羅利女)가 있어 서로 오가며 사귀었다. 그래서 때때로 번개와 비를 내려, 네 해 동안이나 곡식이 익지 못했다.[18]

이야기의 시대를 가야의 수로왕(42~199) 당시로 설정하고 있다. 독룡과 나찰녀가 사귀면서 서로 오가다 보니 번개와 비가 자주 내려서 4년 동안이나 흉년이 들었으니 국가적 위기 상황이다. 이에 수로왕이 나서서 주술을 행했으나 상황을 해결하지 못했다.[19] 여기에 수로왕을 등장시킨 것은 의도적인 선택이다. 수로왕처럼 신이한 통치자도 부처의 신성성을 따를 수 없다고 하면서 재래의 신앙을 불교로 바꾸고, 불교와 불경을 수용하게 하려는 의도를 가졌다. 불교를 신화시대보다 우위에 놓고자 했다. "수로왕이 불법의 경이로움을 보고 충격을 받아 자기의 한계를 알아차렸다는 것은 전설의 전개 방식이라는 점에서는 이 이야기의 주인공이 부처가 아니고 수로왕"[20]이라 할 수 있다.

주술은 민간신앙에서 쓰는 방식이다. 수로왕의 주술이 통하지 않았음은 재래적 신통력의 시대는 끝났음을 의미한다. 재래신앙이 신령의 뜻에 순응하고 현세의 복을 빈다면, 불교는 부처를 향해 내세의 복을 빈다. 불교에서는 인생을 덧없는 것으로 보아 부정적 현세관을 가지지만 재래신앙은 긍정적 현세관을 가진다. 그러나 이 상반된 신앙은 불교가 정착하는 과정에서 종교적인 습합(褶合)을 이루어 갈등과 대립을 피해 왔다. 『삼국유사』에서는 "머리를 숙여 부처에게 설법을 청했더니, 그제야 나찰녀가 다섯 가지 계율을 받아, 다시는 피해가 없어졌다."라 하여 수로왕이 부처에게 설법을 청하니, 나찰녀가 불법을 받아들여 재앙이 없어졌다 했으니, 불법의 수용만이 해결책이라

제시했다.

만어사의 신비한 내력

『삼국유사』 만어산 조는 "동해의 고기와 용이 골짜기에 가득한 돌이 되어, 각기 종소리와 결쇠 소리를 낸다."고 만어사 경석(磬石) 너덜겅21에 대한 전설로 간략히 끝을 맺는데, 삼랑진의 구비 설화는 보다 자세하다.

진시황이 말이지 폭군이지, 즉 말하자면은. 이렇게 해 놓골랑, 만리장성을 쌓기(쌓게) 되는데, 만리장성을 갖다가 어떻게 쌓을, 그 쌓자고(쌓자고) 하느냐면, 요새 그 저 왜놈 때 말이지, 즉 말해서 보국대든지 징용 붙잡아 가듯이, 이 국민을

〈그림2〉 만어사의 너덜겅

갔다가 전부 그만큼 말이지, 착취를 하고 몬 살기(살게) 굴었던 모양이지요. 이래 가지골랑 인자 천하에 있는 돌로 갖다 전부 갖다 모다야(모아야), 갖다 모다야, 아 즉 말해서 말이지 성을 쌓을 신네(건데), 그 근처 그만큼 돌이 있는 기 아니거등. 이래 가지고 돌로 갖다 말이지, 모으고 이랬는데. 마구할미가 돌로 갖다가 말이지 고기를 맨들어 가지고 후차(몰아) 가지고 저 중국까지 뭐 수천 리를 가는 판이라. 그 그 그 돌로 갖다가 어데 부산서 모닸는지(모았는지), 뭐 저 뭐 양산 울산서 모단(모은) 돌인지, 그래 모다 가지고 전부 다 고기를 맨들어 가지골랑, 고기는 후차머 간다 말이요, 이래 가니까, 후차 가다가, 즉 말해서 만어산 저쯤 왔는데, 그 때 인자 마구 할마이가 듣기로, '만리장성을 지금 성을 전부 쌓았다.' 이래 가지고 이제 인제 고기로 갖다가 멈차 뿐(멈추게 해 버린) 기라. 멈차 뿠으이끼네(멈추게 해 버렸으니까), 에 그 고기가 원체는(원래는) 돌인데, 고기를 몰아오다가 돌로 그대로 환원시켰으니까, 그 돌이 북쪽을 전부 다 머리 다 두고 있어요, 북쪽으로. 인제 전설이 그래 남아 있어요.**22**

진시황이 만리장성을 쌓기 위해 온 세상의 돌을 모으는데, 수천 리 먼 길에 돌을 나르기 어려워 마구할미가 돌을 물고기로 만들어 중국으로 몰아가던 중에 만어산쯤에서 만리장성을 다 쌓았다는 말을 듣고 산 아래 비탈로 내려와 다시 원래의 돌로 바뀌어 만어사 너덜겅이 생겼다는 이야기다.

다른 이야기도 있다. 수로왕의 꿈속에 동해용의 아들이 나타나, "만어사 도사가 법문을 외는 소리가 좋아 법문 배우기를 청한다."고 말했다. 이에 허락을 얻어 동해용이 물고기 1만을 데리고 절로 들어오니, 자성산 자락에 해일(海溢)이 일고 산과 들이 편평하게 되었다. 이들이 가는 길을 잃어버리는 바람에 이곳을 떠나지 못하여 용의 아들은 미륵돌이 되고 고기 1만 마리는 모두 너덜겅이 되었다. 그 땅에 절을 짓고 날마다 미륵을 숭상하면 풍년이 들고, 나라도 풍년이 들 것이라 했다. 수로왕이 꿈에서 깨어 자성산을 찾아가니 큰 미륵돌이 있기에, 그곳에 터를 닦아 법당을 짓고 절을 지었다는**23**

만어산 연기(緣起) 설화도 있다.

석가모니와 미륵부처의 대결

석가모님은, 석가모님이 도(道)로 먼저 피고(펴고) 짚고(싶고), 미륵존불님은 미륵존
불님이 머이(먼저) 피고 지븐데(싶은데), 머이 피고 지븐데, 가만히 생각하이 하늘
땅 양 사이에서 도 피울라고 나온 분이 서로 싱강이(실랑이) 해도 안 되고. 그래,
"우리 청강대에 가여(가서) 석 달 열흘을 잠을 자자. 석 달 열흘 잠을 자머(자면)
우리가 누가 도로 피든지, 하늘서 지정(指定)을 하든지, 땅아(에) 지하서 지정을
하든지 할 끼다."

이래 인자 떡 그걸 하고, 그래 우짜노 하이(하니) 석 달 열흘 이래 눕우여(누워
서) 잠을 자는데, 청강대에 가서 청강대에서 석 달 열흘 잠을 자는데. 그러이
석 달 열흘째 잠을 자는데, 눈을 떠 보기로(를) 누가 머이 떴노 하이 석가모님이
머이 뜨고, 미륵존불님은 뒤에 눈을 뜨이끼네(뜨니까), 석가모님이 눈을 머이
떠 가지고 이래 딱 보이끼네(보니까), 미륵존불, 저 미륵존불님 도(道) 머이 피라
고 뱃구녕(배꼽)에다 배꽃을[손으로 꽃 모양을 만들어 보이며] 이래 놔 놨어.
응, 도 피라고. 응, 하늘 천상에서 배꽃을 이래 떡 놔 났는데, 석가모님이 그 배꽃을
너이 응 이넉(낭신) 배에나 안 늘어다 났나. 머이 필라꼬(펴려고).**24**

미륵과 석가모니가 인간 세상을 차지하기 위하여 경쟁하는데, 본래는 미
륵이 승리하였으나 석가모니가 부정한 방법으로 승리를 **빼**앗아가서 인간
세상을 차지하였다는 이야기다. 함경남도지역에서 전승되는 서사무가인데,
삼랑진에서도 채록되었다.

1923년 8월 12일 함경남도 함흥군 운전면 본궁리에서 여자 무당 금(김)쌍돌
이가 구연한 것을 손진태가 채록하여 『조선신가유편(朝鮮神歌遺篇)』에 수록하

였다. 미륵은 석가모니의 도전을 받고 인세 차지 경쟁을 벌인다. 미륵이 여러 차례 승리하자 석가는 잠을 자면서 무릎에 꽃을 피우는 내기를 제안하고, 미륵이 잠든 틈에 미륵이 피운 꽃을 가져다 자기 무릎에 꽂는다. 미륵은 석가의 성화를 못 견디어 석가에게 세상을 내주고 사라진다. 그 뒤

〈그림3〉 만어사 미륵전

세상은 질병과 악이 들끓는 살기 어려운 곳이 되었다.[25] 인간 세상은 미륵이라는 창조신에 의하여 혼돈에서 벗어나 질서를 잡기 시작했고, 불의 시원은 마찰에 의한 것이 아니고 충돌에 의한 것이기에 남성적·동적 문화의 성격을 말해준다.

또한, 인류의 시원이 하늘에 있고, 벌레로부터 진화하였으며, 최초의 인간은 우열이 없었다는 점에서 진화론적 인류기원과 평등사상을 말해주고 있다. 이는 미륵과 석가와의 경쟁화소(競爭話素)로서, 인세의 선악은 통치자의 덕성에 좌우된다는 사고적 기반 위에서, 통치자는 지혜가 있어야 하고, 양심이 바르고 정정당당해야 한다고 강조하고 있다. 이 신화는 우리나라 천지개벽과 인세 시조의 기원을 말하고 있어 매우 중요한 가치를 지닌다.[26]

현재는 석가모니불이 다스리는 세상이다. 석가모니는 기원전(B.C.) 623년에 태어나 B.C. 544년 2월 15일에 열반에 들다. 80세 정도였다. 2022년은 불기 2566년이다. 왜 탄생일이 아닌 입적일을 기준으로 삼았을까 하는 의문이 든다. 1956년 불교도 대회에서 부처님의 열반에 큰 의미를 두고 불멸기원(佛滅紀元)을 잡아 해마다 서기+544를 하면 불기가 나온다. 석가모니의 세상이 56억 7천만 년이니, 앞으로도 56억 69,997,434년 동안은 석가모니가 현세불이다. 석가모니 세상에, 위의 구비전승 〈석가모니가 득도한 사연〉에서

미륵불을 정당한 승리자로 추켜세운 까닭은 악이 성행하는 현실을 비판하고 새로운 이상세계를 만들어 무속의 명분을 삼으려는 의도일 것이다. 현세불인 석가모니가 다 구제하지 못한 중생을 빠짐없이 구제한다는 미륵불이 하생하여 혼탁한 사회를 바로잡아 줄 것이라는 믿음을 주고자 한 것이다.

'콩쥐팥쥐'의 잔인한 보복

삼랑진의 설화 〈콩쥐팥쥐〉는[27] 고전소설의 근원설화이다. 조선시대 전라북도 전주 근처에 살던 퇴리(退吏) 최만춘(崔滿春)과 부인 조씨(趙氏) 사이에 콩쥐를 낳았는데, 콩쥐가 어릴 적에 조씨가 병으로 세상을 떠난다는 설정이 동일하다. 다시 과부 배씨(裵氏)를 후처로 맞아들여 그 사이에서 팥쥐를 낳았다는 이본도 있지만, 삼랑진 설화에서는 데리고 온 자식으로 구술했다. 다음 서사는 보통 계모와 팥쥐가 콩쥐를 몹시 학대하여 나무호미로 돌밭매기, 밑 빠진 독에 물붓기, 베 짜고 곡식 찧기 등의 어려운 일을 시켰는데 그때마다 검은 소, 두꺼비, 직녀선녀, 새떼 등이 나타나 콩쥐를 도왔다는 이야기다.[28]

콩쥐가 도우미들로 인해 어려운 임무를 수행하고 외가의 잔치를 위해 나선다.

이래 가이까니 원님이 어데서 내린다고,(*부임한다고) 고을원이 내린다고 미 참 그 전에 뭐 삼현풍악(三絃風樂) 잽힌다 카나, 뭐 나발로 불고, 질(길) 비키라 카고 뭐 이런 판인데, 부끄럽아 가지고설랑 마 물로 건닐라 카다(하다), 마, 가민서는 (가면서) 앞(옆)을 마 비낀다고 피해 숨다가, 신을 한 짝 잃어 뿌렸어.

한 짝을 흘리 뿌렀는데(버렸는데), 그래 마 신 잃어 뺐다고 캐도 그것 찾을 수도 없고, 그래 가지고 인자 있으이, 그래 인자 그 원이 거어(거기) 인자 왔던 애가 신을 흘리뿌고 간 거로(것을) 알았는 기라.

그러자 고을 원님(감사)이 하인들을 시켜서 신발 주인을 찾게 된다. 팥쥐와 팥쥐엄마가 신발의 주인인 척 신어보지만 맞지 않아 결국 콩쥐가 신어보고 신발의 주인임을 확인한다. "그래 인자 그 원이, 내리는 원이 김씬데, 인자 상처를 하고 호불애빈 모양이라. 호불애빈 모양인데, 그래서 인자 그 혼사를 인자 청하는 기라. 그래 인자 즈그 외삼촌을 인자 알고 그 외삼촌을 인자 불러 가지고, 그래 혼사를 바로 인자 뭐 정하이까니(정하니까)" 콩쥐와 원님의 혼사가 이루어진다. 이를 시기한 계모와 팥쥐가 흉계를 꾸며 콩쥐를 연못에 빠뜨려 죽이고 팥쥐가 콩쥐 행세를 했으나 다시 사람으로 화한 콩쥐가 감사 앞에 나타나 자초지종을 고했다. 감사가 연못의 물을 퍼내 콩쥐의 시신을 건져내니 콩쥐는 다시 살아났다. "그때 인자 방에 그 콩쥐 죽은 혼이 구실 갖다 놘 거어서(거기서) 말로 하는 기라. '젓가락은 하나 짜르고 말이지 진 거로 알면서, 사람은 우예 저 본데(원래) 사람을 모르고 말이지 콩쥐 팥쥐를 몰랐나?'"는 원님을 향한 콩쥐의 투정이다. 이에 원님은 팥쥐를 처형하여 배씨에게 보내고 이를 받아본 계모는 기절해 즉사했다는 것이 일반적인 서사흐름이다.

삼랑진 〈콩쥐팥쥐〉에는 작품의 마지막 부분을 다음과 같이 구체화하고 있다.

> 마 단지로 끼라(끌러) 가지고, 마 이래 가 뚜꺼빙이(뚜껑) 열어 가지고서는, 뭣인고 싶어 디다보고(들여다보고) 하문(한 번) 떠 무우(먹어) 보이까니, 말간(순전) 팥쥐란 년 잡아 가 난도질해 가 옇어가 [웃으면서] 보낸 그기라. 그래 묵고 마 뒤로 자빠져 가지고설랑 마 팥쥐 어미가 죽었다 카는 기라.[29]

콩쥐에 대한 팥쥐의 악행을 징벌하여, 팥쥐를 죽여 젓갈을 담았다는 설정은 사뭇 잔인하다. 중국 상(商)나라의 폭군 주왕(紂王)이 구후(九侯)의 아름다운 딸을 맞이하였는데, 그녀가 음탕한 행위에 응해주지 않는다는 이유로 그녀를 죽이고 아버지 구후도 죽여 포를 떠서 소금에 절인 예(『사기』 본기3, 殷本紀), "지백(智伯)이 조양자(趙襄子)를 치자, 조양자가 한나라·위나라와 함께 일을 도모하여 지백을 멸망시키고, 지백의 후손까지 죽이고, 지백에 대한 원한으로 지백의 두개골에 옻칠을 해서 큰 술잔으로 썼다"는(『사기』 자객열전) 흉측한 얘기들이 민간의 설화에까지 영향을 미친 것으로 보인다. "찢어서 젓을 담가 먹어도 시원찮다", "포를 떠서 죽일 놈이다"[30]는 우리 속담처럼 삼랑진 〈콩쥐팥쥐〉는 팥쥐에 대한 가득한 원한을 담아 잔혹한 결말을 만들었다. 이 설화는 세계적으로 널리 퍼져 있는 신데렐라형 설화를 우리나라를 배경으로 만든 이야기인데, 후반부에 허구적인 창작, 흥미로운 사건 전개를 덧붙여 권선징악(勸善懲惡)의 주제를 매우 분명하게 부각했다.

3. 처자교의 애틋한 전설

처녀 다리와 스님 다리

『신증동국여지승람』(1530년)에는 작원 앞에 사포교(四浦橋)가 있다고 소개하였고, 『밀양지』에는 비석의 명문에 근거하여 처자교와 승교를 숙종 16(1690)년에 안태리 주민 2백 호가 힘을 합하여 세운 것으로 설명하고 있다.[31] 그러나 작원 앞의 사포교, 작원진(鵲院津) 석교와 작원대교가 같은 다리인지, 또 이들 다리가 처자교와 일치하는지를 현재로선 확정하기 어렵다.

다음은 작원진석교비의 내용이다. 이 비석은 현재 복원한 작원관 옆에 옮겨두었다.

다리는 대로에 접하므로 마땅히 있어야 할 것이다. 옛날부터 나무로 만들었더니 보수하거나 허물어질 때마다 사람들이 노역을 감당하기 어려웠다. 이에 안태에 사는 동지(同知) 오인발(吳仁發)이 분개하며 한탄하더니 스스로 화주가 되어 몇 년 만에 드디어 석교가 완성됐다. 재물이 소모된 것이나 인력이 투입된 것은 세세히 논할 필요도 없을 것이다. 이는 다만 한 시대 한 고을 거주민들을 무사하게 하는 일일 뿐만 아니라 또한 온 세상 길손들이 지나는 곳이 됐으니 영원히 칭송할 바가 아니겠는가. 그러므로 그 내용을 간략하게 기록한다. 미처 말하지 못했지만 뒤에 같이 그 일을 주동한 사람은 오홍건(吳弘健) 외 1명이다.**32**

처자교라 부르는 〈그림4〉의 아 치형 다리는 나란히 1쌍을 축조 하였는데, 낙동강변 영남대로변 에 놓여 있다. 양산 원동읍 내포에 서 삼랑진, 이창진, 밀양을 이어 주는 보기 드문 쌍홍예교(雙虹霓 橋)인 것만은 분명하다. 폭 4.25m, 길이 25.3m, 높이 3.2m 정도이니,

〈그림4〉 처자교의 옛 모습(『동아일보』, 1964.1.7, 7면)

이 정도 크기의 다리를 대교라 지칭했을 것 같지는 않기에 주변에 다른 교량이 더 있었을 가능성도 배제할 수 없다.

처자교 설화에 대한 최초의 문헌 기록은 밀양군에서 편찬한 『미리벌의 얼-밀양의 전통』(1983)이다. 일제강점기에 나온 사찬 밀양읍지인 『밀주승람』 (손병현 편, 1932), 『밀주지』(박수헌 편, 1932), 『밀주징신록(密州徵信錄)』(안병희 편, 1936), 『교남지』〈밀양군〉(박수헌 편, 1940)에는 승교(僧喬)와 처자교(處子橋) 라는 다리 이름만 소개했을 뿐 설화에 관한 언급이 없다. 그리고 밀양문화원 에서 펴낸 『밀양지명고』에는 다음과 같은 설화를 소개하고 있는데, 구비문학 의 특성상 내용은 약간씩 다르다.

작원관 근처 작은 절의 한 스님이 이웃 마을에 사는 미모의 한 처자를 연모했

다. 어느 날 두 남녀는 서로 사랑을 걸고 다리 놓기 시합을 벌였다. 스님은 행곡천(杏谷川) 다리를 맡고, 처자는 우곡천(牛谷川) 다리를 맡아 작업을 시작했다. 처자의 연약한 노동력을 깔본 스님이 교만에 빠져 있는 사이, 처자가 먼저 다리를 완성했다. 스님은 부끄러워하며 자기 몫의 다리를 완공하고는 처녀에게 사과한 후 그 절을 떠나 어디론지 사라져 버렸다 한다. 그 후부터 마을 사람들은 중다리와 처녀다리를 소중히 보존하며 그 이름을 지켜 오게 된 것이라 한다.**33**

계율을 어긴 것이긴 해도, 스님이 한 여인에게 연모의 감정을 품을 수는 있지만, 여인이 사랑을 건 내기에 선뜻 응했다는 것이나 남녀사이에 하필 다리 건설을 두고 내기를 걸었다는 것은 개연성이 약하고 자연스럽지 못하다. 다만, 「작원대교비」(1642) 명문에 승려[釋] 청원(淸遠)이 모연(募緣)과 착석(鑿石)을 소원하여 다리 건설에 앞장섰다고 한 것을 보면, 스님이 이 다리 건설과 관련된 것은 분명하다. 여기서 모연(募緣, 募化, 化緣)이란 시주나 보시

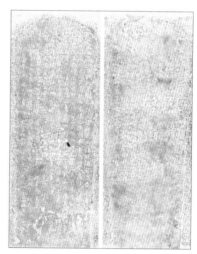

〈그림5〉 작원대교비 탁본(『밀양』, 국립김해박물관 도록, 2017, 237쪽)

를 요구하는 일을 말하고 착석이란 돌을 깨고 다듬고 쌓는 일련의 공정을 말한다. 흔히 사찰이나 교량 등의 기부금을 모금하는 글, 사람들에게 모화하여 부처와 좋은 인연을 맺게 하는 글을 모연소(募緣疏)라 부른다.

위의 설화는 다양한 부연 각색이 이루어졌을 것이라 예상한다. 떨어져 나간 글자를 해독하면, 나무로 시렁을 만들어 건너다니다가 그 유지 보수가 힘들어 율동과 청룡리 사람들이 노역을 도맡아 1640~1642년에 걸쳐 건립했음을 알 수 있다고 했다. 「鐵馬(철마) 울고 가는 길섶에 옛길은 묻혀도, 옛날엔 大路(대로)라 캅디더」라는 1964년 1월 7일의 동아일보 기사 헤드라인과 사진

자료를³⁴ 보면, 물길을 따라 약 간 비스듬하게 놓인 이 다리를 당시까지는 잘 활용하고 있었음 을 알 수 있다. 1960년까지 마을 밭두렁 옆에 묻혀 있어 흔적을 볼 수 있었던 것 같고, 2011년 6 월 4대강 지류 사업을 마무리해 가던 중에 이 다리를 발견했는

〈그림6〉 2011년 발굴 당시의 처자교. 최헌섭, 「한양 가던 이들 발길 지나쳤던 그곳」, 『경남도민일보』, 2011.7.5.

데, 발굴 후 유실 방지를 위하여 현재는 부득이 매립하여 보존하고 있다고 전한다.

전설의 부활

현재 작원관을 복원하고, 검세리 마을 굴다리를 지나면 옛 작원관 터와 노적봉, 작원잔도를 살필 수 있는 데크길을 잘 만들어두었다. 주변의 산세와 강 물결을 바라보며 서정에 잠길 수도 있고, 자전거를 타며 취미 활동도 즐길 수 있다.

아침에 흐리더니 곧 비가 왔다.

이 고을 원이 나왔다.

아침은 역시 엄자순(嚴子淳)의 집에서 차려 왔다.

이 고을 원이 주찬(酒饌)을 대접했다.

아침을 먹고 곧 떠나 양산 땅 물금리(物金里) 포구(浦口)에 이르니 읍에서 20 리다. 빗물이 불어서, 변두리 외진 길은 통행할 수가 없게 되었다. 여기서부터 배를 타고 짐바리 역시 배에 실었다. 짐을 실은 말은 산길로 돌아가서 삼랑포(三 浪浦)에서 기다리게 하였다.

배를 타고 작원(鵲院)을 바라보니, 길에 작원관문(鵲院關門)이 있는데 '한남문
(捍南門)'이라고 씌어 있었다.

밀양 땅 삼랑포 객점에 도착하여 숙소에 들었다. 물금리(物金里)에서 뱃길로
40리다. 육로 이수(里數)도 마찬가지다. 양산읍에서 밀양 삼랑까지는 60리다.**35**

양산에서 삼랑진에 이르는 뱃길 60리 여정을 잘 그렸다. 이 실기를 쓴
이헌영(1837~1907)은 신사유람단 등의 입장으로 일본을 드나들던 개화파 관
료이다. 양산읍에서부터 물금 포구를 지나 삼랑포까지 이르도록 뱃길, 도보
길을 통해 강 물결과 산줄기를 보며 체험할 수 있도록 만드는 것도 좋은
관광콘텐츠가 될 수 있을 것이다. 중간중간에 삼랑진 나루터를 바라볼 수
있는 전망대나 옛날 방식의 주점을 만들어 운치를 더하는 방법도 생각할
수 있다. 이만견(李萬堅, 1743~1814)의 『내산집』에는 밀양 영남루에 올랐다가,
영남루 앞 응천강 건너의 밤나무 숲을 지나, 밀양시 남포동 귀창[耳倉]을
지나, 청학리와 용성리 사이의 청룡 무지개다리를 건너 낙포와 금호를 지난
다. 송지 주점에 들렀다가 작원 다리 시골집에서 숙박하고, 작원관과 잔도를
지나 양산시 원동면 용당리와 내포나루를 건너고, 지금은 위치를 알 수 없다
는 감로사(甘露寺)를 바라보며 원동면 화제리, 수곡촌을 지나고 임경대를
바라보며 황산을 지나는 여정에서 창작한 시를 자세하게 전한다.**36**

현재 낙동3경 낙동강 딴섬 생태누리를 조성하여, 삼랑진 3갈래 물길과
억새 군락을 감상할 수 있는 생태문화공원을 만들었다. 안태리의 천태산
기슭에 낙동강물을 끌어올려 만든 인공호수, 주변의 산악, 임천·안태·송지·
율곡리 마을 앞의 비옥한 평야는 잘 어우러진 한 폭의 그림을 만들고 있다.
100년 전 이헌영나 200년 전 이만견이 거닐던 길을 따라 양산 오봉산 임경대
절경에 이르는 둘레길을 조성하면, 내외 관광객들에게 만족스러운 풍광을
제공할 수 있을 것이다. 말을 타고 다니던 길은 자전거 길로, 걸어서 가던

길은 보행로로 만들면 될 것이다.

이 사업에서 당시의 교량 축조 양식을 잘 알려주고, 영남대로에서 유서와 의미를 함께 가진 처자교(處子橋)·처녀교(處女橋), 승교(僧橋)를 복원하는 일은 이 둘레길 여행 코스의 중요한 포인트를 만들어줄 것이다. 이만견이 "큰 들을 가로질러 돌로 쌓은 다리는, 개지 않은 긴 무지개 굼실굼실 용이로세"라 적은 청룡 무지개다리[靑龍虹橋]는 처자교 복원에 참고가 될 만하다. 처자교 등을 복원하는 사업은 전설의 공간을 현재화하는 것이고, 영남대로를 지나는 사람들의 안전을 소망하며 수고를 마다하지 않던 수많은 노동자들의 정성을 되살리는 일이다. 10여 년 전 발굴 당시의 사진이 남아 있고, 물줄기도 그대로 남았으니, 지금 그곳의 무성한 갈대와 모래와 다리를 조화롭게 복원하는 사업은 그리 어려운 일은 아닐 듯 보인다. 주변과 잘 어울릴 수 있도록 계획을 세워 체계적으로 복원해 나간다면 분명 연인이나 관광객의 발길이 잦아질 것이다.

〈그림7〉 작원마을 굴다리에서 본 낙동강과 자전거길

제2장 삼랑진의 장소를 노래한 한시

　자연환경은 인간의 다양한 인문 활동을 통해 각별한 의미를 지닌 공간으로 바뀐다. 장소에 대한 인식은 개인이나 집단마다 다를 수 있으나 공동체 속에서 형성되므로 대체로 동일한 장소 감정을 갖는다. 그리고 장소성은 고정된 것이 아니라 장소 경험이나 사회의 변화에 따라 달라진다. 공간에 대한 가치를 새롭게 발견하면 장소의 의미가 풍부해진다. 삼랑진을 대표하는 장소성은 만어사, 오우정, 작원관, 작원잔도, 후조창, 무흘역, 삼랑강, 삼랑진시장 등에서 찾을 수 있다. 고지도나 읍지의 정보는 여러 문학 작품을 통해 그 의미가 생생하게 드러나게 된다. 그러면 옛 문인들이 한시를 동해 담고자 했던 특별한 장소 감정이 어떠했는지를 살펴보기로 한다.[37]

1. 만어사, 만어사 경석

　만어사(萬魚寺)는 『삼국유사』에 '어산불영(魚山佛影)'으로 기록됨으로써 일찍부터 삼랑진의 대표적인 기억 터전으로 자리를 잡았다. 일연선사가 만어사를 직접 찾아와 보고는 옛 기록대로 바윗돌 3분의 2가 금과 옥의 소리를 내고, 골짜기 속의 부처 영상이 관찰 지점의 원근에 따라 보였다 사라졌다 하는 신비한 현상을 신뢰할 만한 사실로 서술했다.

일연선사가 기록한 설화의 줄거리는 대략 다음과 같다. 양산 옥지(玉池)의 악독한 용과 만어사의 악귀인 다섯 나찰녀가 서로 오가며 사귀면서 때때로 번개와 비를 내려 4년 동안 오곡이 좀체 영글지 못했다. 이에 수로왕(首露王)이 부처를 청해 설법했더니 그 뒤 나찰녀들이 다섯 가지 금계(禁戒)를 받아 재해가 없어지자 동해의 물고기와 용들이 감동해 마침내 골짜기 속의 돌로 가득 변해 두드리면 쇠북과 경쇠 소리가 울린다는 것이다. 이에 수로왕이 부처의 은덕에 감사해 이곳에 만어사를 창건했다고 전해진다. 수로왕이 부처의 신통력을 활용해 가락국 통치권 내의 지역을 불국 영토로 만들고 불심에 힘입어 민심을 다스리고자 한 의도가 이 설화에 반영된 것이라 하겠다.

만어산은 점필재 김종직(金宗直)이 1470년 감찰 남기(南祈), 광주안씨 밀양 사포 입향조인 예안현감 안억수(安億壽), 남해현감 성수겸(成秀兼) 등과 술을 즐긴 유서 깊은 장소이다. 당시 밀양부사가 한식일에 무흘역에서 노루와 돼지를 잡아 만어산 아래로 가서 잔치를 베풀었다.[38]

이곳에 있는 만어사를 제재로 최초로 시를 지은 이는 안주(1500~1569)이다. 그는 함안에서 태어나 청도군수와 밀양부사를 지냈고 만년에 경주 호명동으로 이거해 '치암(癡庵)'이라는 편액을 내걸고 은둔을 즐겼다. 의령에서 태어난 청강 이제신(1536~1584)은 10세 때 그를 찾아가 학문을 배웠다.

복사꽃으로 무릉의 봄 이야기하지 말지니	桃花休說武陵春
온 골짜기와 봉우리의 서리 내린 나무 새롭네	萬壑千峯霜樹新
들판 새들도 또한 귀한 손님 맞이할 줄 알고	野鳥亦能迎上客
계곡 구름은 은자를 유달리 가까이하네	溪雲偏自傍幽人
누각 머리의 비 기운이 푸른 산에 침침하고	樓頭雨色沈靑嶂

가지 끝의 강 빛은 흰 마름꽃을 둘렀구나 　　　　木杪江光帶白蘋

비구승과 함께 패엽경을 뒤적이노니 　　　　　一共比邱披貝葉

그대들은 현재 벼슬에 매인 몸을 아실려나 　　　諸君知現在官身

—안주, 「만어사 여박응천하담·김천우대유제익 유영(萬魚寺與朴應千河淡金天祐大有諸益有詠)」

(『치암일고』 권상)

안주(安宙)는 어느 날 밀양부 풍각현에 거주하던 소요당 박하담(1479~1560), 삼족당 김대유(1479~1552) 등과 삼랑진 만어사에서 자리를 함께했다. 8행의 시어 '관신(官身)'으로 볼 때 밀양부사 때(1547~1550 재임) 지은 것으로 추정된다.[39] 복사꽃 피는 봄만이 아닌 서리가 내린 내무가 참신하고, 들판의 새들과 계곡 구름을 가까이 할 수 있는 한적한 암자 정경에 매우 흡족

〈그림8〉 안주의 만어사 시가 실린 『치암일고』 권상

해하고 있다. 승려들과 더불어 경전을 뒤적이며 불가 세계를 접하는 것도 좋지만 자신은 현재 관원 신분이라 몰입할 수 없음을 이해해 달라는 마음을 전하고 있다. 1행의 '무릉(武陵)'은 원전의 주석에서 만어산의 이칭이라 했다. 이후 안주의 13세손 안교현(安敎鉉)은 위 시를 베껴 만어사 시판으로 걸어두었고, 석릉 김유헌이 격찬해 마지않았다는 이야기를 수록했다.

안주는 설화나 만어석에 대해 언급하지 않았지만, 경일대사(1636~1695)는 『삼국유사』의 설화를 적극적으로 인용했다.

서천축 금불상이 동방에 그림자 지고 　　　　西竺金身影震丘

불가의 영이함이 그 사이 남아 있구나 　　　　釋門靈異此間留

전넌 법당 모서리에 구름이 피어나고 　　　　千年棟宇雲生角

만 마리 물고기는 머리 끄덕이는 돌이요	萬介魚鱗石點頭**40**
수로의 남은 자취는 오래된 향나무일세	首露遺蹤香樹老
나옹이 노닐던 곳에 옛 누대가 그윽하네	懶翁遊處古臺幽
지팡이 세우고 반나절 형승을 찾았거니	停筇半日探形勝
산꼭대기 좋은 경치는 정녕 가을빛이로다	絶頂名區政是秋

—경일, 「만어사(萬魚寺)」, 『동계집』 권1

위 시는 만어사의 법당, 금불상, 만어석, 향나무를 활용해 사찰의 유구한 내력과 산 정상의 아름다운 경치를 노래했다. 법당 앞의 오래된 향나무를 수로왕과 연계하고, 그윽하게 위치한 옛 누대를 나옹화상과 결부시켰다. 수로왕의 자취는 역사적 사실로 단정하기 어렵고, 게다가 『고려사』에 있듯이 나옹화상이 추방되어 밀성군으로 가던 중 여주 신륵사에서 입적했다는 기록이 엄연히 있다고 한들 그리 문제가 될 것은 없겠다. 민중에 유포된 전설을 시적 상상력으로 결합해 만어사의 신성성을 가미하는 데 그 취지가 있기 때문이다.

경일(敬一)은 법호이고, 택호는 동계(東溪)이며, 도명은 태허(太虛)이다. 속성은 이씨이고, 경북 칠곡군 약목에서 출생했다. 관동 유점사의 백암대사 문하에서 공부했고, 사대부들과 교유가 많았으며, 해인사에서 입적했다. 『동계집』은 1660년대 경일대사가 3년간 수행한 적이 있는 밀양 표충사에서 간행되었고, 국문학사에서 널리 알려진 한문소설 「가야진용당기우록」이 있다.

추천 손영제의 고손자 성은 손석좌(1642~1705)는 만어석을 제재로 아래 시를 지었다.

용이 처음 길을 나서자 만어가 분주하더니	龍行初關萬魚奔
아홉 층계 앞쪽 언저리로 진퇴함이 분명했지	九級前頭進退分
남호로 고개 돌리니 돌아갈 길이 막혔거늘	回首南湖歸路阻

천고의 푸른 산에 오래된 이끼 무늬 끼었네　　　　碧山千古老苔紋

—손석좌, 「만어석(萬魚石)」, 『성은당유집』 권1

　부처가 지상세계로 현현해 설법하려고 하
자 온갖 물고기가 그 감화를 받기 위해 운집
하는 장면을 먼저 제시하고 있다. 그리고 크
고 작은 수많은 물고기가 부처의 영상을 보려
고 여기저기 자리를 질서 있게 잡은 모습으로
이어진다. 오래된 이끼가 낀 돌너덜은 이 물
고기들의 변신이다. 손석좌는 『삼국유사』의
만어사 불교 설화를 작시 착상의 모티브로 삼
아 속세 고민을 은연히 드러내고 있다.

〈그림9〉 편경(『종묘의궤』 1책)

　만어사의 바윗돌은 세종대의 음악적 용도로 주목을 받았다. 당시 만어석
을 종경(鐘磬)으로 쓸만하다 싶어 채굴하여 경쇠를 만들었으나 음률에 맞지
않아 그만두었다.⁴¹ 이후 읍지에서 『신증동국여승람』의 만어산 경석 기록을
고적조에 빠뜨리지 않고 전재함으로써 문화적 기억의 상징으로 전승되었다.

　낙하생 이학규(1770~1835)는 신유사옥에 연루되어 1801~1824년 동안 김
해에 유배되었다. 장남 이재종이 의금부에 호소해 풀려났지만, 이후에도
차남 이재목(李在牧)이 우거하던 김해를 내왕했다. 그는 만어산 경석의 가치
를 음악적 유용성에 한정하지 않았으니, 1808년 정약용의 「탐신악부」를 읽
고 갑발해 지은 악부체 68수 중 제66수인 아래의 만어석 시를 감상해보자.

　　만어산의 정기　　　　　　　　　　　　魚山之精
　　일만 돌의 골짜기　　　　　　　　　　　萬石之空⁴²
　　깃털처럼 가볍게 흔들리다가　　　　　　織襬丹曳
　　미풍이 잔뜩 불면　　　　　　　　　　　微風潣洞

윙윙 크게 울리니	峆然大鳴
종경 소리 진동한다	鍾磬震動**43**
풍산으로 맞지 않아	豊山不諧**44**
사수 물가로 갔으니	泗濱矢往**45**
타고난 바탕이 청랑함은	泠然天質
밀었다 당겼다 함을 사양하지	謝彼推捐
오는 사람이 우러러보니	來人仰止
구름이 뭉게뭉게 피어나네	出雲瀁瀁

—이학규, 「영남악부」〈만어석(萬魚石)〉, 『낙하생집』 책6

위 시의 7~8행은 세종대 아악을 정비한 역사적 사실과 부합한다. 당시 세종의 뜻을 충실히 이행한 박연(朴堧)은 옥공(玉工)을 남양에 보내어 돌을 캐서 새로 석경을 만들었고, 그 소리와 가락이 조화되어 종묘와 조회 때 음악으로 삼았다.**46** 품질 좋은 경석을 얻는 과정에서 만어사 경석은 "돌의 성질이 단단하면 비록 두껍더라도 소리는 맑고, 돌의 성질이 단단하지 못하면 비록 얇더라도 소리는 탁하게 된다."는 미세한 기준을 충족하지 못했다. 그래서 채굴 장소를 '풍산(豊山)'에서 '사빈(泗濱)'으로 바꾸었다고 표현했다.

하지만 시인은 경석의 타고난 소리가 지극히 맑고 고우므로 이곳을 찾는 사람들이 우러러본다고 했다. 만어산의 정기가 모여 이루어진 너덜겅이 경이롭고 끝없이 부는 미풍에 진동하는 경쇠 소리가 신기한 것이다. 경석이 궁중 악기의 재료라는 사실과 무관하게 신령스러운 현상 그 자체에 매료됨은 물론이고 나아가 불심의 세계가 현현한 것으로 상상할 수 있다. 설화는 민중이 희망하는 신념의 산물이다. 만어사를 찾는 평범한 민중들의 시각과 당대 사회 풍속의 한 단면을 반영한 것이다.

이처럼 불교 설화의 신비한 상상력 대신에 중국 고사를 인용해 지은 시가 있으니, 동아 이제영(1799~1871)의 아래 작품이다.

태고 시절 산에 물이 있어서	太古山其水
신비한 고기 혹 하늘에서 내려왔던가	神魚或降天
완고해 변하지 않는 사물일진대	頑然不化物
어떤 이가 그릇되게 전했나	何者以訛傳
뼈대가 비를 맞고 천 겁 동안 닳았고	雨骨磨千劫
힘줄은 구름 타고 구천 땅속 깊이 닿았네	雲筋徹九泉
진시황 채찍에도 모두 구르지 않아	嬴鞭驅未盡[47]
아마도 해동 변방에 누르고 있으리	許鎭海東邊

—이제영, 「응주잡시이십수 용노두진주시운(凝州雜詩二十首用老杜秦州詩韻)」〈제14수〉,
『동아집』 권1

이제영(李濟永)은 두보의 「진주잡시(秦州雜詩)」를 차운해 응주(凝州), 곧 밀양을 제재로 잡시 20수를 지었다. 위 작품은 두보 시의 제14수가 감숙성 진주(秦州) 성현(成縣)의 산 위 연못에 사는 신어(神魚)를 대상으로 했듯이 응주 잡시 역시 삼랑진 만어석을 제재로 삼았다. 화자는 태고 시절 천상의 물이 있는 산에서 살던 신어(神魚)가 땅으로 내려왔다는 설화에 회의적 태도를 보인다. 또 설령 물고기가 돌로 변했을지라도 작은 것이 크게 될 수 없고 오래되면 닳아 없어지는 완물(頑物)이기에 교화를 입어 고개를 끄덕일 리 만무하다고 했다. 이치상 이것이 와전된 것이라면 신어를 어떻게 해석하고 있는가. 일단 돌이 수천 년을 내려오면서 비에 닳아서 물고기 모양으로 변했고, 구름의 힘으로 땅속 깊숙이 박혔다는 것이다. 그것으로 끝나면 시의 맛이 없어지기 때문에 진시황 고사에 기대어 지천으로 돌이 깔린 너덜경을 풀이하는 것으로 시상을 마무리했다. 그가 불교 설화의 신비적 요소를 부정하는 데서 출발했지만 결국에는 만어석의 존재를 또 다른 전설에 의존해 설명할 수밖에 없었다.

이제영은 밀양부사를 지낸 완정 이언영(1568~1639)의 7세손이고, 황산찰방을 지낸 창주 이창진(1619~1684)의 6세손이다. 원래 본가가 경북 칠곡 석전에 있었으나 부친 적암 이도(1760~1821)의 사후에 과거를 포기하고 처조부 손유로의 고향인 산외 죽동으로 이거해 30여 년 동안 지내며 밀양 지역의 선비들과 교유했다.

특히 신국빈(1724~1799)은 128행의 장시 「만어석가(萬魚石歌)」와 관련 시문을 지어, 돌을 속안(俗眼)으로 보지 말고 도안(道眼)으로 관찰하면 세상에 대한 새로운 깨달음을 얻을 수 있다는 시의를 내비쳤다. 허황한 설화이니 완물이니 하는 단선적인 사고에서 벗어나라는 충고이다. 그리고 지천으로 깔린 만어석의 생성 이치를 과학적으로 규명하더라도 만어산의 신비감은 여전하다. 밀양 8경의 하나로 만어산의 운해와 경석이 선정된 이유이다.

2. 오우정, 오우사, 삼강서원

오우정(五友亭)은 삼랑루 옛터에 세운 정자이다. 임진왜란 때 소실된 이후 현재의 명소가 되기까지 몇 차례 흥폐 과정을 겪었다. 그때마다 문인들이 문화적 기억을 되살려 시문을 남겼으니 연대순으로 작품을 살펴보고자 한다.

호수 위는 청산, 산 아래는 누각	湖上靑山山下樓
아름다운 이름이 물과 함께 흐르네	美名長與水同流
모래톱 주막들은 달팽이 껍질처럼 늘어섰고	傍洲沙店排蝸殼
물결 쫓는 두둥실 배는 뱃머리가 춤을 추네	逐浪風船舞鷁頭
뽕밭에 연기 짙으니 온 마을에 해가 저물고	桑柘煙深千里暮
마름과 연꽃 시드니 한 줄기 강은 가을이네	菱荷花老一江秋
지는 놀 외 따오기는 오히려 진부한 말이라	落霞孤鶩猶陳語

짐짓 새 시를 지어 멋진 유람 기록해본다　　　　　故作新詩記勝遊

　　　　　　　　　—원감, 「삼랑루(三郞樓)」, 『신증동국여지승람』 「밀양도호부」

　위 작품은 고려 승려 원감국사(圓鑑國師, 1226~1293)가 삼랑루(三郞樓)를 제재로 지은 7언율시이다. 낙동강 위 청산에 건립한 삼랑루에서 조망하는 경치를 화폭에 담듯 담담하게 그리고 있다. 정경의 세부 요소로 모래톱 곁에 늘어선 빼곡한 집들, 바람 따라 두둥실 떠다니는 배, 해 저무는 마을 뽕밭, 가을빛이 완연한 강가 연꽃 등을 들었다. 당나라 왕발의 「등왕각서」에 나오는 낙하고목(落霞孤鶩)으로도 삼랑루의 빼어난 경치를 묘사할 수 없으므로 새로운 시어를 지을 수밖에 없다고 했다.

　원감국사는 전라도 장흥 출신으로 속성은 위씨(魏氏), 속명은 원개(元凱), 법명은 충지(沖止)이다. 1244(고종31)년 장원급제해 관직에 나아갔으나 29세 때 승려의 길로 들어섰다. 전국을 순례하면서 수도를 거듭한 끝에 1266(원종7)년 김해 상동의 감로사 주지가 되어 약 6년간 주석했다.[48] 그 뒤 선종의 최고 법계인 대선사에 임명되었고, 1286(충렬왕12)년에 수선사의 제6세가 되었다. 『동문선』에는 위 시가 「차박안렴항제밀성삼랑루시운(次朴按廉恒題密城三郞樓詩韻)」 제목으로 실려 있다. 박항(1224~1281)이 1268년 경상도 안렴사에 제수되었으므로, 삼랑루 시는 원감국사가 감로사 주지로 있을 때 지었음을 알 수 있다.[49] 감로사는 강 건너 삼랑루와 직선으로 11km 정도 떨어져 있다.

　삼랑루가 언제 없어졌는지는 알 수 없지만, 여흥민씨 오형세가 1510년 그 터에 오우정(五友亭)을 창건했다. 그로부터 30여 년이 흐른 뒤 안주(安宙)가 밀양부사로 재직하면서 원감국사의 시를 차운해 아래 시를 지었다. 오우정 제영시로서는 최초이다.

삼랑정에 오형제 누각 지었으니　　　　　　　　　三郞亭作五郞樓

인물과 강산이 모두 제일류로다	人物江山第一流
흰 물새 날아간 곳에 물새 부리가 보이고	白鳥飛邊看水嘴
붉은 노을 끊어진 곳에 산봉우리 드러나네	紅霞斷處露峯頭
고운이 신선 되어 간 지 지금 천년인데	孤雲仙去今千載
우리가 올라오니 또한 구월의 가을빛이로다	我輩登臨亦九秋
백 리를 사양치 않고 멀리서 맞이해 기다렸거니	百里不辭迎候遠
풍속을 살피다가 여기에 머무는 것도 즐거우리	觀風且喜此淹留

—안주, 「오우정(五友亭)」, 『치암일고』 권상

안주(1500~1569)는 삼랑정 옛터에 오형제 누각이 창건됨으로써 삼랑진의 장소성이 새롭게 부여되어 유명해졌다고 했다. 오우정의 자연경관을 흰 물새와 붉은 노을의 색깔 대비로 극대화하는 한편, 최치원의 오랜 흔적이 남아 있는 이곳을 멀리서 방문한 관리를 맞이해 선정을 다짐하며 풍류를 즐기는 일이 기쁘다고 했다. 안주가 1547~1550년 밀양부사를 지낸 사실을 고려하면 제7행의 '영후(迎候)'와 제8행의 '관풍(觀風)'은 경상도관찰사 임호신 (1506~1556)과 관계있는 것으로 짐작된다.

〈그림10〉 안주의 「오우정」 시가 들어 있는 『치암일고』 권상

안주의 오우정 시는 두루 알려졌다. 신지제(1562~1624)는 1615년 창원부사 때 영남루에 올라 우연히 시를 지었는데, 며칠 뒤 밀양 유생 우익래(禹益來)가 와서 외는 안주 시를 듣고서 영남루 시 제5~6행의 정취가 위의 시 제3~4행과 뜻하지 않게 흡사하다고 생각했다.[50] 또 조임도(趙任道)의 「유관록」(1635)에 위의 시 제1행이 인용되었음을 앞에서 살핀 바 있다. 이처럼 안주의 시는 창작 후 80여 년이 넘어서까지 시인들이 암송할 정도로 좋은 작품으로 인식

되었다.

밀양부사 시절 안주의 재미있는 일화가 『밀주지리인물문한지』에 전한다. 대구 출신의 강아무개와 응천에서 뱃놀이를 하다가 술이 반쯤 취했을 때이다. 강대구(姜大丘)가 안주를 희롱하여 "밀성에는 술만 있기를 바랄 뿐 안주는 걱정이 없네"라 하자, 그는 즉각 "그저 대구 대가리를 팍팍 찢으면 될 터이니 어찌 안주가 없겠는가?"라 응수하니 강대구가 대응하지 못했다고 한다.

안주 시 속의 최치원 자취는 『치암일고』의 협주에서 오우정 뒤에 있었다고 한 고운암(孤雲菴)을 말한다. 고운암을 맨 먼저 언급한 이는 김종직의 손자 박재 김뉴(1527~1580)이다. 그는 1563년 삼강사(三江祠)를 낙성하던 날에 참석해 시를 지었고, 그리고 1566년 가을에는 오우정을 방문하고 아래의 차운시를 지었다.

강가 세운 사당이 옛 누각 짝하거니	立廟江干配舊樓
우애는 언제나 물과 함께 흐르리라	友于終始水同流
강금은 시대 다르나 미덕을 독차지하기 어렵고	姜衾異代難專美
당장이 지금 같을지라도 한 언저리 양보하겠지	唐帳如今讓一頭
물가에 바람 온화하고 외기러기 나는 석양이고	蘭渚和風孤雁夕
갈대밭에 달빛 밝고 조각구름 떠 있는 가을인데	蘆洲明月斷雲秋
여러 형제가 끝없이 가업을 이어받아 폈으니	諸郎袞袞箕裘述[51]
훌륭한 자손의 천륜은 영원토록 퍼지리	錫類天倫永世游

—김뉴, 「차우우정판상운(次友于亭板上韻)」, 『박재집』 권1

김뉴(金紐)가 시제로 내세운 우우정(友又亭)은 오우정의 이칭이자 그가 존모한 민구연의 호이기도 하다. 옛 삼랑루 터에 지은 삼강사의 장소성을 시어 '우우(友于)'로 통합하고 있다. 우우는 『논어』「위정」에 나오는 "우우형제(友

于兄弟)"에서 형제를 생략한 말로 오우정 시에 자주 등장한다. 시어 '강금(姜
衾)'은 후한의 강굉(姜肱)이 동생들과 항상 이불을 함께 덮고 잠잔 일화를
말하고, '당장(唐帳)'은 당나라 양황제(讓皇帝)가 장막을 함께 쓰던 동생 현종
에게 왕위를 물려준 고사를 뜻한다. 김뉴는 적절한 전고를 활용해 오형제의
돈독한 우애가 자손들에게 영원히 이어질 것으로 확신하고 있다.

그로부터 20여 년 뒤 임진왜란으로 오우정과 오우사는 소실되어 한동안
이름만 전해졌다. 밀양부사 최욱(崔煜)은 1650년 젊은 유생들에게 불러 고을
의 대표적인 문화적 기억을 상기하도록 백일장을 개최했다. 시제는 '오우정
옛터를 올라가서 보고 느낌'이었는데, 66행으로 지은 손습(1616~1650)[52] 시
와 42행의 죽파 이이정(1619~1679) 시가 좋은 작품으로 선정되었다. 이이정
은 해당 작품에서 정자는 없지만 오형제의 천륜 우애가 고을에 변함없이
칭송되고 있으며, 그에게도 오형제가 있으니 자기 초당의 이름도 '오우'라
짓겠다고 했다.[53]

드디어 근 백 년 만인 1695년에 후손들이 오우정과 오우사를 동시에 중창
했다. 밀양의 선비 성은 손석좌(1642~1705)는 새로 지은 두 건물을 제재로
시를 읊었다. 그중 오우정 중건시 2수 중 첫째 수를 소개하면 아래와 같다.

예나 지금이나 강산에 **빼어난** 누각	今古湖山名勝樓
아득한 흥폐가 물과 함께 흐르는구나	悠悠興廢水洞流
어찌 그때의 오우 편액만 하랴	爭如五友當年額
이 삼랑강 가에 다시 걸었도다	重揭三郎此水頭
남은 자취를 찾았더니 어제인 듯하고	遺躅尋時疑昨日
꽃다운 명성 흐르나니 천추에 넘쳐나리	芳聲流處剩千秋
한 대열 기러기 떼가 뜰앞에서 장난할진대	一行沙鴈庭前戲
선생에게 배웠는지 한 이불 덮고 노니네	學得先生共被遊

—손석좌, 「차오우정중창운(次五友亭重創韻)」, 『성은당유집』 권1

중창 당시와 그 이후로 여러 문인이 오우정 시문을 지었으니, 밀양부사로서 작품을 남긴 이는 김시경(1659~1735), 조언신(1682~1731), 삼우당 이중협이다. 그리고 밀양 선비로는 남회당 이이두(1625~1703), 죽림재 박세용(1625~1713), 매죽당 신동현(1641~1706), 양옹 조면주(1649~1718), 자유헌 이만백(1656~ 1716), 일신당 박운구(1667~1704) 등이 있다.

그리고 세월이 흘러 18세기 초반에 오우정을 중수했다. 그때 지은 시문이 『오우선생실기』와 개인 문집 등에 다수 전하는데, 여기서는 민함수(1700~1761)의 시를 소개한다.

선대 유업을 앞뒤로 이어 아름다운 이름 전하니	肯堂前後美名傳
을해년에 이어 또 을묘년이라	乙亥年同乙卯年
난간 밖 산천은 지금 우임금 밭처럼 다스리고	檻外湖山今禹甸
처마 위의 해와 달은 옛 요임금 하늘처럼 빛나네	簷頭日月舊堯天
쓸쓸한 옛터에 영락한 후손이 남아서	蕭條古址遺孱裔
도타운 가풍으로 조상을 깊이 우러르는데	敦厚家風仰祖先
이 모임에 사람들을 어찌 얻기가 쉬우리오	此會人間寧易得
다시 훌륭한 손님 모시고 잔치 자리에 오른다	更携佳客上華筵

—민함수, 「우(又)」, 『오우선생실기』 권1

위 시에는 오우정 중수에 관한 새로운 정보가 들어 있다. 곧 을묘(1695)년에 중창해 선대의 아름다운 이름을 전하고, 또 을묘(1735)년에 퇴락한 정자를 새롭게 중수했다는 사실이다. 시절 화창한 동년 10월에 낙성식이 열렸다. 그날 잔치에 직간섭으로 함께한 전 밀양부사 승지 이중협, 양산군수 인진하(1682~1755)[54], 송와 안명하(1682~1752), 기은 손명일(1680~1759) 등은 시를 지어 축하했다. 이런 격려에 힘입어 민함수(閔涵洙)는 조상이 물려준 가풍을 굳건하게 지킬 것이라 다짐한다. 당시 중수 상량문은 초동 출신의 소암 조하위(1678~1752)가 지었다.

이후에도 밀양 출신의 자운 이의한(1692~1767), 동아 이제영(1799~1871), 만파 손종태(1802~1880) 등이 오우정 제영시를 지어 향촌사회에 오형제의 화목한 우애 정신을 드높였다. 그리고 외지인들에게도 오우정은 유람 명소로 인식되어 이계 박래오(1713~1785), 해옹 홍한주(1798~1868) 등의 작품이 있다.

오우정은 대원군 때 철폐되었다가 1897년 중건되었다. 심재 조긍섭(1873 ~1933)의 시를 소개한다.

천고에 꽃다운 이름은 화악루	千古芳名華萼樓**55**
민공의 정자 또한 풍류로다	閔公亭子亦風流
인생에 누구인들 형제를 사랑하지 않으랴	人生孰不憐同氣
이 즐거움은 노년까지 이르기는 늘 어렵지	此樂常難到白頭
천 산의 새벽에 푸른 나무가 영롱하고	碧樹玲瓏千嶂曉
수없이 배 오가는 가을날 흰 모래 끝없네	明沙浩蕩百帆秋
난간에 기대면 천륜 생각이 절로 날지니	憑欄自發天倫想
어찌 강산에서 좋은 유람에만 의존할 텐가	豈獨江山藉勝遊

—조긍섭, 「민씨오우정 소게 차판상운(閔氏五友亭小憩次板上韻)」, 『암서집』 권3

3. 작원 작원잔도, 작원관

작원(鵲院)은 작원관, 작원잔도의 이미지를 통합하는 심상 공간이다. 작원은 역원의 하나로 출발했다. 그곳을 이용하자면 작원잔도를 거쳐야 했고, 작원잔도에 설치된 작원관은 임진왜란과 결부됨으로써 인상적인 장소성을 내포했다. 그래서 대개 세 장소가 겹쳐서 등장한다. 작원관(鵲院關)은 과거

전쟁 경험을 진지하게 성찰하고 미래를 대비하는 차원에서 시에서 종종 언급되었다. 그 중심에 관군을 이끌고 지휘한 밀양부사 박진(朴晉)이 있었다.

우선 초동 금포리에서 출생한 낙원 안숙(1572~1624)이 작품을 살펴보자. 그는 왜장이 육지에 이르렀다는 소식을 듣고 백의지사(白衣之士)로서 의병을 자원해 곽재우 휘하에서 장계와 격물을 도맡았던 인물이다.

옛날 더러운 냄새가 우리나라를 물들일 때	憶曾腥穢染東韓
누가 삼군을 이끌고 이 관문에서 패하였나	誰將三軍衄此關
만고에 흐르는 강물은 수치를 씻지 못하고	萬古流波難雪恥
지금도 원통한 귀신은 강가에서 곡을 한다	至今冤鬼哭江岸

—안숙, 「과작원(過鵲院)」, 『낙원동만합고』 권1

원전의 협주에 따르면 안숙(安璹)은 1613(광해군5)년 성이도 등과 동래온천에 목욕갈 때 작원을 지나갔다. 임진왜란이 끝나고 15년이 경과한 때이다. 당시는 작원관이 복구되기 전이었다. 시인은 임란 때 삼군을 이끈 장군이 작원관 전투에서 왜군에게 대패한 사실을 상기함과 동시에 유유히 흐르는 강물 소리를 원통한 귀신이 치욕을 씻기 위해 곡하는 소리로 치환함으로써 비통한 정서를 극대화하고 있다.

이 무렵 택당 이식(1584~1647)은 밀양에 머물며 시 4편을 지었다. 그는 1618년 폐모론이 일어나자 정계에서 은퇴해 경기도 지펴으로 낙향했고, 그후에 남한강 변에 택풍당을 짓고 학문에 전념했다. 1621(광해군13)년 관직에 나오라는 명을 거부하고 밀양, 마산, 고성 등의 남부 지방을 여행했다. 작원 잔도(鵲院棧道)를 제재로 지은 시는 아래와 같다.

협소한 잔도는 겨우 수레 다닐 만하고	小棧纔容轍
층층 여울에 거룻배가 거슬러 오른다	層灘逆上舠

고기잡이 물목은 바다 섬으로 통하고	漁梁通海島[56]
상품 모이는 시장은 오랑캐 억눌렀는데	貨市控蠻獠
예로부터 우환을 방비하던 곳이라	自古防虞地
모름지기 세상 뒤엎을 호걸에게 맡겼지	須資蓋代豪
임진란 그때 일을 어찌 말하랴	龍蛇那忍說
인구 늘던 마을이 한층 쓸쓸해졌네	生聚轉蕭條[57]

—이식, 「작원천(鵲院遷)」, 『택당집』 권2

　이식(李植)은 종사관 윤경립(尹敬立)과 작원잔도를 말을 타고 가면서 위시를 읊었다. 임란 때 일대 호걸에게 방비를 맡기지 않아 후회막급하고, 인구와 재물이 늘던 마을이 전란으로 쇠락해진 것에 대해 안타까운 심정을 표출하고 있다. 전반적으로 차분하게 시상을 전개하고 있다. 안숙이나 이식의 시에서는 전쟁 패배의 책임자로 특정인을 지칭하지 않았지만 아래의 시는 사정이 다르다. 바로 실명을 거론했다.

작원은 깊고 깊어 험준한 산길이 가로질렀고	鵲院深深鳥道橫
검문처럼 위험한 절벽에다 동쪽 바다 있구려	劍門天險又東瀛
푸른 등 켜놓고 하룻밤에 큰 계책을 세웠다니	靑燈一夜雄圖起
우스워라 임진왜란 때 박진 군사여	笑說龍蛇朴晉兵

—이만견, 「과작원(過鵲院)」, 『내산집』 권1

　위의 시는 내산 이만견(1743~1814)이 1769년 봄에 밀양에서 언양으로 말을 타고 가다가 작원을 지나면서 지은 작품이다. 당시 이만견은 영남루를 출발해서 율림 → 이창[구창] → 청룡 홍교 → 인전암 → 송지 주점 → 작원촌 → 작원 → 작원잔도 → 양산 용당 주점 → 내포나루 → 화제 → 수곡촌을 거쳐 황산에 이르는 영남대로를 이용했다. 그는 절벽과 낙동강 사이의 잔도에서 벌어진 전투에 초점을 두고 박진(朴晉)의 계책 실패를 냉소적으로 보고 있다.

이만견(李萬堅)은 죽파 이이정의 5세손으로 무안 내진리에서 출생했다. 어려서부터 가학을 익혀 시문의 재능을 보였는데 특히 대책(對策)에 뛰어났다. 계속해서 그가 작원잔도를 제재로 지은 시를 살펴본다.

하늘이 만든 강해에 한 장부가 관문 지켰다면	天開江海一夫關
문득 떠오르나니 임진왜란 때 오랑캐 막았겠지	却憶龍蛇足禦蠻
황금을 품은 바위에 신령한 까치가 날아가고	石抱黃金靈鵲過
푸른 옥 일렁이는 물결에 늙은 용이 한가롭다	波生碧玉老龍閑
무릉도원 안에는 진나라 때 사람이 있고	桃花源裡秦人在**58**
감로봉 꼭대기에는 한나라 해가 돌아왔네	甘露峯頭漢日還
시골집 술 석 잔에 봄은 더더욱 깊어져	村酒三盃春十分
말 앞의 방초길 따라 양산으로 내려간다	馬前芳草下梁山

—이만견, 「효발잔도(曉發棧道)」, 『내산집』 권1

위 시의 핵심은 작원에서 숙식을 해결한 뒤 새벽에 말을 타고 가는 잔도의

〈그림11〉 김해 도요리에서 본 작원잔도 구간. KTX 기차가 작원관터널에 막 진입하고 있다.

봄철 풍경에 대한 감탄이다. 험난한 지세에 만 명을 당해낼 수 있는 관문을 설치했지만 한 사나이의 판단 착오로 작원관이 무너지고 말았다는 것이다. 한 사나이는 물론 박진(朴晉)이다. 진나라 전란을 피해 무릉도원으로 피난 갔던 사람들이 한나라로 바뀌고 난 뒤 서로 만났다고 하였다. 임란이 끝나고 몇 백 년 뒤에 만난 작원 사람들을 「도화원기」와 연계해 의미를 부여했다. 그렇다면 제3행의 "황금을 품은 바위"나 "날아간 신령한 까치"는 무엇을 뜻하는가. 삼랑진과는 무슨 관계가 있는가.

추남 이장한(1800~1850)의 아래 시에서 단서를 찾을 수 있겠다. 그는 이장윤(1616~1665)의 4남 이만시(李萬蒔)의 5세손으로 밀양 용성리에서 태어나 단장면 범도리에서 세상을 떠났다.**59**

사빈에 솥이 잠긴지 몇 해나 되었나	泗濱沈鼎問何年**60**
괴이한 일이 지금까지 작원에 전해지네	異事于今鵲院傳
뭇 산이 남으로 뻗어내려 푸르름 다하지 않고	衆岫南來青不盡
큰 강물은 동으로 모여 넓음이 끝이 없어라	大江東湊浩無邊
섬 오랑캐의 전쟁 때 찬 티끌 자욱했는데	島夷過劫迷寒燼
바다 상인 돌아오는 배가 저녁연기를 가르네	海賈歸帆割暮煙
이 태평한 시절에 아무 일도 없으니	當此昇平無一事
술잔 들고 흠뻑 취해 즐기노라	且將盃酒樂陶然

—이장한, 「차작원운(次鵲院韻)」, 『추남유고』 권1

이장한(李章漢)은 작원의 과거와 현재를 대비시키고 있다. 전고를 통해 작원에 얽힌 과거를 회상함으로써 시상을 전개한다. 즉 주나라 구정(九鼎)이 진나라 물건이 되기 싫어 사수로 들어갔고, 그 괴이한 일이 지금도 작원에 이야기로 전해진다고 했다. 그가 진정 담고자 했던 뜻은 작원에 내재한 절의(節義)이다. 작원의 강물도 왜적의 손에 들어가길 거부했다. 아픈 역사를 뒤로 젖혀 두고 강가에서 배 타고 오가는 장사꾼의 당시 일상을 담담하게 그리고 있다. 분노와 복수의 정서는 누그러지고 그 대신에 태평한 세월의 여유를 즐기는 화자 모습을 담았다. 전쟁을 치른 지 200여 년이 지난 뒤라 작품의 결이 약간 달라졌다.

위의 시 제2행의 "괴이한 일"은 진시황 고사만으로는 실체가 드러나지 않는다. 삼랑진 작원에서 벌어진 특이한 사건이 있다면, 이만견의 시에서 보았던 황금 바위나 신령한 까치와 관계가 있으리라 일단은 전제해본다. 바로 죽와 권상규(1829~1894)가 신유(1861)년에 지은 아래의 작원 시에서 황금 까치가 등장한다.

병란이 휩쓴 임진년 때	燹刼壬辰秋
황금이 까치로 변해 투신했다지	黃金化鵲投
섬 오랑캐 소유물 되기를 부끄러워했거니	耻成蠻醜物
보배로운 기운이 강 가운데 아름답게 서렸네	寶氣媚中洲

　　　　　　　　　　―권상규, 「유작원(遊鵲院)」, 『죽와집』 권1

권상규(權相奎)는 부북 위양리에서 오곡 권수(1789~1871)의 3남으로 태어났고, 정헌 이종상(李鍾祥)과 성재 허전(許傳)의 문인이다. 위양리에 선조의 유풍이 서린 완재정(宛在亭)을 건립하지 못한 것을 평생 안타깝게 생각했다. 그는 작원 앞의 강 중심에 서린 보기(寶氣)는 황금이 까치로 변해 강으로 투신한 데서 연유한다고 했다. 해당 시의 병서(幷序)에 서술된 사연을 요약하면 이렇다. 삼랑강의 하류 안태동 끝에 만길 푸른 절벽이 물가를 압도하고 있는데, 그곳의 이끼 낀 바위가 보배로운 기운을 한가운데 품고 있다는 것이다. 임진왜란 때 왜적이 그 절벽에 보물이 들어 있는 줄 알고 높은 사다리를 얽어서 석공을 시켜 바위를 쪼아내게 했더니, 과연 한 덩어리 황금이 있어 번쩍번쩍하더니 더러운 종자의 물건이 되는 것을 수치로 여겨 강 속으로

〈그림12〉 1995년 복원한 작원관. 홍예문 위에 한남문(捍南門), 문루 처마에 공운루(拱雲樓)가 보인다.

몸을 던졌다는 일화이다. 안태동 끝 지점은 작원이고, 의인화된 작원의 황금
은 절개이다.

이로써 이장한 시 속의 "괴이한 일"과 이만견 시 속의 "황금을 품은 바위"
와 "신령한 까치"가 지시하는 의미가 분명해졌다. 임란의 역사를 기억하는
사람들이 지어낸 전설이지만 현장의 실물이 설화를 뒷받침하기 때문에 진실
성을 확보한다. 이것은 작원잔도의 장소성으로 절의 정신이 강하게 각인되
는 계기가 되었다.

작원관은 어느 시기에 복원되었고, 문루에는 한남문(捍南門) 편액을 내걸
었다. 작원관과 문루를 제재로 지은 시가 있어 간단히 소개한다.

밀양성 남쪽으로 트이고 큰 강은 돌아나가는데   凝城南坼大江歸

황금 까치는 천 년 전에 가서는 날아오지 않네	金鵲千年去不飛
절벽 비탈길을 돌아드니 산은 그림 같고	層崖路轉山如畫
넓은 들판 구름 개니 풀이 절로 무성하다	曠野雲晴草自肥
어부는 노 놓은 채 자주 술을 시켜 마시고	漁郎放櫓頻呼酒
시인은 바람결에 잠시 의관을 벗어두었다	韻客臨風輒卸衣
인심을 보장하는 건 천연 요새가 아닐진대	人心保障非天險
원래 덕을 알아보는 이가 드물었음을 탄식하노라	歎息由來知德稀

—이두훈, 「작원관(鵲院關)」, 『홍와집』 권1

위 시를 지은 홍와 이두훈(1856~1918)은 한주 이진상에게 수학한 한주 8현의 한 사람으로 경북 고령의 대표적인 근대 유학자이다. 을사늑약 후 배일 언론 투쟁을 벌였고, 국채보상회의에도 참가했으며, 위청척사 사상에 기초를 두면서 서향의 신학문을 수용했다.

음산한 비 내리던 그해 이 관문 설치해	陰雨當年設此門
남쪽 고을의 자물쇠가 지금까지 있구려	南州鎖鑰至今存
만 리로 통하는 강에 교룡은 사라지고	江通萬里蛟龍逝
천 길 높은 바위에 무장이 웅크리고 있네	巖屹千尋虎豹蹲
관문 막는 데 한 장부에게 의지해 지키거니	當關可仗一夫守
퇴락한 성가퀴에는 백 전의 자취가 남았도다	頹堞猶餘百戰痕
땅은 간성을 얻은 이후라야 요해처 될 터인데	地得干城然後險
일어나 동쪽 하늘 보니 바다 해가 서무는구나	起看東天海日昏

—이인재, 「한남문(捍南門)」, 『성와집』 권1

위 시를 지은 성와 이인재(1870~1929)는 경북 고령 출생으로 어릴 적에 홍와 이두훈이 새종질이지만 스승으로 모셔 학문을 배웠다. 이후 곽종석의 제자가 되었으며 위암 장지연(張志淵)과 빈번히 교류하며 근대 유교개혁을 추구했다.

ㄴ. 삼랑창, 후조창

1765년 후조창이 설치되면서 삼랑진의 모습은 일신한다. 관련 창고가 설치되고 후조창을 운영하는 데 종사하는 사람들이 자리를 잡았다. 세미와 대동미를 운반하는 때가 되면 조용하던 마을이 한층 분주해지던 곳이 삼랑진이었다. 조곡 관리와 운송, 상납에 대한 당대 사람들의 인식이 어떠했는지를 문학 작품을 통해 살펴볼 수 있다.

후조창 설치 이전에도 삼랑진에는 세미를 징수해 보관하는 삼랑창과 환곡창고인 사창(社倉)이 있었다. 밀양부사는 세미를 제때 상납하고 관용 곡식을 적절히 확보해야 하는 막중한 임무가 있었다. 삼랑창의 조세 확보와 관련해 송시열의 문인인 수촌 임방(1640~1724)은 아래 작품을 지었다.

슬프다 내 곤궁해 굶주림을 구제하지 못하니	哀我顚連未救飢
나의 죄를 내가 알고 있고말고	距心之罪距心知[61]
외람되이 벼슬 올라 천 석 넘는 지방 장관이나	叨蒙增秩踰千石
근심을 나누는 보답은 조금도 한 게 없구나	報答分憂乏一絲
보리농사 망쳐 마음 상하고 거듭 흉년 들었거니	無麥正傷仍歲儉
조세 독촉한들 봄 기한 맞추기를 어찌 바라리	索租何望趁春期
촉촉이 적시는 단비가 논 갈아 씨 뿌리기 재촉하니	祁祁好雨催耕種
공전에 흡족히 내리고 다시 사전에도 미치기를	願洽公田更及私[62]

—임방, 「재삼랑창해 수춘세 차성진사언주운(在三浪倉廨收春稅次成進士彦周韻)」, 『수촌집』 권5

위 시에서 임방(任埅)은 진사 성언주(成彦周) 시를 차운해 삼랑창에 보관할 춘세(春稅)를 징수하면서 괴로운 심정을 토로하고 있다. 춘세는 한 해의 조세를 2분기로 나누어 낼 때 6월 이전에 내는 세미를 이른다. 그가 1708년 9월부터 1710년 1월까지 밀양부사를 지냈으므로 창작 시기는 1709년 늦봄이다. 임금의 근심을 나누는 게 지방 장관이지만 조세 수납은커녕 기근에 허덕이는 백성들의 처지를 자신의 죄로 여긴다. 거듭되는 실농에 독촉은 소용없는 일이고 오직 단비가 내려 관청 소유나 개인의 논밭에 농사 잘되기를 바랄 뿐이다. 차운시의 대상이 된 성언주는 곽재우의 둘째 사위인 두회암 성이도(1582~1671)의 손자로 중종 때 상남 연금리에 전거했고, 그 후손들이 단장면 안법리에 거주하고 있다.

이렇게 힘들게 징수한 쌀은 삼랑창에 두었다가 남포리 이창나루로 운반하면 여기서 지역 내 세곡을 모두 배에 싣고 임천리 앞의 광탄(廣灘)을 따라 내려와 삼랑강 앞에서 뱃머리를 돌려 하남 명례와 수산, 창녕을 거쳐 충주 가흥창까지 수송했다. 밀양의 수로 운송 임무는 여기까지였다. 임방이 세수 거두는 문제에 초점을 두었다면, 부북 사포 출신의 안명하(1682~1752)는 세미 운반에 중점을 두고 다음의 시를 지었다.

〈그림13〉 심랑리 후포산 정상에서 본 상남면. 강 위쪽으로 가면 하남읍 명례, 수산에 닿는다.

봄을 보내면서 쌀을 싣고 함께 떠난다고	送春兼載米俱去
봄바람 부는 은빛 물결에 돛을 달았네	東風掛帆銀波渚
이고 지고 세곡 실어다 바치느라 분주하고	負戴溢輸租
나루에는 수많은 배들이 이어졌구려	津頭連舳艫
돛대 위에 풍향계를 끼우고	檣烏挾五兩[63]
곧바로 삼랑강 위로 향하거늘	直指三江上
보살 같은 우리 임금님 마음	菩薩我王心
동방에 은혜를 흠뻑 적시소서	東方沛澤霑

—안명하, 「광탄조운(廣灘漕運)」, 『송와집』 권2

　　위 시의 형식은 보살만(菩薩蠻) 곡조이다. 춘세를 상납하기 위해 가난한 사람들이 남부여대로 광탄나루에 갖고 온 쌀을 배에 실은 뒤 삼랑강 위쪽으로 막 출발하는 장면을 묘사하고 있다. 그 험난한 뱃길 운송은 생략한 채 세미가 서울까지 아무 탈 없이 도착해 나라 창고를 채우기를 바랄 뿐이다. 시 속에 임금의 심기와 은택은 있되 백성의 마음이 설 자리는 보이지 않는다. 안명하(安命夏)는 갈암 이현일의 문인으로 정만양, 정규양, 김상정, 김성탁

등과 교유했다. 묘는 삼랑진 율동리 뒷산에 있고, 이곳에 이출재(履怵齋)가 있다. 삼랑진 금호 출신의 외조부 장희적(蔣熙績)의 유문을 수습하고 행장을 지었다.

삼랑진에 후포창이 삼랑창을 대신해 설치되면서 지역의 분위기가 확연히 바뀌었다. 그전까지는 삼랑창은 밀양의 환곡을 수납하고 방출하는 역할을 담당했으나 1766년부터 인근 여섯 고을의 세미(稅米)를 보관 운송하는 경상 좌도의 종합 물류 기지가 됨으로써 전국적으로 비중 있는 조창으로 부상했다. 물론 운용 인력과 보유한 배 규모는 예전과 비교할 바가 아니었다.

부북 사포에서 출생한 신국빈(1724~1799)이 지은 아래 시는 후조창의 설치 과정과 발선(發船) 광경에 대해 노래한 최초의 작품이라 밀양문학사에서 차지하는 위치가 적지 않다.

①삼랑포 삼월에 배 떠날 제	三浪三月發船時
가벼운 동풍에 오량 매단 깃발이 펄럭인다	輕颸東風五兩旗
항구에는 걱정하지 않고 큰 배를 움직일진대	港口不愁移巨艦
해마다 조운 시절에 기약한 듯 비가 내림이라	年年漕雨每如期
②삼랑포 뱃사공은 배를 집으로 삼아	三浪舟子舟爲家
삼랑포 풍랑이 많아도 두려워 않네	不畏三浪風浪多
호수 위의 아이들과 하얀 고니로 장식한 배는	湖上羣兒白鵠舫
오가는 모습이 제비 같더니 다시 북인 듯하네	往來如鷰復如梭
③강을 올라가는 배가 상 내려오는 배를 만나고	上江船遇下江船
고기 장수는 소금 장수와 어께를 맞닿는데	魚賈肩磨塩賈肩
열여덟 척 배에 2만 섬의 곡식을 실었거니	十八船中二萬斛
구슬과 옥 아니니 백성이 하늘로 삼는 것이라네	非珠非玉是民天

④봄이 온 호수의 푸른색은 파란 하늘빛 같고　　　　　　春湖卵色碧如天
　　좋은 날에 향을 사르니 자줏빛 연기가 나는데　　　　吉日燒香生紫煙
　　피리 북소리 하늘에 가득하니 뱃사공은 기뻐하고　　笳鼓滿空舟子喜
　　손장군의 말을 작은 무당이 전하구나　　　　　　　　孫將軍語小巫傳**64**

⑤부사가 친히 와서 각각의 배를 점검하니　　　　　　玉節親臨點各船
　　출납 관리와 담당 아전이 깃발 앞에 엎드리네　　　監官色吏俯旗前
　　홍의와 우립이 도차사원을 향해　　　　　　　　　　朱衣羽笠都差將
　　첫 번째 뱃머리에 아련히 섰노라　　　　　　　　　　第一船頭立渺然

⑥즐거움을 즐기는 누각 머리에 피리 소리 애절하고　樂樂樓頭畫角哀
　　배를 띄워 포를 쏘니 우렛소리가 온 강에 가득한데　放船砲動滿江雷
　　이백 명의 곁꾼이 일제히 닻을 올리자　　　　　　　二百格軍齊擧碇
　　일시에 뱃머리가 동쪽 향해 돌아가네　　　　　　　一時船首向東回

⑦주막집 장사하는 여자는 술기운이 올라　　　　　　壚頭商女酒氛氳
　　어찌나 나그네에게 한 잔 술을 권하던지　　　　　　那爲行人勸一罇
　　비밀스레 부른 호방은 진중하게 가거니와　　　　　暗喚戶房珍重去
　　떠나는 배는 오늘 밤 어느 마을에서 묵을까　　　　征帆今夜宿何村

⑧수량 맞게 싣고 돌아가는 배는 쌍쌍이 큰 섬　　　準載歸船雙大石
　　조운창의 문밖에서 서서 글을 쓰거니　　　　　　　漕倉門外立而書
　　산하 같은 은택은 김명부요　　　　　　　　　　　　河山德澤金明府
　　비변사의 경륜은 조판서였네　　　　　　　　　　　廊廟經綸趙判書

⑨밀양인은 삼랑포 물을 마실지언정　　　　　　　　　密人寧飮三浪水

마산창 아래의 고기는 먹지 않는다 　　　　　　　不食馬山倉下魚

현명한 부사에게 어진 사람 용기 없었다면 　　　不有賢侯仁者勇

산산창은 마산창과 거의 같았으리 　　　　　　蒜山幾與馬山如

—신국빈, 「삼랑발선요 9장(三浪發船謠九章)」, 『태을암집』 권2

　위의 배 떠나는 노래는 1778년 삼랑진 후조창의 체계가 잘 잡혀 조금도 흐트러짐이 없는 모습을 보여준다. 조창이 있는 삼랑포에 2만 섬을 실은 18척의 배가 도열해 있고, 이 배를 200명의 곁꾼이 출발을 알리는 대포 소리와 함께 일제히 닻을 올리고 뱃머리를 수산 방향으로 장엄한

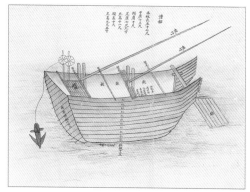

〈그림15〉 조선(漕船)의 모습(『각선도본』, 규장각 소장)

광경이다. 출발에 앞서 밀양부사는 배를 점검하고 아전들은 맡은 임무를 충실히 이행해 조금도 차질이 없게 하였다. 그리고 매년 발선 시기에 맞춰 큰비가 내려 부력을 유지하며, 무당이 무악을 크게 울리며 손장군 사당을 향해 기도하고는 조운선의 무사 귀환할 것이라는 말을 전해주자 모두가 기뻐한다. 배가 떠나자 한껏 매상을 올린 주막집 여자는 더욱 신이 나서 발선의 실무 책임자인 밀양부 호방(戶房)을 붙잡았으나, 그는 미련을 두지 않고 제 갈 길을 갈 뿐이다. 발선에 관여한 모든 종사자가 즐거움 자체를 즐기는 분위기이다.

　이 시를 지은 신국빈(申國賓)은 남다른 추억이 있었다. 그는 1766년 후조창을 건립한 직후 밀양부사 김인대의 초청으로 배를 타고 삼랑강 위에서 풍경을 즐기며 조창 운영에 대한 고민을 함께 나눈 적이 있다. 그리고 12년 뒤 일사불란한 조창을 보고 감회가 새로울 수밖에 없었다. 이에 그는 후조창

설치를 제안한 부사 김인대의 선정과 임금의 허가가 떨어지도록 뒷받침한 판사 조엄의 공덕을 호출해 이 발선요를 지어 뱃사공이 부르도록 했다. 아울러 부사 김인대 비석의 비문에 새겨넣은 7언율시를 12년 뒤에 가져와 삼랑발선요 제9장에 배치함으로써 자신과의 특별한 인연이 후대 세대에게 끊임없이 기억되기를 원했다.

참고로 신국빈은 「웅천교방죽시사」를 지어 운심(雲心), 일명 연아(煙兒)의 검무가 당대 최고라 노래했다.[65] 국빈(國賓) 이름은 1739년 작원잔도를 보수한 밀양부사 임수적의 아들 임정(1694~1750)이 "이 아이는 후일 나라의 빈객이 될 재목이다."라고 하면서 자 사관(士觀)과 함께 지어준 것이다.

신국빈의 시는 후조창의 설치 과정과 그 의미, 조운선의 운영과 발선 장면, 민간의 풍속문화에 대한 정보를 담고 있어서 귀한 자료가 된다. 그리고 백성이 바치는 세미를 "하늘로 삼는 것[民天]"이라 하여 식량이 얼마나 소중한지를 알게 한다. 다만 서울까지의 운송 과정이 없어 조운선 운영의 전반을 살펴보기에는 미흡하다. 부족한 부분은 오한 손기양(孫起陽)의 7세손으로 선산 외가에서 태어나 밀양 교동에서 졸한 만파 손종태(1802~1880)가 지은 아래의 「삼랑발선가」로 보완할 수 있다.

①황지에서 발원한 물이 푸르게 넘실넘실　　　　黃地源發綠溶溶
　영남 땅 가운데로 멀리 천리 길을 내달려　　　千里遙馳大嶺中
　모여 이룬 삼랑강에 수문을 열었더니　　　　　匯作三江開水閘
　서울 앞길 바다로 흘러 들어가네　　　　　　　漢師前路去朝宗

②오우정 앞에 수로가 뻗쳤는데　　　　　　　　五友亭前木道長
　만섬 실은 배들로 돛대가 빼곡하다　　　　　　龍驤萬斛簇帆檣
　향긋한 쌀은 희디희어 밥 때깔 좋거니와　　　香粳皛皛宜餐色
　강가 번화한 곳은 좌도의 조창일세　　　　　　江介繁華左漕倉

③조선 모는 선원 배정해 배마다 차비하고 　　　　　勾排漕卒各裝舟

　유정당 앞에서는 밤새 목청껏 점검한다 　　　　惟正堂前夜唱籌

　시끌벅적 큰 배는 어느 때 출발하려나 　　　　　嘈嘈大舸何時發

　일천 마을 오두막집 근심을 가득 실었네 　　　　滿載千村蔀屋愁

④길게 늘어진 새끼 긴 밧줄로 배 끄나니 　　　　　長索纚纚百丈牽**66**

　응천도호부에서 나온 영운차원이라지 　　　　　凝川都護領差員

　돛대 움직이니 삐걱 소리 베 짜듯 빽빽한데 　　輕檣蕩軋森如織

　천지현황으로 표시한 다섯 고을의 배로다 　　天地玄黃五邑船

⑤봄 제방 따뜻한 바람에 버들꽃 하늘거리고 　　春堤風暖柳花輕

　주막집 여인은 낭군 맞이해 이별가 부르네 　　壚女迎郞唱渭城

　많고 많은 상선이 주렴 밖에 대었는데 　　　　多少商船簾外泊

　큰 강 남쪽 두둑엔 비단 물결 잔잔하네 　　　大江南畔縠紋平

⑥방아 세를 마을마다 사나운 아전 독촉하고 　　春稅村村悍吏催

　보리 이삭 가는데도 뽑아 겨자꽃 피었네 　　　麥芒抽細芥花開

　선저미 가득 찰 때 쌀독은 동이 났거니 　　　船儲恰滿瓶儲罄**67**

　어제는 성남에 가서 송아지를 팔고 왔네 　　昨日城南賣犢來

⑦빨래하는 아낙들 나란히 강가 앉아 　　　　　漂娥聯袂坐江干

　이야기하다기는 올봄의 생계 걱정이네 　　　　話到今春契濶難

　낭군은 새벽밥 먹고 먼 길 서둘러 떠났으니 　郞喫曉飧催遠役

　풍편 따라 어느 날에 안부를 전해줄까 　　　便風何日報平安

⑧꽃장식 얹은머리 무녀는 사뿐사뿐 춤을 추고 　花鬢巫女舞傞傞

배마다 퉁소와 북소리 박자 느리게 노래하네 簫鼓連檣緩節歌
비를 빌고 바람 빌어 신령 말씀 좋거니와 禱雨祈風神語好
강물은 끝이 없고 달빛은 더욱 밝네 水流無限月明多

⑨하늘 멀고 바다 넓어 돛배는 더디 가는데 天長海濶去帆遲
　　비 올 날씨와 바람 근본을 기색 보고 아네 雨候風根覘色知
　　어려서부터 배를 말 타듯 부렸으니 小少使船如使馬
　　격군들 모두 수신과 교감하는 아이라네 格軍皆是浪婆兒**68**

⑩구름 낀 산들 빼곡히 높았다 낮아지고 雲巒森束遞高低
　　바닷가의 마을 마을은 곧 대제이지 沿海村村卽大堤
　　긴 수염 늙은 사공은 사사로이 모은 돈 많아 長髥老篙私槖重**69**
　　바람에 꺾어진 푸른 느릅나무가 좋은 거라네 靑楡風落好東西**70**

⑪배에 꽂은 붉은 깃발 바람을 잔뜩 받아 船揷紅旗恰受風
　　삼차강 뱃길 따라 칠점산으로 통하네 三叉沿路七山通
　　파도 뚫고 홀연히 달빛이 녹아 흐르니 穿波忽得溶溶月
　　먼 포구와 어울려 완연히 그 가운데 있네 極浦冲融宛在中

⑫산성의 뿔피리 소리 밀물 소리에 웅장하니 山譙畫角壯潮聲
　　동남의 도회지는 삼도수군 통제영 都會東南統制營
　　불거진 눈 긴 수염의 늙은 선주는 睅目長髥老船主
　　온갖 물건 사려고 인정을 베푸네 買將物種作人情

⑬맑은 새벽 곧바로 노량 물목에 당도하니 淸晨直抵露梁頭
　　남국의 요새지는 바다 물살이 평온하도다 南國關防海穩流

오랑캐 전란은 백 년 만에 파도에 다 씻겼고 　　　蠻燹百年波潊盡

진주 캐는 노래가 목란주에 들려 오네 　　　採蠙歌送木蘭舟

⑭이진은 길이 곧고 법성포는 그 동쪽이라 　　　梨津路直法城東

　날마다 깃발로 돛대 바람을 살피네 　　　連日旌竿候帆風

　휘장 걷은 강가 아가씨 길손 맞아 취하는데 　　　捲幔江娥邀客醉

　청동 전대 하나에 고운 꽃들이 만발했네 　　　靑銅一橐艶花叢

⑮광활한 평생포는 강진을 마주 보는데 　　　平生浦濶對康津

　바닷가 뭇 산들이 면면마다 새롭구나 　　　海上羣巒面面新

　경계 만나 이름 물으면 뱃길 안내하거니 　　　遇境問名船指路

　도화수 잔물결 일고 섬엔 봄이 한창이로다 　　　桃花細浪島長春

⑯어린진 지나서는 별파정인데 　　　魚鱗鎭過別巴亭

　하늘가에 둥실둥실 푸른 섬들이 떠 있네 　　　天際浮浮島嶼靑

　물 가까운 인가에 비린내가 가득할진대 　　　近水人家腥氣滿

　작은 배 떴다 잠겼다 생선 팔러 다니네 　　　小舠浮沒販鮮行

⑰군산도 나서니 하늘은 바다에 잠겼는데 　　　君山島出海涵空

　강가 주막 깃발이 저녁 바람에 나부끼네 　　　賒酒江帘趁晚風

　구름 가에 푸른 하늘로 외론 새 사라지는네 　　　雲際蒼蒼孤島沒

　뱃사람이 멀리 한라산을 가리키네 　　　舟人遙指漢拏峰

⑱침침한 기분 그지없고 바다는 컴컴한데 　　　巨鬱沈沈海氣冥

　꿈틀대던 온갖 요괴가 다투어 모습 감추네 　　　蜿蜒百怪競藏形

　북소리 세 번 울리자 어룡이 엎드리고 　　　三聲畵皷魚龍伏

여기저기 산들이 머리 숙여 점점이 푸르도다 攢黛低鬟點點青

⑲구름안개 아스라이 영주산을 타 넘더니 雲烟縹緲跨瀛洲
높이 하늘로 치솟아 제승루가 되었구나 騫作干霄制勝樓
모래톱에 배를 대고 물가에 앉아 쉴진대 沙嘴艤船流憩坐71
하늘 가득 매화 비가 향수를 자아내네 滿天梅雨入鄉愁72

⑳쑥빛의 푸른 하늘에 장맛비가 그쳤더니 艾色蒼蒼宿雨晴
강화 도성 너머로는 저물녘 밀물 일어나네 沁都城外晚潮生73
잔잔한 파도 일렁이며 작은 물결 일으키고 微波蕩漾靴紋細74
뿔피리 소리가 낭자한 철마성이로다 畫角咿咿鐵馬城

㉑만 리 성 언저리의 열두 누대가 萬里城頭十二臺
그윽한 구름 병풍 속에 빽빽히 솟아 있네 雲屏窈窕簇相開
꼭대기 오래된 성돌은 그림처럼 파리한데 危巔老石癯如畫
돛대에 걸친 청산이 석양빛에 나타나네 帆掛青山落照來

㉒만고의 물마루는 손돌목이라 萬古水宗孫石項
산 같은 은빛 바다 쳐다보니 원망스러운데 如山銀屋仰看嗟
한순간 긴 바람에도 뱃길은 탈이 없었기에 長風一瞬船無恙
술을 따라 서로 기뻐하며 뱃노래 부르구나 酌酒相懽倚棹歌

㉓뱃노래로 축하하며 물결 장난치는 노래 부르는데 舷歌相賀弄潮郎75
넓은 한강 물결은 은혜로워 바다 파도 일지 않네 漢廣恩波海不揚
내일이면 그대여 모름지기 취해보시게나 明日勸君須盡醉
일제히 와서 정박하니 구강의 창고로다 一齊來泊九江倉76

㉔조정에서 주는 녹봉은 삼남을 기다려야 하고 　　朝家頒祿待三南

　선혜청 낭청은 쌀 품질을 변별하는 관직이라 　　宣惠郎廳米色監

　오늘 해당 관청에 서류를 올렸거니 　　是日該曹登啓箚

　일만 집 경치는 성은의 넉넉한 적심이라 　　萬家烟景聖恩涵

—손종태, 「삼랑발선가(三浪發船歌)」, 『만파집』 권2

전체 24장으로 이루어진 위 시는 조선(漕船)이 삼랑진 후조창을 출발해 경창에 도착해 세미를 납부하기까지 운반의 전 과정을 소재로 삼은 점이 큰 특징이다. 조선 항로를 보면, 김해 대제(⑩) → 김해 삼차강·칠점산(⑪) → 고성 통제영(⑫) → 남해 노량(⑬) → 해남 이진·법성포(⑭) → 해남 평생포(⑮) → 해남 어린진〈어란진〉·진도 별파정〈벽파진〉(⑯) → 군산 군산도(⑰) → 태안 제승루(⑲) → 김포 굴포천(⑳~㉒) → 한강·구강 창고(㉓) → 선혜청(㉔)으로 이어진다.

손종태는 장소마다 그곳과 관련된 인상적 장면을 소개하거나 특별한 느낌을 이입했다. 3월 초순부터 거센 파도를 뚫고 항해한 끝에 강화도 손돌목을 바라보며 뱃머리를 우측으로 돌려 김포 굴포천(현 경인 아라뱃길)에 진입하자 안도의 뱃노래를 부른다. 그리고 물결이 잔잔한 한강의 경창에 정박한 뒤 다음날 선혜청에 세곡 문서를 제출하면서 공식적인 항해 여정은 끝난다. 아울러 임금의 은혜 덕택으로 한양 시내가 풍요롭듯이 6개 고을의 세미 상납도 순조롭게 마무리될 수 있기를 염원한다. 이 소망의 실현이 석 달간 고생한 조운의 최종 목적이었다.

시의 기법이나 내용 측면에서 몇 가지 특징을 더 거론할 수 있다. 우선 태백산 황지에서 발원한 물이 천릿길을 내달려 한곳에 모여 이루어진 것이 삼랑강이라 했다. 이는 경상 좌도의 조창으로서 삼랑창의 입지 특징을 강조하는 의미가 있다. 또 문화적 기억을 대표하는 오우정을 서울로 뻗쳐 있는 수로와 연계해 삼랑진의 장소성을 심화했다. 후조창을 총괄하는 관아 건물

〈그림16〉 후조창이 있었던 삼랑리. 오른쪽으로 돌아가면 작원나루에 이른다.

이름이 유정당(惟正堂)이었고, 조선의 무사 귀향을 바라기 위해 성황사에 비는 행위가 조운 제도가 폐지될 때까지 지속되었음을 알 수 있다.

가난한 농민이 선혜청에 바쳐야 할 세미를 마련하느라 쌀독은 금세 동나 버렸고, 먹을 것이 부족해 아직 익지도 않은 보리 이삭도 빼 보았다. 그렇다고 악독한 아전이 봐줄 리도 없기에 최후의 생계 수단인 송아지까지 팔아야 했던 서민의 서글픈 처지를 사실적으로 묘사했다. 또 격군 일을 하게 된 남편이 새벽밥을 먹고 서둘러 떠난 뒤 홀로 남은 아낙은 생계가 막막할뿐더러 살아서 무사히 돌아올까 하며 걱정이 태산이다. 이는 한두 아낙네만이 아닌 오두막집에 사는 사람들 모두에게 해당하는 것이었다. 손종태는 나라 창고를 채우는 일보다 가련한 서민에 더 애착심을 가졌다. 그래서 항해를 앞둔 큰 배를 보면서 백성의 온갖 근심을 실었다고 표현했다.

위의 시는 후조창의 역할을 이야기하면서도 아전들의 강압적 태도를 고발하는 한편, 생계를 고되게 이어가던 민중의 아픔을 방관하지 않았다는 데 의미가 있다. 손종태와 친밀히 교유한 이제영(1799~1871)은 아전의 횡포 말고도 수납을 담당한 차사원에게도 눈길을 돌렸다.

큰 방죽에 핀 꽃이 술통 짓누르고	大堤花壓酒
봄 물가 물결은 모래를 씻어내네	春渚浪淘沙
옛 애기는 삼랑의 오솔길이요	古話三浪逕
황폐한 터는 오우의 집이로다	荒墟五友家
조선이 천릿길을 떠나니	漕船千里發
풍악 소리가 중천에 비끼는데	簫鼓半空斜
백성의 고혈이 마르는 줄 모르고	不識民膏渴
차관은 기개를 과시하는구나	差官意氣誇

―이제영, 「응주잡시이십수 용노두진주시운(凝州雜詩二十首用老杜秦州詩韻)」〈제3수〉,
『동아집』권1

위 작품은 잡시 10수 중 제3수로 삼랑강(三郞江)을 소재로 지었다. 삼랑강의 장소성을 오우정과 후조창에서 찾았으니, 오우정은 대원군의 서원철폐령에 따라 오우사와 함께 훼철된 상태였다. 시의 핵심은 발선(發船)의 위세와 백성의 비애를 대비한 데 있다. 작품 속의 '차관(差官)'은 차사원(差使員)과 같은 말로, 6개 고을의 세곡을 징수하고 관리하던 밀양부사를 말한다. 부사는 풍악 소리를 거창하게 울리며 떠나는 조선(漕船)을 바라보고는 기일에 맞춰 상납하게 된 것을 득의양양하게 뽐내고 있다. 반면에 백성들은 세곡을 마련하느라 얼마나 많이 고생했던가. 아전도 밀양부사도 착취에는 한통속이었다.

이제영(李濟永)이 서민의 처절한 삶을 외면하는 밀양부사를 고발히고 1871년 1월 1일에 향년 73세로 세상을 떠났다. 제4행의 내용으로 보아 삼강서원은 1871년 훼철된 예림서원보다 더 빨리 없어졌음을 알 수 있다. 이렇게 본다면 시를 지은 시점은 1869년과 1870년 사이로 추정되고, 당시 밀양부사는 1868년 5월 제수받아 1869년 12월까지 재직한 이승신(李承臣)이었다. 전임 부사 유치장(兪致民)은 1866년 12월 말에 도입한 이듬해 2월 조운선을 자세히 검사하여 잘못을 바로잡지 못해 동년 5월 경상 좌도 암행어사 성이호 (成彝鎬)의 탄핵을 받고 파면되었다. 그 사실을 당연히 숙지하고 있던 후임자 이승신은 오직 백성의 재산과 피를 쥐어 짜내 국고를 채우는 데 혈안이 되었을 뿐이다.

이후 남정현(南廷顯)이 부사직을 승계해 1871년 6월까지 재직했고, 뒤이어 부임한 밀양부사가 이철연(李喆淵)이다. 후조창 선주들은 부사가 조창 문제를 우선으로 해결하고 세곡을 원만히 상납한 것을 고맙게 여겨 1872년 3월 영세불망비를 세웠는데, 부사가 부임한 지 불과 7개월이 갓 지났을 때였다. 삼랑리 주민들 또한 동년 9월에 부사가 세금을 줄여주고 불탄 집을 다시 짓는 데 도움을 주었다며 불망비를 건립했다. 그로부터 두 달 뒤 경상 감영에서 이철연이 오래되어 무너진 밀양읍성을 수축하면서 "처신이 욕심이 없었고", 조운을 관리하면서는 으레 주는 3천 냥의 물품을 받지 않고 정식대로 하여 "번거롭게 하지도 않고 성가시게도 하지도 않아서 잔폐한 형국을 소생시켜 나갔다."라고 의정부에 장계를 올렸다.**77** 『고종실록』에도 유사한 내용이 있다.

이철연의 비석이 2기나 있어서가 아니라 국조의 사서와 비문 내용도 합치하므로 그의 선정은 신뢰할 만하다. 문제는 백성의 고혈을 짜낸 밀양부사가 더 많았다는 사실이다. 그렇지 않다면야 후조창에 남아 있는 8기의 선정비에서 적폐 해소를 강조할 까닭이 없고, 손종태와 이제영이 아전이나 부사의 탐학을 작품에 굳이 담을 필요가 없었을 것이다.

다산 정약용(1762~1836)은 공물을 바칠 때나 조운선이 출발할 때 수령이 어떻게 해야 하는지를 아래와 같이 준엄하게 질타했다.

"내지에서 조세를 수송하는 백성들은 지게로 지거나 수레에 싣고, 산을 넘고 계곡을 건너 조창에 도착하면, 사나운 창고 노비와 교활한 아전들이 뱃사공과 결탁하여 말질을 함부로 속이고, 사무를 대행하던 아전의 침해는 더욱 악독하여

可歎也〇若居官日久明知吏校之中有能不欺我者使之徵行無所

不可大抵我苟剛明本廉奸雄今爲能臣吏屬亦可使也

推官取便爲節文書以報上司非古也

古者斷獄行刑不敢飾文書以報上司亦可使也

死經年閱歲老於獄中故同推之法因推期速得情今百度解弛殺人無

旬但修文書以報上司曰明慎用刑而不留獄生之殺之窗即決折豈可淹延

法之本意平易日明慎用刑而不留獄生之殺之窗即決折豈可淹延

如是乎牧爲推官雖不能月三如法一月一往究竅情簡期在亟決可

也〇

清運督發差員赴倉能鉤其雜費禁其橫侵頒聲其載路矣〇

漕倉所在嶺南則昌原有馬山倉晉州有駕山倉泗川有三浪倉湖南

則羅州有榮山倉靈光有法聖倉咸悅有德城倉湖西則牙山有貢稅

倉內地輸租之民擔負筆載踰山越谿以至于倉則豪奴猾吏締交絎

工解量旣濫即侵益毒鞭背蹴雕號哓滿巷乃此差員挾娼聞歌寢如

充耳其可日能盡其職乎宜於往之日先遣慧客潛行倉底探聽民

言有可以抑制奸豪振痼罷者宜即行之〇江漕則忠州有嘉興倉

原州有興元倉每見漕船將發其倉卒津長枉提商船使之護漕奔舵

攘棹旬覇彌日一船之賂動至數百差官於此宜密察而嚴禁之〇

漕船臭載在於吾境其拯劣米晒米宜如敕焚

船敗之地其拯劣米分給大爲民害大抵拯米劣米〇不可以飯不

可以粥不可以醬天下之强硬不惠未有其於是者也水浸

之朥六斗七升五合以劣報

朥即是每石朥者猶多此民之所嗟怨也況船敗牧之遭此厄者宜以恤

年年受敗此地之民終古困於此米豈不惡哉牧之遭此厄者宜以恤

民爲心其不可爲粥飯者悉計爲腐爛唯其可食者署署

分給牧又自捐其俸從便拮据斯其半費使民無怨可也〇又凡敗船

등을 맞고 볼기를 채여서 울부짖는 소리가 거리에 가득한데도 차원(差員)은 기생을 끼고 노래를 들으면서 귀먹은 듯하니 그래도 그 직책을 다한다고 할 수 있겠는가."

—『목민심서』 권3 「봉공」 제5조 〈왕역〉

제3장 현대 문화예술과 삼랑진의 장소성

1. 장소와 문화예술

인간은 장소에 깃들어 살며 장소와 깊은 유대감을 형성한다. 인간과 장소는 끝없이 소통하며 의미화한다. 인간의 출생과 성장, 죽음에 이르는 시간 속에서 삶의 모든 행위와 사건이 구체적인 장소 안에서 일어나기 때문이다. 문학은 장소 경험을 바탕으로 배태된다. 작가는 자신의 체험을 바탕으로 문학적 세계를 구축하는데, 이러한 경험이 작품 속에 온전히 융해되어 새롭고 구체적인 형상을 얻을 때 비로소 좋은 문학이 탄생한다. 장소에 주목하는 것은 문학을 이해하는 핵심기제인 셈이다. 인문지리학자 에드워드 렐프는 특정한 장소가 한 개인에게 고유하고 사적인 곳이라는 느낌을 불러올 때 진정한 장소가 된다고 말한다.[78] 고유하고 사적인 곳이라는 감각은 장소와 맺는 애착과 친밀감이다. 작가는 장소와의 유대와 친밀감을 바탕으로 문학적 형상을 획득하고, 독자는 작가가 공유하고자 하는 보편적 감각으로서의 장소감(sense of place) 또는 장소성(placeness)을 경험하게 되는 것이다. 오늘날 인간 삶에서 고향상실처럼 장소를 잃거나, 주체와 장소가 유대감을 상실하는 일이 잦다. 장소상실은 곧 인간 실존의 정체성 위기와 맞닿아 있다. 따라서 문화예술이 머금고 있는 장소성을 고찰하는 일은 무장소에 포획되어 있는 인간 실존의 위기를 넘어서려는 시도이자 장소에 깃든 삶의 내력과 근원에 대한 탐색이라 할 수 있다.

> 경부선 삼랑진은 교통의 요지이요
> 깐촌과 광나리는 왜적 막던 싸움터라.
> 동해 용왕 다 화해서 미륵과 돌이 되니
> 이름은 만어사요 돌마다 쇠소리라.[79]

삼랑진(三浪津)은 울주 고헌산에서 발원한 밀양강이 경주 산내면과 청도 운문면을 꺾어 돌아 영남루를 거쳐 시내를 가로지르며 낙동강 본류에 몸을 맡기는 지역이다. 창녕 남지, 함안, 수산, 명례를 지나온 물길과 원동, 물금, 김해에서 올라온 물길, 낙동강 지류인 밀양강의 세 물길이 만난다 하여 '삼랑'이라는 이름을 얻었다. 이러한 지리적 특성 때문에 오랜 역사적 전통과 다양한 문화자산을 지니고 있다. 근대 이전에는 후조창(後漕倉)이 있었던 만큼 세곡선이 드나들던 수운의 요충지였다. 그런 까닭에 낙동강변을 따라 일찍부터 나루가 번성했다. 1905년 경전선 삼랑진교가 개통함으로써 나루와 조창은 그 옛날의 번성함을 잃고 말았다. 당시 세곡을 나르던 뱃꾼의 고단함을 달래주던 주막과 낙동장의 왁사지껄한 풍경은 을숙도를 향하여 남류(南流)하는 낙동강만이 알까.

밀양의 각 면을 노래한 「밀양의 노래」에서 삼랑진을 "교통의 요지"라 노래한다. 가야 수로왕의 전설을 품은 만어사와 "돌마다 쇠소리"가 나는 경석(磬石)은 삼랑진의 자랑거리다. "깐촌과 광나리", 즉 밀양상 하류의 광탄(廣灘)나루와 낙동강변의 작원관(鵲院關)은 왜적과의 일전을 불사하던 장소였다.

이처럼 삼랑진은 만어사나 작원관을 비롯한 높은 심상성을 지닌 역사적·

<그림17> 해질녘 뒷기미나루

문화적 내력을 지니고 있는 까닭에 숱한 시인 묵객들의 발길이 끊이지 않았던 지역이다. 나루와 마찬가지로 철로 또한 삼랑진을 의미화하는 주요한 통로였다. 그렇다면 근대 이후 삼랑진이라는 장소의 물리적 외관인 자연경관과 역사문화경관을 어떻게 노래했을까? 뒷기미에서 마주한 저 도도한 낙동강의 물길과 붉디붉은 노을은 삼랑진 지역문학(장소문학)을 살찌우고 숨결을 불어넣은 바탕이 아니었을까.

2. 삼랑진의 장소서정

1) 근대 철도의 개통과 삼랑진

삼랑진은 낙동강을 중심으로 밀양과 양산, 김해의 경계를 이루는 곳이면서 서로 만나는 자리에 위치해 있다. 이러한 지리적 이점으로 고려 고종 당시 작원관을 설치하여 왜적의 침입을 막고 물자와 사람의 출입을 지키도록 했다. 조선 후기 영조 때에는 삼랑창(三浪倉)이라는 조창을 두어 밀양과 현풍, 창녕, 영산, 김해, 양산의 세곡을 운반하는 낙동강 수로 교통의 요충지로서 기능하기도 했다. 1905년 경부선과 경전선이 개통되면서 삼랑진은 근대 철도 교통의 요충지로 자리매김했다. 근대 이전의 삼랑진이 수로를 통한 교통의 핵심지역이었다면, 근대 이후에는 서울과 호남지역을 잇는 이동의 중심지가 된 것이다. 철도가 근대로의 이행을 의미하는 상징한다고 볼 때, 삼랑진은 철도를 통해 다른 지역보다 근대와 밀도 높게 결부되어 있었던 것이다. 삼랑진을 통해 오고가는 숱한 사람들과 셀 수 없는 물자는 근대 초기 삼랑진의 번영과 융성을 이끌기에 충분했다.

철도 개통으로 삼랑진은 철도를 이용하는 모든 이들이 거치지 않을 수 없는 장소가 되었다. 이러한 철도 노선을 따라 국토 전체를 조망하는 근대 기행문학이 등장하기 시

〈그림18〉〈경부철도가〉 노래비(밀양역 구내 선로 옆)

작했다. 근대 기행문학의 대표적 성과인 최남선의 「경부텰도노래」와 『동아일보』에 실린 권덕규의 「시조기행」을 통해 삼랑진의 장소성을 살펴보자.

四四,
성현턴넬(省峴壁道) 쌔뎌서, 유턴(楡川) 다다라
룡각산(龍角山)을 등디고, 밀양(密陽) 이르니
댱신동(場信洞)의 기와딥, 딜비한 것은
시골톤에 희한한, 경광이러라

四五,
밀양군(密陽郡)은 령남(嶺南)의, 두서넛지니

예년에는 도호부, 두엇던 데라
상업상(商業上)의 됴고만, 듕심(中心)이 되야
상고(商賈)들의 래왕이, 쓰니디 안네

四六,
객관 동편 령남루(客館東便嶺南樓), 됴혼 경개는
노난 사람 딥행이, 멸노 멈튜고
만어산(萬魚山)에 나난 돌, 쇠북과 갓티
두다리면 징징(錚錚)히, 소리 난다데

四七,
그 다음에 잇난 녁(驛), 삼랑딘(三狼津)이니
마산포(馬山浦)로 갈니난, 분기뎜(分岐點)이라
예서부터 마산(馬山)이, 백리(百里) 동안에
여섯 군대 뎡거댱(停車場), 디나간다네

四八,
댝원관(鵲院關)을 탸디며, 락동강(洛東江) 씌고
원동녁(院洞驛)을 디나서, 물금(勿禁)에 오니
머디 안은 림경대(臨鏡臺), 눈압혜 잇서
텬하대댜 고운(天下才子孤雲)을, 생각하도다

—최남선, 「경부텰도노래」 가운데서80

「경부텰도노래」는 어린 학생들을 위해 지은 총 67연의 창가로, 남대문에
서부터 부산에 이르는 경부선철도를 따라 만나게 되는 국토의 남쪽 풍광을
노래하고 있다. 이 작품에서 삼랑진을 다루고 있는 연은 44연에서 48연까지

〈그림19〉 최남선, 『경부텰도노래』(신문관) 표지 　〈그림20〉 최남선, 『경부텰도노래』, 23쪽

다섯 연이다. 융희(隆熙) 2년인 1908년 신문관(新文舘)에서 펴낸 『경부텰도노래』를 살펴보면, 창가 가사와 함께 각 명승지의 사진과 필자의 주석을 부기하고 있는데, 밀양의 명승지로 영남루의 사진을 제시하고 있다.

밀양이 옛 도호부로, "상고(商賈)" 즉 상인들의 내왕이 끊이지 않은 "상업상의 조고만 중심"지로 묘사하는 한편, 영남루와 만어산의 경석, 삼랑진, 작원관의 장소성을 노래하고 있다. 아름다운 풍광으로 지나는 이의 발걸음을 멈추게 만드는 풍류 공간인 영남루와 돌을 두드리면 쇠북과 같이 쟁쟁 소리가 난다는 설화를 품은 만어산의 모습을 형상화함으로씨 밀양의 유서 깊은 역사경관과 신비한 자연경관을 부각하고 있다. 삼랑진은 철도기 "마산포로 갈리는 분기점"인 동시에 양산 원동으로 향하는 낙동강변의 작원관을 품은 장소다.

　洛東江 나리는 물이

密陽으로 돌아드니

北에서 凝川이 들고

金海의 磊津이 온다

세 갈래 모인 목이라

三浪津이라 하드라

(金海三浪, 密陽三浪이 잇슴)

—권덕규, 「시조기행 2—三浪津」 가운데서[81]

　한별 권덕규(權悳奎)는 기행시조에서 삼랑진의 유래를 말하고 있다. 권덕규는 주시경의 제자로, 한글 연구와 보급, 조선어사전 편찬에 평생을 투신했던 한글학자다. 1931년부터 1934년까지 『동아일보』와 조선어학회 주최로 전국적인 조선어강습회가 열렸는데, 이때 권덕규는 진주와 통영, 마산, 부산, 밀양 지역의 조선어 강사로 활동하였다.[82] 이러한 경험을 바탕으로 기행시조를 창작한 것으로 보인다.

　인용시에서는 '세 갈래' 물길이 '모인 목'이라는 삼랑진의 지명 유래와 장소성을 부각한다. 서쪽에서 "密陽으로 돌아"든 낙동강 상류의 물길과 북쪽에서 '凝川', 즉 밀양강이 흘러들고, 남쪽 김해의 물길이 와서 만나는 곳이 바로 삼랑진이다. 구체적인 지명을 차용함으로써 삼랑진의 지역적 구체성과 역사성을 확보하고 있다.[83] 아울러 이 시조는 "洛東江 나리는", "돌아드니", "凝川이 들고", "磊津이 온다"와 같은 역동적인 이동 동사(移動動詞)의 활용을 잘 보여주고 있다. 이는 "세 갈래 모인 목"으로서의 삼랑진이라는 공간이 지닌 역동성과 생명력을 강조하는 역할을 한다.

2) 낙동강의 생명성과 삶의 애환

　삼랑진은 세 물길이 모여 하나를 이루는 장소다. 그렇기에 밀양강이 지니

는 의미에 주목하지 않을 수 없다. 오규원은 밀양강이 품고 있는 밀양의
내력에 각별한 눈길을 주었다.

내가 스스로 깨달을 때까지
어른들은 아무도
말해 주지 않았다.
밀양강에 대해서는.

삼복더위에도 얼음이 언다는
얼음골,
나라에 큰일이 생겼을 때
땀을 흘린다는
사명당 비석,
나라에 기쁜 일이 생겼을 때
나타난다는 태극나비,
동해에서 만 마리의 고기가 날아와
절을 이루었다는 만어사의
자라는 바위,
이 풀 길 없는 여러 가지 밀양의 이야기는
들려주었어도

아무도 말해 주지 않았다.
말없이 흐르는
밀양강에 대해서는.
영남루에 올라가 보아도
거울같이 잔잔한 밀양강은

말이 없었다.
내려가서 강가에 앉아도
흐르기만, 조용히 흐르기만 했다.

어른이 된 후에야
나는 알 수 있었다.
밀양강이 무엇을 하는지.
밀양강은 밀양이 시키는 대로
들을 돌며
벼 이삭을 골라 익히고.
과수원에 가서는
사과와 복숭아에까지 찾아가
물을 가만가만 올려 주고 있었다.

흐르면서
밀양의 잉어, 붕어, 뱀장어
끼리끼리 살찌게 하고,
밀양의 조약돌을
반짝반짝 윤이 나게 하고,
밀양의 모래알을
금빛으로 닦고.

영남루 밑에 와서는
사명대사와 아랑낭자에게
잠깐 고개 숙이고
산기슭에 가서는

밀양의 나룻배를 가만히 띄웠다.

그리고 나는 보았다.

잠 아니 오는 밤에
사명당 비각을 돌아서
내가 강가에 다다랐을 때
낙동강과 만나려고
밤에도
밤에도
흐르는 밀양강을.

―오규원, 「밀양강―고향 이야기」 전문**84**

오규원은 1941년 밀양 삼랑진읍 용전리에서 오인호의 막내아들로 나서 유년 시절을 보냈다. 그의 집은 정미소와 과수원을 운영했는데, 비교적 유복한 가정에서 성장했던 오규원은 삼랑진초등학교를 졸업하고 부산으로 유학해 부산중학교와 부산사범학교를 거쳐 뒷날 교직에 몸담았다. 이후 동아대 법학과 야간을 수학하였으며, 시 창작을 이어가던 중 1965년 『현대문학』에 김현승의 초회 추천을 받고 1968년 추천 완료되어 문단에 들어섰다. 유고시집 『두두』(문학과지성사, 2008)에 이르기까지 10권에 달하는 시집을 남겼음에도 그의 시적 연대기에서 고향을 다룬 시편은 쉬이 찾아보기 어렵다. 그런 점에서 고향사랑을 노래한 「밀양강」은 눈여겨볼 작품이다.

인용·시에서 반복되는 구절은 "아무도 말해 주지 않았다"이다. 시의 화자가 어린 시절 밀양에 대해 들은 이야기라고는 2연에 나오는 얼음골과 사명당 비석, 태극나비, 만어사의 바위에 얽힌 "풀 길 없는 여러 가지" 신화적인 이야기뿐이다. 신비한 설화들 뒤로 말없이 잔잔히 흐르는 밀양강의 진실을

깨달은 것은 어른이 된 후의 일이라 고백한다. 어른이 된 화자의 눈에 비친
밀양강은 벼 이삭을 여물게 하고, 과수원의 사과와 복숭아에게 물을 주고,
밀양강의 잉어와 붕어, 뱀장어를 살찌우며, 조약돌들을 반짝이게 하고 모래
알들을 금빛으로 빛나게 만드는 바탕이었다. 밀양땅의 자연 만물을 굽어살
피며 돌보는 생명의 원천이 바로 밀양강이었던 것이다. 마지막 연의 "낙동강
과 만나려고/ 밤에도/ 밤에도/ 흐르는 밀양강"이라는 진술은 아무도 보지
않는 밤에도 물길을 이끌고 낙동강과 만나 바다를 향해 묵묵히 나아가는
밀양강의 우직함과 성실함을 드러내고 있다.

　　고향 삼랑진의 풍경을 전경화한 또 다른 시인으로 엄국현을 들 수 있다.
엄국현은 1952년 삼랑진 송지에서 태어났다. 그의 집은 과수원을 경영했는
데, 동래고등학교와 경북대학교 국문학과에서 수학한 뒤 고향으로 돌아와
포도밭을 직접 가꾸기도 하였다. 이후 부산대 대학원 국문과에 진학했으며,
1980년 『열린시』 동인으로 시창작을 이어갔다. 포도 재배는 그의 작품세계
에서 주요한 자리를 차지하고 있으며, 그곳에서 교감한 자연은 시적 사유의
원천이었다.

　　　포도밭 한 그루 돌감나무
　　　키만 삐쭉
　　　열매는 맺을 줄도 모른다.
　　　포도 딸 때쯤이면

산새들이 찾아와 둥지를 틀었다.
탱자 울타리 치는 오늘 아침에도
겨울까치 찾아왔다.
꼭대기 마른 가지에 앉아
눈 돌리며 요리조리
꼬리 치키면
돌감나무는 管制塔
포도밭은 삼랑진 새실飛行場.

지난날의 아픔들이
살아가는 나날의 기쁨이 된다면
여기서 그곳은 얼마나 멀까?
까치야 까치야
겨울까치야
너도 그곳까지 날아가고 싶으냐?
저녁 무렵
앞산 뒷산 길 떠날 때도
돌감나무는 아무 말이 없다.
나도 암말 않고 참고 지내다 보면
못난 마음에도 새들을 모으거나
떠나보낼 때가 올지도 모르는 일이다.

—엄국현, 「돌감나무」 전문**85**

이 작품의 시적 대상은 포도밭에 자라난 한 그루 돌감나무다. 그러나 토양
의 모든 영양을 포도나무가 앗아가서인지 이 나무에는 열매가 맺히지 않는
다. 포도가 풍성히 맺혀 수확할 계절이 오면 돌감나무에는 돌감 대신에 산새

들이 찾아와 풍성한 둥지를 튼다. 돌감나무는 자신을 산새들의 보금자리로 내어주는 것이다. 산새들은 돌감나무의 넓은 그늘에서 언제고 찾아와 머물 수 있으며, 저녁이 되면 먼 산을 향해 다시 날아가기도 한다. 그렇기에 돌감나무는 새들의 들고남을 바라보는 우직한 관제탑으로, 포도밭은 삼랑진의 새실비행장으로 표현된다. "지난날의 아픔들"을 잊지 못하는 상황에 놓인 화자는 넓고 자애로운 품을 가진 돌감나무를 바라보며, 자신 또한 과거의 아픔들을 "살아가는 나날의 기쁨"으로 변환시켜 돌감나무와 같은 넓은 마음자리를 갖기를 소망한다. 이처럼 시인에게 고향 삼랑진의 풍경과 자연은 삶을 성찰하고 위로하는 계기로 작용하는 것이다.

한편, 어린이문학가 김사림은 삼랑진 송지에서의 추억을 회상하는 연작시 「송짓골 우화」를 통해 삼랑진의 장소성을 아름답게 노래한 바 있다.

①진달래 붉게 타는 萬魚山,
　半島江山에서 제일 먼저 봄 오는 곳.
　그 萬魚山 어귀에
　百號쯤 내 川字로 앉아 있는 동리,
　그곳이 내 故鄕 송짓골이네.

　한 채 두 채 집이 들어서던
　먼 먼 옛적부터
　고향을 지키는 그 소나무들처럼
　四季靑靑히 살라고, 내 어릴 적 일러주던
　할아버지 말씀이 귓가에 맴도네.

　그 말씀 오늘은
　내 아버지가 어린 것들에게

들려주고 계시네.

그 말씀 먹고
한 그루의 소나무로 자라는
내 어린 것들.

—김사림, 「소나무—송짓골 우화(1)」 전문86

②해마다 여름 내내
　박꽃이 지붕을 타고 놀다가
　이맘때쯤이면 주렁주렁 열리던
　보름달만한 박들.

　꽹과리 징을 두들대며
　豊年이 왔다고 흥청거리던 동네,
　그런 곳을 故鄕으로 둔 사람들은
　이맘때면 가슴을 앓는다.

　할머니는 가마 타고
　할아버지는 나귀 타고
　시집 장가 들던 時節
　소나무 그늘로 쉬엄쉬엄 갔다는
　소나무가 많아서
　청솔 그늘이 푸르러서 송짓골이라는
　그런 곳을 그리워하는 사람들이
　내 수위에는 많다.

푸른 물줄기 洛東江이

송짓골을 지키고

洞口 밖 아름드리 느티나무가

마을을 지키듯

내 아버지의 아버지의 아버지 쩍부터

뿌리내려 사는

慶州金씨 우리집.

푸른 잎이 노랗게 되는 銀杏처럼

노랗게 찌들은 얼굴을 하고

都心地에서 살아가는

내 周邊의 사람들.

푸른 하늘과 푸른 강물

푸른 소나무와 청솔 푸른 바람

그것들이 함께 모여 있는

송짓골 같은 고향을 품고 있는 나처럼

그런 고향을 가진 사람들은

豊年歌 울리는 이 무렵이면

함께 가슴을 앓는다.

—김사림, 「가을—송짓골 우화(6)」 전문[87]

봄이면 붉은 진달래를 피워 한반도에서 가장 먼저 봄을 맞이하는 만어산 자락에 자리한 삼랑진 송지는 푸른 소나무가 절경을 이루는 곳이다. 1939년 일본 오사카에서 태어난 시인 김사림은 다섯 살 무렵이던 1944년 귀국해 삼랑진에서 유년기와 청소년기를 보냈다. 시집 『송짓골 우화』를 통해 고향

송지의 장소와 자연, 기억을
그려냈다.

인용시 ①은 「송짓골 우화」
연작시의 가장 첫머리에 놓
이는 「소나무」다. 소나무는
송짓골의 상징이다. 송지의
푸른 소나무는 그곳에 터를

〈그림22〉 삼랑진역 앞 송지리 거리

내리고 사는 사람들에게 "四季靑靑히" 변치 않는 마음가짐으로 정직한 삶을
살아가라는 태도와 정신을 일깨워 준다. 반면, 「가을」은 송지의 가을풍경에
대한 회상을 담고 있다. 고향마을의 가을은 지붕 위로 풍성히 열린 "보름달
만한 박들", "꽹과리 징을 두들대며" 부르는 풍년가, 푸르른 "청솔 그늘",
"푸른 물줄기 낙동강", "동구 밖 아름드리 느티나무"로 표상된다. 송지 앞을
지나는 낙동강의 물줄기와 소나무가 이루는 그늘은 푸르른 싱그러움과 청량
함의 심상을 갖는다. 이에 비할 때 도심에 사는 이들은 은행과 같이 "노랗게
찌들은 얼굴"을 하며, 푸르른 고향 송지의 심상과 극심한 대조를 이룬다.
김사림은 송지의 "푸른 하늘과 푸른 강물/ 푸른 소나무와 청솔 푸른 바람"을
통해 삼랑진을 무한한 생명력의 공간으로 형상화하고 있는 것이다.

이렇듯 삼랑진에서 나고 자란 오규원과 엄국현, 김사림은 고향 삼랑진을
현실과 대비되는 영원한 푸르름의 공간이자 생명의 원천으로 그렸다. 그렇
기에 고향은 각박한 현실에서 숱한 시련을 이겨낼 수 있도록 하는 원동력인
동시에 회귀를 꿈꾸게 하는 그리움의 공간이다. 그러나 삼랑진은 풍요와
생성의 낭만적 공간으로만 재단할 수 없다. 삼랑진에 터를 박고 살았던 민중
들의 삶이 그 토양과 물길에 아로새겨져 있기 때문이다.

①잃어버린 보금자릴 찾아 참새떼들이 후루룩후루룩 날으는 황토물 위에는
소용돌이가 흐를 뿐,

참아 네 罪와 겨눌 수 없는 무심한 하늘의 푸름을 가리어 강변에 漂着한 얼굴들에는 江물도, 하늘두, 내 땅도 네 땅도 아무런 表情도 없이 실오락지만큼 붙어온 가슴의 脈을 조아릴 뿐, 그것은 人間을 모양한 彫塑

씨를 뿌리면 으레 가을을 기다리는 어쩔 수 없는 本能마저 잃어야 사는 生理가어찌 눈앞에 이 洪水를 對하는 겨레뿐이랴마는—
이것은 濁流에다 다시 끼얹은 濁流!

될대로 돼라, 그 비슷한 바다 건너 俗된 流行歌 한 구절도 모르는 善良하디오히려 저 포풀라처럼 無力한 人間들로부터 너는
마을을, 家族을, 그래도 財貨라 일컬으야 할 나부랭이들을 속속들이 털어내고
아아, 빙그레 웃는 모습이렸다. 무수한 소용돌이들,

江 七百里
蜀路 九百里

허리까지 잠기운 채 비틀비틀 물구뎅이 속에선 저 전신柱들처럼 酩酊할 수도없는 목숨, 목숨이길레,

물이 슬면—
참새떼들처럼 후루락 후루락 가야만 하는구나.
—이종기, 「濁流의 벌판—三浪津을 지나면서」 전문**88**

②洛東江 下流
손바닥만한 송짓골 벌판
먼먼 옛날부터 숱한 傳說을 안은

송짓골 삶의 터전.

그 삶의 터전을
해마다 여름이면
물난리 허우적거던
내 어릴적
겪던 紅疫.

둑이 터질 때마다
사람들은 힘을 모아
둑을 새로 쌓아 올렸지만
번번히 물의 힘을 이기지 못했네.

물에 휩쓸려
모래더미에 묻혀버리던
그 송짓골 사람들의
삶의 터전.

代代로 물의 橫暴에 밀리기만 하다가
이제야 겨우 그걸 克服하고
일어선 사람들.

그 물의 난리는 결국 송짓골 사람들의
삶의 意志를 굳혀 놓았네.

오랜 歲月 아픔을 다독거려 쌓은

든든한 둑처럼

끈기로 다져진

송짓골의 삶의 터전.

모래더미 洛東江 下流를 딛고

송짓골을 떠나지 않은

그 옛 내 젖줄의 고장.

—김사림, 「삶의 터전—송짓골 우화(14)」 전문89

　이종기의 「탁류의 벌판」과 김사림의 「삶의 터전」은 낙동강의 범람으로 삶의 터전을 위협받았던 삼랑진 민중들의 삶의 애환을 포착하고 있는 시편이다. 삼랑진은 낙동강 하류 연안이라 비옥한 토양을 품고 있지만, 여름철 장마로 잦은 수해를 겪어야 했던 지역이다. 흔히 민중을 흙두더지에 비유하곤 하는데, 힘없고 가난했던 민중이 흙에 터를 박고 흙을 삶의 원천으로 삼았기 때문이다. 그런 까닭에 낙동강의 범람에 따른 농지와 농산물의 소실은 죽음만큼이나 비참한 일이었다.

　인용시 ①에서 "씨를 뿌리면 으레 가을을 기다리는 어쩔 수 없는 本能마저 잃어야 사는 生理"라는 구절은 민중들의 삶이 얼마나 각박했는지를 그대로 증언한다. 논과 밭에 씨를 뿌리고 가을이면 풍성한 소출을 기대하는 것은 농부의 당연한 마음가짐이며 본능이다. 그렇기에 가난하고 각박한 생활에 더해진 강물의 범람을 "濁流에다 다시 끼얹은 濁流"로 인식한다. 화자는 삼랑진 민중들을 "俗된 流行歌 한 구절도 모르는 善良하디 오히려 저 포풀라처럼 無力한 人間들"이라 규정한다. 따라서 선량하고 무력한 민중의 삶의 터전을 깡그리 빼앗는 "무수한 소용돌이들"은 화자의 눈에 "빙그레 웃는 모습"처럼 섬뜩하게 비치고 있다.

　대자연의 횡포 앞에서 무기력하게 무너지는 민중들을 향한 한없는 애환이

①의 주조를 이룬다면, 인용시 ②는 그러한 "물난리"의 극복의지와 양상을 잘 보여준다. ② 역시 해마다 일던 홍수를 전염병인 "홍역"에까지 견주고 있다. 강물의 범람을 막고자 둑을 쌓아 올려 봤지만, 늘 자연의 위력 앞에 좌절할 따름이었다. 그러나 화자는 그러한 자연의 횡포가 민중의 의지를 더욱 굳혔다고 말한다. 실패를 거듭하더라도 다시금 도전함으로써 물길의 범람을 극복하고, "오랜 歲月(세월) 아픔을 다독거려 쌓은/ 든든한 둑처럼/ 끈기로 다져진/ 송짓골의 삶의 터전"을 세울 수 있었다고 진술하며, 자신의 땅을 지켜내는 삼랑진 민중의 굴하지 않는 의지를 노래한다.

낙동강을 따라 자리한 작원(鵲院)과 뒷기미 역시 주목할 필요가 있다. 작원과 작원관 역시 오랜 설화를 품은 장소다. 삼랑진읍 검세리에 자리한 작원관은 예로부터 문경의 조령관과 함께 동래에서 한양으로 이르는 길목을 지키는 주요한 관문이었다. 까치마을 혹은 깐촌, 깐촌골로 불리는 작원이라는 지명의 유래와 관련해서는 『밀양지』에 다음과 같이 기록되어 있다.

때는 김해 수로왕 시절이었다. 수로왕은 자시산에 큰 절을 창건하여 그 낙성식에 참석하러 자시산으로 행차를 하였다. 왕의 행차가 낙동강에 이르렀는데 수많은 새떼가 날아와 지저귀는 것이었다. 왕이 저 새가 무슨 새인가 하고 좌우에 물으니, 좌우의 한 사람이 까치라는 새로서 자고로 길조라고 전해온다고 아뢰었다. 왕이 다시 그곳 지명을 물으니 그곳은 아직 이름이 없다는 대답이었다. 그래서 수로왕은 그곳을 까치두들(지금의 鵲院)이라 부르도록 명을 내렸다.[90]

여기서 자시산은 만어산을 뜻하며, 자시산에 창건한 "큰 절"은 만어사를 가리킨다. 위의 설화에서도 알 수 있듯이 작원관은 가락국의 수로왕과 깊은 관련을 맺고 있다. 길조인 까치떼기 모여 만어사로 향하는 수로왕의 행차를 환영했다는 점에서 작원은 수로왕의 위용과 불법의 영험함을 모두 품은 곳이라 하겠다. 이곳 작원에 전해져 내려오는 또 다른 설화로 중다리와 처자다리에 관한 이야기가 있다. 중다리와 처자다리는 작원관 입구 낙동강변 행곡리에서 낙동강으로 향하는 개울에 놓인 한 쌍의 아치형 다리다. 이들 다리의 건립에는 깐촌에 사는 한 여인에 대한 승려의 사랑과 두 사람의 안타까운 죽음이라는 서사가 얽혀 있다.[91]

바람을 등에 진 불혹의 탁발승은
시주의 길을 떠나 까치마을을 지나다
홀어미 모시고 사는 외동딸에 마음 홀려
파계를 무릅쓰고 거듭하여 청혼하자
처녀가 제안하길
낙동강 흘러드는 마을 앞 개울에다
돌다리를 놓아 보아
스님이 먼저 놓으면
처녀는 고분고분 시집을 가고
처녀가 먼저 놓으면
스님은 다시는 나타나지 않기로 약속하고는
모일 모시에 둘은
연분이 걸린 운명의 노동이 시작되어라.
섬섬옥수 아가씨는
앞가슴이 드러나는 줄도 모르고
건장한 비구는
이마의 땀을 훔칠 겨를도 없이
원근의 돌을 모아
아치형 돌다리가 가지런히
먼저 놓은 아가씨가
석양의 강가에서 손을 씻고

좌절한 비구는

절벽에 몸을 던져 물 속으로 잠입하자

이를 애련히 여긴 아가씨도 연이어 몸을 던지니

비련의 다리만 남아

처자교, 승교라 불리운다.

—주오돈, 「쌍다리 전설」 전문92

『밀양문학』의 창간호에 실린 주오돈의 「쌍다리 전설」은 처자다리와 중다리에 얽힌 설화를 충실하게 그려 보인다. 시주 길에 오른 불혹의 탁발승과 홀어머니를 모시는 처녀의 사랑은 결코 이룰 수 없다. 그러나 승려의 사랑은 불자의 길을 벗어던질 만큼 가볍지 않다. 승려의 거듭된 청혼에 처녀는 마을 앞 개울에 누가 먼저 다리를 놓는가에 따라 서로의 운명을 결정짓는 "연분이 걸린 운명"의 내기를 제안한다. 처녀가 먼저 다리를 놓을 경우 승려는 구애를 멈추고, 승려가 먼저 다리를 완성하면 처녀가 청혼을 받아들이기로 한다. 혼신의 힘을 다한 내기에서 승리를 거둔 이는 처녀였다. 좌절한 승려는 낙동강 강물에 몸을 던지고, 이를 슬피 여긴 처녀 역시 강물에 몸을 던진다. 쌍다리에 얽힌 설화에서 주목할 점은 비단 처녀와 승려의 이루지 못한 비련의 사랑뿐만이 아니다. 이승에서 이루지 못할 사랑이기에 강물에 몸을 던졌지만, 그들의 사랑은 쌍다리로 남아 강을 건너는 이들의 삶을 윤택하게 만들었다. 그렇기에 처자다리와 중다리는 불도를 어긴 데 대한 업을 씻는 자기 헌신의 결과라고도 하겠다.

뒷기미나루를 배경으로 한 장유리의 작품을 살펴보자.

낙동강 뒷기미에 서면

세 줄기 강물이 만나는 게 보이네.

평화란 저렇게 말 없는 속에서

손을 잡는 거.

이곳에 오면 강물이 된다.

세상에 태어났으니 버텨야 한다고

꼿꼿이 세우던 목뼈도

느긋이 풀고

구구한 변명으로 피곤한 입도

휘파람새에게 맡기고

가난에 비굴해지지 않을 용기가

가물거리더라도

강 위에 작은 집 하나 짓고

칼 같은 시가 찾아오지 않더라도

유행가 몇 구절 흥얼거리며

미워하지 말자고

미워하지 말자고

돌멩이 하나 발로 툭 차서 던지고

돌덩이도 깨지 않고 녹이는

강물 앞에서

빨리 가자고 서두르는 이 없고

너무 늦다고 미는 놈 없는

한 몸의 저 강물 앞에서

—장유리, 「뒷기미 3」 전문[93]

인용시에서 화자는 뒷기미에 서서 삼랑진의 물길을 바라보고 있다. 세 물길이 만나 하나가 되는 모습을 보며, "평화란 저렇게 말 없는 속에서/

손을 잡는 거"라는 사실을 깨닫는다. 강물 앞에 서면 화자 역시 강물과 같은 평화를 느낀다. 자만과 자기변명, 비굴함, 미움을 모두 강물 앞에 내려놓고, "빨리 가자고 서두르는 이 없고/ 너무 늦다고 미는 놈 없는" 평화의 마음씀씀이를 배우는 것이다. 삼랑진이라는 장소가 갖는 의미는 이러한 어우러짐에 있다. 세 줄기 서로 다른 물길이 어우러져 하나의 물길을 이루고 강물이 흘러 밀양의 토양과 그곳에 깃든 모든 생명을 살찌우며, 만어산 돌무더기가 몸 비비며 살아가듯이 연대와 포용을 통해 만드는 평화가 삼랑진이 지닌 가장 빛나는 가치다.

3) 만어산과 만어사의 심상지리

삼랑진을 노래한 장소들 가운데 가장 지배적인 장소는 만어산과 만어사다. 만어사는 『삼국유사』에서부터 절의 건립을 둘러싼 신비롭고 영험한 전설과 내력을 품고 있는 까닭에 시적 영감의 주요한 원천이다. 범어사의 말사로서 만어사가 품고 있는 불력(佛力)과 그 앞으로 내리뻗은 너덜겅, 이른바 만어사 어산불영의 망망한 지세가 신비한 전설과 어우러짐으로써 시적 형상화를 추동했을 것이다. 만어산과 만어사가 들앉은 다수의 시편 가운데 몇몇을 살펴보자.

①伽倻國 金首露王 때에 그리워할 줄을 알던 사람들은
　제 그리운 사람이 세상을 뜬 뒤에도
　江 우에서 山으로 밀려오는 구름 속에
　제 그리운 사람의 노랫소리를 듣고 있었다.
　가까이서는 그림자를 못 봤지만,
　멀리멀리 멀어져 가 있을수록
　저승에서 오는 그 그림자도 아주 잘 보고,

또 그걸 자알 만져 보고도 있었다.

그리고 또

바윗돌이 거울이 되게도 해서

거기 어려 오는

죽고도 산 사람의 얼굴을 보았고,

그 바위를 두들겨서는

그 속에서 울려 오는 金 같고 玉 같은

몸포 없는 그리운 이의 목청 흔적을 더듬었다.

그래서 그 느낌으로 七寶를 만들어서

머리에도 손가락에도 끼우고도 지냈었다.

하느님이시여!

—서정주, 「伽倻國 金首露王 때」 전문**94**

②멀리서 보면 나타내 보이어라

　가까이 다가갈수록 보이지 않아라

　밟으면 金과 玉의 소리를 내는 이 돌들은 모두 옛 동쪽 바다의 魚龍들이어라

　가까운 강가에서 일어나기 시작한 구름은

　산마루에 이르도록 音律을 갖추어라

　돌 틈에서 솟아오르는 물은 늘 넉넉하여라

　이만하면 부처가 아니라도 사람이 살 만한 곳 아니랴.

—박제천, 「魚山」 전문**95**

『삼국유사』에는 만어산의 독룡(毒龍)과 사람들을 잡아먹는 다섯 나찰녀(羅刹女)에 대한 설화가 전한다. 독룡과 나찰녀로 인근지역의 백성들이 큰 어려움을 겪자 가야국 수로왕이 부처께 설법을 청하여 나찰녀들이 불법의 오계를 받게 하였으며, 이에 감화한 동해의 용과 물고기들이 만어산의 돌무더기

〈그림23〉 만어사 너덜겅

를 이루었다는 것이다. 한편, 만어산에는 부처의 그림자가 비치는 이적(異蹟)이 나타난다고 한다. 낙동강가로부터 구름이 일어 산마루에 닿을 때 돌들에서 금옥(金玉)과 같은 음악 소리가 나며, 부처의 그림자가 비치는 반석의 틈에서 물이 마르지 않고 솟아난다는 이야기다. 이곳은 부처가 가사를 빨았던 곳이라 알려져 있다.

서정주와 박제천의 시는 『삼국유사』에서 전하는 부처 그림자에 대한 설화를 형상화하고 있다. 이들의 시는 만어사를 둘러싼 불법의 신비함을 묘사하는 데 그치는 것이 아니라 그곳에 깃들어 사는 사람들의 삶에까지 눈길을 던지고 있다. 만어사 자락은 "부처가 아니라도 사람이 살 만한 곳"이다.

①불고기도 제 가는 길 알고 있겠지요
　느릅나무 지느러미 푸른 비늘 떨구는
　다 늦은 저녁
　골짜기 무너진 몽돌더미 사이
　몇 날 빛살은 어김없이 또 찾아들어

머리로 밀고 가야 하는

청동 물고기의 길

더러는 희미하게 비추이기도 하는 것이겠지요

그러다 더는 나아갈 수 없는 물길

모로 누워 수압을 견뎌내어야 하는

穿孔의 시간 이기지 못해

스스로 바윗덩어리가 되어버리고 만 것

—장옥관, 「물고기의 길—만어사 풍경소리」 가운데서

②날아다니는 물고기가 되어 세상을 헤매고 다녔다

　비가 쏟아져 내리면 일만 마리 물고기가 산정에서 푸덕이며 금과 옥의 소리를 내는 萬魚山과 그 골짜기에 있는 절을 찾아가고 있었다

　하늘에 떠 있는 일만 마리 물고기떼의 적멸, 폭우가 쏟아지던 날 물고기들이 내는 장엄한 풍경소리를 들으며 만어사의 옛 스님은 열반에 들었을 것이다

—조용미, 「魚飛山」 가운데서**96**

③바다에서 건너오는 구름에는

비가 묻어 있었다.

萬魚山 앞자락에 비를 내리는 구름

信女 萬德의 손등이 다 젖었다.

시든 익모초를 금방 금방 토하면서

매일 저녁 등을 켜는 그녀의 일을

조바심하며 엿보았다.

비에 젖은 손은 희고

더욱 비가 내리면 하얗게 죽으리라

죽어서도 등을 밝히리라.

　　　　　　　　　　　—박태일, 「가락기 7—만어사 돌무지」 가운데서[97]

④慈聖山 겨울나무가
　머리를 깎고 서 있었다.

　돌무더기 위에 무릎 꿇은
　밤새운 새의 눈동자가 붉다.

　살얼음이 돋은 팔과 다리
　아침 해가 뜨기 전
　눈물을 닦았다.

　늙은 스님의 기침소리
　바람이 모두 서쪽으로 향했다.

　　　　　　　　　　　—장유리, 「萬魚寺」 전문[98]

　인용시에서는 만어사 앞으로 내리뻗은 거대한 돌무더기가 시인의 시적
상상력 속에서 구체적인 이미지와 서사를 획득하는 양상을 살필 수 있다.
장옥관의 시에서는 움직이지 않는 돌무더기 속에서 끊임없이 솟구치며 "머
리로 밀고 가야 하는/ 청동 물고기"의 역동성이 잘 드러난다. 조용미와 박태
일의 시에서는 비라는 시적 제재를 활용함으로써 만어사의 영험함을 부각한
다. 하늘에서 쏟아지는 비가 돌들과 부딪히며 내는 금옥과 같은 소리는 부처
의 불법을 깨치고 "열반"에 이르도록 한다. ②는 만어사 "옛 스님"의 이미지
를 통해, ③은 "信女 萬德"의 이미지를 통해 만어산의 금옥과 같은 돌소리에
담긴 불력의 신비함을 드러낸다.

①차곡차곡도 아니고

　아무렇게나 널브러진 것도 아닌

　혼자 사는 너럭바위도 아니고

　언덕 아래로 함께 굴러 내리는 몽돌들도 아닌

　그런 삶을 본 적이 있는가?

　한 골에 그냥 모여 살고 싶어서

　모여 서로 몸 비비며 살고 싶어서

　만어산 9부 능선까지 만 마리 물고기가 기어오르다

　저 멀리 낙동강 가을 물빛이 불렀던가

　한번 모두 뒤돌아보아

　소금 기둥 대신 바위들이 되어

　두드리면 생각난 듯, 잘들 있지? 종을 치고

　　　　　　　　　　—황동규, 「삼랑진 만어사 물고기 바위들」 가운데서[99]

②어느 눈비 오는 겨울날

　萬魚寺를 찾았네.

　만 마리의 물고기가

　8부 능선까지 헤엄쳐 올라와

　돌아갈 바다를 놓친 채

　화석으로 굳어 있는 모습을 보았네.

　번득이는 비늘도, 씩씩했던 지느러미도 날쌘 遊泳도, 안개 속에 유배돼, 만가지의 몸짓으로 뒤엉켜, 시린 어깨를 부비고 있었네. 언젠가는 돌아갈 바다를 그리며, 가슴 속 돌미역 같은 꿈, 하나씩 만어산 진달래로 피우고 있었네.

　보아라 하이얀 달무리가 비릿한 바닷바람 실어 나르는 밤이면

　억겁의 잠을 털고 미동하는 저 만어들의 푸른 갈망을,

　칼바람 베어 누이며 시방도 기세 당당하게 솟구치는 파도들의 혼령을,

내 하산길 발목을 휘감는 희디흰 눈꽃 같은 만 가지의 숨결 소리를.

—이광석, 「萬魚寺에 다녀와서」 전문100

③섭씨 30℃의 더운 봄을
배낭 가득 쓸어 담고 산을 오른다

수천 년 침묵으로 버텨온
너덜겅을 헤친다
수만 마리의 물고기들이
수만 가지의 몸짓으로 누워
비늘을 번득이고 있다
머리를 빳빳하게 들고
하늘을 쳐다보고 있다
그들의 몸을 하나하나 들춰보니
아직도 지느러미가 촉촉히 젖어 있다
"이놈들은 돌아갈 수 있겠구나"
만어사 독경소리 속에서
누군가 혼잣말을 한다

나도,
찢어진 지느러미를 서둘러 기워 본다

—하영, 「만어사 시편 1」101

④법당 앞 물고기떼 사이에서
은밀히 석종을 만난다
반짝이는 비늘
지느러미의 위용을 잃었지만

언젠가 돌아갈 회귀의 순간을 꿈꾸듯

화석으로 드러누운 그의 심장을 향해

힘껏 타종을 했다

당

당

당

잔물결지는 청음의 소리

이곳 만어들은 하산을 시작하리

담쟁이 얽히고 설킨 세월을 밀고

바다로!

바다로!

일제히 하강하기 시작하는 그들

급강하의 물살을 가르는 역류의 몸짓

이제 바다로 간 만어 대신

돌아갈 곳 잃은 사람들이 꽉 찬 만어산

상심한 상처 드러낸 채

지친 모습으로 드러누운 사람들

이제 누가 저들을 이 잠에서 깨워줄 것인가

저 돌 속에도 회귀의 심장

뛰고 있을까

—원은희, 「만어사(萬魚寺)」 전문[102]

　인용한 황동규와 이광석, 하영, 원은희의 시편들은 만어사의 돌무더기를 통해 삶의 자세를 되새기고 있다. ①에서는 만어사의 돌들에서 "한 골에 그냥 모여 살고 싶어서/ 모여 서로 몸 비비며 살고 싶어서" 높은 산으로 향한 물고기들의 형상을 본다. 이를 통해 모든 개인이 파편화되고 원자화된 시대에 이웃과 함께 몸 비비며 살고자 하는 공동체성과 연대성을 발견한다. ② 또한 바다로 다시 돌아갈 날을 기다리며 "만 가지의 몸짓으로 뒤엉켜, 시린 어깨를 부비고 있"는 물고기의 "가슴 속 돌미역 같은 꿈"을 노래하고 있다. ③에서 화자는 만어산을 오르는 길에서 하늘을 향해 빳빳이 머리를 들고 있는 "수만 마리의 물고기들", 즉 돌들의 모습을 본다. 이들을 살피며 "아직도 지느러미가 촉촉히 젖어 있다"고 표현한 것은 돌들에서 여전히 싱그러운 생명력과 역동성을 경험했기 때문이다. 이는 화자로 하여금 자신의 "찢어진 지느러미를 서둘러 기워" 앞으로 나아가도록 한다. ④에서는 만어사를 하산한 만어 대신 "돌아갈 곳 잃은 사람들", "상심한 상처 드러낸 채/ 지친 모습으로 드러누운 사람들"을 품어 위로하고 보듬는 장소로 형상화하고 있다. 이처럼 만어산과 만어사는 고단한 삶에 생기를 불어넣고 따뜻한 위로와 도약할 힘을 주는 장소로 든든하게 자리한다.

3. 삼랑진을 품은 소설

삼랑진을 배경으로 한 소설에는 이광수의 「무정」(1917), 최정원의 「낙동강」 (1934), 김정한의 「뒷기미나루」(1969), 조성기의 「통도사 가는 길」(1990), 유익시의 「바위 물고기」(1997), 조갑상의 「섣달그믐날」(2009)이 있다. 이들 소설에시 삼랑진이 어떤 의미를 지니고 있으며, 더 나아가 우리에게 어떤 의미로 다가오는지 살펴보자.

1) 근대의 길목으로서의 삼랑진과 민족계몽: 이광수의 「무정」

1917년 『매일신보』에 연재한 이광수의 「무정」은 신소설의 과도기적 특성을 벗어난 최초의 근대소설로 평가받는다. 근대성 못지않게 구어체를 사용하는 등 근대소설의 특징이 두드러진다. 「무정」은 젊은 남녀 주인공들이 봉건적인 사고에서 탈피하고 근대를 꿈꾸며 계몽의 중요성을 역설(力說)하는 내용이다. 주인공들은 봉건적 사고와 구시대적인 관습으로 일련의 사건을 겪으며 새로운 시대를 갈망한다. 기차를 타고 유학길에 오르는 과정에서 밀양의 삼랑진을 마주하게 된다.

①두 사람이 잠을 깬 것은 차가 삼랑진역에 닿을 적이었다. 시계의 짧은 침은 벌써 다섯 시를 가리켰으나 하늘이 흐려 아직도 정거장의 등불이 반작반작한다.
차장이 모자를 옆에 끼고 은근히 고개를 숙이더니
"두 군데 선로가 파손되어 네 시간 후가 아니면 발차할 수가 없습니다." 한다.
(…중략…)
"저 물 보게, 물 보게!" 하며 기쁜지 슬픈지 알 수 없는 감탄을 발한다.**103**

②"저것 보게, 저기 저 집들이 반이나 잠겼습니다그려!" 하고 마산선으로 갈려나가는 길가에 있는 초가집들을 가리킨다. 과연 대단한 물이로다, 좌우편 산을 남겨놓고는 온통 시뻘건 흙물이로다. 강 한가운데로 굼실굼실 소용돌이를 쳐가며 흘러 내려가는 물 소리가 들리는 듯하고 그 물들이 좌우편에 늘어선 산굽이를 파서 얼마 아니 되면 그 산들의 밑이 빠져나갈 것 같다.**104**

기차는 수해로 잠시 운행을 중단하게 된다. 수해를 입은 농촌 마을이 바로 '삼랑진'이다. 등장인물들은 삼랑진의 수재민들을 보고 민족계몽의 필요성을 다시 한 번 확인하고 마음을 다잡는다. 이를 실천하기 위해 삼랑진역에서 자선음악회를 개최한다. 자선음악회는 소설의 주제를 압축적으로 보여주는 장면이다. 삼랑진의 수재민들은 모두 평범한 삶을 살아가는 민중들이다. 등장인물들은 "좌우편 산을 남겨놓고는 온통 시뻘건 흙물"에 삶의 터전을 잃고 의식주를 제대로 해결하지 못하는 수재민을 보고 가련함을 느낀다.

①"다른 일이 아니라" 하고, 저 수재를 당한 사람들 중에는 병인도 있고 잉부도 있고 젖먹이 가진 부인도 있는데 조반도 못 먹고 비를 맞고 떠는 정경이 가련하며 (…중략…) 그래서 마침 부산 가는 기차가 비에 걸려서 오후까지 머물게 되었으므로 음악회를 열어 거기서 수입된 돈으로 불쌍한 사람들에게 따뜻한 국밥이라도 만들어 먹이고 싶다는 뜻을 말하고 허가와 원조하여 주기를 청하였다.**105**

②"사(社)에서 삼랑진 근방에 물 구경을 하고 오라고 전보를 했데그려." 하고 손으로 턱을 한번 쓴다. 영채는 고개를 숙였다.
"그런데 우리가 여기 있는 줄은 어떻게 알았나."
"정거장에 와서 다 들었네" 하고 여자들에게 절을 하며 "참 감사합니다. 지금 정거장에서는 칭찬이 비 오듯 합니다. 어, 과연 상쾌하외다." 하고 정거장에서 들은 말을 대강 한 뒤에 형식더러
"오늘 일을 신문에 내도 좋겠지?"**106**

삼랑진은 삼랑(三浪)이라는 지명에서 알 수 있듯이, 세 물길이 만나는 곳으로 수해를 입기 쉬운 지역이다. 소설의 마지막에 삼랑진을 수해지역으로 설정한 것은 이러한 삼랑진의 지리적 특성을 반영한 것이다. 삼랑진의 수해는 단순한 수해가 아니다. 구시대의 산물, 민족의 어려움을 '수해'에 빗대어 표현한 것이라고 해석할 수 있다. 계몽의 주체는 계몽의 대상을 상정함으로써 문명화의 주체로 자신을 정립할 수 있다. 수해 현장에서 만난 "불쌍한 동포"는 구시대적인 사고와 관습으로 고통받는 조선인으로서 계몽의 대상이다. 그런 까닭에 수재민들을 위로하는 자선음악회는 민족계몽운동을 상징한다. 따라서 수해를 입은 삼랑진 사람들은 자각 없이 순종해 왔던 봉건적 사고로 고통받는 민족을 상징하고, 삼랑진은 근대의 길목에서 속수무책으

로 휘둘리던 민족의 삶을 표상하는 장소라 할 수 있다.

2) 회산양릉(懷山襄陵)의 대수해: 최정원의 「낙동강」

최정원의 「낙동강」은 1934년부터 11월부터 1935년 2월까지 『삼천리』에 연재된 단편소설이다. 낙동강 범람이라는 소재를 통해 삼랑진에 태를 묻고 낙동강 젖줄에 의지하여 살아가는 민중들의 비극적인 삶의 애환을 사실주의적으로 묘사했다. 낙동강이 휘돌아 흐르는 까닭에 삼랑진 앞으로 펼쳐진 드넓은 평야는 늘 풍요롭고 기름진 옥토로 그곳에 깃들어 사는 사람들과 자연 만물을 풍요롭게 살찌웠다. 그러나 세 갈래의 서로 다른 물길이 서로 맞부딪치며 하나의 물줄기를 이루는 까닭에 강물의 범람과 홍수의 위협을 늘 마주해야만 했다. 낙동강 수해는 논밭을 일구어 살아가는 민중들에게 거스를 수 없는 자연의 시련이자 가혹한 운명이었다.

1910~1930년대까지 삼랑진에는 매해 여름 수해가 들이닥쳤다.[107] 순식간에 불어 넘친 강물은 낙동강변에 옹기종기 자리 잡은 마을을 덮쳤다. 수마는 사람과 가옥, 선박뿐만 아니라 경지를 가리지 않고 집어삼켰으며,[108] 철도와 통신 단절로 고립되는 일 역시 인간의 힘으로는 어쩔 도리가 없었다.[109] 붉은 흙 물결과 진창길로 뒤덮인 아비규환의 수해 현장을 사진팀을 꾸려 기록하고 전달하려는 언론보도를 통해 당시의 참사를 구체적으로 확인할 수 있다.

사진 이미지로 구현된 이재민들의 고통은 호외 지면을 빌어 확산되었다. 타인의 고통을 바라보는 시선은 다양했다. 먼저, 인간적인 온정의 손길이 이어졌다. 수재의연금 접수소 간판이 내걸리는 한편, 극단에서는 연극을, 연주단체에서는 음악회를 열었다. 절체절명의 위기를 '겪지' 않고 단순히 '바라보는' 이들의 시선은 한가로웠다. 소작료를 탕감해 달라는 요구가 빗발치지 않을까, 농민들의 구매력이 감퇴하지 않을까 걱정했다. 심지어 물난리

에 삼랑진의 달고 시원한 배와 광주의 수박을 못 먹게 되면 어쩌나 하는
걱정마저 회자되었다. 아버지와 자식이 죽어나가는 모진 홍수의 나날에서

〈그림24〉 영남 대수해 참황 화보(『조선일보』, 1933.7.2, 호외 1면)

소작료나 배가 무슨 소용이랴. 이러한 씁쓸한 세태를 목도하면서 김약수(金若水)는 "생명이 없는 곳에는 모다가 헛것"이라 일침을 놓기도 했다.

홍수가 덮치는 곳은 "기여 들고 기여 나는 오막사리"다.[110] 홍수는 오막살이와 세간뿐만 아니라 오막살이에 깃든 남루한 생애와 실낱같은 희망마저 온통 파괴한다. 굶주림과 한기, 병역(病疫)에 부대끼는 고통은 죽음에 비견할 만큼 처참했다. 수란창흔(水亂瘡痕) 속에서 생사의 기로에 선 이재민들은 돌아올 기약 없이 이역만리로 떠나는 기차에 몸을 싣기도 했다. 임시열차를 편성해야 할 만큼 수가 많았다는 기사는 당시의 피해가 얼마나 격심했는지를 잘 보여준다. 삼랑진역에도 이런 풍경이 펼쳐졌다.

> 만주로 이주시키게 되는 경남 수해 이재민 일천팔백명은 총독부속관 중서(中西)씨와 경남산업 주사 편창(片倉)씨의 인솔로 임시열차로 십팔일 아츰에 삼랑진을 떠나 오전 여덜시 십분에 밀양역을 떠낫다. 밀양역에서도 밀양서 가는 이재민 일백오십명이 탓다. 이재민들을 전송하려고 각지에서 모혀든 이재민들의 친척 친지들이 수백 명이나 되여 역두에는 때 아닌 혼잡한 광경을 일우엇는데 쌀쌀 부는 가을 아츰 바람은 더욱 이 비참한 감회를 일으켜서 떠나는 사람들이나 보내는 사람들이나 모다 눈물을 흘리지 안는 이 업서 정든 고향을 이별하고 머나먼 타향으로 떠나는 그들의 울음소리는 일시에 터저나와 기적소리조차 흐리게 하엿다.[111]

물 설고 낯선 만주로 가는 수해 이재민을 전송하는 역두에서 눈물을 흘리지 않는 이 없었으며, 일제히 터져 나온 이별의 울음소리에 기적소리마저 숨을 죽였다. 때마침 불기 시작한 쌀쌀한 가을바람은 이별의 아픔을 더욱 시리게 했다. 겨울에 이르면 가족의 생계를 위해 스스로 몸을 팔아야 하는 지경에 이르기도 했으니, 어떤 말로 표현할 수 있으랴.

삼남리 재지의 참상은 연일 보도되는 바와 갓거니와 겨울이 박두한 그들의 생활은 또다시 위협을 밧게 되는 이때에 지난 십오일 오전 십시경에 미인 아홉 명 인천서에 출두하야 대련(大連)으로 가는 도항증명을 청구하얏다는 바 그들은 재지 삼랑진, 마산, 구포 등지로부터 부모를 위하야 혹은 형제를 위하야 창기업하는 대련시 봉판(逢坂)정 김응순(金應淳)에게 사개년 계약으로 삼백원 내지 사백원에 청춘을 팔어 □에 주린 이리의 무리를 향하야 십륙일 인천항을 떠나는 일본해환(日本海丸)으로 떠나리라 한다. 그중에도 리아지(李阿只, 17)라는 처녀는 전번 수재로 인하야 집까지 떠내려 보내고 또한 늙은 부모는 병마에 걸리여 신음하고 잇스나 치료비조차 업슴으로 할수 업시 그의 몸을 희생하야 부모의 병을 고치랴고 하는 눈물겨운 사실을 비롯하야 그들에게는 적지 안흔 애화가 숨어잇다는 바 그외에도 아즉 계약 중에 잇는 녀자들도 잇슴으로 이후로는 얼마나 만흔 조선의 처녀들이 수재로 인하야 인육장사의 마수에 걸리여 갈지 한심한 일이라 한다.*112*

인육(人肉) 장수의 마수에 청춘과 생애를 팔아 도항길에 오르는 딸들의 심정은 어떠했을까. 수재로 잃어버린 집과 병든 부모, 굶주린 형제까지 가슴에 품은 애환을 어찌 말로 다 할 수 있었으랴. 해마다 거듭되는 대자연의 폭거에 다만 넋을 놓을 뿐 아무런 항거조차 하지 못하는 비극은 식민지 민중의 곤궁한 삶 그 자체다. 수마가 할퀴고 간 현실은 공포이자 비탄, 씻을 수 없는 깊은 치욕이었다.

최정원은 「낙동강」에서 나약한 인간의 힘으로는 극복할 수 없는 불가항력적인 수재(水災)를 핍진하게 그리고 있다. 더 나아가 이 작품은 재난 상황에서도 오로지 자신의 욕망을 채우기 위해 민중들에 대한 착취를 그칠 줄 모르는 지주에 대한 날 선 비판과 민중적 연대의 가능성까지 그려내고 있다.

삼랑진역에서 서쪽을 바라보면 조고마한 언덕이 소사잇다. 이 언덕은 S산맥에서 이 들로 향하야 맛치 김생쇠리와 갓치 점점 나자저 가면서 쌔치여 잇다. 그리하야 언덕이 씃나는 곳에 락동강의 맑은 물이 출넝거리면서 언덕을 씻처나리고 잇다. 강가 모래밭에서 시작하야 소나무숲히 언덕 저편으로 보기좃케 일자로 느러저 잇다.

M촌은 이 강과 언덕에 옹게종게 붓터잇는 한 이백호나 되는 극히 평화스러워 보이는 마을이다.**113**

작품배경인 M촌은 삼랑진역 서편 삼랑리 부근이라 추측할 수 있다. 매봉산 아랫자락 삼랑리는 역사적으로 삼랑진의 중심지역이었다. 이곳에서 살아가는 경돌네는 남편 정쇠(丁釗)와 딸 남이, 경돌, 성돌과 함께 김판서네 땅을 소작하며 고달프고 가난한 삶을 살아간다. 과거 풍족하지는 않았지만 자작농으로서 살림을 꾸려가던 정쇠는 "그들의 머리에서 상투가 써러져 나갈 때붓터 살림사리의 한편 구석붓터 문어지기 시작"하여 경돌을 학교에 보내 출세시키고자 하는 욕망에 따라 땅을 팔아 결국에는 소작농으로 전락하고 말았다. 가세가 점차 기울어져 가는 중에도 경돌의 공부를 끝마치게 하고자 농사일에 매진하였으나 살림살이는 크게 나아지지 않았다. 그런 중에 불어닥친 억수와 같은 비와 강물의 범람은 농지는 물론이고 마을 전체를 휩쓸었다.

급각도(急角度) 경사(傾斜)를 나려쏘는 M촌 압개울의 폭포성을 가진 급류(急流)는 M촌 뒤를 숍흐러지는 카-부에서 제방을 터주고 마럿다. 그리자 제방을 범람(氾濫)하든 물은 산덤같은 돌과 모래가 합처서 하상(河床)보담도 나즌 M촌으로 모라첫다. M촌은 이 급류에 뒤으로 집들이 문어저 왓으며 앞으로 강물이 침수하기 시작하엿다. 동리에 남아잇든 사람들은 뒤산으로 피란하엿으며 써러진 사람들은 강 가운데로 싸라 흘넛다. 이 광경을 보고 건너가지 못하는 이편 사람들의 밋친 듯한 소리와 써나려가는 사람들의 비명이 비소리에 석겨서 이

째까지 평화롭게 보이든 이 촌을 아비규환의 지옥으로 화하게 하엿다.**114**

정쇠는 급류에 휩쓸려 떠내려가던 세간살이 가운데 "경돌이 학자(學資) 적입하여 둔 돈 이십오원을 너허 둔 궤짝"을 붙잡기 위하여 지친 몸을 이끌고 물길로 뛰어든다. 그러나 결국 돈은 모두 물살에 쓸려 사라지고 겨우 목숨만 부지한 정쇠는 병을 얻어 몸져눕는다. 그리고 남이마저 아랫마을에서 술장사를 하는 춘섬이의 제안으로 나진(羅津)의 술집 작부로 팔려 가게 된다. 집안의 몰락이 자신의 탓임을 느낀 경돌은 돈을 벌기 전까지 돌아오지 않겠다는 편지를 남긴 채 홀연히 사라지고, 얼마 지나지 않아 정쇠는 세상을 뜨고 만다. 장례를 위해 정쇠의 집에 모여든 마을 사람들은 수해로 추수가 어려운 상황을 한탄하며, "나락이 저 모양으로 썩어 나잡쌔젓는대 한 마구이 엿말식이나 수(소작료)를 가지코 오라고" 하는 지주 김판서에 대한 비판을 쏟아낸다. 그리고는 당장 다음날 정쇠의 시신을 매장하고는 다 함께 모여 김판서 댁으로 가서 올해 소작료를 모두 면제해 달라는 요구를 하기로 다짐한다. 이 작품은 다음 날 아침 마을 사람들 수백 명이 모여 정쇠의 상여를 매고 장지로 향하는 장면으로 마무리된다. "썩은 벼 한 단식 억게에 둘너메이고 점심밥을 허리에다 차고 앞으로 나아가는 광경은 맛치 출정하는 병사들에 모양갓치 뵈엿다"라는 묘사는 민중들의 결기와 투쟁의지를 오롯이 보여준다. 최정원의 「낙동강」은 삼랑진을 배경으로 수해로 고통받는 시민기 민중들의 삶을 오롯이 그려내는 한편, 지주의 부당한 요구에 맞서 연대하는 저항적 주체로서의 민중성을 강조하고 있다.

3) 시대적 비극과 삶의 애환: 김정한의 「뒷기미나루」

1908년 부산에서 태어난 요산 김정한은 낙동강을 기반으로 한 민중의 삶에 주목하였다. 「길벗」(1948), 「모래톱 이야기」(1966), 「유채」(1968), 「수라도」(1969), 「뒷기미나루」(1969), 「독메」(1970), 「산서동 뒷야기」(1970) 들의 무대는 모두 낙동강 유역이다. 특히 낙동강 뱃사공의 삶을 애잔하게 그린 「뒷기미나루」의 공간적 배경이 바로 삼랑진이다.

뒷기미나루는 삼랑진을 더 거슬러 올라간 낙동강 상류께, 지류인 밀양강이 본류에 굽어드는 짬이라, 다른 곳보다 물이 한결 맑았다. 물이 맑아 초가을부터 기러기 떼며 오리 떼가 많이 모여들었다. 그렇게 많이 모이던 기러기며 오리 등이 간다 온다 말도 없이 훨훨 날아가기 시작하면, 뒷기미의 하늘에 별안간 아지랑이가 짙어 오고, 모래톱 밭들에는 보리 빛이 한결 파릇파릇 놀랄 만큼 싱싱해진다.**115**

'뒷기미'는 뒷개뫼에서 유래된 말이다. 개는 포(浦)의 의미로 물가를 뜻하고, 뫼는 산(山)을 의미한다. 즉, 뒷기미는 물가 뒤쪽에 위치한 산이라는 뜻이다. 뒷기미나루는 후포산을 뒤로하고 낙동강변에 자리한 나루로, 상남면

〈그림25〉 뒷기미에서 상남면으로 건너오는 사람들(1965)(밀양시, 「사진으로 보는 밀양변천사」, 2005, 61쪽)

오산과 뒷기미를 오갔다.

「뒷기미나루」는 이 나루터가 주된 공간적 배경이다. 뒷기미나루는 삼랑진에서 밀양강을 건너는 작은 나루터로 마을 사람들은 그곳에서 나룻배를 타고 강 건너편으로 오고갔을 것이다. 뒷기미나루는 그렇게 민중의 삶 안에 녹아들었다. 「뒷기미나루」의 인물들 역시 이러한 민중의 모습을 대변하고 있는데, 김정한은 그중에서도 시대의 격랑에 휘말려 고통받는 "순적백성"의 삶을 조명하였다.

> 〈뒷기미나루 살인 사건〉이란, 검사의 기록에 의하면, 이 속득이란 여인은 밀양 땅꼴이 원적지고, 낙동강 상류 짬에 있는 뒷기미 나룻가가 현주소로 되어 있다. 나이는 스물다섯.[116]

「뒷기미나루」는 심속득이라는 여성인물이 '뒷기미나루 살인사건'에 연루되어 교도소 생활을 하는 것으로 이야기를 시작한다. 속득이는 "땅꼴"(상남면 동산리 당곡)에서 시집왔으며, 뱃사공인 남편 춘식이와 모래톱 밭에서 보리와 감자, 무, 배추를 가꾸며 "뒷기미나룻가 외딴 집"에 산다. 나루터는 민중의 애환이 서린 공간이다. 뒷기미나루는 "일제의 사슬에 허덕이던 강 건너 동산 백상 명례 오산 등지의 순한 백성들과 그들의 아들딸들이 징용이다 혹은 실상은 왜군의 위안부인 여자 정신대다 해서 짐승처럼 끌려서"[117] 건너던 곳이었다.

박노인은 3대에 걸쳐 뱃사공으로 일한다. 그는 징용에 보내시 않기 위해 가지고 있던 모래톱 밭의 대부분을 팔았을 만큼 아들에게는 지극 정성이었다. 궁핍한 삶은 추수가 끝날 때까지 여전했으며, 나룻배로 얻는 수익이란 크지 않았다.[118] 그런데도 그 속에서 소소한 행복을 느끼며 살아가던 가족은 예기치 않게 폭도사건에 휘말리며 고통받게 된다.

①"이놈의 영감, 아까 뭐랬지? 총질을 말아 달라고? 사공이 무슨 죄가 있느냐고? 그래 폭도를 도망시키는 놈이 폭도와 뭐가 다르단 말이냐? 이따 너희 집에 불을 놓아 줄 테니, 어디 두구 봐라!"

노인은 폭도가 뭔지 알 터이 없었다.

탕, 탕, 탕!

다시금 총소리가 뒷기미 뒷산에 메아리쳤다. (…중략…)

박노인과 속득이가 소금배에 실려서 뒷기미로 돌아 온 것은 한나절이 거의 되었을 무렵이었다.**119**

②박노인이 뒷기미 뒷산 소나무 가지에 목을 매달아 죽은 것은, 속득이 억울하게 살인죄로 몰려 가혹한 형을 받게 된 사오일 뒤의 일이었다.**120**

어느 날 밤 찾아와 배를 몰아달라고 부탁한 손님들 때문에 춘식은 총소리와 함께 사라졌다. 속득과 박노인은 그와 관련하여 심문을 받고, 이후로도 춘식의 행방을 묻는 사람들이 종종 집으로 찾아온다. 그러던 중 춘식의 행방을 물으러 드나들던 남자가 밤에 속득을 찾아와 나룻배를 태워달라 요구한다. 나룻배 위에서 자신을 향하는 남자의 손을 뿌리치며 몸싸움을 하다가 속득은 그를 물에 빠뜨려 죽이게 된다. 다음날 속득은 경찰을 찾아가 자수하였으나 집으로 다시 돌아오지 못한다. 경찰은 남자를 죽인 것과는 별개로 사라진 남편의 행방을 자꾸 캐묻는다. 그리고 박노인은 속득이 형을 받은 사오일 뒤에 뒷기미 뒷산 소나무 가지에 목을 매달아 자살한다.

「뒷기미나루」는 이념 갈등이 뒤덮고 있던 한국전쟁 전후를 시간적 배경으로 한다. 그 시대를 살던 민중들은 소설 속 박노인의 가족들처럼 자신의 의지와 관계없이 비극의 주인공이 되었다. 이념 갈등으로 가족공동체가 처참하게 파괴된 것이다. 삶의 터전이던 뒷기미에서 죽음으로 내몰린 비극적 결말은 등장인물들의 고통뿐만 아니라 시대의 아픔에 공감하게 한다. 뒷기미 나루는 평화로운 일상을 살아가던 순박한 민중들의 애환과 비극, 수난을 응축하고 있는 장소인 셈이다. 모래톱에 의지에 삶을 이어가는 가난한 살림살이 못지않게 뒷기미 벼룻길, 낙동시장과 삼랑진시장, 용왕제와 같은 나루터문화 들의 삼랑진 민중생활사를 오롯이 담아내고 있는 것도 이 소설의 미덕이다. 이 작품은 뒷날 TV드라마로도 제작되어 KBS의 'TV문학관'**121**을 통해 영상자료로도 찾아볼 수 있다.

4) 삼랑진역의 기억과 공간의 쇠락: 조성기의 「통도사 가는 길」과 조갑상의 「섣달그믐날」

조성기의 「통도사 가는 길」(1990) 또한 삼랑진이라는 공간을 통해 시대적 아픔을 그리고 있다. 소설의 전반적인 줄거리는 주인공 '나'가 통도사까지의 여정에서 겪은 일들을 풀어낸 것이다. '나'는 서울을 떠나 물금(勿禁)을 거쳐 통도사로 향한다. 통도사로 향하면서 일어난 사건과 그와 관련된 과거의 기억들을 시공간적 순서대로 1인칭 주인공 시점으로 말하고 있다.

①아침에 일어나 어제 저녁식사를 한 식당에서 조반을 먹고 터미널에서 그리 떨어지지 않은 동대구역으로 가, 천사백 원을 주고 삼랑진까지 가는 통일호 기차표를 샀습니다.

한 시간 정도 기차를 타고 가니 삼랑진에 도착하였습니다. 경부선 열차를 타고 수없이 거쳐 지나간 삼랑진역이지만, 정작 내려서 역사(驛舍)의 마당을 밟아 보기는 이번이 처음이었습니다. 삼랑진역 건물은 몇십 년 전이나 지금이나 별 차이가 없는 듯이 여겨지는 전형적인 시골 역사였습니다.**122**

②삼랑진을 둘러싸고 있는 주변 산들이 한눈에 들어왔습니다. 높은 산은 눈에 띄지 않고, 다 고만고만한 산들이 자잘한 나무와 풀들을 조용히 이고 순박한

촌부의 모습처럼 거기 이마들을 맞대고 있었습니다. 저쪽 여러 줄기의 선로 너머 낡은 담벼락 옆에는 시커멓게 마른 담쟁이덩굴이 뒤덮인 사일로 같은 구조물이 서 있었는데, 이상하게도 그것이 자꾸만 내 눈길을 끌었습니다. 썩어들어가는 양철지붕을 그대로 이고 있는 그것은 어떻게 보면 버려진 망루와도 같이 여겨졌습니다. 이전에는 물건을 보관하는 창고용으로 쓰인 듯하였으나 지금은 전혀 사용되지 않고 있음이 분명하였습니다. 그곳은 어쩌면 들쥐들이나 뱀들이 모여살고 있는지도 모릅니다. 그것을 뒤덮고 있는 마른 담쟁이덩굴은 정녕 죽어 있을 것이었습니다. 아니, 어느 날 느닷없이 푸릇푸릇 살아날지도 모를 일입니다.**123**

'나'는 통도사로 향하는 길에 기차를 타고 삼랑진역에 도착한다. 인용문에서는 기차에서 내려 둘러본 삼랑진역 부근의 모습을 잘 그리고 있다. 여정의 종착지이기보다는 경유지에 가까운, 그마저도 스쳐 지나가는 경우가 많은 시골 역사(驛舍)였다. 그만큼 사람들의 왕래가 적은 곳이다. 그러나 과거 삼랑진역은 경부선과 경전선이 나누어지는 분기역으로 교통의 요충지 역할을 했다. '나'의 눈길을 끌었다는 "시커멓게 마른 담쟁이덩굴이 뒤덮인 사일로 같은 구조물"은 삼랑진역의 급수탑을 묘사한 것이다. 이것은 증기기관차에 물을 공급하기 위해 건립된 시설물로 삼랑진역의 오랜 역사적 가치를 증명하고 있다.

어머니는 이십구 년 전 그날 부산에서 삼랑진까지 갔다왔습니다.

그 초겨울날 새벽, 어머니와 나는 부산진역으로 나가 희부연 안개 속에서 수갑에 손목이 채워져 있는 아버지를 보았습니다. 두 사람씩 조를 이루어 각각 한 손에 수갑이 채워져 있는 그 열댓 명의 죄수들은 경남 지역에서 교원노조를 주동했던 교사들로 서대문 형무소로 이송되려 하고 있었습니다. 호송을 맡은 형사들은 가족들이 일정한 지점까지 동승하는 것을 허락해 주었습니다. (…중략…)

나는 학교 수업을 받기 위해 집으로 다시 돌아오고 어머니는 삼랑진까지 아버지를 따라갔습니다. 아버지와 어머니가 다정히 함께 기차여행을 한 것은 아마 그때가 처음이자 마지막일 것입니다. (…중략…)

어머니는 기차가 삼랑진역에 닿자 플랫폼으로 내려서서 멀어지는 아버지의 모습을 언제까지고 바라보며 손을 흔들다가 끝내 옷소매로 눈물을 훔쳤을 것입니다. 그러다가 문득 선로들 너머 저쪽의 창고 같은 구조물을 바라보았을 것입니다. 담쟁이덩굴이 막 기어오르기 시작하는 그 구조물을 보면서, 어머니는 틀림없이 형무소의 감방을 떠올렸을 것입니다.**124**

주인공 '나'는 삼랑진역의 급수탑을 바라보다가 불현듯 어린 시절의 기억을 떠올린다. 성인이 된 '나'에게 "버려진 망루"로 여겨졌던 급수탑은 "이십구 년 전" 어머니가 삼랑진역에서 멀어지는 아버지의 모습에 눈물을 훔치며 떠올렸을 "형무소의 감방"과 중첩된다. '나'의 아버지는 1960년 4월혁명 시기에 결성된 교원노조를 주도했던 교사들 가운데 한 명으로 지목되어 서대문형무소로 이송되었다. 교원노조는 대구·경북 지역을 시작으로 학원 민주화, 교육의 정치적 중립성 보

〈그림26〉 삼랑진역 급수탑

장 등 교육민주화를 이루고자 조직되었다. 그러나 5·16군사쿠데타로 들어선 박정희 징권은 이들을 강제 해산시켰고 일부에게는 징역형을 선고하였다. 서대문형무소로 이송되는 과정에서 아버지와 어머니가 마지막으로 인사를 나눌 수 있었던 곳이 바로 '삼랑진역'이었다. 교원노조를 비롯한 민주화에 대한 탄압이 있있던 시대적 아픔이 삼랑진역에 고스란히 담겨 있는 것이다.

민주화에 대한 탄압으로 표상되는 시대의 아픔을 고스란히 간직한 삼랑진

역이 이 소설에 등장한 것은 우연이 아니다. '나'가 살고 있던 서울은 억압된 현실을 상징한다. '나'는 삼랑진역을 지나 물금(勿禁)을 거쳐 통도사(通度寺)에 도착한다. 물금은 글자 그대로 해석하면 '금하지 않는다'라는 뜻이다. 그래서 소설 속 물금이라는 공간은 '아무것도 금하지 않는 세계'를 의미하며, 이런 상념은 통도사에 도착하여 완성된다. 억압이 존재하는 과거와 현실을 떠나 금지하는 것이 없는 세계에 도달하고자 하는 작가의 바람이 지역의 장소성·역사성과 함께 소설에 잘 드러나 있다.

부산·경남 지역의 장소를 소설에 자주 반영하는 조갑상 역시 「섣달그믐날」(2009)에 삼랑진역을 등장시켰다. 「섣달그믐날」은 경제적 최하층으로 내몰린 주인공 가족이 새로운 삶의 터전을 찾기 위해 기차를 타고 이곳저곳을 둘러본다. 주인공은 어머니와 함께 가족들이 지낼만한 곳을 둘러보고 있었다. 삼랑진 역시 그중 한 곳이다.

역 앞 한 뼘 마당에도 칼바람만 휘돌았다. 철거를 하기 위해 철책으로 둘러쳐 놓은 역사(驛舍)에는 무너질 듯한 지붕과 깨진 유리창만 남아 있었다. 역 왼편에 미끈하게 높이 솟은 두 그루 측백나무가 다치지 않은 게 신기해 보일 정도로 주위는 어지러웠다.

"이놈의 데는 설도 타지 않는 모양이구나."

모친은 그런 말을 던지며 임시 역사로 재빨리 들어갔다. 몇 사람이 난롯가에 앉아 티브이를 보고 있었다. 창구에서 표를 산 종표는 닫힌 개찰구에 눈길을 잠시 두었다가 다시 밖으로 나와 버렸다.

(…중략…) 가끔씩 추위를 털어내듯이 달려가는 자동차들만 눈에 띌 뿐 역마을은 한산했다. 그가 알기로도 이곳은 한때 교통의 요지였다. 농산물도 풍족했지만 무엇보다 철길이 갈리는 지점이어서 특급열차까지 서던 곳이었다. 하지만 사람들이 도시로 빠져나가고 도로망이 발달하면서 어느새 한적한 시골역이 되고 말았다. 읍 마을은 역에서 이삼십 분 거리에 자리했으니 참으로 철길만 덩그

라니 남겨진 꼴이었다. 납작하게 엎드린 여인숙 몇 채가 바로 그런 사연을 말해주고 있었다.**125**

주인공의 어머니는 삼랑진을 매우 탐탁지 않게 여긴다. 과거 삼랑진역은 "교통의 요지"였고, "농산물도 풍족했지만 무엇보다 철길이 갈리는 지점이어서 특급열차까지 서던 곳"이었다. 하지만 과거의 명성이 무색하게 시간이 흐르면서 삼랑진역은 "사람들이 도시로 빠져나가고 도로망이 발달하면서 어느새 한적한 시골역"으로 전락하고 말았다.

> "니도 기억하겠지만 여기 오면 딸기장수, 구포 가면 배장수, 한때는 분잡스런 데였다. 내 딸 사소, 내 배 사소라는 그 말에 다들 웃어쌓았지만 시절이 변하면 사람도 그게 맞추어 살아야 하는 거 아니가. 우리도 그렇고 진작부터 사람들이 도시로 다들 안 나갔나? 지금 같은 불경기가 언제까지 갈 거며 또 그 많은 사람들이 도시서 어떻게 다들 사노? 사람이 끓으면 저절로 다 부대끼며 먹고 살 수 있게 되어 있다. 니 생각이 어떤지는 모르겠다만, 나는 밥이나 해주면서 그런 데서는 정말 못 산다!"**126**

「통도사 가는 길」의 '나'처럼 「섣달그믐날」의 주인공도 생기를 잃고 낡아버린 삼랑진역의 급수탑을 발견한다. 빛바랜 급수탑의 **모습**을 살피며 과거와 달리 마을이 죽어가고 있음을 깨닫는다. 급수탑을 사용하지 않던 때부터 역사(驛舍)두, 마을도 활력을 잃이가기 시작한 것이다. 「통도사 가는 길」의 '나'가 급수탑을 보고 "버려진 망루"를 떠올린 것과 같은 맥락이라고 볼 수 있다.

> 그는 안내방송을 듣고서야 임시 역사로 들어갔다. (…중략…) 하지만 플랫폼에서 조금 떨어진 철길 곁에 서 있는 급수탑을 보는 순간 그런 생각도 곧 달아날

수밖에 없었다. 거무죽죽하게 말라붙은 담쟁이가 얼기설기 감고 있는 그것은
시멘트의 색깔도 알아볼 수 없으리만치 낡아 있었다. 삭아서 색이 다 바랜 돔식
철 지붕을 머리에 얹은 시멘트 무덤. 급수탑은 증기기관차가 달릴 때에만 유용
한 것이었다. 마을이 죽은 건 급수탑을 사용하지 않았을 때부터였는지도 몰랐다.
(…중략…)

　그는 상행선 방향으로 눈을 두면서 몇 발자국을 더 걸었다. 그렇게 걸음을
옮기다 멈추고 다시 옮기며 철길의 끝을 주시했다. 몇 가닥 엇갈리다 두 개로
남은 철길은 산자락을 끼고 하나의 점으로 사라지고 있었다.**127**

어머니는 삼랑진역을 떠나 도착한 부산의 자갈치시장을 보고 사람은 이
런 곳에 살아야 한다고 흡족해 한다. 삼랑진과 달리 자갈치시장은 유동인구
가 많고 활기가 넘쳤기 때문이다. 이처럼 「섣달그믐날」은 생기를 잃어가는
지역을 등장시켜 지역의 공간을 재조명하고 있다. 사람들의 기억에서 멀어
지는 지역의 공간성과 역사성을 환기하고자 하는 작가의 의도를 담은 소설
이다.

5) 성찰과 희망의 공간으로서의 만어사: 유익서의 「바위 물고기」

유익서의 「바위 물고기」(1997)에는 삼랑진의 대표적인 명소인 만어사(萬魚
寺)가 등장한다. 주인공 '나'는 사업체를 운영하는 중년 남자다. 그는 지난
청춘을 바쳐 일구어낸 사업체를 빈손으로 양도하고 실의에 빠진다. 아내는
시위 현장을 촬영하다 세상을 먼저 떠난 딸의 영혼결혼식 소식을 전한다.
결혼식에 참석할 마음이 없던 그는 친구들과 만난 자리에서 자신보다 비참
한 친구의 처지를 듣고 마음을 바꿔 결혼식에 참석한다. 결혼식이 끝난 뒤
사돈과 대화하던 중 깨달음을 얻는다.

"신랑 쪽에서 자꾸만 삼랑진에 있는 만어사(萬魚寺)에서 식을 올리재요. 서울 근교, 어디 가까운 데도 있을 텐데…… 양쪽 사돈 다 서울토박이라는데 삼랑진은 어찌 알았는지, 꼭 만어사라야만 된대요. 여보, 삼랑진 알죠? 가파른 산길이기는 하지만 삼랑진에서 승용차나 택시로 한 30분만 올라가면 된대요."

삼랑진. 내 젊은 날의 꿈은 서울 나들이와 늘 밀접한 관계를 맺고 있었다. 대학 진학도 그랬고, 사회 초년생의 길로 들어선 것도 서울에서였다. 장차 안락하고 평안한 보금자리를 함께 꾸려갈 것으로 믿어지고 기대되던 아내를 만난 것도 서울에서였다. 그 서울을 오르내릴 때마다 다른 역과 달리 늘 나를 긴장시키고는 했던 역이 삼랑진이었다. 삼랑진은 서울로 가는 경부선과 마산, 진주로 가는 경전선이 갈라지는 분기역이었다. 서울로 올라가는 기차를 타고 있으므로 그럴 가능성이 전혀 없는데도 삼랑진을 지날 때마다 자칫 잘못하면 서울이 아닌 마산이나 진주로 갈 수도 있다는 생각에 늘 긴장했었다. 내 의식 속의 삼랑진 역은 자칫 서울이 아닌 마산이나 진주나 송정리로 가는 기차로 잘못 바꿔 탈 수 있는 위험성을 늘 내포하고 있었다.[128]

딸의 영혼결혼식 장소이자 깨달음을 얻는 곳이 바로 만어사다. 결혼식을 위해 만어사에 가야 한다는 소식을 듣고 '나'는 삼랑진에 대한 추억을 떠올린다. 젊은 시절 경부선과 경전선이 갈라지는 분기역인 삼랑진역을 지날 때마다 긴장하고 불안해 했었다. 젊은 시절의 불편한 기억이나 긴장감과 더불어 현재의 실의와 허탈함으로 삼랑진에 가기를 꺼리던 '나'는 친구들과의 만남을 통해 생각을 바꾼다. 자신이 가상 참담하고 절망스러운 상황에 놓여 있다고 생각하였으나 모두가 비슷한 처지에 있다는 사실을 깨닫는다. 서로의 슬픔과 서글픔, 애환을 이해하면서 마음을 다잡는다.

만어사의 초입은 어수선했다. 경사진 언덕에 석축을 쌓아 올리다 중단한 것이며 포살당(布薩堂)이나 요사채라도 지을 예정인지, 새 기운이 폴폴 올라오는 검붉은 흙이 파헤쳐져 있고, 정방형의 골을 파고 거기에 자갈을 깔고 귀퉁이마다 주춧돌을 놓은 것이 보였다. 신축 불사(佛事)에 쓰일 것으로 보이는 건축물의 자재들도 주위에 어지럽게 여기저기 널려 있었다. (…중략…)

무심코 다시 반걸음쯤 돌아서자 시야를 막는 허리 굽은 늙은 느티나무의 휘늘어진 가지 사이로 등을 돌리고 앉은 세 칸짜리 단층 건물 옆으로 계단이 보이고 그 계단 위에 법당이 보였다. 미륵전(彌勒殿), 금자(金字)의 그 현판이 아니었으면 어찌 왜소하고 보잘것없는 그 건물의 외양에서 사찰의 주불(主佛)을 모시는 금당(金堂)임을 알았겠는가. 다음 세상에 구원의 부처로 재림할 것으로 약속된 미륵불을 모시는 법당은 근래에 신축한 듯 지붕의 기와에 검은 윤택이 흐르고, 꼭두서니빛과 버들색과 국화빛이 어울려 꽃잎 모양으로 또는 구름 모양으로, 물살 모양으로 연이어 일정한 리듬으로 퍼져 나간 단청은 무늬와 색채가 선명하고 아름다웠다. 금당의 산뜻한 모습과는 달리 그 옆으로 두어 칸 떨어진 곳에 판도방인지 요사채인지 모를 몹시 낡고 오래 묵은 건물이 보였다. 등을 돌리고 있는 그 건물의 기둥이며 기와도 오랜 세월 풍화를 견뎌 온 지친 모습이었다.**129**

마음을 바꾼 '나'는 만어사로 향한다. 만어사에 도착한 이후 절을 둘러보는데, 인용문에서처럼 절에 대한 묘사가 꽤 구체적이고 세밀하다. 마치 독자가 만어사에 방문하여 절의 곳곳을 둘러보는 듯한 느낌을 자아낸다. 만어사를 둘러싸고 있는 자연풍광, 지나온 세월을 고스란히 품은 오래된 금당과 새로 지어 선명한 색채의 단청으로 꾸민 미륵불을 모시는 법당, 앞으로 지을 법당을 위해 마련된 자재들이 각각의 자리에서 조화를 이루어 만어사의 평화로움을 느낄 수 있다.

"그렇답니다. 몇 해 전에 등산 왔다 우연히 이 절에서 하룻밤 묵어가게 되었는데, 그때 주지스님께서 그러시더군요. 저 바위들은 원래 바다를 자유롭게 헤엄치던 물고기들이었는데, 언젠가 아득한 옛날, 육지가 바다가 되고 바다가 육지가 될 때, 즉 천지가 개벽할 때 저렇듯 이곳에 불쑥 올려져 바위로 굳어졌답니다." (…중략…)

'바위들이 바다로 돌아갈 날을 꿈꾸며 누워 있다! 아, 바위들이 바다로 돌아갈 날을 꿈꾸며 누워 있다!'

심장이 터질 것 같은 벅찬 희열을 가누지 못한 채 바위들을 바라보며 나는 속으로 크게 외쳤다.

다음 순간 나의 눈은 무슨 환시처럼 바다로 풍덩풍덩 뛰어들어 힘차게 헤엄쳐 나가는 수만 마리의 물고기떼를 보고 있었다.[130]

소설 말미에서 '나'와 사돈은 만어사의 물고기 모양 바위 전설에 대해 이야기한다. 바위들은 "원래 바다를 자유롭게 헤엄치던 물고기들"이었는데 바위가 되어 "바다로 돌아갈 날"을 꿈꾸며 산등성이에 누워 있다는 내용이다. 육지에서 바다로 돌아갈 날만을 오매불망 기다리고 있는 물고기는 얼마나 고통스럽고 절망스러운 상황에 놓여 있는가. 그러나 물고기 바위는 여전히 산등성이에 누워 바다를 꿈꾸고 있다. 이를 전해 들은 '나'는 무언가를 깨달은 듯 "심장이 터질 것 같은 희열"을 느끼며 만어사의 물고기 바위들을 바라본다. 인생을 살아오면서 느꼈던 혼란과 절망감, 슬픔, 애환 들을 물고기 바위를 통해 털어버리게 된다. 절망에 빠졌던 삶의 태도가 희망에 가득 차 긍정적으로 변화한 것이다. 이처럼 만어사는 낙담과 실의에 빠진 사람들에게 다시 앞으로 나아갈 수 있는 활기와 희망을 불어넣는 장소다.

4. 영화에 들앉은 삼랑진

1) 영화에 깃든 삼랑진의 풍광과 인문경관

삼랑진을 배경으로 한 영화는 적지 않다. 우선, 2006년 개봉한 영화로 조근식 감독의 〈그해 여름〉(2006)이 있다. 전반적인 줄거리는 남자주인공 윤석영(이병헌)이 TV 프로그램을 통해 첫사랑 서정인(수애)의 행방을 찾는 내용이다. 1969년 여름, 대학생이던 그는 농촌봉사활동을 떠나 가족 없이 혼자 살고 있던 서정인을 만나 사랑에 빠진다. 함께 어울려 다니던 어느 날 소나기가 내리자 둘은 급하게 비를 피한다. 내리는 비를 보며 서정인은 '만어사'에 얽힌 전설을 이야기한다.

서정인: 만어사라고 알아요? 하긴 알 리가 없지.

윤석영: 아… 그거 출판사?

서정인: 만어사는 절이에요. 거기에요, 물고기들이 변해서 만들어진 돌들이 있거든요?

윤석영: (웃음) 물고기들이 돌로 변했다고요? 그거 직접 가서 보고 하는 거예요, 그 얘기?

서정인: 당연하죠. 내가 4살 때인가. 우리 엄마랑 아빠랑… 어떻게 된 거냐면요. 용왕 아들이 부처가 돼서 하늘로 가구요, 따라왔던 물고기들은 돌로 변한 거예요. 그래서 이렇게 비만 오면 계속 슬프게 운대요. 옛날에 내가 갔을 때도 비가 왔었거든요. 근데 진짜 돌에서 뎅 뎅 뎅 하고 소리가 나더라니까요?

윤석영: 원래 말도 안 되는 얘기 진짜처럼 잘하죠?

서정인: 아 진짜라구요! 사람 말을 못 믿어…

윤석영: 아 4살 때라고 그랬구나. 4살 때면 그렇겠네. 들리겠네. 뎅 뎅 뎅 (웃음)

윤석영은 서정인이 일러준 만어사 전설을 믿지 않는 듯 웃음으로 넘긴다. 그리고 며칠이 지난 후 윤석영은 서정인에게 물고기 모양의 돌을 보여준다.

윤석영: (물고기 모양의 돌을 보여주며) 내가 계속 땅만 보고 걷고 있는데 물고기랑 똑같이 생긴 돌이 거기 있는 거예요. 그 무슨 만어사인가 뭔가 거기에도 물고기랑 비슷한 돌 많다면서요. 근데 아마도 이거보다 똑같은 건 없을걸요?

서정인: 그걸 다 기억하고 있었어요?

윤석영: (…중략…) 그게 왜 딱 눈에 띄었는지 몰라…

만어사 전설을 거짓말로 치부하는 것 같았던 윤석영이 이야기를 기억하고 물고기 모양의 돌을 보여주자 서정인은 감동한 듯한 모습을 보인다. 그리고 윤석영은 앞으로도 자신과 놀아달라며 호감을 내비친다. 둘은 서로에 대한 사랑을 키워가며 행복해 하는데, 서정인이 윤석영을 따라 서울의 대학교에 들렀다가 사건이 발생한다. 학생운동 현장에 있었다는 이유만으로 윤석영과 서청인이 잡힌 것이다. 서정인은 부모가 월북했기에 윤석영을 보호하기 위해 자신들의 관계를 부정하고 홀로 교도소에 들어간다. 교도소에서 나온 서정인은 마중 나온 윤석영과 재회하지만 스스로 윤석영의 곁을 떠난다.

시간이 흘러 TV 프로그램을 통해 서정인의 소식을 듣게 된 윤석영은 1969년 여름에 찾아갔던 농촌 마을을 다시 방문한다. 그곳에서 전달받은 서정인의 유품 중에서 그녀에게 보여주었던 물고기 모양의 돌을 발견하고 과거를 회상한다. 서정인과 헤어진 뒤 윤석영은 비 오는 날 만어사를 찾아갔었다. 서정인이 들려주었던 만어사의 전설을 떠올리며 물고기 바위 무더기에 도착한 윤석영은 바위에 부딪히는 빗소리를 들으며 슬픈 미소를 짓는다. 그리고 자신이 서정인에게 보여주었던 물고기 모양의 돌을 돌탑에 쌓으며 눈물을 흘린다. 그 모습을 뒤에서 조용히 지켜보고 있던 서정인은 윤석영이 떠난

뒤 돌탑에서 그 돌을 집어든다. 영
화는 윤석영이 그녀의 유품을 보고
서 그녀 역시 만어사에 왔었음을 뒤
늦게 깨달으며 끝난다.

〈그림27〉〈그해 여름〉 장면(만어사를 찾은 윤석영)

〈그해 여름〉에서 만어사는 주인
공들의 이루어지지 못한 사랑을 더
욱 애달프게 보여주는 공간이다. 이
별한 뒤에도 둘은 서로를 그리워하
고 있었으며 함께했던 순간을 기억
하고, 같은 날 만어사를 방문했던
것이다. 가족들이 월북하여 홀로 남
한에 남은 서정인, 자신의 곁을 떠

〈그림28〉〈그해 여름〉 장면(윤석영이 떠난 뒤의 서정인)

난 그녀를 평생 그리워하는 윤석영
은 모두 바다로 돌아가지 못하고 돌로 변해 버린 물고기와 같다. 〈그해 여름〉
은 만어사의 물고기 바위 전설을 서사에 활용하여 비극적인 사랑을 더 처연
하게 표현하고 있다.

만어사가 등장하는 또 다른 영화로는 김의석 감독의 〈청풍명월〉(2003)을
들 수 있다. 〈청풍명월〉은 조선시대 인조반정이 일어났던 시기를 배경으로
한다. '청풍명월'은 태평성대를 꿈꾸며 설립한 무관양성소다. 지환(최민수)과
규엽(조재현)은 청풍명월에서 우정을 나눈 막역한 사이다. 그러던 중 규엽은
자신의 출세를 위해 친구 지환을 배신해야만 하는 상황에 놓인다. 결국 규엽
에게 칼을 맞은 지환이 다른 사람들의 눈을 피해 숨는 곳이 바로 만어사다.

만어사에 은신하면서 지환은 반정세력에 대한 복수의 칼날을 갈고 규엽과
의 우정에 대해 고뇌한다. 이때 만어사의 미륵전과 물고기 바위 더미가 등장
한다. 고민하는 주인공의 모습과 잘 어우러져 깊은 인상을 남긴다. 복수와
우정 사이에서 번뇌하는 지환의 모습과 바다로 되돌아가지 못하는 물고기

바위가 겹쳐 보인다. 만어사는 지환의 내면을 더욱 풍부하게 드러내는 공간이다.

다음으로 〈똥개〉(2003)[131]는 전체적인 배경을 밀양으로 설정하고, 실제로 밀양에서 촬영한 작품이다. 어딘가 어리숙하지만, 의리는 넘치는 주인공 차철민(정우성)을 둘러싼 이야기다. 철민은 어머니를 여의고 경찰관인 아버지와 둘이서 살고 있다. 똥개라는 이름의 강아지를 동생처럼 키우는 철민의 별명 역시 똥개다. 아끼던 똥개를 고등학교 선배들이 죽이자 철민은 순식간에 돌변해 그들과 싸우다 퇴학당한다. 이후 비슷한 처지의 친구들과 어울리며 시간을 보낸다. 한편, 철민의 아버지는 남매처럼 지내라며 정애(엄지원)를 집으로 데려온다. 그러던 어느 날, 곤란한 상황에 빠진 친구를 돕다 동네 건달들과 마찰이 일어난다. 고등학생 시절의 악연이기도 한 동네 건달들과 패싸움을 벌이다 결국 경찰서에 잡혀 들어간다. 그리고 유치장에서 학교 선배와 1대 1 난투극을 벌이고 영화가 마무리된다.

철민이 친구들과 다니는 공간은 모두 밀양의 장소들이다. 그 가운데 가장 유명한 곳이 용평터널이다. 백송터널 또는 월연터널이라고도 불리는 이곳은 철민과 친구들이 동네 건달들과 패싸움을 하는 장소로 등장하여 유명해졌다. 철로가 지나던 터널이었으나 지금은 차 한 대가 겨우 지날 정도로 좁다. 이와 마찬가지로 과거 낙동강철교 또는 삼랑진교로 불리었던 삼랑진 인도교 역시 영화에 짧게 등장한다. 철민의 아버지가 가족처럼 지내라며

〈그림29〉 〈똥개〉 장면(삼랑진철교)

데려온 정애의 스쿠터로 삼랑진 인도교를 지나는 장면이다. 삼랑진 인도교는 '콰이강의 다리'라는 별칭으로 불리기도 하는 삼랑진의 명소로, 일몰을 보러오거나 자전거를 타는 사람들이 즐겨 찾는 장소다.

2006년 개봉한 영화 〈마음이…〉132에서도 삼랑진역을 엿볼 수 있다. 이 영화는 주인공 찬이(유승호)와 강아지 마음이가 우정을 쌓으며 성장하는 내용이다. 찬이는 여동생 소이(김향기), 마음이와 함께 시골에서 살고 있었다. 빙판이 깨지는 사고로 소이가 죽게 되자 그 자리에 함께 있던 마음이를 탓한다. 찬이는 마음이를 미워하며 밀어내며, 엄마를 찾기 위해 홀로 부산으로 떠난다. 마음이도 찬이를 뒤쫓아 부산에 도착하고 우여곡절 끝에 둘은 재회한다. 어린이들을 이용하여 구걸 행위를 종용하거나 납치와 폭행을 일삼는 두목(안길강)과 맞서며 찬이와 마음이는 이전의 관계를 회복한다. 둘은 소이와 살던 곳으로 다시 돌아간다. 자신을 찾아온 아들을 매몰차게 대했던 엄마는 딸의 죽음을 알고 집으로 돌아와 용서를 구한다. 영화는 몸이 좋지 않았던 마음이가 찬이의 품에서 숨을 거두고, 찬이는 엄마와 함께 사는 것으로 끝난다.

영화에 등장하는 버스 정류장이나 노선을 미루어 봤을 때, 주인공 남매가 사는 지역은 밀양으로 보인다. 그리고 찬이가 엄마를 찾기 위해 부산행 기차를 타면서 마음이와 헤어진 곳 또한 삼랑진역이다. 삼랑진역을 중요하게 다루는 것은 아니지만, 주인공들이 헤어지고 다시 만나서 우정을 쌓는 여정

〈그림30〉 〈마음이…〉 장면(삼랑진 철길)

이 시작되는 지점으로서 사건의 본격적인 전개를 알려주는 장소라 할 수 있다. 〈오구〉(2003)[133]와 〈소리굽쇠〉(2014)[134] 역시 밀양에서 촬영된 영화로, 삼랑진을 포함한 밀양의 여러 장소가 작품에 담겨 있다. 〈오구〉는 위양저수지, 신호저수지, 기회송림, 삼랑진장터 들에서 촬영하였고, 〈소리굽쇠〉는 삼랑진 인도교와 그 부근에서 주로 촬영했다고 한다.

2) 국민보도연맹과 이념의 비극: 〈레드 툼〉

국민보도연맹 사건은 한국전쟁 전후 불법적으로 이루어진 민간인 집단학살사건이다. 밀양은 1960년 4월혁명 이후 유족회가 결성되면서 유해를 발굴하고 합동묘를 조성했다. 그러나 이듬해 5·16군사쿠데타로 합동묘를 파헤치고 유족회 간부들이 구속되면서 진상규명이 끝내 좌절되고 말았다. 죽음의 진실이 세상에 드러난 때는 무려 47년이 지난 시점이었다. 진실·화해를위한과거사정리위원회에서 2008년 1월 24일부터 2009년 6월 25일까지 밀양 국민보도연맹 사건으로 분류된 54건을 조사한 결과, 군경이 적법한 절차 없이 민간인을 소집·구금하여 집단살해한 사건으로 규정하고, 이는 인도주의에 반하며 헌법에서 보장한 국민의 기본권인 생명권을 침해한 국가폭력이라는 점을 명확히 했다. 가해 주체는 밀양경찰서 소속 경찰, 국군 육군본부 산하 경남지구 CIC 내원이 있으며, 희생자는 신청인 중 신원이 확인된 45명과 미신청인 중 신원이 확인된 10명으로 총 55명이다. 이들은 1950년 7월부터 8월에 걸쳐 이루어진 밀양지역 국민보도연맹원 예비검속자들이다. 밀양경찰서와 관할지서 경찰, 경남지구 CIC에 의해 연행되거나 소집통보를 받고 자신출두하여 밀양경찰서 유치장, 밀양읍 나카노공장, 삼랑진지서, 삼랑진역 강생회 지하창고 들에 구금되었다. 1950년 8월 중하순경 청도군 매전면 곰티재, 밀양군 삼랑진면 안태리 뒷산, 검세리 깐촌 낙동강변, 미전리 미전고개 일대에서 희생되었다.

구자환 감독의 영화 〈레드 툼(Red Tomb)〉(2013), 즉 '빨갱이 무덤'은 "1950년 한국전쟁 초기 최소 23만 명에서 최대 43만 명의 국민보도연맹원이 국군과 경찰에 의해 학살됐다."는 자막과 함께 그날의 기억과 비극적 상황을 소환한다. 한국전쟁 발발 직후 예비검속 차원에서 구금·학살당한 국민보도연맹 희생자들의 이야기다. 의령, 진주, 창원 등지의 경남지역 학살 현장을 찾아 살아남은 이들과 목격자들의 증언을 담았다. 다음은 삼랑진 깐촌 지역과 미전고개에서 자행된 학살과 관련한 인터뷰 내용의 일부다.

①절벽 저기 깎인 데 있잖습니까. 저기가 보도바위입니다. 보도연맹 사람들을 끌고 와서 저기서 죽이니까, 동네사람들이 보도연맹 관계로 죽은 사람들이 저기서 죽었기 때문에 보도바위, 보도바위라고 하는 겁니다. 그 앞에는 바위 이름이 없었습니다.

〈그림31〉 〈레드 툼〉의 한 장면(보도바위, 작원마을 시루봉)

②무조건 그때 죽여버렸지. 그때 경찰서에 조금 자기들에게 밉보였다 하면 빨갱이로 몰아서 그렇게 해 버렸거든. (…중략…) 그 당시에는 공산주의가 무엇인지 민주주의가 무엇인지 그것도 모르는 거라. 그 당시 무식했

〈그림32〉 〈레드 툼〉의 한 장면(미전고개 학살지)

거든. 학교도 제대로 못 나왔는데. 빨갱이 그놈들이 하는 짓이 부자들 경작 많이 했거든 했는데 토지를 좀 나눠준다고 하니까 거기에 혹해 가지고 좌익인지 우익인지 모르는 거라. 모르고 무식해서 그런 거라. 나뭇잎이 시커멓다. 아직까지. 무성하고. 나뭇잎이 시커멓다. 아직까지. 무성하고 나뭇잎이 무성한 걸 보면 사람을 많이 죽여 놓으니까. 사체가 썩어서… 숲이 그때는 시커멓게 굉장히 그랬는데.

국민보도연맹은 1949년 6월 '전향자를 계몽·지도하여 명실상부한 대한민국 국민으로 받아들인다'는 목적으로 결성된 사상전향단체였다. 공식적인 가입 대상자는 '좌익 전향자'라 명시하고 있지만, 실제로는 사뭇 달랐다. 비료나 농기구를 받기 위해 좌익단체에 가입한 단순 가담자, 좌익 전력자의 친인척, 경찰 혹은 우익 청년단체와 갈등 관계에 있던 사람, 국민보도연맹이 어떤 단체인지도 모르고 주변의 권유나 강요로 가입한 사람들이 포함되어 있었다. 희생자들의 연령별 분포를 보면 20~30대가 80%를 차지하며, 가장 어린 희생자는 19세, 가장 나이가 많은 희생자는 45세였다. 직업은 농업 종사자가 60%로 가장 많았고, 학력 수준은 초등학교 졸업 이하가 70% 이상을 차지했다. 국민보도연맹 사건은 국가가 유사시 발생할 수 있는 위험요소를 사전에 제거하겠다는 계획에서 비롯되었다. 국민의 생명과 재산을 보호할 의무가 있는 국가가 무고한 민간인을 적법한 절차 없이 집단적으로 학살했던 사건이다.

한국전쟁 당시 삼랑진면의 경우, 밀양군의 다른 읍면이 7월 중하순에 주로 소집 방식으로 검속을 진행한 것과는 시기나 방법이 달랐다. 다른 읍면보다 늦은 8월 중순경 삼랑진지서 경찰 혹은 철도경찰에 의해 연행되는 방식으로 검속이 진행된 것이다. 이들은 밀양읍내로 이송되지 않고 옛 삼랑진면사무소, 삼랑진지서, 삼랑진역 강생회 지하창고 들에 구금되었다. 강생회 지하창고에 구금된 이들의 경우, 손이 묶여 있었으며 감시자에게 금품을 주고 몰래 면회가 가능했다고 한다. 삼랑진지서나 옛 삼랑진면사무소에 구금된 이들은 가족 면회가 자주 이루어졌을 뿐만 아니라 구금 중에 집에서 저녁을 먹고 돌아가기도 했다고 전한다. 삼랑진지서에 구금되어 있던 이들은 1950년 8월 18일과 20일 사이에 희생되었으며, 장소는 삼랑진면 안태리 뒷산이었다. 삼랑진역 강생회 지하창고에 구금되었던 이들은 삼랑진면 검세리 깐촌 낙동강변에서 세상을 달리하고 말았다. 삼랑진역에서 부산 방향 경부선 철도가 지나가는 첫 번째 굴과 두 번째 굴 사이 지점으로, 철도에 보도연맹원을 세워놓고 총으로 쏘아 낙동강에 떨어뜨렸다고 전한다. 이들이 희생된 강변에 자리한 바위를 '보도바위'라 부르는 까닭이다.[135] 또 다른 희생 장소는 미진리 미전 고개였다. 인용문 ②에서 보듯이, 무고한 희생자들의 씻지 못할 한을 품고 자라서인지 "나뭇잎이 무성하고 시커멓다"는 증언이 들려주는 메시지는 명확하다. 오랜 세월 유족들을 슬픔과 고통 속에 살아오게 했던 역사적 비극을 잊어서도, 결코 되풀이해서도 안 될 것이다.

〈그림33〉 밀양 국민보도연맹 사건 희생지 표지판
(2013.12, 삼랑진읍 미전리 산11번지 소재)

5. 수란창흔(水亂瘡痕)을 넘어 낙동강 노을로 가는 길

지역이란 고정된 실체가 아니다. 고단한 몸을 뒤척이며 바다로 길을 내는 낙동강의 물빛처럼 언제나 역동적이다. 두루 알다시피 지역을 이해하는 방식은 여럿이다. 이제껏 보편적인 근대에 견주어 지역을 후진적이거나 정체된 곳으로 규정하는 중앙/지방의 이분법적 담론이 지배적이었다. 물론 지역에 대한 배제와 차별이 존재하는 한 이러한 담론은 여전히 유효하다. 그러나 중심부의 억압이 모든 주변부에 단일한 방식으로 작동하지 않는다는 점에서 중심과 주변의 관계에 대한 새로운 접근이 필요한 시기에 이르렀다.

지역의 사회역사적 전통을 탈맥락화함으로써 지역 정체성을 공간화하는 문화지역주의도 문제라면 문제다. 경관을 개선하거나 지역의 역사를 복원하려는 목적으로 삽질이 한창인 이즈음의 지역사회 풍경이 그렇다. 문학작품의 배경이 되었거나 드라마나 영화 촬영지라면 관광객의 발길이 잦다.

지역사회 안쪽에서 이러한 장소를 정비·홍보하는 일에 큰 관심을 기울이고 있는 까닭도 바로 여기에 있다. 지역가치의 '발견' 또는 '재발견'을 넘어 심지어 '발명'되는 현실에서 삼랑진은 어떠한 문화적 정체성을 구축할 수 있을까. 아니 어떠한 방식으로 삼랑진이라는 장소의 정체성을 강화할 수 있을까.

지역문학은 지역의 이야기를 담은 장소문학이다. 작가는 지역의 공간과 일정한 영향을 주고받으며 새롭게 의미화한다. 그런 까닭에 독자는 있는 그대로의 장소에 존재하기도 하거니와 작가가 그린 장소 속에 존재하기도 하는 것이다. 문학은 지도상에 표기된 단순한 영토지리를 넘어 영토와 공간을 확장하고 새로운 질서와 의미를 부여하는 문화적 표현형식이다. 삼랑진의 문화지리는 어떨까. 가야의 수로왕 전설과 만어산의 독특한 자연경관에 기대 만어사가 가장 심상성 높은 장소로 각인되었고, 작원관은 임진왜란의 격전지로서도 이름이 드높다. 또한 고려시대 이래 경상지역 조운의 중심지역이었으며, 근대에는 철도교통의 요지였다.

삼랑진을 노래한 문화예술에는 이러한 역사문화경관과 자연경관 못지않게 낙동강을 품어 안은 작품이 여럿 있다. 삼랑진은 처녀가 쌀 한 말도 먹지 못하고 시집간다는, 메기가 하품만 해도 물이 든다는 포지(浦地)가 아니었던가. 낙동강은 이 터에 깃들어 살아가는 사람들의 삶의 젖줄이자 생명선이면서도, 일망무제(一望無際)의 큰물이 들 때마다 삶터를 송두리째 앗아간 근원이었다. 이즈음에는 그 참혹했던 수란창흔(水亂瘡痕)의 삶을 뒤로하고 낙동강 물길을 따라 노을 지는 풍경을 소비하는 시대를 살아간다. 철길이든 물길이든 삼랑진을 찾는 이들이나 지역민에게 삼랑진은 시도 위의 단순한 좌표가 아닐 것이다. 김정한의 소설 「뒷기미나루」에서 저물 무렵이 되어서야 보리타작을 끝내 속득이와 춘식이가 땀과 먼지를 뒤집어쓴 고단한 몸을 씻던 뒷기미 위쪽의 밀양강 거족마을 그 어디쯤, 모래톱도 개밭도 갈대숲도 1980년대 낙동강 하굿둑 공사로 없어진 지 오래다. 그토록 풍성했던 재첩이며 숭어, 은어도 자본에 압도당한 세월의 흐름을 견디지 못하고 지금은 쉽게 찾아보기 힘들다. 그날 속득이와 춘식 내외의 "제7천국", 그야말로 최고의 행복을 느티나무 가지 속에서 빠끔히 엿보고 있던 달빛이나 밀양강 맑은 물빛은 여전한데 말이다. 오늘날 삼랑진의 문화지리를 통해 삼랑진의 역사적 문화적 기억을 소환하고 미래를 사유하는 일은 참으로 뜻깊다.

미주

1 이중환 지음, 안대회·이승용 외 옮김, 『완역 정본 택리지』, 휴머니스트, 2018, 119쪽.

2 석정 윤세주 열사 기념사업회, 『민요로 살펴본 밀양』, 공동체, 2019, 20~21쪽.

3 문화방송, 『MBC 한국민요대전 – 경상남도 편』, 1994, 151~188쪽.

4 정상박·류종목, 삼랑진읍 소개, 『한국구비문학대계』 8-8, 한국정신문화연구원, 1983, 21~22쪽.

5 조희붕, 『밀양지명고』, 밀양문화원, 1994, 126쪽.

6 한태문·류경자·조수미·정은영·김남희·노경자 조사, 박말선(여, 77세, 삼랑진읍 내송동) 제보, 2010년 7월 6일 채록; 한태문·이순욱·정훈식·류경자, 『밀양민요집 2』, 밀양시, 2010, 326쪽.

7 한태문·류경자·조수미·정은영·김남희·노경자 조사, 석기연(여, 78세), 박말선(여, 77세), 삼랑진읍 내송동) 제보, 2010년 7월 6일 채록; 한태문·이순욱·정훈식·류경자, 『밀양민요집 1』(밀양시, 2010), 401~402쪽.

8 삼랑진읍 민요 8, 청학리 가정, 1981.7.27; 류종목, 성재옥 조사, 안차림(여, 71); 정상박·류종목, 『한국구비문학대계』 8-8(한국정신문화연구원, 1983), 223~224쪽.

9 하응백, 「(청사초롱–하응백) 민요 속 여인의 죽음」, 『국민일보』, 2014.10.1.

10 문화방송, CD 14-32 포항 생금생금, 『한국민요대전』(MBC, 1995), 김선이(여, 1927) 가창.

11 서영숙, 『한국 서사민요의 날실과 씨실: 우리 어머니들의 노래』(역락, 2009), 201~202쪽.

12 서영숙, 위의 책, 216쪽.

13 이정부, 경기도 김포시 월곶면 군하리 136(2009.2.3); 한국학중앙연구원, 『한국구비문학대계』(https://gubi.aks.ac.kr/web/Default.asp).

14 이복순, 경기도 성남시 분당구 서현1동 문정로 150 율동경로당, 2016.1.28, 한국학중앙연구원 (https://gubi.aks.ac.kr/web/Default.asp).

15 강혜인, 「전래 동요 〈놀리는 노래〉의 음악 분석」, 『한국민요학』 17, 한국민요학회, 2005, 28쪽.

16 한대문·류경자·조수미·정은영·김남희·노경자 조사, 신순희(여, 79세, 삼랑진읍 임천리) 제보, 2010년 7월 6일 채록; 한태문·이순욱·정훈식·류경자, 『밀양민요집 2』, 445쪽.

17 Frazer, James George, *The Golden Bough: A Study in Magic and Religion*, oxford university press, 1994, pp. 38~39.

18 "古記云 萬魚寺者 古之慈成山也 又阿耶斯山 傍有呵囉國 昔天夘下于海邊 作人御國 卽首露王 當此時 境內有玉池 池有毒龍焉 万魚山有五羅利女 往來交通 故時降電雨 歷四年 五穀不成"(『三國遺事』卷3, 塔像 魚山佛影)

19 "王呪禁不能 稽首請佛說法 然後羅利女受五戒 而無後害 故東海魚龍 遂化爲滿洞之石 各有鍾磬之聲"(『三國遺事』 卷3, 塔像 魚山佛影).

20 조동일, 『한국문학통사 1: 원시문학~중세전기문학』(제4판), 지식산업사, 2005, 208~209쪽.

21 늘너덜, 돌너덜, "돌이 많이 흩어져 있는 비탈"(국립국어원, 『표준국어대사전』).

22 만어산 너덜겅의 유래, 삼랑진읍 설화 3, 류종목·성재욱 조사, 구연자 류영수; 정상박·류종목, 『한국구비문학대계』 8-8, 37~39쪽.

23 만어사(萬魚寺)의 유래, 삼랑진읍 설화 44, 류종목, 성재욱 조사, 구연자 이귀조; 정상박·류종목, 『한국구비문학대계』 8-8, 182~184쪽.

24 석가모니가 득도한 사연, 삼랑진읍 설화 54, 용성리 새터 채록, 채록자 류종목, 성재욱 조사, 구연자 이일창; 정상박·류종목, 『한국구비문학대계』 8-8, 198~200쪽.

25 서대석, 「창세가」, 『한국민족문화대백과사전』 21, 한국정신문화연구원, 1995, 692쪽.

26 서대석, 「창세시조신화의 변이와 의미」, 『구비문학』 4, 한국정신문화연구원 어문학연구실, 1980; 서대석, 위의 책(1995), 692쪽; 서대석, 『한국신화의 연구』, 집문당, 2001, 243~244쪽.

27 콩쥐 팥쥐, 삼랑진읍 설화 22, 채록지 청학리 골안, 채록자 류종목, 성재욱, 구연자 설삼출; 정상박·류종목, 『한국구비문학대계』 8-8, 102~111쪽.

28 한국브리태니커회사, 『브리태니커』 21, 1993, 628쪽.

29 위의 예문과 함께 출처는 콩쥐 팥쥐, 삼랑진읍 설화 22, 채록지 청학리 골안, 채록자 류종목, 성재욱, 구연자 설삼출; 정상박·류종목, 『한국구비문학대계』 8-8, 102~111쪽.

30 정태륭, 『한국인의 상말전서』, 고요아침, 2016, 454쪽.

31 밀양지편찬위원회, 『밀양지』, 밀양문화원, 1987, 554쪽.

32 최헌섭(두류문화연구원장), 「한양 가던 이들 발길 지나쳤던 그곳」, 『경남도민일보』 2011.7. 5(webmaster@idomin.com, http://www.idomin.com/news).

33 조희붕, 『밀양지명고』, 127쪽.

34 「東萊釜山千里길」 ④ 鵲橋(작교)→密陽(밀양), 『동아일보』, 1964.1.7.

35 이헌영, 「일사집략」 지(地), 윤 7월, 『해행총재』 신사(1881, 고종 18)년 2월 27일; 한국고전번역원, 권영대·문선규·이민수 공역, 『해행총재』, 1977.

36 이만견 원저, 정경주 역주, 『국역 내산집』, 신지서원, 2016, 53~61쪽.

37 한시 정보는 밀양문화원에서 발간한 『밀양명승제영』, 『밀주징신록』에서 두루 얻을 수 있다. 이외 문집에서 삼랑진 시를 찾아 제시했고, 기존 번역을 필자의 의도에 맞게 조금씩 다듬었다.

38 김종직, 「손봉산용전운 작연아이기 부화(孫鳳山用前韵作演雅以寄復和)」, 『점필재시집』 권6.

39 편자 미상의 『영남루시운』(남권희·전재동 역, 경북대학교 출판부, 2018)에 안주가 1542년 청도군수 재직 중 밀양부사 박세후(朴世煦)의 요청으로 지은 「영남루중수상량문」과 중건 축하 시 3편이 있는 것을 보면 그 무렵 만어사 시를 지었을 수도 있다. 하지만 이 시의 맥락상 밀양부사 때가 오히려 적절하다.

40 석점두(石點頭): 진(晉)나라 도생법사 생공(生公)이 돌멩이를 모아 설법하자 돌멩이들이 고개를 끄덕였다고 한다. 『연사고현전(蓮社高賢傳)』 「도생법사」.

41 『신증동국여지승람』 「밀양도호부」 〈고적〉 '만어산 경석(萬魚山磬石)'.

42 공(空): 공곡(空谷). 실시학사 고전문학연구회의 『유배지에서 역사를 노래하다, 영남악부』(성균관대학교 출판부, 2011, 198쪽)에서는 '공(崆)'으로 대체해 번역했다.

43 종경(鍾磬): 타악기인 편종과 편경의 통칭. 궁중 악기의 음고를 정하는 역할을 한다.

44 풍산(豊山): 옛날 이름난 종 이름. 풍산에는 아홉 개의 종이 있는데, 서리가 내리면 저절로 울린다고 함. 『산해경』 「중산경」.

45 사빈의용(泗濱矢往): '泗濱'은 석경의 좋은 재료가 산출되는 사수(泗水)의 물가. 『서경』 「우공」. '往(왕)'은 원전의 주에 "叶尹蝀切"이라 하여 운을 일치시켰는데, 『강희자전』에 따르면 협운의 발음은 '용(勇)'이다.

46 『세종실록』 1427.5.15/8.17, 1430.8.18/윤12.1.

47 영편(嬴鞭): '嬴'은 진나라 성씨. 진시황이 바다를 건너서 일출을 보고자 돌다리를 놓으려 했는데, 신인(神人)이 나타나 돌을 바다로 내몰자 돌들이 저절로 바다로 달려갔다. 신인이 빨리 구르지 않는 돌을 채찍으로 때리니 돌에서 피가 났다 한다. 『예문유취』 권79 「영이부」 하 〈신〉.

48 감로사 연혁은 경일의 「감로사사적비명(甘露寺事蹟碑銘)」(『동계집』 권3) 참조.

49 전남 영광군 불갑사의 만세루에 원감국사의 이 시가 주련으로 걸려 있다.

50 신지제, 「첩영남루전운(疊嶺南樓前韻)」, 『오봉집』 권4.

51 기구(箕裘): 가업을 비유함. 『예기』 「학기」. "훌륭한 대장장이의 아들은 반드시 배워서 가죽옷을 만들고, 훌륭한 궁장의 아들은 반드시 배워 키를 만든다[良冶之子, 必學爲裘; 良弓之子, 必學爲箕]."

52 손습은 오한 손기양의 차남이며 조경암 장문익의 제자로 촉망받았으나 백일장에 참가한 그해에 요절했다. 그의 무덤이 삼랑진 용성리 칠성마을에 있다. 이의정의 만시가 있다.

53 이이정, 「방오우정유허유감(訪五友亭遺墟有感)」, 『죽파집』 권1.

54 『오우선생실기』를 보면 임진하(任震夏)가 「오우정중수상량문」을 숙종 2년 을묘년에 지었다고 했다. 숙종 2년은 을묘년이 아닌 병진(1676)년이고, 임진하는 1733~1737년 양산군수를 지냈다. 동일 인물이라면 연대가 다르다.

55 화악루(華萼樓): 당나라 현종의 다섯 형제가 낙양에 오왕택(五王宅)을 짓고 살았는데 나중 장안에 하사받은 홍경방 곁에 화악상휘지루(花萼相輝之樓)를 세웠다.

56 어량(漁梁): 오목하게 들어간 강가에 나무 장대를 촘촘하게 세워 물고기가 밀물을 타고 들어왔다가 썰물 때 빠져나가지 못하게 만드는 어살.

57 생취(生聚): 원수를 갚을 수 있도록 인구를 증가시키고 재물을 비축하는 것.

58 도연명의 「도화원기」에 나오듯이 진인(秦人)은 진나라 때 전란을 피해 무릉도원으로 들어가 산 사람을 가리킨다. 여기서는 시인이 묵었던 작원마을의 아름다운 성치를 뜻한다.

59 밀양부사 조기복의 「영남루중수상량문」은 이장한이 1844년 이인재 부사가 중창한 영남루의 상량문으로 지은 것이라 이주이씨 문중에서는 주장하고 있다.

60 진(秦)나라 소양왕이 주를 멸하고 구정(九鼎)을 옮기다가 사수(泗水)에 빠뜨리고 말았는데, 진시황이 천하를 통일하고 나서 건져내려 했으나 실패했다. 『사기』 「진시황본기」.

61 距心(거심): 제나라 대부 공거심(孔距心). 흉년에 굶주린 백성을 구제하지 못한 것을 자신으로 죄로 돌림. 『맹자』 「공손추」 하.

62 『시경』「소아」〈대전〉에 "구름이 뭉게뭉게 일어/ 대지를 촉촉이 적셔 주는 비/ 공전에 먼저 내려 주시고/ 마침내 우리 사전에도 미치기를[有渰萋萋 興雨祁祁 雨我公田 遂及我私]"라는 가사가 있다.

63 오량(五兩): 배의 돛대 뒤에 매달아 풍향을 관측하는 기구. 다섯 길 되는 장대 끝에 닭의 깃털을 묶어서 바람의 방향을 관측했다고 한다.

64 원전의 협주에 있듯이 당시 발선할 때 무당은 무악을 크게 베풀어 손긍훈 장군의 신령을 영접해 기도하는 풍속이 있었다. 손장군의 사당 성황사(城隍祠)는 원래 추화산에 있었는데 밀양부사 하진보(河晉寶)가 1580년 읍성 안으로 옮겼고, 또 부사 이희년(李喜年)이 1674년 영남루 맞은편의 남림(南林)으로 옮겼다.

65 한국 소설계의 원로 김춘복(金春福)은 출생지 밀양 얼음골에서 창작활동에 전념하고 있는데 최근 장편소설 『운심이』(2022.10)를 출간했다.

66 백장(百丈): 배를 끄는 밧줄. 가늘게 쪼갠 대나무와 삼실을 섞어서 꼬아 백장 길이로 만든 밧줄.

67 선저(船儲): 선저미(船儲米). 배 수리를 하는 비용으로 쓰는 쌀.

68 낭파아(浪婆兒): 물결 신과 교감하는 아이. 맹교, 「송담공(送澹公)」. "나는 물결을 치는 아이/ 술을 마시면 낭파에게 절을 하지[儂是拍浪兒 飮則拜浪婆]".

69 호(篙): 호사(篙師). 사공.

70 풍락(風落): 풍락목(風落木). 바람에 꺾어지거나 저절로 죽은 나무. 배를 만드는 재목으로 씀.

71 사자(沙觜): 모래가 쌓여 불쑥 솟아 있는 것.

72 매우(梅雨): 매실이 노랗게 익는 늦봄이나 초여름에 내리는 비.

73 심도(沁都): 강화도의 이칭.

74 화문(靴紋): 가죽신에 있는 꽃무늬, 곧 작은 물결.

75 농조랑(弄潮郞): 농조지아(弄潮之兒). 물을 희롱하는 패사(稗史). 월왕 구천이 처음으로 지었다고 한다. 『오주연문장전산고』「인사편」〈잡기〉.

76 구강(九江): 동정호의 이칭. 아름다운 경치를 비유함.

77 『경상감영계록』 1872.11.초7일.

78 에드워드 렐프, 김덕현·김현주·심승희 옮김, 『장소와 장소상실』, 논형, 2005, 93쪽.

79 「고적을 소개하는 밀양의 노래」, 『향토문화』 창간호, 밀양고적보존회, 1953, 83~84쪽.

80 최남선, 『경부텰도노래』, 신문관, 1908, 22~24쪽.

81 『동아일보』, 1931.11.12, 5면.

82 「조선어강사 분담 구역」, 『동아일보』, 1931.7.28, 3면.

83 뇌진(磊津)은 지금의 하남읍 명례리로, 김해 생림면 독산마을과 마주하고 있다. 따라서 "金海의 磊津이 온다"는 말은 잘못된 지리 인식이다. 과거에는 수산과 명례에 이르는 강을 해양강이라 불렀다.

84 오규원, 『이땅에 씌어지는 서정시』, 문학과지성사, 1981, 107~110쪽.

85 엄국현, 『집』, 시로, 1983, 22~23쪽.

86 김사림, 『송짓골 우화』, 현대문학사, 1981, 15~16쪽.

87 위의 책, 28~31쪽.

88 『동아일보』, 1957.8.18, 4면.

89 김사림, 앞의 책, 56~59쪽.

90 밀양지편찬위원회, 『밀양지』, 밀양문화원, 1987, 351쪽.

91 한태문·이응인·이순욱 엮음, 『밀양설화집 1: 전설』, 세종문화사, 2008, 397~398쪽.

92 『밀양문학』 창간호, 밀양문학회, 1988, 114쪽.

93 『밀양문학』 14, 밀양문학회, 2001, 167~168쪽.

94 서정주, 『학이 울고 간 날들의 시: 시로 읽는 한국사 반만년』, 소설문학사, 1982, 51~52쪽.

95 박제천, 『달은 즈믄 가람에』, 문학세계사, 1984, 105쪽.

96 조용미, 『일만 마리 물고기가 산을 날아오르다』, 창작과비평사, 2000, 100~101쪽.

97 박태일, 『그리운 주막』, 문학과지성사, 1984, 63쪽.

98 『밀양문학』 9, 밀양문학회, 1996, 101쪽.

99 황동규, 『우연에 기댈 때도 있었다』, 문학과지성사, 2003, 35쪽.

100 이광석, 『잡초가 어찌 낫을 두려워하라』, 동학사, 1996, 62~63쪽.

101 하영, 『빙벽 혹은 화엄』, 문학아카데미, 1993, 45쪽.

102 원은희, 『서정시학』 2000년 6월호, 40~41쪽.

103 이광수, 『무정』, 문학과지성사, 2005, 442~443쪽.

104 위의 책, 444~445쪽.

105 위의 책, 455쪽.

106 위의 책, 465쪽.

107 「삼랑진 전화─삼랑진의 증수」, 『부산일보』, 1917.7.8, 2면; 「삼랑진 증수 상황」, 『부산일보』, 1917.7.10, 5면.

108 「낙동강 연안엔 피난민들 속출」, 『조선일보』, 1930.7.13, 6면.

109 「물금 삼랑진 수해도 전신전화 전부 불통」, 『조선일보』, 1936.8.15, 2면.

110 김약수, 「삼백만 재해동포와 구제」, 『삼천리』 6(11), 1934.11.1.

111 「만리이역 영구로 가는 경남 일천 수재동포」, 『조선일보』, 1934.10.19, 2면.

112 「수해참상─가족 생활 위해 인육시(人肉市)에 매신(賣身)」, 『조선일보』, 1934.10.16, 3면.

113 최정원, 「낙동강」, 『삼천리』 6(11), 1934.11.1, 276쪽.

114 최정원, 「낙동강」, 『삼천리』 7(1), 1935.1.1, 295쪽.

115 김정한, 「뒷기미나루」, 조갑상·황국명·이순욱 엮음, 『김정한전집』 3, 작가마을, 2008, 251쪽.

116 위의 책, 244쪽.

117 위의 책, 258~259쪽.

118 "그 당시는 대개 어느 곳 나룻배라도 그러했지만, 같은 고장 사람들에겐 배 삯을 그때그때 받지 않고, 보리타작이나 추수가 끝난 다음에야 한 집에서 얼마씩 농사 형편 따라 곡식으로 받았다. 그러니까 어쩌다가 낯선 손님이라도 지나가는 날은 땡을 잡는 셈이 된다. 배에서 현금 수입이라고는 그럴 때뿐이니까"(위의 책, 246쪽). 이 지역에서는 나락이나 보리로 1년에 두 번씩 배 삯을 계산하는 방식을 '배 지방한다'라고 이른다. 낙동강 다른 지역에서는 '제방한다'고 일컫는다. 추수가 끝나면 뱃사공이 지게를 지고 강 건너 상남면 마을을 돌며 배 삯을 받는다. 장사꾼이나 상남들에 농사지으러 자주 오가는 삼랑진 사람들에게는 보리 한 말과 나락 한 말을, 통행이 빈번하지 않은 이들에게는 각각 다섯 되를 받았다고 한다.

119 위의 책, 266~267쪽.

120 위의 책, 280쪽.

121 〈TV 문학관〉 103화. 1983년 10월 8일 방영. 원작 김정한 「뒷기미나루」. 극본 최경식. 연출 김재현. 출연 이대로·김성환·안대용·황민·이덕희 등.

122 조성기, 「통도사 가는 길」, 『통도사 가는 길』, 민음사, 2005, 16쪽.

123 위의 책, 17쪽.

124 위의 책, 17~18쪽.

125 조갑상, 「섣달그믐날」, 『테하차피의 달』, 산지니, 2009, 135~136쪽.

126 위의 책, 139~140쪽.

127 위의 책, 136~137쪽.

128 유익서, 「바위 물고기」, 『바위 물고기』, 문학수첩, 2003, 169~170쪽.

129 위의 책, 231~232쪽.

130 위의 책, 240~241쪽.

131 2003년 7월 16일 개봉. 감독 곽경택. 출연 정우성·김갑수·엄지원 등.

132 2006년 10월 26일 개봉. 감독 박은형, 봉수. 출연 유승호·김향기 등.

133 2003년 11월 28일 개봉. 감독 이윤택. 출연 이채은·강부자 등.

134 2014년 10월 30일 개봉. 감독 추상록. 출연 조안·김민상·이옥희·이율 등.

135 진실·화해를위한과거사정리위원회, 「경남 밀양 국민보도연맹 사건」, 『2009년 하반기 조사보고서』 제4권, 2009, 721~765쪽.

제6편 삼랑진읍의 주요 기관

제1장 교육기관

　현재 삼랑진읍에는 삼랑진초등학교, 송진초등학교, 숭진초등학교, 삼랑
진중학교, 삼랑진고등학교, 부산대학교 밀양캠퍼스가 있다.

　참고로, 근대적 초등교육 기관의 명칭은 소학교에서 보통학교, 심상소학
교를 거쳐 국민학교, 초등학교로 변해 왔다. '소학교'는 1895년 7월, 「소학교
령(칙령 145호)」에 따라 세워졌으며, 수업연한은 심상과(尋常科)가 3년, 고등
과가 2~3년이었다. 1906년 8월, 「보통학교령(칙령 44호)」에 따라 이름을 '보
통학교'로 바꾸었다.

　한편, 1905년 통감부 설치 이후 국내에 거주하는 일본인 아동의 초등 교
육기관은 '심상소학교'였는데, 4년제로 운영되다가 1907년 이후 6년제가 되
었다.

　1938년 「제3차 조선교육령」에 따라 '보통학교'의 이름을 일본인 아동이
다니는 학교와 동일하게 '심상소학교'로 바꾸었다. 이어 1941년 「국민학교
령」에 따라 '국민학교'로 바꾸었으며, 1996년 3월 1일부터 '초등학교'로 부르
게 되었다.

1. 삼랑진초등학교

푸른 꿈을 키우는 삼랑진초등학교
[경상남도 밀양시 삼랑진읍 만어로 11]

삼랑진초등학교 전경

1905년 경부선이 개통된 이후, 삼랑진역을 중심으로 점점 커나가던 송지리에 1923년 9월 5일 삼랑진공립보통학교, 지금의 삼랑진초등학교가 세워졌다. 당시 설립 과정과 개교 상황을 『동아일보』에서 다음과 같이 보도하고 있다.

삼랑진공보 설립

삼랑진은 원래 자제를 교도할 만한 학교가 없으므로 밀양까지 통학을 하였는데 거리가 초원하여[조금 멀어] 아동 교육상 심대한 유감이므로 당지에 학교를 설립하고자 당지 면장 김성제 씨와 김용제 박규태 박병

三浪津公普設立

三浪津은 元來子弟를 敎導할만한 學校가업슴으로密陽서지 通學을하얏는대距離가稍遠하야 兒童敎育上甚大한遺憾임으로當地에學校를設立하고자 거긔當地面長金成濟氏及金容濟朴圭泰朴炳하야 諸氏의誠力으로苦心勞力한結果數月前부러三浪津驛前에 이百五十坪의基地와二萬圓의建築 費로위校舍建築工事에 着手하야 든바今般 竣工되얏슴으로 로生徒募集은一二學年百八十名이오 來十一月一日부러開校한다더라
(三浪津)

희 김재곤 박우목 제씨의 알선으로 고심노력한 결과 수히[드디어] 당지에 공보교를 설립케 되어 수월 전부터 삼랑진역전에 백오십 평의 기지와 이만 원의 건축비로써 교사 건축 공사에 착수하였던 바 금반[이번] 기히[이미] 준공되었으므로 생도 모집은 일이학년 백팔십 명이오, 오는 십일월 일일부터 개교한다더라.[1]

삼랑진초등학교는 삼랑진에서 가장 오랜 역사를 가진 학교이다. 개교 당시에 교명은 삼랑진공립보통학교였는데, 1938년 제3차 조선교육령에 따라 '보통학교'와 일본인이 다니는 '심상소학교'의 교명을 '심상소학교'로 통합하였다.

| 삼랑진초등학교 교명 변경의 역사 |
| 1923년 삼랑진공립보통학교 개교 |
| 1938년 삼랑진송지심상소학교 |
| 1941년 삼랑진송지국민학교 |
| 1945년 삼랑진국민학교 |
| 1996년 삼랑진초등학교 |

하지만 당시 일본인이 다니는 삼랑진공립심상고등소학교가 있어서 교명을 삼랑진송지심상소학교로 바꾸었다. 이후 1941년 국민학교령에 따라 삼랑진송지국민학교로 바꾸었고, 1945년 광복 이후에 삼랑진국민학교가 되었으며, 1996년 삼랑진초등학교가 되었다.

1929년 1월 5일자 『동아일보』의 「십년일람」에 따르면 "생도 수 398인, 교원 수 8인"이었으며, 3월 22일 제3회 졸업식이 거행되었는데, "졸업생 총수는 56명으로 남학생 49명, 여자 9명"이었다(『조선일보』, 1929.3.27. 졸업생 수와 남녀 학생 수가 일치되지 않음). 학교 설립 이후부터 학생 수의 꾸준한 증가로 운동장이 좁고 교실이 부족해서 주민들이 기금을 모으는 등의 노력을 통해 여러 차례 증축이 이루어졌다.

삼랑진공보 교사 증축 문제
도청에 진정까지 할 작정
(……) 금년에 와서 입학기는 점점 당도하였으나 교실이 전무하므로 누차 학부형회와 하무위원회를 개최하고 학년 연장과 교실 증축 문제에 대하여 여러 가지로 토의하고 교장과 학무위원들이 군당국에 교섭한 바 군 학무주임 허종대

씨가 민간 측으로부터 일천 원 금액
의 기부만 있으면 제이 교실을 금년
도 입학기에 사용하도록 하여 주겠
다 하므로 지난 달 이십육일에 학부
형측 지창규 씨가 군당국에 들어가
서 현금으로 일천 원 기부를 자기가
전부 담당하겠다고 하였는데, 군학무국에서 돌연히 근일에 도청으로부터 각 학
교의 경비를 축소하라는 명령이 있은즉 민간에서 일천 원의 기부가 있더라도
금년에 제이 교실을 증축하지 못하겠다 하므로 모두 낙심천만하고 돌아왔는데
일반 학부형들은 분기하여 위원 박태규 김용제 양씨를 대표로 서명하여 도청에
진정하기로 결정하였다더라.(밀양)[2]

삼랑진 송지소교 운동장 확장

삼랑진 송지소학교는 전 밀양의 둘째로 현재 있는 교실이 협착하므로 금년에
1학급 교사를 증축하였는데 앞으로 18학급 증축하게 되었으므로 운동장이 좁음
을 유감으로 생각하던 바 기성회 발기로 전 면민 부담으로 금번 기지 1천1백50
여 평을 매수하야 대확장을 하였다고 한다.[3]

광복 후 처음으로 이루어진 졸업식이 "삼랑진국민학교에서는 제20회 졸
업식을 해방후 처음으로 (1946년 6월) 28일 오전 9시 김종만 교장 사회로
내빈 다수 참석하에 성대히 거행하였다."[4]고 신문에 짤막하게 보도되기도
했다.

한국전쟁 당시 미군이 주둔하면서 실화로 1950년 11월, 본관 11개 교실이
전소하여 삼랑진 철도 합숙소를 임시로 사용하는 어려움을 겪기도 했다.
하지만 1960년대를 거치면서 교실을 증축하고 학생 수도 늘어나, 1970학년
도에는 26학급이 편성되어 학생 수가 1,594명에 이르렀다.[5]

1944년 삼랑진송지국민학교 전경과 조회 모습[6]

• 교훈: 으뜸되게, 다양하게, 다함께

• 교가

이상호 작사, 박인호 작곡

(1절)

뫼봉산 푸른 터전 아늑한 곳에

우리는 피어나는 새싹이라네

보아라 새벽 안개 퍼져나오는

희망의 푸른 꿈은 우리 것이네

(2절)

알차게 올바르게 슬기롭고

우리는 피어나는 새싹이라네

삼랑진초 교가

이상호 작사

보아라 새벽 안개 퍼져나오는

희망의 푸른 꿈은 우리 것이네

* 교화: 장미(예쁜 향기를 다른 사람에게 전하는 장미처럼 우리들도 친구들에게
　　　　사랑의 향기를 전하는 사람이 되도록 노력하자는 의미임)
* 교목: 소나무(소나무의 푸른 기상을 이어받아 항상 푸르고 밝게 생활하자는
　　　　의미임)
* 교조: 까치

* 학교 연혁

1923. 9. 5.	삼랑진공립보통학교 개교[7]
1950. 11. 10.	본관 11개 교실 소실
1971. 8. 30.	본관 12개 교실 신축
1992. 11. 7.	도지정 체육우수학교 선정
1994. 6. 25.	다목적 강당 준공
2000. 3. 1.	열린교육시범학교 지정
2009. 7. 1.	도 지정 학력향상 중점학교
2013. 12. 30.	경남교육청 학교평가 최우수학교 선정
2022. 2. 18.	제96회 졸업식(11명, 총 10,036명)

현재 삼랑진초등학교는 "배움을 즐기며 서로 사랑하는 삼랑이"를 교육
목표로 하여, "바른 인성을 갖춘 건강하고 행복한 어린이"를 기르고자 '5가
지 약속'을 바탕으로 다양한 교육활동을 펼치고 있다.

5가지 약속은 ①학생 중심, ②최선을 다하는 교직원, ③학부모, 지역사회
와 소통 공동체, ④아름답고 쾌적한 환경 조성, ⑤안전제일이다.

특색 교육활동으로는 '밀양도서관과 연계한 독서교육 프로젝트-책으로

키워가는 지혜의 샘'을 운영하고 있으며, 중점 육성 학교스포츠클럽은 '초등 여자 테니스부' 운영이다. 독서로 지혜, 스포츠클럽 활동으로 건강을 챙기면서 '몸과 마음이 건강한 삼랑이'를 기르고자 한다.

2019년에는 밀양교육 중점과제 추진 우수사례 학교로 선정되었고, 2021년 11월에는 경남교육청에서 추진하고 있는 아이톡톡 선도학교로 선정되는 등 활발한 교육활동을 펼치고 있다.

◦ 서보장 교장이 자랑하는 우리 학교!

"삼랑진초등학교는 꿈, 사랑, 창의성을 키워가는 행복한 배움터를 만들기 위해 교육공동체가 함께 노력하는 즐거운 학교입니다."

2022년 현재 총 7학급[특수학급 1학급 포함]에 71명의 학생이 재학하고 있다. 교직원은 교장 1명, 교감 1명, 교사 12(유치원 2)명, 일반직 4명, 공무직 등 12명, 총 30명이 근무하고 있다.[8]

제30회 졸업생으로 삼랑진 농협 조합장 8선을 역임한 정대근(鄭大根) 전 농협중앙회장이 설립한 (재)우당육영재단에서 17년간 밀양 지역 등에 인재육성을 위한 장학금을 지급해 미담이 되고 있다.

(재)우당육영재단 장학증서 수여식(2022.11.7)

2. 송진초등학교

송진초등학교 전경

삼랑진읍의 중심은 송지리이다. 송지리는 내송[안송지]과 외송[바깥송지]으로 크게 나뉘는데, 외송에 송지시장, 삼랑진우체국, 삼랑진읍행정복지센터, 송진초등학교가 있다.

송진초등학교는 1946년 7월 1일 개교했다. 일제강점기 일본인 교육기관이었던 삼랑진심상고등소학교 부지와 교사(校舍) 등을 이용하고, 삼랑진국민학교로부터 4학년 4학급 139명의 아동을 받아서 개교하였다. 송진(松津)이란 학교 이름은 송지(松旨)와 삼랑진에서 한 자씩 가져왔다고 한다. 교정에는 수백 년 묵은 고목이 서 있었는데, 낙동강 제방이 만들어지기 전에는 선창의 배를 이 나무에 매어 두었다고 한다.[9]

송진초등학교 학생 수는 급격하게 늘어나서, 1949년 10월에는 낙동분교장을 설치하기도 하였다.

송진리 국민학교 낙동분교 개교식

당지 송진국민학교에서는 교사 협착으로 락
동리에 분교장을 설치하기로 결정한 후 오경
환 후원회장이 중심이 되어 그 동안 불철주야
로 활동한 결과 4학급을 수용할 교사 기탁 준
비가 완료되었으므로 지난 20일 상오 11시 동

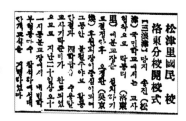

분교장에서 내빈 학부형 등 다수 참석하에 성대한 개교식을 거행하였다.[10]

1955년 7월 27일에는 송진국민학교 증축 기성회를 발족했다는 소식이
보도되었다(『경향신문』, 1955.8.1). 학생 수가 가장 많았던 1970년에는 19학급,
1,207명에 이르렀고, 1980년에는 18학급에 905명, 1985년에는 17학급에 731
명, 1990년에는 13학급에 418명이 재학했다. 병설유치원은 1980년에 개원하
였다.[11]

+ 교화: 장미

+ 교목: 팽나무

+ 교가

　이우홍 작사, 작곡

　(1절)

　아득한 태백산의 정기를 받아

　매봉산 품속에서 자라난 우리

　배움길 아침저녁 갈고 닦아서

　세우자 빛내자 우리 송진교

교　가

작사 이 우 홍
(李愚弘)
작곡 이 우 홍

아 득 한 태 백 산 의　정 기 를 받 아
푸 른 산 멀 리 멀 리　신 불 두 르 고

매 봉 산 품 속 에 서　자 라 난 우 리
낙 동 강 푸 른 물 결　피 가 끓 도 다

배 움 길 아 침 저 녁　갈 고 닦 아 서
칠 백 리 한 덩 어 리　힘 을 모 으 고

세 우 자　빛 내 자　우 리 송 진　교
세 우 자　빛 내 자　우 리 송 진　교

(2절)

푸른 산 멀리멀리 선을 두르고
낙동강 푸른 물결 피가 끓도다
칠백리 한 덩어리 힘을 모으고
세우자 빛내자 우리 송진교

• 학교 연혁

1946. 5. 31. 송진국민학교 설립 인가
1946. 7. 1.   송진국민학교 개교
1980. 2. 25. 도지정 특별활동 우수학교 선정
1980. 3. 10. 병설유치원 개원
1993. 12. 31. 도지정 학교쇄신 우수학교
2012. 3. 1.   교과부 선정 건강증진모델학교 운영
2017. 3. 1.   행복맞이학교 선정 및 운영
2019. 3. 1.   행복학교 선정 및 운영
2022. 2. 16. 제76회 졸업식(4명, 총 6,416명)

현재 송진초등학교는 아이들이 큰 꿈을 꾸며 살아가는 학교, 나·너·우리
모두가 배려와 협력의 토대 위에
소통하며 살아가는 민주적인 학
교, 그래서 교육공동체 모두가
더불어 행복한 삶을 살아가는 학
교를 지향하고 있다.
'배움과 도전으로 커가는 어린
이, 소통과 공감으로 채우는 어
린이, 건강과 안전을 지키는 어

조회 장면(1954년)

린이'를 교육 목표로 하고, '함께하는 독서교육, 삶을 가꾸는 글쓰기 교육'을 중점 교육으로 삼고 있다.

특색 교육 활동으로는 2017년 이후 계속되는 '낙동강 길 따라 자전거 하이킹'과 2017년 이후 학년군별 연극수업으로 '모두가 즐거운 송진 예술제'를 이어오고 있다. 또한 2019년부터 행복학교로 선정되어 '교육공동체가 함께 만들어가는 배움과 협력이 있는 미래형 학교'를 4년째 운영하고 있다.

　◦ 이향자 교장이 자랑하는 우리 학교!

　"배움과 도전, 소통과 공감으로 꿈을 꾸고 꿈을 키워나가는 엄마품같이 따뜻하고 안전하고 행복한 학교입니다."

2022년 현재 총 6학급에 42명의 학생이 재학하고 있다. 교직원은 교장 1명, 교감 1명, 교사 8명, 교육행정직 4명, 교육공무직 6명, 기타 3명, 총 23명이 근무하고 있다.[12]

송진초등학교 교가비

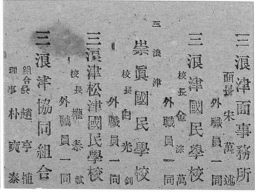

『부산신문』 100호 기념 축하 광고 일부(1946).[13] 삼랑진면사무소, 삼랑진국민학교, 숭진국민학교, 삼랑진송진국민학교, 삼랑진협동조합과 당시 면장, 교장, 조합장 이름이 보인다.

3. 숭진초등학교

나다움의 꿈, 숭진초등학교

[밀양시 삼랑진읍 삼랑진로 1286]

숭진초등학교 전경

만어산 자락 뻗어와 저만치 손 내밀고 자씨산 팔 벌려 푸근히 감싸 안는 곳, 삼랑진읍 숭진리에 숭진초등학교가 있다. 끝없이 펼쳐진 임천들엔 기차가 지나가고 그 너머로 밀양강 반짝이며 흐르는 곳, 학교 보리밭을 따라가면 뒤란엔 대밭이 감싸 안고 운동장엔 따뜻한 햇살이 뛰어노는 숭진초등학교.

숭진초등학교는 '삼랑진공립보통학교 부설 숭진간이학교'란 이름으로 인가를 받아 1934년 5월 14일 문을 열었다. 1942년에 송지국민학교 숭진분교장 설립 인가를 받아 6년제가 되었으며, 1945년 4월 3일 숭진초등학교(당시, 숭진국민학교)로 개편되어 오늘에 이르고 있다.

숭진간이학교 시절부터 학교의 터전을 닦기 위해 헌신한 이가 있었으니, 바로 임창규(林昌圭, 1900~1966) 선생이다. 교정에 세워 놓은 선생의 공적비에는 이렇게 기록하고 있다.

일제강점기에 우리 지방에는 초등학교가 없어 후진들에게 신학문에 대한 배움의 길이 막혀 있었다. 이에 선생께서는 1934년 숭진간이학교(2년제 단기 과정)를 설립하여 우선 문맹 퇴치에 힘쓰시다가 학교 건물이 없어 고심하셨다. 이때 선생의 소유였던 숭진리 전 600번지 3524㎡를 학교 부지로 기증하여 학교 건립의 기틀을 마련하고 1942년 송지국민학교 숭진분교 형태로 정규과정의 초등학교를 개교하고 1945년 4월 숭진국민학교로 독립 개교하는 데 중추적 역할을 하셨다.

임창규 선생 공적비(전면)

임창규 선생 공적비(후면)

이후로도 임창규 선생은 "1955년까지 12여 년 동안 학교 사친회장을 역임하시어" "한국근대사의 격변기 동안에 오늘날 숭진초등학교의 개교와 발전에 초석을 놓으셨다."고 기록하고 있다.

1947년 5월의 신문 보도를 보면, 당시 농촌의 경제적 어려움으로 아이들이 월사금을 못 내어 학교를 그만두는 일이 많았다. 이에 숭진국민학교에서는 '월사금을 폐지하고' 마을 주민들이 '학교 총경비'를 부담하기로 하여 위기를 함께 극복한 예를 다음과 같이 보도하고 있다.

숭진국민교 생도 증가

삼랑진면 숭진국민학교에서는 일부 생도들이 월사금과 학자금을 드리가면서 배울 필요가 업다고 거게가 퇴학원을 제출하야 폐교지경에 달하얐던 바 백광쇠 교장이 부임하야 부형회 간부 임창규 박복희 허룡 박종선 김봉두 씨 등 제씨와 선후책을 강구한 결과 거년 9월부터 아

「부산신문」, 1947.5.29.

동에게는 월사금 기타 잡비를 일절 폐지하고 숭진, 임천, 청학, 용성 4개 부락에서 춘추 양절로 나노아 농산물로 부과 할당하야 학교 총경비를 지출하게 되어 최근에 이르러서는 아동 수도 날로 증가되어 간다 한다.

1948년 7월 20일, 제1회 졸업식 거행되었으며 졸업생은 58명이었다. 이후 2022년 2월 15일, 제75회 졸업생까지 변천 과정은 우리나라 농촌 지역 초등학교의 현실을 잘 보여준다. 숭진초등학교 홈페이지 'E-숭진역사관'에는 제75회까지 졸업생 수와 담임 선생님까지 잘 정리되어 있는데, 졸업생 수는 아래 표와 같다.

회	졸업일	졸업생수	회	졸업일	졸업생수	회	졸업일	졸업생수
1	1948.7.20.	58	26	1973.2.	113	51	1998.2.	20
2	1949.7.20.	82	27	1974.2.	144	52	1999.2.	21
3	1950.5.9.	85	28	1975.2.	132	53	2000.2.	18
4	1951.7.14.	43	29	1976.2.	159	54	2001.2.	21
5	1952.3.10.	79	30	1977.2.	121	55	2002.2.	19
6	1953.3.24.	65	31	1978.2.	110	56	2003.2.	14
7	1954.3.20.	63	32	1979.2.	106	57	2004.2.	12
8	1955.3.20.	52	33	1980.2.	101	58	2005.2.	9
9	1956.3.15.	53	34	1981.2.	86	59	2006.2.	11
10	1957.3.20.	55	35	1982.2.	107	60	2007.2.	10
11	1958.3.14.	43	36	1983.2.	78	61	2008.2.	7
12	1959.3.10.	50	37	1984.2.	102	62	2009.2.	11

회	졸업일	졸업생수	회	졸업일	졸업생수	회	졸업일	졸업생수
13	1960.3.9.	103	38	1985.2.	80	63	2010.2.	5
14	1961.3.17.	94	39	1986.2.	93	64	2011.2.	5
15	1962.2.	89	40	1987.2.	74	65	2012.2.	8
16	1963.2.	97	41	1988.2.	61	66	2013.2.	5
17	1964.2.	94	42	1989.2.	60	67	2014.2.	5
18	1965.2.	160	43	1990.2.	59	68	2015.2.	3
19	1966.2.	109	44	1991.2.	60	69	2016.2.	2
20	1967.2.	132	45	1992.2.	57	70	2017.2.	1
21	1968.2.	181	46	1993.2.	64	71	2018.2.	2
22	1969.2.	151	47	1994.2.	44	72	2019.2.	1
23	1970.2.	118	48	1995.2.	33	73	2020.2.	4
24	1971.2.	164	49	1996.2.	27	74	2021.2.	3
25	1972.2.	137	50	1997.2.	26	75	2022.2.	2

제18회(65년 2월) 졸업생은 3학급 160명, 제21회(68년 2월)는 3학급 181명, 제24회(71년 2월)는 164명, 제29회(76년 2월)는 159명으로 이 무렵이 졸업생 수가 가장 많은 시기이다. 제47회(94년 2월) 졸업생은 44명인데, 이후 급격한 감소세를 보이고 있다.

참고로, 졸업 시기는 우리나라 학 기제 변천을 염두에 두고 볼 필요가 있다. 1945년 광복 직후 미 군정기 에는 1학기를 9월 1일에 시작했으 며, 1948년 정부 수립 후에는 1학기 를 4월 1일에 시작했다. 이때부터 매년 한 달씩 앞당기는 방법으로 조

숭진공립국민학교 제3회 졸업기념 사진(1950.5.7)

정해서, 1953년에 와서 4월 학기가 정착되었다. 이후 1961년 군사정권이 출범하면서 현재와 같은 3월 학기가 1962년부터 시작되었다.

• 교훈: 미래사회를 바르게 살아갈 나다움의 꿈을 키우는 숭진 어린이

• 교가

권태동 작사, 조경래 작곡

(1절)

만어산 뻗은 정기 이어받아서

기름진 옥토로 가꿔진 여기

푸른 숲 푸른 마음 푸른 힘으로

푸른 숲 푸른 마음 푸른 힘으로

내일을 다져 가는 우리 숭진교

(2절)

마주보는 종남산의 늠름한 자세

그 기상 본받아서 살아갈 우리

슬기롭고 씩씩하고 바르게 살며

슬기롭고 씩씩하고 바르게 살며

앞으로 나아가는 우리 숭진교

(3절)

앞들을 흘러가는 맑은 남천강

푸르른 그 강물로 함께 하여서

슬기롭고 힘차고 바르게 살며

슬기롭고 힘차고 바르게 살며

이 고장을 밝혀 줄 우리 숭진교

• 교목: 느티나무

튼튼하고 늠름한 모습으로 그늘을 만들어 주는 느티나무처럼 튼튼하게 자라

나라를 위해 쓸모 있는 사람이 되자.

• 교화: 장미

아름다운 모습과 맑은 향기를 지닌 장미처럼 지·덕·체를 갈고 닦아 사회에 봉사하는 향기로운 사람이 되자.

• 학교 연혁

1934. 3. 31.	삼랑진공립보통학교 부설 숭진간이학교 인가
1934. 5. 14.	개교식 거행
1942. 3. 31.	삼랑진송지공립국민학교 숭진분교장 설립인가(6년제)
1945. 4. 3.	숭진국민학교 개교
1948. 7. 20.	제1회 졸업식 거행(58명 졸업)
1966. 11. 20.	포도원 조성(645평 4분)
1977. 10. 29.	충효탑 건립
1980. 7. 16.	개축 신교사 3교실 완공
1980. 10. 6.	개축 3교실 완공
1981. 4. 3.	이충무공 동상 건립(안동랑 씨)
1981. 9. 28.	가을 체육대회 세종대왕 동상 건립(제1회 졸업생)
1982. 7. 31.	악대부 조직
1983. 2. 15.	병설유치원 인가
1983. 3. 10.	유치원 입학식 거행
1987. 7. 17.	2층 4개 교실 및 수세식 화상실 기공
1990. 3. 31.	2층 2개 교실 증축 및 본관 출입구 개수
1992. 3. 30.	강당 개축공사 준공
1995. 4. 11.	급식소 시설 공사
1996. 3. 1.	숭진초등학교로 개명
2009. 3. 1.	5학급으로 편성(교감 미배치)
2010. 4. 1.	4학급으로 편성

2011. 3. 1.   3학급으로 편성

2020. 3. 1.   행복맞이학교 선정

2021. 3. 1.   행복맞이학교 선정

2022. 3. 1.   행복맞이학교 선정

현재 숭진초등학교는 '꿈꾸며 성장하는 학교 신나는 행복맞이학교'를 비전으로, '미래사회를 바르게 살아갈 나다움의 꿈을 키우는 숭진 어린이'를 기르고 있다. 구체적으로는 바름이(바른 생각을 가지고 올바르게 행동하는 어린이), 새롬이(새롭게 생각하고 창의성을 기르는 어린이), 재능이(자기의 소질을 살려 재능을 가꾸는 어린이), 더불이(건강하게 생활하며 더불어 사는 어린이)이다.

또한 행복맞이학교를 통해 '인문-예술-놀이 프로젝트 학습'을 운영하여, 인문, 예술, 놀이 활동을 통한 지덕체의 균형 있는 성장을 추구하고 있다. 이 프로젝트 학습은 책을 읽고, 나를 알고, 나를 표현하는 인문 소양 기르기 활동과 다양한 미술 작품 감상에서 출발하여 실제 작품을 만들어 보는 예술 감수성 기르기 활동, 놀이 규칙을 세우고, 놀이 체험을 확장해 나가서 스스로 놀이를 만드는 놀이 활동성 기르기 활동으로 이루어진다.

특색 교육활동으로는 '미래를 꿈꾸며 날아오르는 드론교육'(미래 실용 기술을 습득하고, 진로 탐색 능력을 향상), '세계를 향해 도약하는 외국어교육'(외국어 놀이 활동을 통해 외국어 감수성을 기르고, 자연스러운 표현능력을 향상), '바른 인성으로 앞장서는 봉사활동'('오순절 평화의 마을'과 자매결연 봉사활동)을 통해 꿈을 키우고 있다.

1987년 경상남도 우수학교(음악과)로 선정되었고 저축 우수학교 표창(교육감)을 받았으며, 2010년에는 학력향상 우수학교 교육감 표창을 받았다.

◦ 손덕식 교장이 자랑하는 우리 학교!

"유치원 원아 7명을 포함한 34명의 아이들이 다양한 교육활동에 즐겁게 참여하고, 신나게 뛰어놀며, 미래의 꿈을 키우는 학교, 우리 숭진초등학교의 자랑입니다."

2022년 현재 총 4학급[1-4학년, 5-6학년 복식]에 27명의 학생이, 유치원에 7명의 원생이 재학하고 있다. 교직원은 교장 1명, 교사 7명, 행정직원 3명, 그 외 9명, 총 20명이 근무하고 있다.[14]

ㄴ. 삼랑진중학교

삼랑진중학교 70년, 중등교육의 터전을 닦다
[밀양시 삼랑진읍 만어로 16]

삼랑진중학교 전경

낙동강 자락이 밀양강을 만나서 휘돌아가는 곳, 삼랑진이다. 삼랑진역을 마주하고, 삿갓봉 자락이 남쪽으로 내려와 펼쳐지는 오른편에 삼랑진중학교가 자리잡고 있다.

삼랑진중학교는 1953년 3월 8일, 첫 신입생 23명을 맞이하며 개교했다. 처음엔 철도 승무원들이 사용하던 합숙소를 교실로 개조해서 썼다. 4월 21일에 문교부로부터 삼랑진학원 설립 인가를 받았고, 7월 21일에 9학급, 450명 정원으로 삼랑진중학교 설립 인가를 받았다. 1956년 3월에는 교통부로부터 학교 부지(4,300평)를 매입하여 명실상부한 지역 사학의 터전을 마련하였다.

삼랑진초등학교와 송진초등학교, 2개의 초등학교가 위치한 삼랑진읍(당시 삼랑진면) 송지리에 중학교가 설립되기까지 수많은 이들의 숨은 노력이 있었다. 1949년 1월 8일자 『동아일보』의 「중학설립기성회」 기사에 따르면, "해방직후부터 중등학교 설립을 부르짖던 나머지 신춘을 맞이한 지난 3일 오전 11시 삼랑진국민학교 광장에 지방유지 인사 다수 모인 중에 이구동성으로 중학교를 설립하자고 만장일치로 가결하고 중등학교 설립 기성회를 조직"하였다고 보도하고 있다. 이날 기성회 부회장으로 선출된 문여옥(文汝玉) 씨가 1953년 4월 21일, 재단법인 삼랑진학원 설립 인가를 받아서 초대 이사장에 취임하게 된다. 이 무렵 문여옥 이사장의 미담을 『동아일보』는 다음과 같이 보도하고 있다.

중학 설립에 백만환 삼랑진 문씨 또 미학(美學)

보릿고개에다가 설상가상으로 징용 징집의 경비를 비롯한 가지각색의 잡부금이 부과되어 농민들을 괴롭히고 있어 농자금이 하루빨리 방출되기를 학수고대하고 있는 실정인데 이같이 곤란한 부락민의 부담을 다소라도 덜어주려고 당면 신천부락에 거주하고 있는 문여옥(文汝玉) 씨는 지난 3월부터 자진하여 매달 부락민들에게 부과되는 잡부금 일체를 부담하고 있다는 바 앞으로 하곡이 날 때까지 계속 부담하리라는 바 전기 문씨는 과거에도 여러 차례 이웃에 사는 빈한한 집에 쌀과 의복 등을 나누어 주어왔고 더구나 이번에는 새로 설립되는 삼랑진중학교를 위하여 교사 신축 비용 등으로 약 백만환에 달하는 사재를 희사하였다고 한다.[15]

1953년 4월 무렵은 한국전쟁으로 궁핍하고 혼란스러운 상황에 휴전 회담이 진행 중이었으니, 삼랑진중학교 개교 직후의 어려움은 미루어 짐작이 되고도 남는다.

개교 당시 교실은 철도 승무원이 사용하던 합숙소를 개조하여 교실로 사용했기에 완전한 교실로서의 구실을 다하기에는 많은 어려움이 있었다. 교실 안쪽에는 기둥이 2~3개 있어 뒤에 있는 학생들이 흑판을 보려면 머리를 좌·우로 옮겨가면서 수업을 받아야 했다.

1953년 삼랑진중학교 초창기 전경

또한 유리창이 파손되면 재정이 어려워서 유리를 끼우지 못하고 가마니를 교실 창문에 걸어서 바람과 눈·비를 막을 때도 있었다. 마룻바닥은 합숙소로 오래 사용했기에 군데군데 구멍이 나서 학생들 중에는 청마루 밑을 기어다니는 개구쟁이도 있었다.[16]

제1회부터 최근 제68회까지 졸업생 수를 살펴보면, 삼랑진중학교의 역사를 한눈에 바라볼 수 있다. 제1회 졸업생이 23명이었는데, 제10회 졸업생에 이르면 123명으로 늘어난다. 제17회(1971.2) 졸업생은 201명인데, 3년 후 20회 졸업생은 308명이 된다. 제28회와 제30회 졸업생은 323명, 제33회(1987.2)는 330명으로 절정에 이른다. 이후 지역의 학령 인구가 점점 줄어들어, 제37회 졸업생은 221명, 제41회는 171명, 제49회는 67명, 제68회(2022.1.4)는 28명이었다. 2022년 3월 현재 총 졸업생 수는 10,055명이다.[17]

졸업	1회 (55.3.)	5회 (59.3.)	10회 (64.2.)	15회 (69.2.)	20회 (74.2.)	25회 (79.2.)	30회 (84.2.)	35회 (89.2.)	40회 (94.2.)	45회 (99.2.)	50회 (04.2.)	55회 (09.2.)	60회 (14.2.)	68회 (22.1.)
인원	23	45	123	177	308	312	323	271	167	122	58	51	40	28

삼랑진중학교는 시대의 변화에 따라 '교훈'이 다섯 번에 걸쳐 바뀌는 특이한 면이 있다. 졸업생들은 시대에 따라 다른 교훈을 새기며 3년 동안 성장하고 변화해 왔다.[18]

졸업생	교훈
제1~8회	꾸준히 배우자. 힘차게 일하자. 굳세게 뭉치자.
제9~12회	실천
제13~25회	협동심이 강한 사람. 부지런한 사람. 예절바른 사람.
제26~31회	겨레의 샘
제32회~현재	건강하고 부지런하며 예절바른 사람

제1회 졸업생 박종근(朴宗根) 씨는 『삼랑진학원 50년사』에서 삼랑진중학교를 "올바른 인성과 도덕성을 겸비한 건전한 사회인을 양성하는 도량과 같은 곳"으로 생각하며, "내 이웃과 사회를 생각하는 전인교

제1회 졸업기념사진

육의 터전으로서의 역할만 충실히 해 나간다 해도 우리 삼랑진학원은 이미 명문학교라고 할 수 있다"며, 자부심을 표현했다.

　• 교가
　김동익 작사, 하증철 작곡

(제1절)

여명의 종소리에 꿈을 헤치며

즐거운 우리학원 새움이 트네

뻗치는 어린뿌리 깊고 깊으게

물위에 비춰주는 매봉산 허리

송백의 굳은 절개 지켜가면서

이 터전 자리 잡은 삼랑진중·고

(제2절)

보아라 우리학원 이슬에 젖어

자연의 향기 높은 도원의 흙이

자라는 향상의 꽃 골은 다르다

멀잖아 맺은 열매 맑고도 맑아

우리의 전통 세울 삼랑진중학

배움의 큰 바다로 저어 나가세

* 교목: 은행나무

* 교화: 장미

* 학교 연혁[19]

1953. 4. 21.	재단법인 삼랑진학원 설립 인가
1953. 4. 21.	초대 문여옥 이사장 취임
1953. 7. 21.	삼랑진중학교 설립 인가(9학급)
1986. 5. 28.	문광선 2대 이사장 취임
2000. 7. 8.	다목적 강당 340평 준공식
2005. 2. 15.	문서도서관 개관(140평)
2011. 12. 20.	한국교육과정평가원 창의경영학교 표창

2013. 12. 12.	농어촌 전원학교(B형) 평가 우수학교 선정
2014. 12. 31.	학력향상 우수학교 선정
2015. 7. 20.	축구, 테니스 교기 지정
2015. 10. 27.	학교성과 평가 S(최우수) 등급 선정
2022. 1. 4.	제68회 졸업식(28명, 누계 10,055명)
2022. 3. 1.	제20대 차경자 교장 취임
2022. 3. 2.	2022학년도 신입생 15명 입학

현재 삼랑진중학교는 "함께 배우며 미래를 열어가는 창의적인 인재 육성"을 교육 목표로 하여 중점 과제와 특색 교육활동을 펼치고 있다. 중점 과제의 하나는 수업 개선을 통해 학생들의 자존감을 높이고 교사들의 보람을 되찾기 위한 '수업 혁신 전문적 학습공동체(교사동아리 '샘터')'의 운영이다. 다른 하나는, 토론 문화를 활성화하고 민주 시민의 기본 자질을 기르기 위한 '학생이 주체가 되는 자치활동'의 운영이다.

특색 교육활동으로는 '현장 직업체험, 현장 견학, 진로캠프, 학과 체험, 진로 특강 등의 강연'을 통해 "진로를 위한 다양한 체험활동"을 펼치고 있다. 또한 "책 읽는 즐거운 학교" 활동으로 '작가와 만남, 인문학 콘서트, 문학기행, 독서포스터 30권 읽기 챌린지' 등 학생들이 직접 참여하는 다양한 인문 체험 프로그램을 진행하고 있다.[20]

1997년 경상남도교육청 우수학교(생활 예절 의식 고취를 통한 민주시민 육성)로 선정되었으며, 1999년 10월 14~15일, 제1회 삼랑축제(전시회, 공연 발표회, 체육행사, 바자회 등)를 열어 교내 축제의 전통을 세웠다. 2011년 창의경영학교로 지정되어 한국교육과정평가원으로부터 표창을 받았으며, 2014년 12월 경상남도교육청 학력향상 우수학교로 선정되었다.[21]

◦ 차경자 교장이 자랑하는 우리 학교!

"전문적 학습 공동체 교사 동아리 '샘터'를 2010년부터 현재까지 운영하고 있습니다. 교사 동아리 활동을 통해 배움 중심의 학교 문화 기반을 조성하여, 학생들의 기초 학력 증진을 위한 협력과 소통을 위한 민주적 토론 환경을 정착하였습니다. 교사 치유 아카데미 연계 동아리로 독서 토론, 노작 연수를 진행하며 자발적 참여로 수업 나눔을 실시하고 있습니다. 수업 개선에 대한 교사들의 노력으로 학생들에게 자존감을 높이고 학습 동기를 부여하며, 자기 주도적 학력 신장을 가져오도록 배움 중심 전문적 학습공동체 동아리 활동이 전 교사의 협력으로 운영되고 있습니다."

2022년 현재 총 4학급[특수학급 1학급 포함]에 55명의 학생이 재학하고 있다. 교직원은 교장 1명, 원로교사 2명, 교사 7명, 행정직원 3명, 전문상담사 등 4명, 총 17명이 근무하고 있다.[22]

5. 삼랑진고등학교

삼랑진고등학교, 쓸모 있는 사람을 키우다
[밀양시 삼랑진읍 만어로 16]

삼랑진고등학교 전경

삼랑진고등학교는 1985년 1월 8일 교육부(당시 문교부)로부터 9학급 설립 인가를 받아 3월 6일 156명의 신입생을 맞이하며 개교하였다. 삼랑진중학교가 개교한 지 32만에 지역의 숙원이었던 고등학교가 개교한 것이다. 초대 양효제 교장이 중·고등학교 교장을 겸직했으며, 초창기에는 중·고 교무실을 함께 사용하기도 했으나 1987년 이후 교무실이 분리되었다.[23]

1985년 신입생 156명이 입학한 이후 1988년도에는 9학급 461명이 재학하기도 했다. 제1회 졸업생은 146명, 제2회는 137명, 제3회는 152명, 제5회 130명, 제10회(1997.2.13) 121명, 제15회는 93명이 졸업했고, 제35회(2022.1.4) 졸업생은 61명이며 누계 3,399명이 졸업했다.[24]

졸업	1회 (88.2)	2회 (89.2)	3회 (90.2)	4회 (91.2)	5회 (92.2)	6회 (93.2)	7회 (94.2)	8회 (95.2)	9회 (96.2)	10회 (97.2)
인원	146	137	152	106	130	126	133	118	122	121

• 교훈: 건강하고 부지런하며 쓸모 있는 사람

• 교가

김동익 작사, 하증철 작곡

여명의 종소리에 꿈을 헤치며
즐거운 우리학원 새움이 트네
뻗치는 어린뿌리 깊고 깊으게
물위에 비춰주는 매봉산 허리
송백의 굳은 절개 지켜가면서
이 터전 자리 잡은 삼랑진고교

- 교목: 은행나무
- 교화: 장미

- 학교 연혁[25]

1953. 4. 21.	재단법인 삼랑진학원 설립 인가
1953. 4. 21.	초대 문여옥 이사장 취임
1953. 7. 21.	삼랑진중학교 설립 인가(9학급)
1985. 1. 8.	삼랑진고등학교 설립 인가(9학급)
1985. 3. 6.	개교 및 입학식(156명)
1986. 5. 28.	문광선 2대 이사장 취임
1988. 2. 16.	제1회 졸업식(146명)
1997. 2. 13.	제10회 졸업식(121명)
2000. 7. 8.	다목적 강당 340평 준공식
2005. 2. 15.	문선도서관 개관(140평)
2011. 4. 2.	기숙사 아이빛하우스 개관
2012. 12. 9.	교육과학기술부 기숙형고 운영성과 평가 2년 연속 우수고교 선정
2014. 10. 22.	학교성과 평가 S(최우수) 등급 선정
2021. 6. 17.	교과특성화학교 선정
2022. 3. 2.	2022학년도 신입생 70명 입학

현재 삼랑진고등학교는 '바른 인성과 창의력으로 미래를 이끌어 갈 융합형 인재 육성'을 교육 목표로 하여, 인성인, 창의인, 스마트인, 글로벌인을 기르고자 한다. 중점 과제로 '협업하는 학습공동체 운영'과 '꿈과 끼를 키우는 기숙사 운영', '배려하고 소통하는 민주적 학생 자치 운영'을 펼치고 있다.

학교 특색 사업으로 '고교학점제 선도학교', '융합[환경+사회]교과 특성화학교', '탄소 중립 시범학교', '정책공모사업[인문소양교육] 운영학교', '지속

가능발전교육[ESD] 학술 운영학교', '다문화[이중] 언어강사 운영학교' 등을 펼치고 있다.

'탄소중립 시범학교'를 통해, 기후 위기에 따른 탄소중립 과제를 실천하기 위해 교과 수업과 환경동아리 활동, 학생 주도 프로그램 설계를 통해 학교에 탄소 저감 환경을 만들어 가고 있다.

또한 '환경'과 '사회' 교과의 융합을 중심으로 교과 특성화 학교를 운영하고 있다. 지역 사회와 연계한 3R 교육공동체를 구축하고, 진로와 연계한 교과통합 수업을 운영하며, 창의적 체험활동을 통한 진로 지도, 융합형 인재 양성을 위한 프로그램 운영으로 교과 특성화 학교를 구체화하고 있다. 이 외에도 학술 아카데미 활동, 지속가능발전교육 체험활동 등 특색활동도 운영하고 있다.

제1회 입학식(1985년)

삼랑진고등학교는 2000년 7월 8일 다목적 강당을 준공하고, 2011년 4월 2일, 기숙사 '아이빛하우스'를 개관했다. 2012년 12월 교육과학기술부 기숙형고 운영성과 평가 결과 2년 연속 우수 고교로 선정되었고, 2013년 12월 경상남도 기숙형고 운영성과 평가 결과 우수 고교로 선정되었다.

기숙사 '아이빛 하우스'를 통해 '2022년 지속가능발전교육(ESD) 학술프로그램'을 운영하는 등 학생들의 적성과 흥미를 고려한 다양한 프로그램을 운영하고 있다.[26]

체육대회(1980년대)

◦ 정현동 교장이 자랑하는 우리 학교!

"본교는 모든 구성원들이 함께 바른 인성을 바탕으로 학생들에게 꿈을 꾸게 하며, 꿈을 이룰 수 있도록 노력하는 꿈터라는 것이 가장 자랑스럽습니다."

2022년 현재 총 10학급[특수학급 1학급 포함] 205명의 학생이 재학하고 있으며, 남학생이 117명, 여학생이 88명이다. 교직원은 교장 1명, 교감 1명, 교사 23명, 행정직원 3명, 공무직 14명 총 42명이 근무하고 있다.

6. 부산대학교 밀양캠퍼스

부산대학교 밀양캠퍼스(구 밀양대학교)
[경남 밀양시 삼랑진읍 삼랑진로 1268-50]

부산대학교 밀양캠퍼스 전경

삼랑진읍 숭진리와 청학리 일대에 위치한 부산대학교 밀양캠퍼스는 2006년 3월, 밀양대학교가 부산대학교와 통합하면서 출범했다. 밀양대학교의 연혁을 살펴보면 다음과 같다.

밀양농잠학교 전경(1936년)[27]

1924년 4월 21일, 밀양공립농잠학교 (3년제)로 개교했다. 1946년 9월에 밀양 공립농잠중학교(6년제)로 학제를 변경 했다가, 1950년 5월에 밀양농잠고등학 교로 바뀌었다. 1959년 11월에 밀양실 업고등학교로, 1968년 12월에 밀양잠 사고등전문학교(5년제)로 승격되었다 가, 1973년 12월, 밀양잠사전문학교(2 년제)로 개편, 1975년 12월 밀양농잠전

해방 후 첫 졸업기념 사진(1946.6.10)[28]

문학교로 바뀌었다. 1979년 1월 밀양농잠전문대학(2년제)에서 1991년 3월 밀양전문대학으로 교명을 바꾸었고, 1993년 3월 밀양산업대학교가 되었다. 1999년 3월 밀양대학교로 교명이 바뀌었고, 2005년 삼랑진읍 청학리 일대의 새 캠퍼스로 이전했다. 2005년 9월 부산대학교와 통합이 승인되어, 2006년 3월부터 부산대학교 밀양캠퍼스로 통합되었다.[29]

밀양대학교 내이캠퍼스 전경[30]

교명 변천 과정[31]

1924년 밀양공립농잠학교

1946년 밀양공립농잠중학교

1950년 밀양농잠고등학교

1960년 밀양실업고등학교

1969년 밀양잠사고등전문학교

1974년 밀양잠사전문학교

1976년 밀양농잠전문학교

1979년 밀양농잠전문대학

1991년 밀양전문대학

1993년 밀양산업대학교

1999년 밀양대학교

2006년 부산대학교 밀양캠퍼스

현재 부산대학교 밀양캠퍼스는 나노과학기술대학과 생명자원과학대학, 2개의 단과대학으로 이루어져 있다. 나노과학기술대학은 나노에너지공학과, 나노메카트로닉스공학과, 광메카트로닉스공학과로 이루어져 있으며, 나노과학기술분야의 전문인력을 양성하기 위해 설립

된 전국 최초의 나노특성화대학이다. 나노과학기술의 국내 경쟁력을 국제적 수준으로 향상시키기 위하여 첨단 나노실험실습교육, 나노특성화교육 및 학부생 인턴제도 등을 실시하여 우수한 인력 양성과 연구에 매진하고 있다.

생명자원과학대학은 식물생명과학과, 식품공학과, 바이오산업기계공학

과, 조경학과, 원예생명과학과, 생명환경화학과, IT응용공학과, 식품자원경제학과, 동물생명자원과학과, 바이오소재과학과, 바이오환경에너지학과로 이루어져 있다. 생명자원과학대학은 인류의 생명과 생태보전을 위한 생물자원 및 농생명산업의 교육·연구를 선도하고, 미래 핵심역량인 바이오산업·스마트농업 발전을 위한 전문인력을 키우고, 첨단 생물자원과학 분야를 선도하기 위한 융복합 전문가 양성에 힘쓰고 있다.[32]

밀양이 자랑하는 선비 점필재 김종직 선생의 인문정신을 이어가기 위한 '부산대학교 점필재연구소'가 밀양캠퍼스에 자리잡고 '점필재 인문고전 아카데미' 등 다양한 연구 활동과 점필재 선생의 인문정신을 대중화하는 사업을 펼치고 있다. 연구소를 간략히 소개한다.

■부산대학교 점필재연구소

[부산대학교 밀양캠퍼스 나노생명과학도서관 2층 1228호]

부산대학교 점필재연구소는 2006년 11월 8일, 부산대학교 밀양캠퍼스에 설립되었다.

"본 연구소는 점필재(佔畢齋) 김종직(金宗直) 선생이 열어간 조선의 문명 의식, 문학 감성, 후진교육 및 도학 정신을 오늘 맞게 되살리는 한편 한문고전에 대한 충실한 번역과 이를 토대도 새로운 인문정신을 모색하는 것을 목표로 삼고 있습니다. 특히, 우리 고전을 현대적 매체와 결합하여 고전문화콘텐츠로 개발하여, 우리 고전의 현대화와 대중화 작업도 병행하도록 하고 있습니다."[33]

■(구)밀양대학교가 걸어온 길[34]

• '밀양농잠학교'에서 '밀양실업고등학교', '밀양농잠전문대학'으로

1924. 4. 21.   밀양공립농잠학교 개교(수업연한 3개년, 3학급 정원 150명)

1927. 3. 24.   제1회 졸업생 36명 배출

1928. 3. 22.   제2회 졸업생 41명 배출

1929. 3. 22.	제3회 졸업생 31명 배출
1936. 3. 16.	제10회 졸업생 46명 배출
1944. 4. 1.	학칙변경인가(갑종 승격) 수업연한 4개년, 4학급 정원 200명
1946. 6. 22.	제19회 졸업생(갑종) 42명 배출
1946. 9. 1.	학제변경에 의하여 수업연한 6개년, 7학급 정원 350명
1948. 6. 17.	제20회 졸업생(6년제) 9명 배출
1950. 5. 17.	고등학교 병설 인가(밀양농잠고등학교, 6학급 정원 300명)
1950. 7. 29.	제7육군병원 주둔
1951. 7. 3.	제23회 졸업생(6년제) 81명 배출
1951. 7. 7.	제24회 졸업생(4년제) 61명 배출
1951. 7. 7.	제25회 졸업생(3년제) 125명 배출
	이후 농잠중학교 자연 소멸, 밀양농잠고등학교 농업과, 잠업과 각 6학급
1955. 6. 15.	학칙변경인가 학급수24학급(농업과 9, 잠업과 9, 축산과 6), 정원 1,200명
1960. 4. 1.	밀양실업고등학교로 개편
1961. 3. 8.	밀양실업고등학교 제1회(통산 38회) 졸업생 196명 배출
1969. 3. 5.	밀양잠사고등전문학교 개교(1학년 80명, 4학년 80명 모집)
1974. 3. 1.	밀양잠사전문학교 개교
1976. 3. 1.	밀양농잠전문학교 개교
1979. 3. 1.	밀양농잠전문대학(2년세) 개교
1981. 2. 12.	밀양농잠전문대학 제1회(통산 52회) 졸업생 180명(남 142명, 여 38명) 배출

◆ '밀양전문내학교'에서 '밀양산업대학교', '밀양대학교'로

| 1991. 3. 1. | 밀양전문대학으로 교명 변경 |
| 1993. 3. 1. | 밀양산업대학교 개교(농학과, 축산학과, 원예학과, 조경학과, |

농업기계학과, 잠사생물학과, 견섬유학과, 환경공학과, 식품
과학과, 컴퓨터공학과, 토목공학과, 건축공학과, 의상디자인
과, 농업경영과)

1995. 2. 22.	제1회 산업대학교 졸업생 126명 배출
1999. 3. 1.	밀양대학교로 교명 변경
2003. 3. 1.	학과 신설(자율전공학부, 레저스포츠학과, 애니메이션학과)
2004. 3. 2.	8개 학과 청학 캠퍼스로 이전(식물자원학과, 동물자원학과, 원예학과, 응용생명잠사자원학과, 생명공학과, 산업경제학과, 행정학과, 회계정보학과)
2006. 3. 1.	부산대학교 밀양캠퍼스로 통합

■(구)밀양대학교 기구표[35]

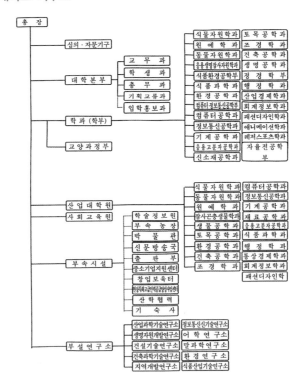

제2장 종교시설

1. 만어사

만어사는 경상남도 밀양시 삼랑진읍 용전리 만어산 정상에서 100m가량 아래 위치한 사찰이다. 만어사의 내력은 46년 수로왕 5년 가락국 건국 시기

〈그림1〉 만어사 전경(삼랑진읍 만어로 776)

로 거슬러 올라갈 만큼 유서 깊다. 일연은 『삼국유사』 권제3 탑상제4 「어산불영(魚山佛影)」에 만어사 창건과 관련한 기록을 남겼는데 만어라는 명칭에 대한 유래를 다음과 같이 전했다. 수로왕 재위 시기 나라 안에 옥지라는 연못이 있었는데 그 속에 악독한 용(독룡)이 살고 있었다. 같은 때 만어산에는 악귀(나찰녀)가 있어 독룡과 사귀었다. 이로 인해 번개가 치고 비가 내려 4년 동안 곡식이 익지 않았다. 왕은 주술로 이를 금하려고 했으나 능히 할 수 없게 되자 머리를 조아리며 부처께 청하여 설법을 한 후에야 나찰녀가 오계(五戒)를 받고 그 후로 재해가 없어졌다. 이로 인하여 동해(東海)의 어룡(魚龍)이 마침내 골짜기에 가득한 돌로 화하여 각기 종과 경쇠의 소리를 내었다. 잘 알려져 있듯이 만어사 앞에 대략 폭 100m, 길이

〈그림2〉 만어사 너덜바위

500m에 걸쳐 펼쳐진 너덜바위가 바로 '만어(萬魚)'라는 명칭의 유래를 담고 있는 상징적 장소다.

그런데 정작 절은 천여 년이 흐른 고려에 들어서서 창건된다. 일연은 명종 10(1180)년에 보림선사가 만어사를 창건하며 임금에게 올린 장계를 소개하였다. "여기에 북천축(北天竺) 가라국(呵羅國)의 부처 그림자 사적과 꼭 부합하는 것이 세 가지가 있습니다. 첫째는 산의 곁 가까운 곳인 양주(梁州-양산) 지경 옥지에도 독룡이 숨어 산다는 것이요. 둘째는 때때로 강가로부터 구름이 일어나 산정에까지 이르는데 그 구름 가운데서 음악소리가 나는 것이요. 셋째로 부처 그림자의 서북쪽에 반석이 있는데 항상 물이 고여 끊이지 않았는데, 전하기를 이곳은 부처가 가사를 빨던 곳이라고 하는 것이 이것입니다." 이는 앞선 『고기(古記)』의 내용을 징험하는 내용으로 사찰 창건의 당위성을 강조하고자 언급한 내용이다.

주목할 점은 일연이 만어사에 직접 와서 보림의 설을 검증하였다는 사실이다. "이상은 모두 보림의 설이지만 지금 친히 와서 우러러 예배하여 보니 더욱 분명히 공경하여 믿을 만한 것이 두 가지가 있다. 골짜기 안의 돌이 거의 3분의 2가 모두

〈그림3〉 미륵전 건립 전 미륵바위

금과 옥의 소리를 내는 것이 그 하나요, 멀리서 보면 곧 나타나고 가까이서 보면 보이지 않으니 혹은 보이기도 하고 안 보이기도 하는 것 등이 그 하나이다." 옛 양산의 옥지에 독룡이 사는지는 모르겠지만, 만어산 돌이 반 넘게 소리를 내는 것은 사실이고, 바위의 부처가 멀리서 보면 보이되 가까이 다가가면 보이지 않는다는 말로 불영(佛影)이 있다는 점 또한 사실임을 일연은 현장에 와서 직접 확인했다.

그런데 그 부처의 그림자는 어떤 연유로, 어디에 있는 것일까? 우선 일연의 말로 보면 너덜바위 맨 상층부의 큰 바위인 미륵전 미륵바위를 가리

〈그림4〉 미륵전 안의 미륵바위

키는 것으로 보이지만, 법당 뒤의 큰 바위를 가리키는 것으로 보기도 한다.

'불영'에 관해서 일연은 가함(可函)의 『관불삼매경(觀佛三昧經)』 제7권을 인용하며 부연한다. 전반부의 내용은 『고기』와 비슷하지만 '부처가 직접 와서 산귀 오계를 설하니 꿇어앉아 합장하고 부처가 여기에

〈그림5〉 미륵전 전경

상주하길 바랐다. 이에 부처가 바위로 들어가니 돌은 마치 밝은 거울과 같아서 부처의 모습이 밖으로 비쳤다.'는 대목은 『고기』에 언급하지 않은 것으로, 불영의 구체적인 내용이다. 이에 그치지 않고 일연은 『서역기』를 재차 인용하여 '불영'의 영험함을 부각하고자 하였다. 부처가 말하기를, "나는 적멸(寂滅)할 것이므로 너를 위하여 내 그림자를 남겨 두리라. 네가 만약 독한 분심이 일거든 늘 내 그림자를 보고 독한 마음을 응당 버리도록 하여라."라고 하고는 정신을 가다듬고 홀로 석실로 들어갔는데, 멀리서 바라보면 곧 나타나고 가까이 가면 나타나지 않았다. 또

<그림6> 만어사 삼층석탑(보물 제466호)

돌 위를 발로 차면 칠보(七寶)가 되었다고 한다. 굳이 인도 땅을 배경으로 하는 불교경전과 기록을 가져와 이곳 만어사의 내력을 설명코자 한 것은 이 땅이 천축과 같은 곳임을 강조하기 위함일 것이다.

대웅전 앞에는 고려 때 사찰을 창건하면서 함께 세운 삼층석탑이 있는데 고려시대 탑의 양식을 잘 보여주는 가치가 있어 보물 제466호로 지정되었다.

2. 부은사

부은사는 삼랑진읍 안태리 천태산 중턱 낙동강을 굽어보는 자리에 있다. 사찰 명칭이 시대에 따라 부암, 부암사, 부은암으로 불리다가 지금은 '아버지 은혜의 절'이란 뜻의 부은사로 바뀌었다. 이 절의 좌청룡에 마고석굴, 우백호에 장군바위, 우러러 천주 바위가 우뚝 솟아 있고 굽어서 김해와 낙동강이 보이는 명당에 가락국의 왕이 아버지의 은혜를 영원히 기리기 위해

〈그림7〉 부은사 석양(삼랑진읍 천태로 451-94)

지었다고 한다. 임진왜란 때 폐허가 되었다가 1695년에 종각을 지은 듯하나 다시 폐사되고, 그 유허지에 동화사 승려 학송이 1860년 불사를 시작하고, 1930년 지장동참계를 조직하여 학송-농산-성봉-태우-지원으로 이어지는 약 160년간의 불사로 현재 모습을 갖추었다.

창건과 관련된 기록

부은사는 삼랑진에 자리잡은 유서 깊은 사찰이기는 하지만 창건연대와 관련된 의견은 분분하다. 2000년 전에 왕이 세웠다는 사찰이라고 할 만한 명확한 근거가 현재로서는 확인되지 않기 때문이다. 부은사의 창건 유래에 관한 기록은 1851(철종2)년에 중간된 『가락삼왕사적고(駕洛三王事蹟考)』에 처음으로 보인다. 이 책 권2에는 부암(父庵)과 모암(慕庵)에 다음과 같이 기록되어 있다.

〈그림8〉 『가락삼왕사적고』(한국학중앙연구원 장서각 소장)

부암: 부암은 김해부 북쪽 칠십리 거리의 밀양 재약산에 있다. 세상에 전하길
　　　수로왕의 원당이다.(「가락국기」)
모암: 모암은 김해북쪽 무척산 삼십리에 있다. 세상에 전하길 수로왕의 원당이
　　　라고 한다.

여기서 부암에 관한 기록의 출처를 『삼국유사』「가락국기」라고 했으나
「가락국기」에는 찾을 수 없다. 해서 기록으로는 정확한 사실관계를 확인할
길이 없다. 그러나 또 다른 기록과 이 절에서 출토되거나 전승되고 있는
유물을 관련지어 살피면 이 절의 역사와 유래를 이해하는 데 도움이 될
것이다.

부은사의 내력을 말해주는 여러 기록과 유물

우선 위치와 관련하여 현 부은사 주지인 지원은 『김해읍지』(1895)에 기록
되어 있는 다음의 내용 "부암은 밀양 안태리 주산에 있다(父庵在密陽安泰里主
山)."고 한 것에 주목하고, 현재 부은암의 위치를 김해에서 본다면 천하의
명당이 갖출 요소를 다 갖추고 있어 충분히 왕을 기리는 사찰이 들어설만한
자리라고 평가하였다.

이어서 그는 여러 유물을 소개하며 가야불교 사찰로서의 내력을 알려주었

〈그림9〉 태무덤

〈그림10〉 요니

〈그림11〉 암막새기와

는데, 먼저 부은사 경내에서 마고석굴로 올라가는 옛길에 오래전부터 내려 오는 큰 돌무덤인 태무덤이다. 이 돌 무덤은 안태마을의 유래와 관련이 있는 데, 즉 이는 수로왕의 안태를 묻은 곳이며 여기서 마을이름을 안태(安胎→安 泰)라고 하였다는 것이다.

또 부은사에는 오래전부터 맷돌 모양의 뚜껑이 없는 석물이 전해 오는데, 그 크기는 지름 88~98cm, 높이는 44cm다. 이런 석물들은 김해 장유사, 모은 암, 해은사, 연화사 등에서도 보이는데 그 중 부은사의 것이 가장 크고 원형 을 그대로 지니고 있다. 이 석물은 요니로 인도 힌두교의 시바신을 상징하는 성기신앙의 대상물이다. 대개 남성을 상징하는 링가의 받침대를 이루고 있 는데 부은사의 요니에는 링가가 없고 대신 링가 형태의 다른 조형물을 얹어 놓았다. 이 요니가 2000년 전 허황옥의 도래와 인도불교의 전래를 짐작할 수 있는 구체적인 증거가 될 수 있다는 점을 지원은 강조하였다.

한편 1930년 전후에 부은사의 절터에서 출토된 석조아미타불좌상은 조선 후기의 조각승 충옥이 1688년에 제작한 것으로 밝혀졌는데, 이는 그 시기에

〈그림12〉 석조아미타불좌상(경상남도 유형문화재 제476호)

이곳에 제법 규모를 갖춘 사찰이 있었음을 말해준다. 이 좌상은 2009년 3월 5일에 경상남도 유형문화재 제476호로 지정되었다.

또한 2001년 부은사에서 암막새기와가 발굴되었는데, 여기에 "康熙三十四年乙亥三月○日父庵寺鐘閣"이라는 글이 보인다. 강희 34년은 1695(숙종 21)년으로, 부암사 종각에 올린 기와임을 알 수 있다. 이는 임진왜란으로 소실된 절이 이때에는 복원되었으며 조선 후기에 부은사가 부암사라는 이름으로 있었음을 보여준다.

그 외에 부은사 뒤편에 폭포암벽에 새겨진 '통천도량(通天道場)'이란 글은 이곳이 가야불교 도량이라는 중요한 단서가 된다. 이 폭포암벽에서 더 올라가면 마고석굴이 있는데 여기서 신라시대 원효대사와 조선시대 사명대사가 수행하였다는 이야기도 전한다.

이렇듯 부은사는 적어도 조선 후기에는 사찰이 성행했음을 보여주는 근거가 충분하여 한국 불교 태고종 소속으로 2009년 12월 16일 전통사찰 제112호로 지정되었다. 다만 부은사가 전해 오는 창건내력과 같이 가야의 왕실 원찰임을 더욱 분명하게 하기 위해서 불교계뿐 아니라 관련 학계에서 포괄적인 조사연구가 필요하다.

3. 삼봉사

삼봉사는 경상남도 밀양시 삼랑진읍 우곡리 구천산 중턱에 자리 잡은 사찰이다. 최근에 창건된 사찰로 창건자는 해인사 승려 출신 현응이다. 현응은 새로운 사찰을 창건할 마음을 먹고 전국을 다니며 터를 찾던 중 이곳에 와보고 사찰을 세우기 좋은 곳이라 여겨 1998년부터 불사를 시작하였다. 6년이 지난 1994년에 대웅전을 세우고, 그 뒤 1995년 진신사리석탑, 지장전 등을 세우는 등 비교적 짧은 시간에 현재 사찰 규모로 갖추었다.

〈그림13〉 삼봉사 전경(삼랑진읍 단장로 379-8)

　사찰이 들어서기 전 이곳은 이전부터 기도터로 유명하였다. 구천산은 거
북이가 샘을 찾아서 올라온 산이라는 뜻으로, 샘을 파면 수원이 풍부하고
수질이 좋은 곳으로 알려져 있다. 실제 이곳 용왕당은 구천산의 수원이 얼마
나 풍부한지 보여준다. 현재 주지 녹원의 전언으로는 애초에 이 물은 식수로
사용하기 위해 샘을 팠으나, 사찰 뒤로 추모공원이 생긴 이후부터 더는 식수
로 사용하지 않고, 대신 이물을 이용하여 연못 형태의 용왕당을 조성하였다
고 한다. 현응이 이곳에 사찰을 세우겠다는 마음을 먹은 것도 이곳이 음기
즉 생명의 기운을 가진 곳이라 보았
기 때문이라고 한다.

　사찰 명칭인 삼봉은 불교의 가장
으뜸이 되는 계(戒)·정(定)·혜(慧)
삼학을 받든다는 의미를 담고 있다.
이는 심봉사에 부처의 진신사리를

〈그림14〉 용왕당

봉안한 사연과 관련 있다. 사찰 홈페이지의 소개
에 의하면 삼봉사의 진신사리는 태국에서 온 것
이다. 정안이란 승려가 태국의 왕립 사찰에 유학
을 가서 공부하던 중, 그곳 주지의 병수발을 들
고 그 보답으로 빈 사리함을 받아 왔는데, 그 안
에 사리가 있었다. 이 가운데 4과가 관음사 주지
일우에게 갔고, 일우는 그 가운데 2과를 도반인
현응이 있는 삼봉사로 보냈다. 이때가 음력으로
1995년 7월 2일이다. 이 진신사리를 봉안하기 위
해 사찰의 대웅전 앞에 높이 10m 가까이 되는
진신사리탑을 세웠다. 2001년 11월 4일 해인사
승려 태허무관이 비문을 써서 세운 「세존진신사

〈그림15〉 진신사리석탑

리보공덕비」에 의하면 탑의 모양은 서울 원각사지탑을 본떠서 만들었으며,
논산의 석탑조각장인 김광열씨가 제작했다고 하였다.

　이 진신사리를 봉안한 건축물을 흔히 '적멸보궁'이라고 하는데, 사리는
부처가 계·정·혜 삼학의 고된 수행을 거쳐 만들어진 것이고 심히 얻기 어려
운 최상의 복전으로 여긴다. 이처럼 사찰에 부처의 사리를 봉안한 인연에서
사찰의 명칭이 유래하였다.

　다만 이 기록을 바탕으로 기초적인 사실관계를 자세히 파악하고자 했으나
아쉽게도 여의치 않았다. 이 대목이 사찰의 창건 내력에서 핵심적인 부분인
데, 아쉽게도 창건자 현응은 현재 주지인 녹원에게 사찰을 맡긴 후 홀연히
떠나 종적을 알 수 없어 자세한 내용을 들을 수가 없었다.

　현 주지 승려 녹원은 밀양 무안 마흘리 출신으로, 2014년 동짓날에 이
절의 주지로 부임하였다고 한다.

ㄴ. 여여정사

여여정사(如如精舍)는 밀양시 삼랑진읍 행곡리 통점 마을의 금오산(해발 765m) 서쪽 기슭에 자리 잡은 사찰이다. 절의 역사는 약 30여 년 남짓하다. 부산 범어사 주지를 역임했던 승려 정여(正如)가 1990년부터 부지를 매입하며 불사를 시작하여, 1997년 대웅전 기공식을 하여 약사전 대웅보전 등을 완공하여 사찰의 규모를 갖추었고, 최근 2017년 4월에는 백옥관음대불상을 봉안하였다. 대한불교조계종 제14교구 본사 범어사의 말사다.

이 터는 임진왜란 전 도인 아홉이 득도하였다고 하여 구성지(九聖地)라고 하고, 절골 남촌으로도 불렸다고 한다. 사찰이 들어서기 전에는 이웃 종교 수행자들이 공동체를 이루고 있었다. 그러던 중 현 여여정사 회주 정여는 관음기도 기간 꿈속에서 서기 어린 맑은 도량을 보고는 그곳에 절을 지었으면 좋겠다고 생각했는데, 같은 꿈을 거듭 꾸고는 우연히 삼랑진 땅고개에 있는 선주원이라는 양로원에 위문 갔다 내려오는 길에 꿈속에서 본 도량을

〈그림16〉 여여정사 대웅보전(행곡1길 180-158)

발견하였다. 그곳이 바로 현재 여여정사가 들어선 자리다. 정여는 이곳에 절을 지을 결심을 하고 이미 자리 잡고 있던 수행자들을 설득한 결과, 사찰을 지을 수 있도록 그들이 거처를 다른 곳으로 옮겨주었다고 하였다.

여여정사에서 '여여(如如)'란 부처의 마음처럼 때 묻거나 물들지 말고, 흔들리지 않는 마음으로 보고 듣고 행하라는 뜻이다. 또한 '정사(精舍)'는 불가에서 불도를 닦는 스님들이 머무는 집으로 요즘의 사찰을 의미하는 곳이지만, 특히 승려나 불자의 수행을 중시하는 의미로 명명하였다. 실제 정여는 승려와 불자가 함께 머물며 수행할 수 있는 수행공동체를 꿈꾸며 불사를 진행하였다고 한다. 이를 위해 여여정사는 향후 대웅보전 앞 좌우에 승려와 불자들이 머물 수 있도록 2층 200평 규모의 요사채 불사를 완료하였으며, 현재 스님들의 수행 공간인 선원(禪院)을 짓고 있다.

대웅보전의 현판과 주련은 모두 한글로 되어 있는 것이 특징인데, 이는 부산 금정산 범어사 금강암과 닮았다. 아니나 다를까 금강암도 바로 정여가 1984년부터 1991년간에 걸쳐 중창불사한 사찰이다.

대웅보전 옆으로는 동굴법당으로 가는 입구가 있는데, 그길로 가면 뒤로 넓게 자리 잡은 동굴형태의 약사전, 용왕단, 산신전으로 들어갈 수 있다. 인근 통점 마을에서는 아픈 사람이 이곳에 와서 목욕하고 흘러 내려오는 물을 마시면 고질병도 치유된다는 이야기가 전할 만큼 이곳 물이 좋다고 알려져 있는데, 터를 닦는 공사를 하던 중 물이 솟아올라 대웅전 공사를 중단하고 여기에 동굴형태의 약사전을 건립하였다고 한다. 현 주지 도명의 전언에 의하면 회주 정여가 대웅전 건립 발원을 하고 터를 닦아야겠다고 결심한 날 밤, 신도와 함께 장비로 터를 닦고 있던 중 갑자기 물이 솟구쳐 오르고 거북과 자라가 수없이 나오는 꿈을 꾸었다고 하였는데,

〈그림17〉 동굴법당 약사전 내부

실제 공사 현장에서 물줄기가 터져 나왔다고 한
다. 해서 대웅전 건립을 중단하고 물이 솟는 곳
에 먼저 약사전과 용왕단을 건립하고 그 뒤 대웅
전을 완공하여 2006년 4월 21일 봉불식을 가졌
으며 이후 지속적으로 도량을 정비하여 현재의
모습을 갖추게 되었다.

대웅보전 왼편 뜰에는 백옥관음대불상이 봉
안되어 있는데, 2017년 4월 베트남에서 제작된
것을 이운한 석상으로 높이 9m, 무게 35톤이다.

관음전에는 경상남도 지정 유형문화재 제477
호 목조관음보살좌상이 봉안되어 있다. 이 불상
은 허리는 세우고 머리를 앞으로 숙이고 있는
자세로 소형의 불상이지만 머리가 큰 조선 후기
불상의 일반적인 특징을 잘 따르고 있다.

여여정사는 부산, 김해, 울산 등에 포교원을
두고 있는데, 특히 현주지 도명은 김해 여여정사
주지도 겸하고 있으면서 동시에 가야문화진흥
원을 설립하여, 가야불교사 연구에 매진하고 있
다. 그는 삼랑진과 김해 일대의 사찰과 유적이
가야불교의 역사를 간직하고 있는 현장이라는
점을 중시하고 보고 이를 널리 연구하고 그 결과
물을 지역사회에 확산하는 일을 또 다른 소임으로 삼고 있다.

〈그림18〉 백옥관음대불상

〈그림19〉 목조 관음보살좌상(경상남도 지
정 유형문화재 제477호)

5. 김범우순교자기념 성모동굴성당

성모동굴성당은 삼랑진 만어산 기슭에 자리 잡은 천주교성당이다. 2011년 봉헌식을 한 성당으로, 최근에 설립된 종교시설이지만, 여기에 성당이 들어선 사연에는 한국천주교사의 한 줄기를 보여줄 만큼 기구한 역사가 담겨 있다.

김범우 묘 발굴

18세기 후반 조선에는 북경에 간 사행을 통해 천주교 관련 서적과 정보가 유입되었다. 여기에 특히 주목한 남인 학자들이 북경에서 들어온 책을 보고 천주교를 알게 되어 천진암, 주어사 등에서 강학회를 하였다. 1779년 주어사 모임에 이벽이 참여하며, 천주교를 더 깊이 연구하였다. 1783년에는 이승훈이 서장관으로 북경에 가는 부친 이동욱을 따라 자제군관으로 가게 되었는

〈그림20〉 김범우(토마스, 1751~1787) 묘(삼랑진읍 사기점길 50-100)

데, 이벽의 요청으로 북경의 북당에 가서 그라몽 신부와 필담을 하고 세례를 받으며 베드로라는 세례명을 받았다. 그리고 선물로 받은 책을 돌아와 이벽에게 주었다. 이벽은 이 책을 깊이 궁구하고 마침내 남인의 우두머리인 권철신을 찾아가 세례를 받자고 하였다. 권철신은 주저하였으나, 동생 권일신이 승낙하여 수표교에 있는 자기의 집에서 정약용 권일신 등에게 세례를 주면서 한국교회공동체가 만들어졌다.

그다음 세례식 때 김범우가 이승훈으로부터 토마스라는 이름으로 세례를 받았다. 이벽의 집은 원래 경기도 포천으로 신체가 건장하여, 부친이 무인이 되길 원했지만 천주교에 빠져들어 수표교로 거처를 옮겼다. 그런데 이 집이 좁아, 모여서 강학하기가 불편하였다. 이에 김범우가 자기 집에 모여서 하길 원하니 드디어 1783년 겨울부터 명례방에서 모임을 진행하였다. 그러던 중 1785(을사)년에 형조의 포졸들이 사대문 안을 돌아보다가 김범우 집을 보니 사람들이 모여 웅성웅성하여 노름판이 벌어진 줄 알고 덮쳤더니 양반 12명을 포함하여 중인 등 70여 명이 신앙집회를 하고 있었던 것이다. 집주인 김범우와 이들을 모두 체포하여 의금부로 데려가고 성모는 압수하였다. 이 사건이 유명한 을사추조적발사건(乙巳秋曹摘發事件)이다. 정조의 측근이자 형조판서 김하진이 잡혀 온 양반들을 모두 다 풀어주고, 김범우에게도 다시는 천주학을 하지 않으면 풀어주겠다고 약속했지만 김범우는 "저는 천지의 창조주이신 하나님을 아버지로 섬기려는 세례를 받았습니다. 아버지께 불효할 수 없습니다."라 하고 버텼다. 이에 하는 수 없이 김범우를 유배 보냈다.

그런데 이 유배지가 문제가 되었다. 애초 달레의 『한국천주교사』에는 김범우가 충청도 단양으로 유배갔다고 기록되어 있다. 1970년대 말 천진암 변기영 몬시뇰 신부가 창립 선조 이벽, 이승훈, 정약종, 권일신, 권철신 등 5인의 묘를 모두 그곳으로 옮기면서 그때 김범우 묘도 찾아서 옮기려고 2년 동안 단양을 샅샅이 찾았으나 어떠한 흔적도 없었다고 한다. 그러다 우연히 경주 김씨 족보를 찾아보니 6대 후손 김동환 씨가 부산 범일동에 살고 있었다. 그래서 중앙도서관 족보실에서 만나 족보를 대조해보니까 후손들이 밀양 삼랑진 일대에 살고 있다는 흔적을 찾아냈다. 1982년 이 소식을 들은 변기영 신부가 김범우 묘를 찾아보기를 부탁하고, 1988년 송기인 신부가 부산교구순교자현양위원회를 맡으면서 묘소를 찾기 위한 사업을 준비하고 추진하였다. 밀양 출신 수의사 이성기 선생과 마백락 선생이 단장면과 삼랑진읍 전체를 조사하였다. 그러던 중 김범우의 손자 김동엽의 외손인 손임덕(당시 80세)이 찾아와 김범우 묘와 김동엽의 묘를 관리하고 있다며 위치를 알려주었다. 1989년 5월 파묘를 해보니 그 결과 묘지 관자리 위에서 십자가 모양으로 놓인 돌 3개와 치아가 발견되었다. 출토된 치아를 수습하여 부산대 치의대에 감정의뢰를 하니 30대 후반의 남성으로 추정하였다. 부산교구장 이갑수 주교가 최종적으로 이곳을 김범우 묘로 확정하였다.**36** 그 뒤 한국천주교회에서 김범우 묘라고 인정하여 부산교구에서 시복 복자품을 올리는 제반 일을 하고 있다.

묘역 조성과 성당 건립

김범우 유해 발굴을 주도한 송기인 신부가 2005년에 묘역과 그 주변을 1000평 정도 조성하였다. 올라오는 길에 14처 십자가의 길을 만들었다. 김범우의 고난을 생각하고 올라오기를 바라며 또 영원히 보존되길 바라는 마음에서 바위에 새겨 조성하기로 결정하고, 전국을 수소문한 끝에 지리산 중턱에 있는 바위를 옮겨, 송기인 신부와도 인연이 있는 오스트리아 교포 최영심 작가가 귀국하여 바위에 그림을 조각하였다. 작가는

〈그림21〉 14처 십자가의 길 가운데 제1처

원래 수녀였다가 유럽으로 건너가 유리화가로 활동하고 있다. 이렇게 해서 2005년도에 묘역을 축복식을 하였다.

〈그림22〉 성모동굴성당 입구. 김범우의 집을 모티프로 설계하였다.

이후 성지 순례를 하기에 여건이 다소 불편하여 성당을 건립하기로 하였다. 성당은 언양의 죽림굴을 참고하여 동굴형식으로 만들기로 하고, 터널공법에 기술을 축적한 동아지질이 시공하여 건립하였다.

설계는 당시 밀양시 의원이면서 건축사인 윤재화(마티아)가 맡았다. 입구의 한옥은 김범우의 집을 상징

〈그림23〉 성당 내부 모습. 십자가는 김범우묘를 발굴하는 과정에서 나온 돌을 형상화한 것이다. 십자가 제대 위로 빛이 들어오도록 설계하였다.

하는데, 새장 속에서 김범우 집을 통해서 거룩한 집으로 들어가도록 설계되었다. 성당의 제일 중심은 제대(altar)인데, 제대에서 인간의 기도하는 마음이 하늘로 올라가고 하느님의 마음이 내려오도록 높이 180cm인 제대 바로 위로 유리 빛이 내려오도록 만들었다.

성물도 모두 돌로 하기로 하고, 프랑스에서 활동하다 귀국하여 대전에서 활동하는 조소 작가 김경란 씨에게 제대 위에 마련할 석상 디자인을 의뢰하였더니, 긴범우 묘에서 발굴된 십자가 모양으로 놓은 돌 세 개에 예수님상을 얹은 형상으로 만들었다. 독서대 아래에 새긴 도안은 김범우의 집에서 비로소 복음이 퍼져나갔다는 의미로 형상화하였는데, 아래 김범우의 집을 상징하는

〈그림24〉 독서대. 맨 아래 김범우 집으로 들어가면 미로가 나온다.

기와집과 그 위에 미로를 그리고 그 미로를 찾아
들어가면 어린 양을 만나도록 도안하였다.

사실 성당건립공사를 시작하기 위해 비용을
마련해야 했으나 여의치 않았다고 한다. 주임 신
부인 한건의 전언에 의하면 마침 부산교구 바다
의 별 레지아 본부에서 자기들의 회관을 건립하
기 위해 기금을 모으고 있어 그곳에 찾아가 그
돈을 이 성당을 짓는데 협조해달라고 부탁하였
다. 그랬더니 통장을 그대로 건립자금으로 내놓
으며 레지아 본부에서 성당에 성모상도 세워달라
고 하였다. 이렇게 하여 김경란 작가가 키 160cm
에 장옷을 입은 한국적 성모상을 제작하여 세웠

〈그림25〉 성모마리아 상

으며, 건립자금을 봉헌한 레지아의 특별한 공을 기리기 위해 성당의 이름도
원래 '김범우순교자기념 동굴성당'에서 '김범우순교자기념 성모동굴성당'으
로 변경하였다.

감실은 독일 에센 교구에 한 성당에서 보내온 것이다. 이 성당이 신자가
줄어들어 성당이 사라질 상황에 처해지자 한국에서 간호사로 파견 갔다가
살면서 이 성당에 다니던 한국교포가 뮌스터교구 바오로 성당에 찾아가서
한국인들이 미사 볼 수 있도록 해달라고 하여 그 성당에서 감실을 제작하였

는데, 한국인 신자들을 위해서 6면
체 가운데 한면을 한국어로 제작하
였다. 신자들이 힘들 때 그 감실을
안고 많이 울었다고 한다. 그것을
보내줘서 둔 것이다. 봉이 6개인데
동방박사가 예수님을 쥐고 있는 형
상이다.

〈그림26〉 독일 에센 교구에서 보낸 감실. 한면이 한글로 새겨져
있다.

부임 10년을 끝으로 퇴임하는 주임 신부 한건(도미니코)

한건신부는 1988년 송기인 신부가 부산교구순교자현양위원회를 맡으면서부터 함께 일하였다. 2005년 7월 1일부터는 부산교회사연구소 소장을 맡았다. 부산교회사연구소는 1993년에 설립하여, 송기인 신부가 초대 소장으로 역임하다가 2005년에 신부가 사제 은퇴 후 한건 신부가 소임을 이은 것이다. 2010년 1월에 김해 활천성당 담임목사로 재직하면서 이 성당을 건립하고, 그 뒤 2012년 1월 6일에 이곳으로 부임하여 10년간 주임신부로 있다가, 이제 소임을 다하고 다른 곳으로 옮겼다.

송기인 신부와 삼랑진의 인연

성직자의 길로

송기인 신부는 현재 사제직을 내려놓고 퇴임하여 여생을 삼랑진에서 보내고 있다. 송기인 신부는 부산에서 태어나고 부산에서 사목자의 길로 들어섰지만, 이곳 삼랑진과 인연을 맺은 특별한 사연이 있다.

일찍부터 신부가 되고자 했지만 사제의 길에 들어선 시기는 남들보다 좀 늦었다. 초등학교를 남들보다 늦게 졸업한 뒤에도 집안 사정으로 한참 늦은 20대 초반에 중고등학교를 졸업한 데다 군복무로 공군에 입대한 뒤 32세에 만기 전역하였다. 전역 직후 가톨릭대학교 신학과에 입학하고 1972년 35세가 되어서야 부

〈그림27〉 송기인 신부

산중앙성당에서 사제서품을 받을 수 있었다.

신부가 되려고 한 까닭은 자유로웠기 때문이라고 하였다. 엄격한 생활규율과 철저한 신앙생활규칙에 한치 어긋남도 없어야 하는 것이 사제의 길임을 알고 있는 사람들에게는 뜬금없는 이야기로 들릴법하나, 말씀을 더 듣고 나니 그 자유라는 것이 사사로운 자유가 아님을 알았다. 그는 신앙인으로 살아갈 계획과 함께 마음에 품은 실천적 의지가 있었다. 해서 당시 엄혹한 상황에서 조금이라도 하고 싶은 말을 하고, 하고 싶은 행동을 할 수 있는 여지가 있는 길을 찾은 것이 사제의 길이었다.

배 한 척에서 시작된 삼랑진과의 인연

송기인 신부가 삼랑진에 부임하기 4년 전 부산 전포성당 신부로 있을 때다. 삼랑진 성당 주임 신부가 선배인데 부산에 있는 송기인 신부에게 배를 한 척 만들어 달라고 하였다. 어디에 쓰는지도 몰랐지만 거절할 수 없어, 이웃 성당의 신부와도 논의하여 청년회에서 바자회와 일일찻집 등을 열어 돈을 마련해 경운기 엔진을 단 작은 나룻배 한 척을 만들어 보냈다. 그리고 이배의 진수식때 잠시 찾아가서 보니 삼랑진 건너 나병환자촌인 루카촌의 사람들이 삼랑진으로 오갈 수 있도록 하는 교통수단으로 쓰려는 것임을 알았다. 그때는 진수축복 때는 바빠서 그 마을을 가지도 못하고 부산으로 돌아왔다고 한다.

그 뒤 송기인 신부는 구포성당에 있다가 78년도에 삼랑진 성당으로 부임했다. 그런데 이때는 정기인사로 옮긴 것이 아니다. 당시는 유신시절 엄혹한 상황이라 사람들끼리 마음 놓고 이야기도 하지 못하였다. 그럼에도 신부는 하고 싶은 일을 하고 미사를 볼 때도 시국에 개입하는 발언을 주저하지 않았다. 이를 주시한 중앙정보부에서 주교를 찾아가 송기인 신부가 부산에 없었으면 좋겠다 하여 부산교구에서 어쩔 수 없이 신부를 급하게 삼랑진성당으로 보내게 된 것이 삼랑진과 인연을 맺게 된 계기가 되었다.

삼랑진 선배 신부가 부탁한 배를 보낼 때는 전혀 생각지 않았던 곳에 오게 된 신부는 여기서 4년 반 동안 주임 신부로 재직한다. 그 시절 가장 인상 깊은 일이 바로 강 건너 나병환자촌 건설과 새집짓기다.

이전에 사하촌에 나환자촌이 있었는데, 여기에 싸움이 나서 쫓겨난 사람들이 갈 때가 없어, 거기를 보살피던 신부가 삼랑진성당 신부에게 연락하여 옮길 곳을 물어보고 마련해준 곳이 루카촌이다. 거기에 천막으로 조그만 성당을 짓고 삼랑진 신부가 한달에 한번씩 가서 미사를 보고 했는데, 송기인 신부도 여기에 와서 그곳에 가서 미사를 드렸다. 그곳 사람들에게 성경을 읽히려고 하니 한글을 몰라 이작초등학교 분교 선생님이 자기가 가르쳐보겠다고 하여 모셔서 저녁때면 한글을 가르쳤다.

이들은 집도 변변치 않았다. 송기인 신부는 이들의 집을 마련해줄 계획으로 마을 앞 도로를 까는 공사를 시작했다. 마을 사람들이 일을 하면 남자는 5000원, 여자는 3000원으로 품삯을 정하고, 누구라도 100만원을 모으면 집을 한 채 지어주기로 했다. 당시 20여 평 집 한 채 지으려면 400만원이 드니, 300만원을 지원해야 했으니 신부도 이리저리 자금을 모아야 했다. 반년이 안돼 야고보라는 사람이 처음으로 와서 100만원을 내놓으니, 움막뿐이던 마을에 드디어 새집이 한 채 들어서고 수도가 나오고 화장실이 있고 부엌이 있는 번듯한 집에서 생활할 수 있었다. 이를 본 마을 사람들이 너도나도 돈을 모아 가져와 마을이 확 바뀌었다. 사실 송기인 신부는 집이 번듯하게 있어야 불빛 아래에서 성경도 읽고 세대로 된 신앙생활도 할 수 있다고 생각하고 시작한 일이었지만, 뜻한바 대로 일이 이루어지진 않았다고 한다. 그러나 이일로 루카촌은 확 바뀌었는데, 그 당시 수배 중이던 박계동 전 국회의원 등 여러 사람이 이 마을에 들어와 함께 질통을 짊어지고 힘을 보태어서 일이 순조롭게 진행될 수 있었다고 한다.

삼랑진에 있는 동안 유신 체제는 무너졌다. 그리고 얼마 있다가 송기인 신부는 다시 부산 당감성당으로 가게 되어 삼랑진과의 인연은 잠시 멈췄다. 부산에 돌아간 신부는 다시 들어선 전두환 군부독재정권이 휘두르는 폭압의 시대를 사재의 이름으로 온몸으로 맞섰다. 그렇게 신부는 부산은 물론 한국 민주화운동의 한가운데로 들어갔다.

능참봉으로 자처하며

1988년 초 영동에 있는 신선성당에 부임하면서 순교자현양위원으로 임명되었고, 이듬해 위원장을 맡았다. 초기교회사를 연구할 목적으로 만든 조직이었지만 이름이 낯설어 부산교회사연구소로 이름을 바꾸어 본격적으로 연구 활동을 하였다. 이일이 먼 훗날 신부님을 삼랑진에서 여생을 보낼 수 있게 해준 인연이 되었다.

한국 천주교역사에서 최초의 순교자로 알려져 있는 김범우의 묘를 찾는 것이 중요한 과제였다. 천진암에서도 김범우 묘를 이장하려고 찾았지만 찾지 못하고 있었는데, 우연히 김범우 외손이 찾아와 자기가 김범우 묘를 평생 관리하고 있다고 하였다. 해서 그 묘를 발굴하여 이빨 열네 개를 수습했다. 이를 나고야 대학, 펜실배니아 대학에 보내 분석의뢰했지만 잘 안되어 부산대학교 의과대학에 의뢰한 결과 30대의 남자라는 것을 알 수 있었다. 그 뒤 여러 조사작업 끝에 이곳을 김범우 묘로 확정하고 2002년부터 밀양시와 여러 곳의 협조를 얻어 묘역조성을 하고 뒤에 성당을 건립하였다. 김범우 묘를 발굴하고 성지로 조성하는데 송기인 신부가 소장으로 있었던 부산교회사연구소가 큰 역할을 한 것이다. 신부는 2005년 6월 말로 사목직무에서 물러난 뒤, 이곳에 거처를 마련하고 능참봉을 자처하면서 여생을 보내고 있다.

제3장 사회복지시설

1. 오순절 평화의 마을

설립

'오순절 평화의 마을'은 부산 우암동 동항성당에서 시작하였다. 초대 대표인 오수영 신부가 우암동 동항성당에 주임신부로 있을 때인 1986년 4월 한 사람이 어린 두 아들을 데려왔다. 그 사람은 알코올 중독자로 가정을 책임질 수 없었던 까닭에 신부님을 찾아와 보호를 요청해 왔다. 이 일을 계기로 동항성당 내 부랑인 보호 시설인 '평화의 집'을 설립한 것이 '오순절 평화의 마을'의 출발이다. 이듬해 이를 확대 발전시켜 사회복지시설로 설립하기 위하여 법인을 설립하고 터를 마련하였다. 1987년 9월 법인 설립인가를 받아, 해운대구 재송동에 오순절 평화의 마을로 개관하였다.

좀더 넓은 시설을 마련하기 위해 터를 구하다가, 현 위치를 주목하고 지방행정기관에 인가요청을 하여 88년 12월 당시 밀양군에서 '부랑인 선도시설'로 허가하였다. 그런데 원래 이 땅은 부산시 초량에 살던 故 이형택 씨가 소유하고 있는 사유지였다. 그는 여기에 온천개발을 하려고 했으나, 여의치 않다고 판단한 후, 1986년 8월에 주저없이 이 땅을 시설을 마련하는 데 기증하였다.

일은 이렇게 순조롭게 진행되어 1988년 2월에 마을 기공식을 하고 그 건물 명칭을 '사랑과 평화의 집'이라 하였다. 88년 10월에 완공한 후 89년 10월 그 옆에 '그리스도 우리 평화의 집' 건립 기공식을 하고 90년 12월에 완공하였다. 2015년 6대 대표 박기흠 신부가 와서 사랑과 평화의 집을 허물고 새로 짓기 시작하여 2016년에 완공하고 '희망의 집'으로 이름을 바꾸었다. 희망의 집은 '남자생활관'과 '여자생활관'으로 나뉘어져 있다. 가운데 있었던 건물은 사랑과 평화의 집보다 2년 늦은 1990년 12월에 완공했으나 허물고 현재 운동장 조성공사를 하고 있다.

〈그림28〉 오순절 평화의 마을 전경(삼랑진읍 삼랑진로 453)

현황

오순절 평화의 마을은 현재 재활시설(희망의 집) 250명, 요양시설(사랑의집) 90명을 수용할 수 있는 규모다. 이 가운데 절반 가까운 사람들은 병원에 입원하여 의사들의 직접적인 치료를 받고 있다. 이 시설은 연고자가 없어야 들어온다. 그런데 처음부터 연고 없는 사람은 드물다. 한 사례로 노숙인 생활을 하시던 어느 분은 20~30년간 여기에 들어와 있다가 암이 악화되어 병원에 입원을 하였다. 그래서 혹시 연고자가 있는지 찾아보니, 딸이 있었다. 그 딸은 시집을 가서도 아버지를 위해서 제사를 드릴 만큼 효녀였는데 마침 입원한 병원이 딸이 사는 집과 가까웠다. 딸은 아버지를 병원에서 상봉하고 돌아가실 때까지 3개월 동안 병수발을 하였다고 한다.

재활시설 요양시설 가운데 대부분 정신지체장애자가 대부분이다. 그 외에도 다수가 알코올중독자들이다. 이분들은 매일 촉탁의사가 와서 정신의학과 약을 처방받고는 있지만 실질적인 처방이 아니라 그저 유지에 불과하다. 실질적인 재활이 가능하려면 의료시설까지 완비되어야 하나 현실은 그렇지 못하다.

더구나 코로나 팬데믹 기간에는 이곳에서 생활하는 사람들이 바깥활동을 거의 하지 못하였다고 한다. 이전에는 자원봉사자들이 방문하여 많이 도와주고, 이곳 사람들도 일반 가정에서 홈체험, 동산체험도 많이 하였다. 나아가 미술치료도 활발하게 하여 이분들이 그린 작품을 가지고 전시회도 하였지만 지금은 전혀 할 수 없다.

더 좋은 곳으로 만들기 위하여

현재 6대 대표로 있는 박기흠 신부는 이 시설이 단순한 수용시설이 아니라 여기에 들어온 사람들이 실질적으로 자기집으로 여길 수 있는 생활 시설로 개선될 필요가 있다고 말한다.

또한 신부는 이들이 일할 수 있는 방도를 마련하기 위해 애쓰고 있다고 하며 실제 건물 뒤편에 운영하던 조그만 공장 시설을 보여주었다. 원래 집이 없던 부랑인들이 여기에 들어오면 거처는 생기지만, 대신 워크리스가 된다. 일을 하지 않으면 이분들은 그냥 수용하고 있는 것에 지나지 않게 된다. 이분들이 일을 할수 있는 방도를 마련하여야 한다. 이분들 가운데 중증장애인이나 지나치게 연로한 분을 제외하고는 모두 일을 하고자 하는 의지가 있다. 이분들에게 일을 할 수 있는 자리나 방법을 마련해주는 것이 반드시 필요하다.

이 시설에서 재활에 성공하여 밖으로 나가 일을 하고 있는 사람은 오직 한 사례만 있다고 한다. 근처 미소치과에 간호조무사로 일하는 분이다. 이 시설이 재활시설인 만큼 이런 분들이 많이 있어야 한다.

마지막으로 대표 박기홈 신부는 삼랑진에 이러한 시설이 들어설 수 있도록 협조해준 지방자치단체와 주민들에게 깊은 고마움을 전한다고 하였다.

2. 한빛원

한빛원은 삼랑진읍 만어로에 위치한 아동·청소년복지시설이다. 최근 한국사회의 주요문제인 가족해체 등으로 보호가 필요한 아동이 증가하고 있다. 이들의 성장을 도우며 아동·청소년이 올바르게 성장하도록 보살피는 시설이 무엇보다 절실한 실정인데 한빛원은 이곳 삼랑진에서 그 역할을 일찍부터 담당하고 있다.

한빛원의 역사는 한국전쟁기로 거슬러 올라간다. 1952년 1월 30일 전쟁으로 부모를 잃고 고아가 되거나 어려운 환경에 놓이게 된 아동들을 돌보기 위해 부산 영주동에 돈보스코원을 설립하였는데, 이곳이 한빛원의 출발이 되었다. 1956년에는 재단법인을 설립하면서 성가보육원으로 명칭을 바꾸어 운영하다, 1971년에는 사회복지법인 성가보육원으로 갱신하며 정식으로 사회복지법인이 되었다. 부산에 있던 보육원을 이곳 삼랑진으로 옮긴 때는 1975년으로, 이때부터 삼랑진에서 줄곧 운영하다

〈그림29〉 한빛원 전경(상랑진읍 만어로 129)

가, 1999년 보육원의 명칭을 지금의 한빛원으로 변경했다.

한빛의 설립목적을 구체적으로 살피면 크게 세 가지다. 우선 보호가 필요한 아동에게 따뜻한 가정과 정다운 가족을 마련해주고 자애로운 보살핌과 즐거운 생활 속에서 건전한 성인으로 성장함을 돕는 데 목적이 있다. 다음으로 만남과 나눔의 공동생활을 통해 상처 입은 마음을 치유하고 무너진 가정의 기능을 되살려 온전한 인간관계를 이룰 수 있도록 하는 데 목적이 있다. 나아가 아동 양육과 아동복지 중심기관의 역할을 수행하여 지역사회에 이바지함을 목적으로 한다. 물론 이 세 목적은 서로 긴밀히 연결되어 있다. 상처 받고 어려움에 처한 아동 청소년을 건전한 성인으로 성장해야 이들이 나아가 사회에서 온전한 인간관계를 맺을 수 있는데, 그러한 노력의 결과는 그 자체로 지역사회에 큰 이바지를 하게 된다.

한빛원은 '진(眞Truthfulness) 선(善Compasstion) 인(忍Forbearance)'을 원훈으로 삼고 있다. 곧 '참되고, 진실하며 선하고, 자비롭게 인내할 줄 아는 사람'이란 뜻이다. 이 정신을 바탕으로 아동들이 자신의 삶이 주체가 되고, 당당하게 자립하여 사회에 필요한 인재로 성장할 수 있도록 아낌없는 지지와 지원 해주는 역할을 하고 있다.

한빛원은 무엇보다 아동 인권의 관점에 바탕을 운영하고 있다. 단순히 아동을 보호 대상으로 보는 것이 아니라 유엔아동권리협약에서 규정하고

있는 아동의 4대권리 생존권, 발달권, 보호권, 참여권을 바탕으로 아동의 자존감을 향상시키는 방향으로 원을 운영하고 있다. 또한 원내 종사자들의 아동 성폭력 및 학대 예방에 각별히 신경을 쓰고 철저한 관리를 통해 운영한다.

한빛원이 중점적으로 운영하는 사업은 '치료 재활프로그램'이다. 원에 들어와 생활하는 아동들 가운데 많은 이들이 심리·정서·인지·행동에 어려움을 겪고 있어 무엇보다 필요한 것이 치료 재활 프로그램이다. 아동복지시설 생활 아동 중 심리·정서·인지·행동상의 어려움이 있는 아동을 대상으로 맞춤통합사례관리 개입을 통해 욕구를 파악하고, 지역사회 네트워크를 활용한 치료 및 재활 프로그램을 제공하여 아동의 문제행동을 개선하고 개별 아동의 역량강화 및 전인적 성장을 할 수 있도록 운영하고 있다.

또 주목할 것은 원에서 생활하는 아동 청소년이 향후에 자립할 수 있도록 프로그램을 구체적으로 마련하여 운영하고 있다는 점이다. 아동의 능력과 욕구를 파악하고, 삶을 영위하는 데 필요한 지식과 기술을 습득할 수 있는 프로그램을 개별 아동의 성격과 처지에 맞게 운영하고 있다. 이렇게 하여 퇴소 후 약 5년까지 이들의 발달 단계에 따른 적정한 자립지원 서비스를 제공하여 안정적인 자립생활 정착을 지원하고 있다.

가정해체 등으로 따뜻한 환경에서 자연스럽게 성장할 수 있는 기회를 잃어버린 아동들에게 가족을 대체해 줌으로써 새로운 인생을 시작할 수 있도록 돕고 있는 한빛원은 삼랑진의 지역 공동체를 유지하는 소중한 버팀목이다.

미주

1 『동아일보』(1923.10.30).

2 『조선일보』(1925.1.8).

3 『동아일보』(1939.9.10).

4 『부산신문』(1946.6.30).

5 『밀양교육사』(경상남도밀양교육청, 2006), 264쪽.

6 『경남교육의 역사 사진기록으로만나다』(경상남도교육청, 2015.12), 15쪽.

7 삼랑진초등학교(http://samnangjin-p.gne.go.kr)의 학교 연혁과 『밀양교육사』에서는 1923년 9월 5일 개교한 것으로 소개하고 있으나, 『동아일보』(1923.10.30)의 '삼랑진공보 설립' 기사에 따르면 "11월 1일부터 개교한다더라"라고 보도하고 있다.

8 전반적인 학교 소개는 『2022학년도 삼랑진초등학교 교육계획』(삼랑진초등학교, 2022)과 삼랑진초등학교(http://samnangjin-p.gne.go.kr) 내용을 정리한 것임.

9 『밀양지명고』(밀양문화원, 1994), 108쪽; 『밀양교육사』, 270쪽 참고.

10 『조선일보』(1949.10.26).

11 『밀양교육사』, 266쪽과 270쪽 참고.

12 전반적인 학교 소개는 『2022학년도 송진초 학교교육과정 편성·운영·평가 계획』(송진초등학교, 2022)과 송진초등학교(http://songjin-p.gne.go.kr) 내용을 정리한 것임.

13 『부산신문』(1946.8.23).

14 전반적인 학교 소개는 『2022. 행복맞이 숭진교육』(숭진초등학교, 2022)과 숭진초등학교(http://soongjin-p.gne.go.kr) 내용을 정리한 것임.

15 『동아일보』(1953.4.30).

16 『삼랑진학원 50년사』(학교법인삼랑진학원, 2003), 120~121쪽.

17 『삼랑진학원50년사』와 삼랑진중학교(http://samrangjin-m.gne.go.kr) 연혁을 정리한 것임.

18 『삼랑진학원50년사』, 121쪽.

19 삼랑진중학교(http://samrangjin-m.gne.go.kr) 연혁

20 『2022학년도 교육과정운영계획』(삼랑진중학교, 2022)에서 정리한 것임.

21 『삼랑진학원50년사』와 『2022학년도 교육과정운영계획』에서 정리한 것임.

22 『2022학년도 교육과정운영계획』, 13쪽.

23 『밀양교육사』, 257쪽.

24 『삼랑진학원50년사』, 317쪽; 삼랑진고등학교(http://samgo-h.gne.go.kr) 학교연혁.

25 『밀양교육사』, 523쪽; 삼랑진고등학교(http://samgo-h.gne.go.kr) 학교연혁.

26 삼랑진고등학교(http://samgo-h.gne.go.kr)에서 내용을 정리함.

27 『아! 밀양대학교』(밀양대학교 대학홍보실, 2006.2), 25쪽.

28 『아! 밀양대학교』, 112쪽.

29 『밀양교육사』, 531~534쪽; 『밀양대학교 80년사』(밀양대학교80년사 편찬위원회, 2004.5), 977쪽.

30 『아! 밀양대학교』, 45쪽.

31 『밀양대학교 80년사』, 977~992쪽.

32 『부산대학교 2022~2023 브로슈어』에서 정리함.

33 부산대학교 점필재연구소(http://www.jpj.or.kr) '설립목적'에서 가져옴.

34 『밀양대학교 80년사』, 977~992쪽.

35 『밀양대학교 80년사』, 798쪽.

36 그러나 여전히 충북 단양이 김범우의 유배지라고 보는 견해도 만만찮다(정민, 『서학, 조선을 관통하다』, 김영사, 2022, 201~208쪽).

제7부 명소 축제와 함께하는 즐거운 일상

제1장 한반도의 명소, 삼랑진 물줄기와 교량

세 물줄기에 대한 역사의 기억

밀양 삼랑진은 밀양강이 낙동강에 합류하여 Y자 강줄기를 형성한다 하여 세 갈래 물결이란 뜻으로 붙인 이름이다. 이와 같은 지형적 특징으로 삼랑진 주변에는 나루터가 즐비했다. 『연려실기술』에는 삼랑진의 물길을 "동쪽으로는 삼랑창(三浪倉)이 있고 남쪽으로 흘러 옥지

<그림1> 밀양강과 낙동강의 합수 지점 나루터

언(玉池淵) 황산강(黃山江)이 된다. 또 남쪽으로 양산(梁山)의 동원진(東院津)이 되며, 또 남쪽으로는 세 갈래 물이 되어서 김해부 남쪽 취량(鷲梁)에 이르러 바다로 들어간다."[1]고 설명했다.

찬 물결에 비 내려 아침 내내 아득한데,

〈그림2〉 삼랑진의 석양

강바람에 경쾌한 배로 백 리 멀리 왔네.

고향으로 돌아가려니 마음 착잡한데,

조각배로 홀로 가니 밤은 길기만 하구나.

푸른 산 가을빛은 오직 송백뿐이고,

흰 이슬 찬 소리는 모두 갈대에서 들린다.

이별로 애간장 끊어진 뒤인데,

누가 강가에서 또 통소 불어대나.**2**

황산강(黃山江)은 낙동강을 일컬으니, 1622(광해군14)년 가을에 이민구(李敏求, 1589~1670)가 선위사의 임무를 마치고 한양으로 돌아가는 길에 삼랑포(三郎浦)에 머물며 지은 시이다. 고향으로 돌아가려니 마음 이미 착잡한데, 누군가 강가에서 통소를 연주하니 석별의 정이 더욱 애달프다고 했다. 과거에 삼랑진은 자주 이별의 공간으로 인식되었다.

요산 김정한(1908~1996)의 소설 〈뒷기미나루〉에는 삼랑진 강가의 주변 풍경을 "뒷기미나루는 삼랑진을 거슬러 올라간 낙동강 상류께, 지류인 밀양강이 본류에 굽어드는 쨈이라, 다른 곳보다 물이 한결 맑았다. 물이 맑아 초가

〈그림3〉 낙동강과 밀양강의 합수 지점

을부터 기러기떼며 오리떼가 많이 모여들었다. 그렇게 많이 모이던 기러기
며 오리 등이 간다온다 말도 없이 훨훨 날아가기 시작하면, 뒷기미의 하늘에
는 별안간 아지랑이가 짙어오고, 모래톱 밭들에는 보리빛이 한결 파릇파릇
놀랄 만큼 싱싱해진다."[3]고 실감 나게 그렸다. 여기서 밀양강은 울산광역시
울주군 상북면 소호리 고헌산에서 발원하여 삼랑진에서 합류하는 지방하천
으로, 청도천, 단장천, 범곡천, 직현천 등의 지류가 있다.

교량 다섯의 건설과 한반도 소통의 역사

과거 이별의 공간이었던 삼랑진은 이제 소통의 공간으로 바뀌었다. 수로 뿐만 아니라 경부선과 경전선 철로 역시 삼랑진에서 세 가닥으로 연결된다. 최남선의 〈경부철도가〉(1908) "객관 동편 영남루 좋은 경개는/ 노는 사람 지팡이 절로 멈추고/ 만어산에 나는 돌 쇠북과 같이/ 두드리면 쟁쟁이 소리 난다네/ 그 다음에 있는 역 삼랑진이니/ 마산포로 갈리는 분기점이라/ 예서 부터 마산이 백 리 동안에/ 여섯 군데 정거장 지나간다네"(46~47쪽)에도 경부선과 경전선 선로를 언급하고 있다.

육로와 철로로 한반도를 잇기 위해 삼랑진읍과 김해 생림면 사이, 바다처럼 폭이 넓은 낙동강을 다섯 개의 교량이 가로지르고 있다. 지도의 왼쪽부터

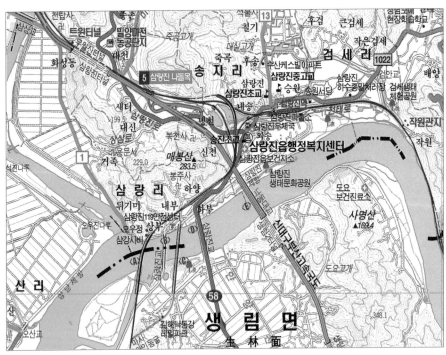

〈그림4〉 삼랑진읍 다섯 개 다리

차례로 A〈낙동강철교(경전선 선로)〉, B〈낙동강 인도교〉(옛 삼랑진교), C〈낙동강철교〉(레일바이크), D〈신삼랑진교〉, E〈낙동대교〉(중앙고속도로 대구-부산)이다.

A. 낙동강철교(경전선 선로)

밀양시 삼랑진읍과 김해시 생림면을 잇는 경전선의 철교이다. 경전선은 경상도의 '慶'과 전라도의 '全'을 합한 선로 명칭이다. 노선은 송정(광주) ↔ …순천…광양…진영역 ↔ 한림정역(김해) ↔ 낙동강역 ↔ 삼랑진역의 277~300여km인데, 운행계통상으로는 경상도 부전역이 기점이다. 지도에 보이는 〈낙동강철교〉는 낙동강역과 한림정역 사이에 있다.

현재 〈낙동강철교〉는 2009년에 경전선 복선화로 건설한 3대 낙동강철교다. 부산신항선과 연결하고 KTX의 마산역 운행을 목적으로 복선 철교로 건설하였다.

초기 경전선은 진주~전주, 원촌~담양 구간 156마일로, 일제강점기에 쌀과 면화의 반출, 전라남북도와 경상남도 곡창지대와 부산의 연결, 여수항을 통한 일본과의 원활한 연락을 위해서 만들어졌다. 현재의 경

〈그림5〉 삼랑진역

전선은 경상남도 밀양시 경부선의 삼랑진역과 광주광역시 호남선의 광주송정역을 잇는다. 삼랑진~마산 사이를 잇는 마산선, 마산~진주 사이를 잇는 진주선, 송정~광주 사이를 잇는 광주선 및 진주~순천을 잇는 노선을 통틀었다. 삼랑진~마산 사이는 1905년 5월 26일, 마산~진주 사이는 1923년 12월 1일, 송정~순천 간은 1922년 7월 1일, 진주~순천 간은 1968년 2월 7일 각각 개통하여 삼랑진~송정 간이 완전히 개통하였다.[4]

B. 낙동강 인도교(舊삼랑진교)

　요즘은 〈콰이강의 다리〉라고도 부른다. 제일 처음 만든 낙동강철교로 구한말인 1905년 5월 25일 준공하였다. 경전선 개통과 함께 삼랑진~마산을 연결하는 철도로 1962년 말까지 이용하다가, 철교의 수명을 다하여 차도로 이용하고 있다. 다리 너비가 4.3m에 불과하여 차량 2대가 동시에 지나가기도 어려우며, 안전을 위하여 총 중량 3.3t 이상의 차량 통행을 금지하고 있다. 2011년 신삼랑진교를 개통한 후 인도교로 불리고 있으나, 여전히 차량도 통행할 수 있다. 길이는 602m이다. 영화 〈똥개〉의 촬영지였다.

※ 〈구삼랑진교〉 둘레길 안내표지: 삼랑진교는 밀양시 삼랑진읍에서 낙동강을 가로질러 김해시 생림면을 잇는 철교이다. 1935년 일제강점기 때 건설되어 일반 다리로 사용해 오다가 1943년부터는 철교로 사용했고, 1964년 4월 15일부터 1964년 12월 15일 사이 시멘트 등으로 보강 작업을 한 후 차와 사람이 다닐 수 있는 다리로 바뀐다. 2008년부터는 바로 옆에 (신)삼랑진교가 들어서면서 (구)삼랑진교는 현재 소형차와 자전거, 낙동강 여행객 등이 다니고 있다.

〈그림6〉 왼쪽부터 차례로 A.낙동강철교(경전선 선로), B.낙동강 인도교(구삼랑진교)

〈그림7〉 왼쪽부터 차례로 C.낙동강철교(김해↔삼랑진 레일바이크), D.신삼랑진교, E.낙동대교(대구↔부산 고속도로)

C. 낙동강철교(김해낙동강레일파크)

이 낙동강철교는 경남 밀양시 삼랑진읍과 김해시 생림면 마사로를 연결하는 우리나라에서 2번째로 긴 철교이다. 철교의 하부구조는 일제강점기인 1938년 9월에 착공하여 1940년 4월에 준공하였으나 상부구조는 제2차 세계대전으로 인하여 착공하지 못한 채 광복을 맞았다. 대한민국 정부 수립 이후인 1950년에 미국 ICA(국무성 대외원조 운영기관)의 지원(외자 33만 700달러, 對充資金 9억 4240만 환)으로 착공하였으나 6·25전쟁으로 공사가 중단되었다가 1962년 12월 22일 준공되었다. 낙동강 철교전망대는 철교를 활용한 전망대로 15m 높이의 철교 위에 올라가 탁 트인 주변 경관을 볼 수 있다. 해질 무렵 전망대에서 바라보는 낙동강의 낙조(落照)는 왕의 노을이라 불릴 만큼 황홀하고 아름답다. 특히 왕후의 노을로 불리는 분산성 노을과 마주하고 있어 여기에서 소원을 빌면 꼭 이루어진다고 전한다.

2017년 농림축산식품부 공모사업에 선정되어, 2년에 걸쳐 완성한 〈독산기차 벽화마을〉을 찾아가 보는 것도 흥미로울 듯하다. 낙동강 철교전망대는

경상남도 김해시 생림면 마사리에
있다.

<그림8> 삼랑진과 김해를 오가는 레일바이크의 모습

절교는 지상구간 0.5km, 철교구간
1km, 총연장 3km 왕복인데, 2010년
2월부터 조성을 시작하여 2016년 4
월에 개장하였고, 다시 방음벽 등 보
강공사를 완료한 후 2017년에 재개장하였다.[5]

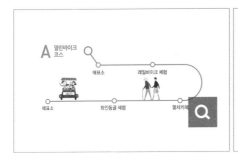

<그림9> 김해낙동강레일파크 코스 A

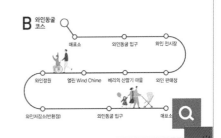

<그림10> 김해낙동강레일파크 코스 B

D. 新삼랑진교

〈신삼랑진교〉는 김해 생림에서 삼랑진을 경유하는 왕복 4차선 58번 국도
(진해~청도)를 연결한다. 경상남도 창원시 진해구 마천육교와 경상북도 청도
군 매전면 매전삼거리를 연결하는 일반 국도이다.

2001년 8월 25일에 '진해~청도선'으로 국도 제58호선을 새로 신설하여,
2008년 12월 30일에 생림~삼랑진간 도로(김해시 생림면 마사리~밀양시 삼랑
진읍 삼랑리) 2km 구간을 임시 개통하였고, 추가, 확장 공사를 거쳐 2018년
9월 18일에 밀양역~삼랑진 간 도로(밀양시 삼랑진읍 청학리~가곡동) 4.26km
구간을 확장 개통하였다.

이 공사로 삼랑진읍 삼랑진교~송지사거리까지 1.8km의 고질적인 병목현상을 개선했다.

E. 낙동대교(중앙고속도로 구간 중 대구-부산 고속도로)

낙동대교는 밀양시 삼랑진읍에 위치한 교량이다. 부산광역시 사상구 삼락동에서 강원도 춘천시 석사동/동내면을 연결하는 고속도로로 노선번호는 55번이다. 총 연장 387.08km에 달하며, 대한민국에 개통된 고속도로 중 단일 노선으로는 경부고속도로 다음으로 긴 노선이다.

2001년에 착공하여 2006년 1월 25일에 개통된 55번 국도로서, 중앙고속도로(부산-대구) 무척산 생림2터널을 지나 매봉산 옆을 지난다. 대동분기점에서 중앙고속도로, 동대구분기점에서 경부고속도로, 북대구 금호분기점에서 안동-원주로 이어진다.

〈그림11〉 아래쪽부터 차례로 B.낙동강 인도교, C.낙동강철교(김해↔삼랑진 레일바이크), D.신삼랑진교, E.낙동대교(대구↔부산 고속도로)이다.

제2장 아이러니한 명명, 콰이강의 다리

삼랑진교를 콰이강의 다리로 부르는 내력

흔히 "~의 다리" 하면 곧바로 〈매디슨 카운티의 다리(The Bridges Of Madison County)〉(1995)와 〈콰이강의 다리(The Bridge On The River Kwai)〉(1957)라는 영화가 떠오른다. 영화 〈매디슨 카운티의 다리〉는 사진작가 로버트가 내셔널 지오그래픽 잡지의 표지 사진을 찍기 위해 나무 지붕이 덮인 매디슨 카운티 다리[6]를 찍으러 가면서 시작된다. 다리 근처에 사는 여인 프란체스카를 우연히 만나 서로에게 호기심을 느끼고 가까워져서 거부할 수 없는 사랑에 빠진다는 스토리다. 로버트 제임스 월러(Robert James Waller)의 소설로 〈매디슨 카운티의 다리〉(1992년 作) 속에 "당신 전에도 여자들이 몇몇 있었지만, 당신을 만난 이후로는 없었소. 의식적으로 금욕생활을 하는 것은 아니고 그냥 관심이 없었을 뿐이오"라는 로버트의 편지글, 자기 아이들에게 "내가 로버트를 얼마나 사랑했는지를 너희가 알기를 바랄 뿐이야. 나는 그 감정을 오랜 세월 동안 날이면 날마다 지니고 살았단다."[7]라고 한 프란체스코의 고백에는 그들의 마음을 잘 담겨 있다.

〈콰이강의 다리〉는 제2차 세계대전 중 태국(타이) 밀림의 일본군 포로수용소로 잡혀 온 영국군 포로에 관한 이야기이다. 일본군은 이들 포로를 이용하여 일본군과 물자수송을 위해 〈콰이강의 다리〉 건설을 계획한다. 그러나 일본군 수용소장 사이토 대령(Colonel Saito)과 영국군 공병 대장 니콜슨 중령(Colonel Nicholson)은 다리 건설 과정에서 주도권을 놓고 갈등을 빚는다. 일본군 소장은 자기 방식대로 포로를 통제하려 하고, 니콜슨 대령은 영국군 내의 지배 질서를 유지하려 한다. 다리 건설은 사실상 일본군을 위한 이적 행위에 불과하지만, 니콜슨 중령은 이 또한 전쟁의 한순간이라는 자존심과 맹신에 사로잡혀 영국군을 체계적으로 지휘하여 다리 공사 임무를 성공적으로 수행한다. 한편, 영국군 유격대는 이 〈콰이강의 다리〉를 폭파하려는 작전을 펼친다. 다리를 개통하는 날, 맨 첫 기차가 다리를 통과하기 직전에, 니콜슨 대령은 영국군이 다리 폭파를 위해 매설한 도화선을 발견한다. 그때 영국군과 일본군 사이에 교전이 벌어지고 니콜슨은 그제야 자신이 수행한 다리 공사가 이적행위였음을 깨닫게 된다. 결국 니콜슨이 실수로 도화선을 건드리는 바람에 다리와 기차는 폭파되고 만다.

지금은 승용차가 지나거나 인도교나 자전거길로 사용하는 구 삼랑진교인 낙동강 인도교를 이곳에선 '콰이강의 다리'로 부르고 있다. 언제부터인지

〈그림12〉 태국 방콕 부근 칸차나부리, 콰이강의 다리   〈그림13〉 사진제공 사이쿠엉 나타폰 แสงพระ สกุลครอง
(Saikueng Nattaporn, 부산대 대학원)

〈그림14〉 구삼랑진교(일명 '콰이강의 다리')

몰라도 주민들도 그렇게 불렀고 마을 곳곳에서 '콰이강의 다리'라는 표식을 볼 수 있다.[8] 이 다리는 구한말인 1905년 5월 25일 준공하여, 1962년 말까지 이용했으나 사실상 한국전쟁과는 큰 상관이 없다. 한국전쟁의 격전지가 아닌 곳에 놓인 다리를 두고 그렇게 이름 붙였으니 참으로 아이러니한 명명(命名)이다.

1950년 8월 1일에서 9월 23일까지의 낙동강 방어선 전투는 1950년 7월 말 공산군이 영덕, 안동, 상주, 진주를 잇는 선까지 진출하자, 국군과 유엔군이 지연 작전을 펴는 가운데 8월 초 낙동강선까지 물러나서 '부산교두보'라고 불리는 동남부 일원으로 방어선을 축소하고 공산군의 남진을 막아내던 당시의 전투로서, 그 상황도는 다음과 같다.[9] 낙동강 방어선 전투는 유엔의 집단안보체제에 따라 편성된 유엔군이 한국군과 함께 가장 위태로운 순간에 공산주의의 위협을 성공적으로 저지한 것으로, 방어

에서 공격으로, 수세에서 공세로, 후퇴에서 반격으로의 대전환을 이루었다. 최후의 저지선으로서, 낙동강 방어선을 지탱하지 못하면 한국 정부는 제주도로 이전하여 제2의 대만이 되거나 아니면 해외에 망명정부를 수립해야 될 상황이었고, 인천상륙작전도 낙동강 방어선이 유지될 때에야 성립될 수 있는 것이었으니 우리에겐 실로 절체절명의 위기가 아닐 수 없었다.

콰이강(River kwai)은 콰에노이강(Mae Nam Khwae Noi)이다. 태국(타이) 서부 지역을 흐르는 매클롱 강의 지류이다. 산악지대인 미얀마-타이 국경에 있는 프라체디삼옹(3개의 탑 고개) 근처에서 발원하여 국경과 평행한 방향인 남쪽으로 흐른다. 이 강은 제2차 세계대전 동안 강제 동원된 사람들이 세운 다리로 유명하다. 방콕과 미얀마의 모울메인을 연결할 철로를 찾던 일본인들은 콰에노이강 하곡을 따라 프라체디삼옹에 이르는 철도를 놓았는데 여기에 동원된 영국군을 비롯한 연합군 전쟁포로 수천 명이 철도와 다리 건설 도중 목숨을 잃었다. 이 사람들을 추모해 칸차나부리 시에 공동묘지가 설치되었다. 영화는 피에르 불(Pierre Boulle)의 소설 〈콰이강의 다리(The Bridge Over The River Kwai)〉(1954)를 원작으로 삼았다. 이때 건설된 철도의 대부분은 전쟁 후 철거되었다.**10**

삼랑진 사람들이 이 다리를 〈콰이강의 다리〉라고 부른 것은 안전을 위해 설치한 난간의 모습이 태국 콰이강의 다리와 흡사한 까닭일 것이다. 그러나 그 속마음에는 한국전쟁의 최후방어선까지 무너져 저 다리를 건너 유엔군과 한국군이 후퇴한 후 폭파하거나, 공산군이 저 다리를 미리 폭격하여 후퇴조차 하지 못하는 최악의 상황으로 가지 않고 이 지역이 안전하게 건재해 준 것에 대한 안도감이 담겼을 것으로 추측된다. 물러설 곳이 있을 때만큼 안도감이 드는 때가 없고, 더 이상 물러설 곳이 없을 때처럼 결연한 때가 없으므로, 삼랑진의 〈콰이강의 다리〉를 보면 한국전쟁 당시의 치열한 상황이 떠올라 안도의 한숨과 결연한 의지가 등가적 감정이 된다.

제3장 부국의 꿈을 새긴 빛의 터널, 트윈터널

경부선 밀양 노선

우리나라에서 열차를 처음 탄 사람은 조선시대의 문신 김기수이다. 그는 1875(고종12)년에 급제하고, 1876년 병자수호조약이 체결되자 예조 참의로 일본수신사에 임명되었다. 그는 사절단 76명을 이끌고 4월 4일 서울을 출발하여 29일 일본 기선 고류마루호를 타고, 시모노세키로 건너갔다. 고베를 거쳐 5월 7일 요코하마에 입항한 사절단 일행은 일본 외무성 관리의 마중을 받고 특별열차 편으로 도쿄로 향했다. 김기수는 수신사 임무를 마치고 돌아와 『일동기유』(1877)라는 기행문을 남겼는데, 여기에 열차를 처음 타본 소회를 적나라하게 기록하여 화제가 되었다.[11] 이 글에서 김기수는 신기한 눈으로, 기차의 속도와 안정감을 예찬하고 있다.

차마다 모두 바퀴가 있어 앞차의 화륜이 한 번 구르면 여러 차의 바퀴가 따라서 모두 구르게 되는데 천둥 번개처럼 달리고 비바람처럼 날뛰어, 한 시간에 3~4백 리를 달린다고 하는데도 차체는 안온하여 조금도 요동하지 않는다. 다만 좌우의 산천·초목·옥택(屋宅)·인물만이 보이기는 하나, 앞뒤에서 번쩍번쩍하므로 도저히 걷잡을 수가 없다. 담배 한 대 피울 동안에 벌써 신교(新橋)에 도착 되니, 곧 90리 길을 온 것이다. 화륜차는 반드시 철로로 가게 되어 있다. 길은 심한 높낮음이 없으니, 낮은 데는 높이고 높은 데는 편편하게 만들었기 때문이다. 양쪽 가의 수레바퀴 닿는 곳은 편철(片鐵)을 깔았는데 이 편철의 모양이 밖은 들리고 안은 굽어서 수레바퀴가 밟고 지나가도 궤도를 벗어나는 일이 없다. 길은 한결같이 바르지는 않고 때때로 선회하는 데도 있으나 굽은 데를 잘 돌므로 또한 군색하고 막히는 일이 없다.[12]

경부선은 일본이 조선 침략과 수탈을 위해 건설하였다. 일본은 조선을 침략하기 위해서는 자신들이 철도를 건설해야 한다는 생각으로 비밀리에 밀정을 파견하여 사전 답사를 마쳤다. 1890년 일본군 참모차장 가와카미 소로쿠(川上操六)는 조선과 만주에서 전쟁이 일어날 경우 바닷길로 일본군을 수송하는 데는 한계가 있다고 판단하여 부산과 한양, 의주를 잇는 철도와 목포와 한양, 원산으로 이어지는 철도 건설 예정지를 비밀리에 답사하라는 훈령을 내렸다.

일본의 철도 건설은 조선 병탄과 장기적인 대륙 침략 계획에 의해 치밀하게 전개되었다. 일본은 민간과 군대가 협력하여 철도부설을 위한 준비를 차근차근 진행하는 한편, 철도 부설권을 따내기 위해 총력을 기울였다. 대한제국은 필사적으로 반대했지만, 결국 일본의 위협으로 경부 철도 합동 조약을 체결할 수밖에 없었다. 철도 건설을 위한 토지를 무상으로 제공하는 등의 불리한 조항이 가득했다. 일본은 1890년 후반에야 비로소 부설권을 획득하고 토지 수용에 들어갔다. 철도 공사에 큰 자금이 투입되었기 때문에 사람들은 서로 공사 하청을 받기 위해 다투어 회사를 설립했고, 일본도 반발을 무마하려고 국내의 회사에 공사 하청을 주는 것을 원칙으로 하였지만, 하청을 받은 국내 회사의 사장은 대부분 친일파 전직 고관이었다.[13]

우여곡절 끝에 경인선이 개통(1899년)되었고, 1899년에서 1905년 사이에 경부선을 건설했다. 당시 영업 구간은 580km였는데, 그 후 노선을 정리하여 오늘날 441.7km가 되었다. 북부 기공식은 1901년 8월 20일 영등포에서, 남부 기공식은 9월 21일 부산의 초량에서 열렸다. 1904년에 전 구간이 완공되어 1905년 1월 1일에 개통되었다. 밀양을 지나는 노선은 1902년에 건설되었다. 1910년 우리나라가 국권을 일본에 빼앗겨 일제강점기가 시작되면서 일본은 전국적으로 기차 노선을 만들어 우리나라에서 생산하는 곡식과 광물을 수탈했고, 이후에 부산항으로 수송하는 물자가 늘자 삼랑진에도 또 하나의 터널을 개통했다. 그러므로 현재 트윈터널로 조성한 삼랑진 상하행선이 모두 뚫린 것은 1940년경으로 보인다.

빛의 축제 트윈터널

트윈터널은 밀양 삼랑진읍 미전리 무월산의 옛 경부선 폐선 구간을 새롭게 재단장한 곳이다.

2004년에 KTX가 개통되면서 상행과 하행선 두 터널은 한날한시에 역할을 마감하였고, 2017년에 두 개의 터널을 하나로 연결하여 테마파크를 조성하였다. 트윈터널 캐릭터는 밀양 3대 신비 사찰인 '만어사'의 전설을 모티프로 탄생하였다. 먼 옛날, 동해 용왕의 아들이 수명이 다한 것을 깨닫고 신승에게 자신의 새로운 보금자리 마련을 부탁하였다. 신승은 가다가 멈추는 곳이 인연터라고 알려주었고, 왕자가 길을 떠나니 수많은 종류의 물고기들이 그 뒤를 따랐는데 머물러 쉰 곳이 바로 만어사였다고 한다. 그 뒤 용왕의 아들은 큰 미륵돌로 변하였고 수많은 고기들은 크고 작은 돌로 굳어 버렸다고 한다. 밀양 트윈터널은 이를 모티브로 약 90여 종을 캐릭터들을 개발하여 국민들에게 사랑받는 캐릭터로 발전시켜 나가고 있다(밀양트윈터널 Guide Map).

〈그림15〉 트윈터널

밀양시(https://www.miryang.go.kr)에서 소개하는 트윈터널 안내 메시지는
다음과 같다.

반짝이는 캐릭터와 함께 떠나는 즐거운 빛의 여행! 약 1km에 달하는 터널
속에 펼쳐지는 1억 개 빛의 축제이다. 이곳은 예부터 터널 속에서 도깨비불
을 발견했다거나 빛나는 돌을 주워 큰 행운이 찾아왔다는 등 신비한 이야기
들이 넘쳐났다는데, 신비한 이야기들을 캐릭터와 접목시켜 복합문화테마공
간을 만들었다. 국내 최초로 캐릭터와 빛을 이용해 만든 빛의 테마파크는
상행 457m, 하행 443m로 총길이 900m에 달한다. 두 개의 터널은 신비한
해저 세계를 탐험하는 〈해저터널〉과 무수히 쏟아지는 빛의 향연이 펼쳐지
는 〈빛의 터널〉로 나누어 꾸몄다.

식산흥업과 이용후생, 못다 이룬 조선의 꿈

트윈터널 입구에서 왼쪽 터널의 위
쪽을 보면, '식산흥업(殖産興業)'이라는
말을 새겨두었다. 생산을 늘리고 산업
을 일으킨다는 뜻이다. 조선시대 말인
1897년, 고종 황제는 대한제국을 공포
한 이후, 서구 자본주의 도입을 위해

〈그림16〉 트윈터널 입구에 새겨둔 슬로건 '殖産興業'

생산을 늘리고 산업을 일으키자는 취지로 식산흥업정책을 시행했다.

> "국부를 증진하여 국민의 의식이 족한 연후에야 국권신장을 이룰 수 있거늘,
> 만약 이와 같은 모습으로 국가가 빈궁할 경우라면 국권신장을 이찌 바라겠소?"
> "무릇 식산흥업은 물산제품(物産製品)이 여러 나라에 수출하는 원동력으로서
> 나라를 부강하게 하는 근원을 삼고"
> "식산흥업이라고 말한 경우면 산업을 홍식할 뿐만 아니라 일반 국가의 고유한
> 산업을 보호할 방법도 연구하여 미래의 산업을 증식할 수도 있을 것이라."**14**

위는 〈대한자강회취지서〉(『황성신문』 1906.4.2), 〈식산흥업의 필요〉라는 제
목의 논설문이다. 대한자강회는 장지연(張志淵, 1864~1921) 등이 서울에서
결성한 사회운동단체로서 1906~1907년에 활동하다 통감부에 의해 〈보안
법〉을 적용받아 해체되었다. 국민교육을 고양하고 식산(殖産)을 증진해 부국
강병을 이룩하려는 목적을 띠었다.

조선은 1876년 개항으로 세계자본주의 시장에 편입되었고, 1894년 개화
파의 갑오개혁은 조선사회체제를 크게 변화시켜 근대화의 첫걸음을 내딛게
하였지만, 개화파 정권은 자체 세력의 미비와 일본의 간섭으로 개혁의 뜻을
이루지 못하였고 1896년 고종이 러시아공관으로 피신하면서 무너지고 말았

다. 그 후 1897년 고종은 환궁하여 제국주의 열강 간의 세력 균형과 유생들의 자주의식 고조에 힘입어 대한제국을 선포하고 자주적인 부국강병 정책을 계속 추진하게 된다. 이러한 대한제국은 황실이 중심이 되어 개혁을 추진하였다. 먼저 궁내부를 대폭 확충하고 그 산하의 내장원에 각종 이권 관리를 귀속시키고 여기서 얻어진 자금을 바탕으로 각종 근대화 사업을 전개해 나갔다.

처음에는 개혁의 기초 작업으로서 양전사업(토지조사사업)과 호구조사를 실시하였다. 그리고 1898년 6월부터 내장원이 전국의 주요 광산을 소유하였으며, 인삼세·광산세 등을 관장하였고 특권상인층에게 무명잡세를 징수하여 개혁의 재원을 삼았다. 이렇게 마련된 자금으로 은행, 철도사업 등 각종 사업에 참여하였고 일반의 회사설립도 장려하였으며, 상업 기술학교를 설립하였다. 이 같은 식산흥업정책의 기본 방향은 가능한 한 외세를 배제하면서 지주 및 특권 상인층의 기득권을 옹호하는 쪽으로 추진하였다.[15]

황실과 관료층에 집중된 수탈 자본은 제조회사를 세워 생산에 참여하였으나 화폐 제도의 미비와 금융 인프라를 갖추지 못하여 근대적 산업경제의 육성에 실패하고 말았다. 또한 특권에 길들여진 특권 상인층은 자생력을 가진 상업자본으로 성장하지 못하였고, 결국 1904년 일본이 조선의 내정을 장악하면서 상무사를 해체시킴에 따라 몰락하거나 일본의 상업자본에 종속되어 갔다.[16] 식산흥업을 통한 근대적 산업경제의 육성은 대한제국의 꿈이었고, 자주적인 부흥을 이룩할 수 있는 좋은 기회였지만, 결국은 수포로 돌아갔던 것이다.

밀양 가곡동 멍에실 마을에서 남포동을 거쳐 임천 밀양강 둑길과 경부선 기찻길 따라 삼랑진 삼상교까지 조선시대의 옛길인 영남대로를 따라 달리는 밀양강 자전거 라이딩길이 조성되어 있는데, 자전거가 지나는 길 중에 '청룡산수도' 터널이 있다. 이 터널 위 벽에 '이용후생(利用厚生)'이라는 글자가 새겨져 있다. 『서경』 대우모(大禹謨)에 나오는 이용후생에서, '이용'은 백성들

〈그림17〉 청룡산 터널 북측에 새겨둔 슬로건 '利用厚生'

이 편리한 각종 기계나 운송 수단 등을 말하고, '후생'이란 의복이나 식량 등을 풍부하게 하여 백성들의 삶을 풍요롭게 하는 것을 말한다. 『명종실록』 (권15, 명종 8년 8월 14일)에 황해도는 사신이 왕래하는 길목이기에 백성들이 숙식을 접대하는 비용이 다른 도의 10배나 되므로 이용후생의 방도를 시급히 강구할 것과 그 구체적 방법론으로 황해도 연안 갈대밭의 입안을 환수하여 백성들의 이익을 도모할 것을 제안한 데서 이용후생의 쓰임을 볼 수 있다.

조선 후기 실학파들은 성리학 중심의 사고에서 벗어나, 실제적인 것을 추구하여 현실을 개혁하자는 경세치용(經世致用)과 함께 상공업의 발달을 중시하는 실용적 경제관념에서 이용후생이라는 말을 썼다.

기계를 제조하는 데 조금이라도 서양 것을 본받는 것을 보기만 하면 대뜸 그

룻된 종교에 물든 것으로 지목하는데, 이것도 전혀 이해하지 못한 탓이다. 그들의 종교는 사교이므로 마땅히 음탕한 음악이나 미색처럼 여겨서 멀리하여야겠지만, 그들의 기계는 이로워서 진실로 이용후생(利用厚生)할 수 있으니 농기구·의약·병기·배·수레 같은 것을 제조하는데 무엇을 꺼리며 하지 않겠는가? 그들의 종교는 배척하고, 기계를 본받는 것은 진실로 병행하여도 사리에 어그러지지 않는다. 더구나 강약의 형세가 이미 현저한데 만일 저들의 기계를 본받지 않는다면 무슨 수로 저들의 침략을 막고 저들이 넘보는 것을 막을 수 있겠는가? 참으로 안으로 정교(政敎)를 닦고 밖으로 이웃과 수호를 맺어 우리나라의 예의를 지키면서 부강한 각 나라들과 대등하게 하여 너희 사민들과 함께 태평 성세를 누릴 수 있다면 어찌 아름답지 않겠는가?

―『고종실록』권19, 고종19(1882)년 8월 5일

고종은 19세기 말에 개화와 개혁을 반대하는 세력에 대해서는 동도서기(東道西器), 즉 동양의 정신적 가치인 도(道)를 고수하면서, 한편으로는 서양 기술 문명의 우수한 산물인 기(器)를 수용하여 주체적으로 근대화를 도모하자는 논리를 수용했다. 고종은 유교적 오륜이라는 전통을 유지하고, 천주교를 사회에 해를 끼치는 그릇된 교리라고 멀리하면서도, 서양의 문물 가운데 이용후생에 도움이 되는 것이라면 수용하여 부국강병의 원천으로 삼아야 한다는 입장을 분명히 하였다.

제나장 삼랑진 벚꽃과 함께하는 밀양 딸기시배지 축제

　추운 겨울이 지나고 따뜻한 바람이 부는 봄이 되면 안태리 벚꽃거리를 중심으로 삼랑진읍 전체에 흥겨운 분위기가 가득 찬다. 바야흐로 삼랑진읍 축제의 계절이 시작되었기 때문이다. 현재 한국에서는 지방자치제의 본격적인 시행과 더불어 지역의 문화와 산업, 관광 자원 등에 대한 관심도가 매우 높아지고 있다. 이에 각 지방자치단체에서는 자신들의 고장의 대표적인 상품, 특히 먹거리와 같은 지역 특산물을 널리 알릴 수 있는 축제를 적극적으로 개최하고 있다. 이러한 흐름 속에서 2001년부터 시작된 "삼랑진 딸기 한마당 축제"는 주민들의 화합과 결속을 다지는 동시에 삼랑진읍의 특산물인 "원조 딸기"를 상품화하고 홍보하기 위한 목적에서 개최되었다.

　삼랑진읍은 우리나라에서 제일 처음 딸기를 재배하기 시작한 곳이다. 현재는 삼랑진에서도 딸기 외에 복숭아, 토마토, 단감 등의 다른 특산물 역시 많이 재배하고 있으며, 전국적으로 딸기를 재배하는 지역이 늘어나고 있어서 삼랑진 딸기의 유명세가 예전에 비해 조금 하락하기도 했다. 그러나 여전히 밀양이 국내 딸기 생산량 2위를 차지하고 있는 데에는 우리나라 대표 딸기 재배 지역인 삼랑진의 역할이 상당하다는 것은 분명한 사실이기에

〈그림18〉 2002년 제2회 삼랑진 딸기 한마당축제　　〈그림19〉 2004년 제4회 삼랑진 딸기 한마당축제

이를 널리 알리기 위한 삼랑진의 딸기 축제가 더욱 중요한 셈이다.

　"삼랑진 딸기 한마당 축제"는 보통 안태리에 위치한 안태농산물가공공장에서 3월 말에서 4월초를 즈음해서 개최되었다. 축제에서는 올해의 딸기 수확에 감사하고 내년에도 딸기 농사가 풍년이 들기를 기원하는 기원제를 시작으로 다양한 부대 행사들을 선보인다.

　삼랑진농협에서 주최하는 '삼랑진 딸기 전시 및 품평회'는 매향·조홍 등 삼랑진에서 재배하는 다양한 품종의 딸기를 소개하는 행사이다. 이 행사를 통해 농협은 재배 농가 주민들에게 새로운 품종의 딸기를 소개하는 한편, 방문객들에게 삼랑진 딸기를 직접 맛보고 다양한 품종의 딸기들 가운데 자신의 입맛에 맞는 품종의 딸기를 만날 수 있는 기회를 제공하였다. 이와 함께 딸기 직판장, 딸기 가공제품 판매장을 운영하여 축제 방문객들이 싸고 질 좋은 딸기는 물론 딸기를 활용하게 만든 다양한 가공제품을 현장에서 바로 구입할 수 있도록 하였다.

　"삼랑진 딸기 한마당 축제"에서는 방문객이 직접 참여할 수 있는 다양한 부대행사를 열기도 했다. '딸기 먹기 대회'는 축제 방문객들이 직접 참여할 수 있는 가장 대표적인 체험 행사이다. 무대에 가득 쌓인 딸기를 일정 시간 내에 얼마나 많이 먹을 수 있는가를 겨루는 이 대회는 맛있는 딸기를 실컷 먹을 수 있다는 장점도 있어서 큰 호응을 이끌어내기도 했다. 또, 딸기 케이

〈그림20〉 2007년 제7회 삼랑진 딸기 한마당축제

〈그림21〉 2009년 제9회 삼랑진 딸기 한마당축제

크·잼 만들기 등의 체험 행사를 통해 딸기를 다양하게 활용할 수 있는 방법을 알려주기도 했으며, 민속놀이 체험장과 물풍선 던지기 놀이장 등도 운영하였다.

2000년대까지 삼랑진의 대표적 축제로 자리매김했던 "삼랑진 딸기 한마당 축제"는 2009년 제9회 축제 이후 딸기 수확량 감소 등의 여러 이유로 위기에 봉착하기도 했다. 2010년과 2011년에 연달아 축제가 개최되지 못했다가 2012년과 2013년에 제10회, 제11회 축제가 열렸으나 다시 2014년부터는 잠정 중단 상태가 지속되었다. 그러나 삼랑진읍의 자랑거리를 널리 알리고 지역민의 화합을 위한 축제의 필요성은 계속 제기되었고 결국 2019년 4월 19일 삼랑진읍사무소가 주최하고 삼랑진 체육회가 주관하여 "삼랑진 벚꽃축제"가 개최되었다.

안태리 입구 삼거리에서 삼랑진 양수발전소 홍보관 앞 벚꽃 오거리를 지나 여여정사 입구까지 약 2.63키로에 해당하는 삼랑진 벚꽃길과 안태호에서 천태호에 이르는 드라이브 코스는 최근 들어서 벚꽃 명소로 주목 받고 있다. 본래 "삼랑진 딸기 한마당 축제"에서도 벚꽃과 어우러진 경관을 축제의 자랑거리로 손꼽았었는데 2019년의 축제에서는 벚꽃을 전면에 내세운 것이다.

"삼랑진 벚꽃축제"에서는 벚꽃과 함께하는 음악회라는 테마로 여러 밴드

〈그림22〉 2019년 삼랑진 벚꽃축제

들의 음악 공연이 이어졌으며, 삼랑진의 여러 농가에서는 미나리, 식초, 사과, 된장, 대추, 표고버섯, 딸기잼, 청양고추, 방울토마토, 한천 등 삼랑진에서 생산된 농특산물 및 가공품을 직접 판매하기도 했다. 또한 지역 주민들을 위한 새마을문고 무료책나눔, 자원봉사회 무료찻집, 건강 생활홍보관 등을 운영하였다.

2022년에는 밀양시, 삼랑진문화추진위원회가 주최, 주관하여 삼랑진의 새로운 명소인 벚꽃길과 특산물인 딸기를 동시에 홍보할 수 있는 "삼랑진 벚꽃과 함께하는 밀양 딸기시배지 축제"가 개최되었다. 축제 기간인 4월 2일에서 4월 17일까지 삼랑진읍 안태공원 일대에서는 매 주말마다 농특산물 직거래판매, 딸기따기 체험행사, 딸기미술대회, 체험놀이시설운영, 버스킹공연 등의 다채로운 행사가 진행되었다.

〈그림23〉 2022년 밀양 딸기시배지 축제 안내 현수막

특히 농특산물 직거래 장터에서는 딸기 농가는 물론 삼랑진에서 재배되는 다양한 농산물과 가공식품 관련 총 28개 업체가 참여하였다. 이들 업체들은 다양한 제품들을 소개하고 판매하여 행사 기간 중에만 약 1억 1,700여만 원의 수익을 거두었다.

축제 기간 중에는 다채로운 공연도 이어졌다. 신명과 장트리오, 한울림예술단, (사)밀양창녕경남가수협회, 밀양아리랑예술단 등 여러 단체가 수준 높은 공연을 보여주었다. 또 시민과 함께하는 즉석 노래자랑 역시 축제의 흥겨움을 더해주었다.

한편, 축제에서는 행사장을 찾은 관광객들이 직접 다양한 체험을 할 수 있는 기회를 제공하기도 했다. 딸기를 이용한 딸기빵과 딸기 케익을 직접 만들어 볼 수 있는 부스를 운영하였으며, 어린이 방문객을 위한 에어바운스를 설치하여 인기를 끌기도 했다. 또, 축제 기간 중 직거래 장터에서 3만 원 이상 농산물을 구입하면 3만 원 당 1장의 딸기따기 체험 쿠폰을 배부하였는데. 이를 가지고 삼랑리 거족마을에 있는 '1943밀양딸기마을'에서 직접 딸기를 따는 경험을 할 수 있었다. 또, 4월 2일에는 안태공원에서 '딸기 미술대회'가 개최되었는데, 유치부 26명, 초등부 30명, 중등부 5명으로 총 61명의 참가자가 삼랑진 딸기를 주제로 한 그림을 출품하였다.

"삼랑진 벚꽃과 함께하는 밀양 딸기시배지 축제"는 딸기와 벚꽃이라는

〈그림24〉 2022년 밀양 딸기시배지 축제

삼랑진의 대표적인 자랑거리를 어떻게 적극적으로 활용할 수 있을지 고민하고 앞으로 나아갈 방향 보여준 행사였다. 매순간 변화하고 있는 시대의 흐름 속에서 이제는 단순히 딸기를 생산하는 것에만 그칠 것이 아니라 딸기 가공품을 만들어 적극적으로 홍보하고, 관광·체험과 연계한 다양한 프로그램도 운영하면서 딸기농촌융복합산업의 중심 지역으로 발돋움하는 데 이 축제가 중요한 역할을 할 것이다.

〈그림25〉 2022년 밀양 딸기시배지 축제

제5장 삼랑진 양수발전소와 안태호 벚꽃·단풍길

발전소는 화력, 수력, 원자력 등의 에너지원을 사용해서 우리 일상에 꼭 필요한 전기를 생산하는 곳을 말한다. 삼랑진읍 안태리에 있는 삼랑진 양수발전소는 수력 발전소의 일종으로 상부댐과 하부댐을 활용하여 물의 낙차 에너지로 전기를 생산하는 방식이다. 즉, 하부댐인 안태호에 담아 두었던 물을 밤에 남은 전력을 이용하여 상부댐인 천태호로 보낸 다음 전력 소비가 많은 낮에 다시 물을 하부로 흘려보내 발전하는 방식이다. 이러한 양수식 발전은 빠른 가동 능력과 정지 능력, 전력의 효율적 운용이 가능하다는 점에서 경제적이며 동시에 별도의 연료를 사용하지 않아 대기오염물질을 배출하지 않는 저탄소 녹색에너지를 생신한다는 장점이 있다.

삼랑진 양수발전소는 장기전원개발 4차 5개년 계획의 일환으로 청평 양수발전소에 이어 두 번째로 건설된 양수발전소로 그 규모 면에 있어서 우리나라 최대를 자랑한다. 삼랑진 양수발전소는 1979년 10월 1일에 착공하여 6년 3개월의 공사 동안 내자 1,357억원, 외자 22,500,000달러로 총 1,532억원의 공사비를 투입되어, 1985년 제1호기, 같은 해 12월 제2호기가 준공되었다.

양수발전소 시설들은 모두 지하에 준설되었는데, 지하 200m 지점에 수차

〈그림26〉 양전발전소: 건설 당시 하부댐 주위 모습

〈그림27〉 양전발전소: 터널 굴착 당시 모습

발전기와 각종 보조기기를 설치하기 위한 지하발전소 건설과 수압관로공사는 국내에서는 보기 드문 험난한 공사였다고 한다. 당시 청평양수발전소 건설 경험을 바탕으로 국내 기술진 중심으로 국산 기자재를 대거 투입하여 국산화율을 68.75%까지 올리면서 이전까지의 어느 발전소보다 국내 기술을 적극적으로 활용하기도 했다.

발전소 공사와 관련한 개요를 구체적으로 살펴보면 다음 표와 같다.

〈그림28〉 양수발전소: 상지 기초석

〈그림29〉 양수발전소: 지하발전소 준공식(1986.4.8)

〈그림30〉 양수발전소: 준공식 행사(1986.4.8)

항목		단위	내용
공기	착공	년 월 일	1979.10.01
	준공	년 월 일	1985.12.31
	기간	년 월 일	6년 3개월
공시비	내자	백민원	135,700
	외자(재원)	천 $	22,500(ADB)
	계	백만원	153,200
	건설단가	원/kW	255,333
용역	기본설계		Chas T.Main(미국)
	건설감리		日本工營(일본)
	기전설계		한국전력기술(주)

항목		단위	내용
제작사		발전전동기	富士電氣(일본)
		펌프수차	日立(일본)/한국중공업
		주변압기	효성중공업
시공사		토목	현대건설(주)
		건축	현대건설(주)
		기계설비	한국중공업(주)
		전기설비	한국중공업(주)
		계장설비	한국중공업(주)
주요일지		기초굴착	1979.9.10
		전 터널 관통	1983.6.22
		정초석	1983.4.09

　　현재 삼랑진 양수발전소에서는 상부저수지로부터 약 1.3km, 하부저수지로부터 약 0.8km 떨어진 진입터널을 통하여 들어갈 수 있는 지하발전소에 시설용량 30만kW급 발전기 1·2호기, 154kV/18kV 3상 주변압기 2대 및 각종 보조기기가 설치되어 있다. 이곳에서 출발하는 모선 케이블은 각 변압기의 고압 측으로부터 발전소와 경사모선 터널을 통해 방수로 조합수조 수문실까지 연결되고 그곳에서 다시 조합수조 진입터널을 통해 터널 갱구를 지나 옥외 변전소 철탑 모선까지 연결되어 있다.

　　지하발전소 진입터널 입구에서 반대 측, 옥외 변전소에 인접한 곳에 있는 건물은 사무실과 중앙제어 운전 조작실을 겸하고 있다. 현재 모든 기기가 자동화되어 이곳 중앙제어실에서 지하발전소 내의 기기 조작과 운전 현황 및 상하부 저수지의 수위 변동 상황을 한눈에 보고 원격 제어할 수 있다.

　　상부 저수지인 천태호는 댐 천단표고 EL40436m에 천단길이가 269m, 댐 높이가 88m에 이르는 중앙차수벽식 석괴댐으로 담수량은 646만 4000㎥으로 저수지 서쪽 끝에 취수구가 위치하고 있다. 6시간 이용 수심 27.2m로써 이 물이 취수구로부터 도수관로와 수압철관을 통해 중심높이인 EL23m까지 떨어지면서 전기 발전을 하게 된다. 도수관로는 수직터널에서 2개로 분기되어 지하발전소의 각 수차로 물을 공급하는 수압관로에 연결되었으며, 발전소 내부에 설치된 구형밸브로부터 상

〈그림31〉 양수발전소: 상부저수지 댐공사

류 측으로 이르는 약 611m 부분은 압력철관으로 건설되었다.

하부저수지인 안태호는 넓은 계곡을 가로질러 축조된 중앙차수벽식 석괴댐이다. 최초 담수일은 1984년 4월 10이고, 기념비 건립은 1984년 10월 10일이다. 천단표고 EL71.20m에 천단길이가 529m, 댐 높이 78m이다. 총 담수량은 10,089,000㎥이고, 만수 면적은 44만㎡이다.

유역면적 10.2㎢에서 흘러들어오는 물은 초기 담수를 위한 유량과 증발, 누수, 관계용수(關係用水) 등으로 인한 손실량을 보충하고 있다. 또, 콘크리트 중력식 여수로 구조물에는 발전 사용 수량 및 홍수 시 여분의 유량을 유출시킬 수 있도록 폭 8.5m, 높이 5.8m의 일류수문(Steal Radial Gate) 2대를 우측 안쪽에 설치하였다. 일류수는 여수로를 따라 방류되는데 이때 수문을 조작하지 않고 저수지에 유입되는 초과 유입량을 방류할 수 있도록 콘밸브(600㎜)로 조절되는 저수위 방수로가 여수로 구조물 내에 설치되어 있다.

또한 새로 건설된 하부저수지에 의하여 수몰된 기존 저수지를 대신하여 관개(灌漑)용수를 공급할 수 있도록, 좌안측 댐 바닥에 지름 200m의 배수로를 별도로 이설하여 농사용수에 불편이 없도록 하였다. 이곳에서 발전된 전력은 154kV 송전선로를 통하여 북부산변전소로 연결되어 전력계통에 공급하고 있다. 특히 심야에 잉여전력을 수진하여 양수함으로써 효율적인 전력계통 운영에 크게 기여하고 있다.

천태로에서 행곡로를 따라 안태호로 올라가는 둘레길 입구에는 삼랑진

<그림32> 삼랑진 양수발전소 정문 　　　　　　 <그림33> 양수발전소 입구

양수발전소 홍보관이 자리 잡고 있다. 홍보관은 발전소 준공 직후인 1986년 4월 8일 개관하였다. 몇 차례 관리 주체가 변경되기도 했으나 현재는 (주)한국수력원자력에서 운영하고 있다. 홍보관에서는 삼랑진양수발전소의 역사는 물론 수력·화력·원자력 및 양수발전소 모형과 발전 홍보자료 등을 제작, 설치하여, 다양한 시청각 자료를 통해 전기에너지의 중요성과 실생활에서의 이용실태 등을 홍보하고 있다. 홍보관 외부에는 삼랑진 양수발전소 건설에 사용되었던 전동기와 수차, 노후화된 발전소 설비 등을 전시하여 직접 볼 수 있도록 하고 있다.

홍보관 입구에서 약 200m 가량 올라가면 삼랑진 양수발전소 준공기념탑

<그림34> 양수발전소 준공기념탑 　　　　 <그림35> 전망대에서 본 안태마을 풍경

〈그림36〉 안태호의 풍경

이 있다. 발전소가 준공되기까지 연간 142만 명의 근로자가 투입되었는데 이들을 형상화한 기념탑 하부에는 건설유공자의 이름이 새겨져 있다. 1985년 12월 31일에 건립했고, 비문은 미당 서정주 시인이 지었다. 또 기념탑 근처에는 전망대가 있어서 안태마을은 물론 날이 좋을 때에는 멀리 낙동강까지도 한눈에 내려다 볼 수 있다.

한편, 본래 전력 생산을 목적으로 인공적으로 조성된 하부저수지 안태호는 1급수의 맑은 물을 담수 하고 있어 저수지의 물빛이 맑고 푸르며 수심도 깊어서 겨울 철새들이 찾아와 쉬는 휴식치가 되기도 한다. 발전소를 건설하면서 함께 조성된 안태공원은 안태호 위쪽에 2개 지역으로 나뉘어 넓은 광장과 소나무 숲으로 이루어져 있으며 안태공원을 기점으로 상부저수지에 이르는 6km의 구불구불한 도로는 주변 경관이 뛰어나 드라이브 코스로도 유명하다.

특히 봄에는 벚꽃이 만발하는 벚꽃 명소로 전국적으로 알려져 있다. 안태리 입구 삼거리에서 홍보관 앞 벚꽃 오거리를 지나 여여정사 입구까지 약

〈그림37〉 안태호댐(오른쪽 위는 양수발전소 건립기념탑)

2.63km는 삼랑진 벚꽃길이라고 부르는데 밀양시에서는 코레일과 협력하여 철도 연계 트래킹 코스를 개발 중이기도 하다. 홍보관 앞 한마음 동산에서부터 안태호까지는 벚나무 사이로 데크길이 잘 조성되어 있어 마치 벚꽃으로 만든 터널을 지나는 것과 같은 착각이 들기도 한다. 안태호 위쪽 안태공원 역시 벚꽃 구경의 명소이다. 비교적 고지대에 위치한 안태공원에서 내려다보면 안태호 주위를 둘러싸고 있는 벚나무의 모습이 장관을 이룬다.

안태호 일대가 벚꽃으로 유명해지면서 일대의 마을 분위기도 서서히 변하고 있다. 삼랑진역에서 벚꽃 오거리까지 오는 길에는 카페들이 새로 생겨나 '삼랑진 벚꽃 카페 거리'로 불리고 있으며 오거리 근방에는 관광객을 위한 식당들도 생겨나 새로운 상권을 형성하고 있다. 또 봄이면 삼랑진 딸기 축제가 매년 안태리 인근에서 열리는데, 2022년에는 "삼랑진 벚꽃과 함께하는 밀양 딸기시배지 축제"라는 이름으로 행사를 개최했다. 밀양과 인근 지역에 전기 공급을 위해 만들어진 인공 저수지 안태호가 벚꽃의 명소라는 또 다른 자랑거리를 더하게 된 것이다.

안태호 길은 봄뿐만 아니라 가을 경치 또한 절경이다. 전국 어디에 내놓아도 뒤지지 않은 황금빛 물결이나 봄빛에 가려 살짝 아쉬운 느낌이다.

제6장 삼랑진의 새 얼굴, 용전산업단지·미전농공단지

삼랑진읍 용전리 북쪽의 만어산 남서쪽 자락에서 내려온 미전천은 용전리와 미전리의 마을 앞을 지나 낙동강으로 흘러간다. 미전천을 따라 이어지는 미율로는 그대로 58번 국도로 연결되는데 이 길을 따라 좌우에 두 개의 산업단지가 남북으로 넓게 조성되어 있다. 언뜻 보기에 한적한 농촌 지역과 어울리지 않아 보이지만 삼랑진의 새로운 생산 경제 활동을 선도하고 있는 산업단지인 용전일반산업단지와 미전농공단지이다.

산업단지는 본래 국가에서 포괄적 계획에 따라 산업시설과 관련되는 다양한 시설을 집단적으로 개발하고 설치한 지역을 말한다. 보통은 여러 공장이 모여 있어서 공업단지 혹은 공단이라고 불렀는데 최근에는 부정적인 어감이 있다는 이유로 산업단지로 명칭이 바뀌었다. 우리나라에서도 1961년부터 경제사회발전 5개년 계획이 실시됨에 따라, 1962년 울산공업단지를 시초로 하여 전국에 수많은 공업단지가 건설되었다. 그러나 1980년대에 접어들면서 대도시 인근에 주로 개발된 이들 공업단지들로 인해 결국 대도시로의 인구 집중과 농촌 공동화가 더욱 가속화되었으며, 지방의 낙후는 상대적으로 심화되어 갔다. 또한 지역적 형평성에 입각한 지역 개발이 필요하게 되었고 여기에 더해 지방자치단체들로서는 지역 재원의 확충, 대도시 영향으로부터의 탈피를 위해 지방 공업 단지의 육성이 불가피하게 되었다. 이에 중소기업을 중심으로 지방에 공업 단지를 조성하여 고용 증대, 인구 증가, 지방 경제 활성화, 지역 내 자원 개발 등을 꾀하고, 이를 통해 지방

〈그림38〉 용전일반산업단지 위치

재원을 확충하기 위한 일반산업단지가 조성되었다.

용전산업단지는 미전천 상류부인 삿갓봉 아래에 조성되었다. 2009년에서 2017년까지 총 1,006억 원의 사업비가 투입되어 실수요자 직접개발 방식으로 개발되었는데, 총 관리면적은 634,192㎡인데 이 가운데 도로와 녹지 등의 주변 시설을 제외하고 산업시설구역은 약 361,000㎡이다. 용전일반산업단지는 주조, 금형, 용접, 표면처리, 소성가공, 열처리 등 부품 혹은 완제품을 생산하는 기초 공정산업단지로 계획·조성되었는데 현재 (주)경진인터내셔널 등 총 15개 기업이 입주해 있다. 한국산업단지공단 조사[2022.6월 주요 국가산업단지 산업동향 통계표]에 따르면 2022년 기준 고용 인원은 남 368명,

〈그림39〉 용전배수지에서 본 용전일반산업단지

여 63명으로 총 431명이며 누계 생산금액은 38,362,000원이다.

용전일반산업단지 아래 미전천 중류부에는 미전농공단지가 조성되어 있다. 농공단지는 농어촌 지역의 소득을 높이고 지역 주민이 지금 살고 있는 농어촌 지역에서 취업할 수 있도록 조성한 공업단지이다. 「농어촌 소득원 개발 촉진법」이 1983년 말에 제정되어 1984년부터 시행되면서 농·어촌 지역을 많이 포함하고 있는 지방 자치 단체는 농공단지를 조성하고 세금 감면 등의 다양한 혜택을 통해 지역에 여러 산업 시설의 유치를 적극 지원하였다.

미전농공단지는 15개 업체로 구성된 미전지구 농공단지협동화(주)가 사업비 266억 6,600만 원을 들여 조성한 민간개발방식의 농공단지이다. 2010년 9월 9일에서부터 2014년 12월 24일까지 부지 조성 공사가 진행되었고, 2015년 4월 30일에는 준공식이 거행되었다. 총 16만 1,321㎡의 부지 가운데 109,000㎡의 산업시설구역에 (주)대영기계공업, 협진엔지니어링 등 총 18개의 기계 및 자동차 부품 제조공장이 입주했다. 2022년 기준으로 미전농공단

〈그림40〉 미전농공단지 준공식

지의 고용 인원은 남 280명, 여 41명으로 총 321명이다. 누계 생산금액은 1,350만 달러, 누계 수출금액은 900만 달러이다.

〈그림41〉 미전농공단지 입구

산업화 이후 농촌 지역의 인구 유출과 재정적 여건의 어려움이 점차 심화되었다. 이러한 상황 속에서 농촌 지역에 개발되는 산업단지는 지역 발전을 위한 새로운 돌파구가 될 것으로 기대됨으로 지방자치단체에서는 이러한 산업단지의 유치를 위한 노력과 지속 가능한 발전을 위해 노력하고 있다. 밀양시에서도 삼랑진읍의 두 산업단지의 발전을 위한 노력을 아끼지 않고 있다.

밀양시는 '2019년 산업단지 통근버스 임차 지원사업'으로 3년에 걸쳐 용전, 미전산업단지를 대상으로 무료 통근버스를 운행하고 있다. '산업단지 통근버스 임차 지원사업'은 중소기업의 고용 인력 확보를 위해 공용 통근버스 임차비를 국가가 지원해주는 사업이다. 또한 2020년부터는 '산업단지 기숙사 임차비 지원사업'을 진행하고 있는데, 산업단지에 입주해 있는 중소기업이 공동주택을 임차해 근로자에게 기숙사로 제공하는 경우 해당 임차료의 일부를 지원하는 사업이다. 이러한 지원 사업을 통해 근로 환경을 개선하여 지역 내 고용 창출에 있어 긍정적인 효과를 기대하고 있다.

제7장 송지시장의 하루

송지시장의 역사

출퇴근의 챗바퀴에서 벗어날 수 없을 때, 어제가 오늘 같고 오늘이 어제 같을 때, 하루하루 사는 것이 왠지 갑갑할 때, 우리는 시장(市場)을 찾는다. 대형 마트도 좋고, 전통시장이면 더 좋다. 그곳에서 이루어지는 물건의 매매와 바쁘게 움직이는 사람들을 보면서, 다시금 활력을 찾는다. 시장은 일상의 지겨움에 지친 사람들에게 훌륭한 활력소를 제공한다. 시장에서 사람들은, 물건 구경도 하고 마음에 드는 물건을 구입하기도 하고, 오가는 사람들을 보면서 세상이 넓다는 것을 짐작하기도 한다.[17] 그리고 시장 곳곳에 숨어 있는 삶의 향기와 열정, 또는 작은 즐거움을 찾기도 한다. 그러는 동안 자신을 둘러싸고 있는 일상의 울타리와, 가슴을 옥죄고 있는 삶의 굴레를 어느 정도 벗어난다.

이처럼 시장은 생각보다 많은 기능과 역할을 하고 있지만, 원래 시장은 상품의 교환과 매매가 이루어지는 장소였다. 우리 조상들은 이를 '장'이라고 불렀고, 장에는 장소[場]와 장사[商]의 뜻이 함께 들어 있는데, '장'은 '장소'보다 '장사'의 뜻이 원천적이며 중요하다고 보았다.[18] '장'은 처음에는 15일이나 10일 만에 한 번씩 열리다가, 점차 5일에 한 번씩 열리게 되었고, 촌락 주민들이 하루에 왕복하여 교역할 수 있는 교통의 요지에 30~40리의 간격을 두고 섰다.[19]

송지(松旨)시장의 역사는 조선 후기까지 소급된다.[20] 조선 후기에는 3개 방향 이상의 도로나 수로가 결절하는 교통요지에도 큰 취락이 등장하기 시작하였는데, 삼랑진은 도로와 수로가 교차하는 상업취락이었다.[21] 지금 송지시장의 장날은 4일·9일데, 1909년에 삼랑진시장 장날은 1일·6일이었다.[22] 이렇게 장날이 다른 이유는, 옛날에는 송지장과 삼랑진장이 각각 다른 장이었기 때문이다.

철로가 놓이기 이전부터 삼랑진은 물길 때문에 사람과 물산이 모이는 곳이었다. 그래서 나루터 근처인 낙동장(洛東場)이 훨씬 먼저 생겼고 번성했다. 지금 삼랑진 119안전센터(삼랑진 소방서) 자리가 옛날 낙동장터였고, 그 낙동장 건너편이 바로 삼랑진나루인 낙동나루였다. 그래서 삼랑진장이라고 하면 낙동장을 말하는 것이었다.[23] 장시일은 1일과 6일로 상부마을과 하부 마을에 번갈아 열렸다고 한다.[24] 철로가 생기기 이전에 낙동장은 밀양 단장, 하남 오산, 김해 생림 도요에서 장을 보러올 정도로 큰 장이었다. 그러다가 일제강점기에 제방을 쌓고 모래가 밀린 퇴적토를 개간하여 마을을 형성하였고,[25] 그 마을 근처에 삼랑진역이 서게 된 것이다. 즉 삼랑진이라는 명칭은 역 때문에 생긴 명칭이 아니라, 지금 소방서 자리인 삼랑진나루터에서 이름을 빌려 '삼랑진역'이라 불렸던 것이다. 그래서 주소가 삼랑진역 근처는 '송지리'이고, 낙동나루가 있었던 하부(下部)마을 부근이 '삼랑리'인 것이다. 삼랑진역에서 송지시장까지는 약 200m 정도로 가까운데, 송지교 지하차도를 건너면 바로 시장이 펼쳐진다. 송지시장이 생기면서부터 낙동장은 쇠퇴해 가다가 지금은 없어진 지 오래다.[26]

영남대로상의 노변취락들이 상업 및 행정 중심지로 성장한 것은 신작로 건설공사가 완료된 1920년을 전후한 시기이다. 이때부터 송지동(삼랑진)도 읍 단위의 행정기관과 교육, 금융기관 등이 있는 지방 중심지로 발전하기 시작하였다.[27]

송지시장의 모습

2022년 9월 4일 현재. 삼랑진농협 '하나로마트'[28]에서 '이삭의 향기'까지, 그리고 '시장할매집'에서 '아이마트'까지. 송지리 송지사거리를 중심으로 양쪽에 펼쳐진 시장이 삼랑진 송지시장이다. 4일·9일 열리는 5일장인데,[29] 세탁소, 미용실, 신발·속옷·악세사리·모자·전기·철물 등을 취급하는 만물상, 옹기·화분·고무 다라이·그릇·이불·주물 솥·각종 소쿠리·키·체[30]·빨래 건조대 등을 파는 상회, 레스토랑, 꼼장어집, 목욕탕, 노래연습장, 마트, 인테리어, 상추·김장무·플러스 무·버터 헤드 등 모종, 해장국집, 칼국수집, 떡집,

〈그림42〉 맞은편으로 파라솔 펼쳐진 곳에 좌판이 펼쳐진다. 2022.9.4.

횟집, 도장집, 휴대폰, 보석·시계상, 통닭집, 커피숍, 농약사, 오토바이 수리·판매 등의 가게와 우체국·농협·약국·의원은 장날과 상관없이 거의 매일 열린다. 장날이 되면 이들 가게에 더해져서 천태로(天台路) 좌우로 행상 좌판(坐板)이 벌어진다. 어디선가 "할매, 와 이리 많이 넘어 왔능교, 저리 좀 치우소!" 하는 소리도 들린다. 아마도 정해진 자리를 넘어서 물건을 늘어놓은 듯하다.

송지시장에는 장날과 관계없이 항상 영업을 하는 가게가 있고, 장날에만 찾아오는 트럭 행상이 있다. 이는 조선시대 장시(場市)부터 형성된 행상(行商)과 좌상(坐商)의 형태와 비슷하다.[31] 조선시대 장시에서 좌상은 자기 가게를 가지고 이동하지 않으면서, 같은 자리에서 여러 가지 물건을 중개·위탁 매매하는 가게였다. 그리고 행상은 말 그대로 이동하면서 여러 가지 물건을 팔았는데, 등짐장수인 부상(負商)과 보따리장수인 보상(褓商)으로 구분했다. 행상인 보상과 부상이 바로 보부상(褓負商)이다.[32] 등짐장수인 부상은 부피가 큰 물건인 고기, 소금, 항아리, 목기, 대나무 제품 등을 팔러 다녀서 주로 힘센 남자들이었다. 반면에 보따리장수인 보상은 부피가 작은 물건인 조바위, 남바위, 빗, 염낭, 댕기, 분, 비녀 등을 팔러 다닌 상인인데, 여성이 많았다.[33] 1930년대에 부상이 가지고 다닌 물건은 소금, 건물(마른 어물), 진물(물기 있는 어물), 솥, 그릇, 담배, 누룩, 죽물, 꿀, 지름, 체, 엿, 짚신 등이었고, 보상이 취급한 물건은 삼베, 비단, 솜, 종이, 모시, 패물, 인삼, 가죽, 잣, 녹용, 우산, 참빗, 담뱃대, 벼루, 먹, 놋그릇 등이었다.[34] 즉, 보상의 상품은 기술적으로 발달된 세공품으로 주로 사치품이었고, 부상의 상품은 재래농업사회가 만들어내는 가내수공업 상품이었다.[35]

매주 4일·9일, 송지시장 장날에는 일출 시간과 비슷한 아침 6시부터, 어디서 오는지 많은 장사꾼들이 다양한 물건을 가지고 장터로 모인다. 일찍 자리를 잡는 행상도 있고, 약간 늦게 전을 펼치는 행상도 있다. 대체로 일찍 팔리거나 전을 펼치는 준비가 많이 필요한 업종의 행상은 일찍 도착하고(호떡, 빵, 뻥튀기), 느지막이 팔리거나 준비가 많이 필요하지 않은 행상은 약간 늦게-8시 이후에도 도착한다(이불·쿠션, 양말, 민물고기 등). 어쨌든 8시쯤이면 도착할 만한 장사꾼들은 거의 다 자리를 잡고, 물건 정리를 끝내고 9시부터 본격적으로 손님을 맞이하기 시작한다. 빵을 파는 행상과 커피를 파는 행상은 7시부터 영업이 시작된다. 빵은 논밭, 과수원, 비닐하우스 등에서 일하는 사람들의 간식거리로 팔리기에 일찍부터 영업을 시작하고,[36] 커피 장수는 일찍 자리 잡은 행상들의 아침 피로를 풀어주기 위해 여기저기 분주히 돌아다녔다. (해장국집도 아침 일찍부터 행상 손님이 많았다.) 아침 9시에 시작한 장사는 오후 5~6시경이면 끝이 난다. 아침 10시부터 오후 3시까지가 손님들로 한창 붐비고 그 이후는 한산하다. 대체로 4시 30분쯤부터 뒷정리를 하는데, 겨울이나 비가 오는 날은 오후 4시쯤부터 마무리를 시작한다. 이들 장사꾼들은 김해장(2일·7일), 무안장(1일·6일), 밀양장(2일·7일), 수산장(3일·8일), 양산장(1일·6일), 언양장(2일·7일) 등 가까운 이웃 장들을 찾아다니는 사람도 있고, 삼랑진 주위에 살면서 송지 장날에만 물건을 파는 사람도 있다.

〈그림43〉 민물고기 좌판. 2022.9.4.

그리고 장터에서 자리를 잡고 장사하는 가게에서 취급하는 물건은 가급적 피한다. 즉, 4일·9일 열리는 송지 5일장에는, 행상(行商)을 하는 많은 트럭들이, 좌상(坐商)을 하는 가게에서 잘 팔지 않는 물건을 가지고 온다. 이렇게 본다면 전통시장인 송지시장은, 수백 년 전부터 내려오는 우리 고유의 시장 형태인 행상과 좌상을 지금도 유지하고 있다고 볼 수 있다.

송지시장은 삼랑진농협 쪽과 맞은편 쪽에 장이 서는데, 맞은편 쪽 장이 품목도 다양하고 장꾼도 많다. 농협 쪽으로는 송지교에서부터 이불·베개·쿠션 행상, 미전천 공영주차장 입구에 만물 공구상, 정자나무 아래에 다래·복숭아·여주·마늘·잔파·대파·도라지·호박·땅콩·토마토·고구마 줄기·바지락살 등을 파는 만물 야채상, 그리고 찰옥수수·계란빵·바나나빵, 각종 비닐 포장지, 강원도 산(山) 더덕, 건어물, 미꾸라지·장어·붕어·잉어·가물치 등 민물고기, 돋보기·다초점 안경·플랫시·노래 CD나 USB·소형 라디오 크기의 뮤직 박스·손전등·전기면도기,[37] 티셔츠·바지·치마·잠옷·점퍼, 화초나 모종, 스니커즈 양말·이중 바닥 양말·신사 양말·발가락 양말·등산양말·캐릭터 양말, 민어조기·참조기·납세미·빨간고기·장어·간갈치·간고등어·마른 명태 등을 파는 행상들이 늘어서 있다.

농협 맞은편 쪽으로는 송지교 지난 지점에서부터 셔츠·남방·조끼·바지, 옻나무·엄나무·천궁·헛개나무·망개뿌리·마가목·황칠나무·당귀·생강·영지·상황버섯·인삼 등 한약재, 통닭, 고구마·양파·포도·복숭아·과일·채소 모종, 양말·신발, 브로컬리·오이·당근·고추·옥수수·무·우엉·빨간 햇고추 말린 것, 빵·꽈배기·호떡, 단호박·자색 고구마·현미쌀 뻥튀기, 일미(말린 오징어를 가늘게 찢어서 양념한 밑반찬)·쥐포(쥐치포)·양념 땅콩·알마늘·계란·들깨가루·고춧가루·참기름·들기름·청국장, 현미·수수·귀리·팥·콩·녹두, 우엉·연근·여주·햇밤·두부·묵·누룽지, 석류·결명자·홍화씨·오미자·옥수수·보리·둥글레·여주·메밀·우엉·감초·삽주·돼지감자·노니·여주·상황버섯·차가버섯·천궁·백문동 등 각종 차 재료, 수제 어묵, 안개초·다알리아·천일

〈그림44〉 호떡 행상 앞에 줄을 선 사람들. 2022.10.29.

홍·꽃양귀비·금잔화·과꽃·봉선화·백일홍·패랭이꽃·나팔꽃·자운영·해바라기·한련화·접시꽃·구절초·산국화·부지깽이·들잔디·고들빼기·오이·가지·참외·호박·부추(아시아 차이나벨트)·취나물·곰취·샐러드·곰보 배추·스위트 바질·청경채·치마 아욱·치커리·잎당귀·미나리·중엽 쑥갓·시금치·여주 등 각종 씨앗, 백도라지·더덕·산초·부추·빔, 고등어·갈치 생선, 마른 멸치·오징어포·북어포·아귀포·쥐취포 등을 파는 행상들이 늘어서 있다.

기쁨과 희망을 팔고 사는 송지시장의 행상

2022년 9월 4일 일요일 송지시장에서 몇몇 행상(行商)을 만났다. 먼저 만난

분은 삼랑진읍 행정복지센터 쪽 송지사거리에서 양말을 파는 아저씨인 이 모씨(64세)였다. 언양·밀양·양산·삼랑진 5일장을 순회하고 있고, 가끔 도시 아파트 단지로도 판매를 나간다고 한다. 여름에는 매출이 별로고, 찬바람 부는 가을·겨울이 되어야 양말이 좀 팔린다고 한다. 하루 매출은 10만 원~40만 원 정도인데, 인건비를 뺀 경비, 즉 도로비·기름값·식대 등으로 3~4만 원이 지출된다고 한다. 마진(margin: 중간 이윤)은 20~35% 정도인데, 코로나 이후로 마진이 점차 줄어든다고 한다. 휴일 장날은 평일 장날에 비해 매출이 좀 낮고, 젊은이에게 권하지는 못하지만 늙어서 소일하기에는 그럭저럭 괜찮다고 한다. 하지만 시장에서 자리 잡고 양말을 파는 가게도 있어서, 장날에 하는 판매가 약간 미안하기도 하고 눈치가 보인다고 한다. 장날에는 고정 가게들도 자기 가게 앞 도로에 좌판을 벌이는데, 가게 안보다 도로변이 훨씬 장사가 잘 되기 때문이라고 한다. 그리고 행상도 업종에 따라 매출이 천차만별인데, 과일이나 생선 행상은 잘만 하면 명절 전에는 수백만 원 매출도 가능하다고 한다.

삼랑진농협 위쪽 송지교 위에서 이불, 베개, 쿠션을 파는 김 모씨(63세)는 삼랑진 노점상 연합회 창립 위원이고, 전에는 총무 일을 맡아보기도 했다고 한다. 장날 수입은 일정하지 않은데, 3만 원~30만 원 정도라고 한다. 30만 원씩 매출을 하는 날은 1년에 몇 번 되지 않는다고 한다. 장날에 한 번 올 때마다 드는 고정 경비는 6만 원 정도이니, 10만 원어치를 팔아도 순수익은 4만 원 정도여서, 힘든 삶이라고 한다. 또 노점은 추위와 더위에 무방비여서, 장날을 찾아다니며 적당한 수입을 얻으며 세상 구경하겠다는 낭만은 그야말로 꿈같은 생각이라고 일침을 주었다. 특히나 코로나 때에는 장사를 거의 못했는데, 가게에만 지원금을 주어서 노점은 더욱 더 힘들었다고 한다. 때로는 자신의 삶이, 나라에서 지원을 많이 해 주는 기초수급자보다도 더 힘든 것 아닌가 하는 회의가 든다고 한다.

김 모씨에게 평소에 궁금했던 장터의 자리에 대해 물어보았다. 장터 자리는 자릿세 또는 장세가 있는가, 선착순인가, 고정석인가? 그리고 엉뚱한 사람이 자신이 영업하는 장터를 차지하면 어떻게 정리가 되는지? 장터의 자리는 고정이고, 자릿세나 장세는 없다고 한다. 약간 늦게 와도 엉뚱한 사람이 자신의 자리를 차지하는 일은 없다. 왜냐하면 10~20년 동안 그 자리에서 장사를 했기에, 시장 상인들 모두가 어떤 자리에는 어떤 사람이 장사한다는 것을 다 알고 있기 때문이다. 그래서 혹시 누군가가 다른 사람의 자리를 차지해도, 여러 상인들이 그 사람을 찾아가서 여기는 정해진 주인이 있는 자리라고 하면 두말없이 비켜준다고 한다. 드라마에서처럼 주먹다짐이나 칼부림(?)으로 자리싸움이나 텃세를 하는 것은, 그야말로 까마득한 시절의 이야기라고 한다. 간혹 자신이 차지하고 있는 자리를 권리금조로 돈을 받고 암암리에 다른 사람에게 넘기는 일도 있다고 한다.

송지교 아래 공영주차장에서 부인과 함께 전을 펼친 만물 공구상 임 모씨 (67세)의 노점에는 가위·칼·톱·줄·스패너·드라이버·펜치·니퍼·라이터·플래시(손전등)·휴대용 전등·전동 드라이버·전기톱 ·고압 분사기·충전기 등

〈그림45〉 송지교 아래 공영주차장에 펼쳐진 만물 공구상. 2022.9.4.

온갖 공구가 다 있었고, 이름이나 용도를 알 수 있는 공구보다 이름이나 용도를 모르는 공구가 훨씬 많았다. 장날을 찾아다니며 파는데, 안 되는 날은 3만 원어치도 겨우 팔 때도 있고, 잘 되는 날은 30만 원어치를 파는 날도 있다고 한다.

삼랑진농협과 하나로마트 사이 도로에서 콩나물, 우무, 묵, 누룽지, 칼국수, 청국장, 메밀가루, 강원도둥지감자떡, 황토고구마 등을 팔고 있는 윤 모씨(62세)의 흰색 소형차가 스르르 멈추더니, 창을 열고 말한다. "콩나물 주이소!", "와따 아지매, 야타족이네?" 콩나물 한 봉지가 2천원에 팔렸다. 시골 할머니도 소형차를 타고 장을 보러오는 세상이다. 윤씨는 우무도 팔고 떡도 팔았다. 때때로 손님들에게 팔고 있는 물건의 조리법이나 맛있게 먹는 방법도 신명나게 이야기해 주었다. 시장 안의 떡집보다 자신의 물건이 약간 값이 싸다, 떡은 쪄서 먹는 게 더 맛있다, 전자레인지에 데우면 수분이 흡수되기 때문에 풍미가 떨어진다, 여기 콩나물이나 떡은 원료가 확실하다는 등의 말이었다. 윤씨는 나이에 비해 아주 젊어 보였고, 손님들도 제법 많았다. 하지만 자세한 인터뷰를 사양했고, 자신이 팔고 있는 물건의 촬영도 원하지 않았다.

송지시장 중간쯤 송광호 의원 앞에서 부인과 함께 뻥튀기 장사를 하는 이 모씨(42세)는 단호박 뻥튀기, 자색 고구마 뻥튀기, 현미쌀 뻥튀기 등 다양한 제품을 팔았다. 손님도 엄청 많고, '뻥'하고 큰 소리를 내는 기계도 직접 다루고 있었다. 모든 제품은 하나에 3천 원이고 두 개에 5천 원인데, 하루에 20만 원 이상 매출을 낸다고 했다. 각종 뻥튀기 제품이 별로 비싸지도 않고, 장터에서 직접 만들기에 손님들 평가가 좋았다. 하나 사서 먹어보니 식감이 부드럽고 많이 달지 않아서 좋았다.

뻥튀기 장사 옆에서 꽈배기, 호떡, 도넛, 팥빵 등을 팔고 있는 강 모씨(63세)에게 하루 매출과 이익이 얼마나 되는지 물어보니, 아예 손사래를 친다. 모든 제품을 2개 1천원에 파는데, 매출이고 이익이고 따질 겨를이 없다고 한다. 겨우겨우 유지한다고 하면서, 요사이 너무 힘들다고 하소연이다. 이 장터 저 장터를 떠돌아다니는 장돌뱅이 자기들이야말로 진짜 서민들인데, 무 하나 3천~4천 원, 배추 한 포기가 1만 원이 넘는 이런 물가에서 어떻게 사느냐고 아우성이다.

삼랑진농협과 하나로마트 사이에서 산(山) 더덕을 파는 든든한 남자 김 모씨(55세)는 밭에서 재배한 더덕이 아니라, 산에서 캔 더덕이라는 것을 강조 했다. 다른 물건과 달리, 더덕은 자주 사 먹는 작물이 아니기에, 장날마다 오지는 않는다고 했다. 고객들이 한 번 사면 오랫동안 먹기 때문에, 1년에 5~6회 정도 송지시장에 들른다고 했다. 1kg에 1만 원~2만 원. 뿌리가 잔 것은 1만 원, 큰 것은 2만 원에 팔렸다. 마진은 약 40% 정도라고 살짝 귀띔한 다. 한 20분 이야기를 나누는 동안에도 4만 원어치나 팔렸다. 팔면서 더덕 조리법이나 먹는 법도 덤으로 말했다. 끓는 물에 데쳐서 껍질을 벗기면 잘 벗겨진다, 그냥 먹거나 반찬으로 해도 된다, 잘게 썰어 차로 만들어 마셔도 좋다고 한참을 이야기했다.

미전천을 가로지르는 송지교를 지나자마자 오른쪽 양지 바른 터에서 각종 한약재를 팔고 있는 양 모씨(79세)의 좌판에는 옻나무·엄나무·벌나무·천궁· 익모초·헛개나무·망개뿌리·마가목·황칠나무·당귀·활기·도라지·생강·영 지·상황버섯·우엉·여주·돼지감자·백수오·인삼·맥문동·오미자 등이 보였 고, 말린 지네도 있었다. 아침 일찍 천궁 한 봉지를 2만 원에 팔았다. 전통시 장에서 장사한 지는 한 20년 쯤 되고, 밀양 무안에 가게 겸 창고가 있다고 한다. 하루 매출은 대략 20~40만 원 정도이고 마진은 20~30% 정도로 보면 된다고 한다. 물건은 충남 금산군에서 받아온다고 했다. 한약재는 보통 중탕 을 해서 먹는데, 요즘 젊은이들은 중탕을 잘 안 해서 장사가 점점 힘들다고 했다.

송지시장의 앞날

여러 차례 삼랑진 송지시장을 둘러보니, 아동복·숙녀복은 거의 보이지 않고, 일반적인 공산품들도 찾기 어려웠다. 공산품들이 전통시장에서 잘 보이지 않는 이유는 상설 마트나 인터넷 쇼핑을 이용하여 물건을 사는 경우가 많아서일 것이다. 게다가 시골 지역에 젊은 인구가 거의 없으니, 아이들의 옷과 젊은 여인들의 옷을 전통시장에서 찾기 어렵다. 그리고 얼마 되지 않는 아이들과 젊은 여인들은 그들의 옷을 전통시장에서는 구입하지 않는다. '옷이 날개'라는 말처럼, 아이들과 젊은 여인들은 자신들의 날개를 도회지의 마트나 의류점에서 찾고 있는 까닭이다. 그래서 전통시장에서 옷은 작업복이나 노년층을 위한 의류만 보일 뿐이다.

전통시장을 찾은 고객 몇 사람을 만나 보니, 전통시장의 장단점을 이렇게 이야기했다. 장점은 신선하고, 값이 저렴하고, 마트에 없는 물건을 살 수 있고,[38] 구경하는 재미가 있고, 사람 만나고, 이런 저런 정보를 얻는다는 것이었다. 이에 비해 단점은 주차가 불편하고, 비·바람·추위·더위를 막기 곤란하고, 배달 서비스가 없다는 것이었다. 하지만 이보다 더 심각한 단점은 연령층이 고령화되어 간다는 것이었다. 농촌의 고령화와 이어지는 문제겠지만, 일단 젊은층 고객은 보기 어려웠다. 간혹 보이는 젊은 고객도 장터를 지나가다가 우연히 들렀다고 했다. 행상 좌판을 하는 장꾼들도 평균 나이가 60세가 훨씬 넘었다. 파는 사람이나 사는 사람이나 최소 60대가 넘는 사람들이어서, 장터는 노년층들로만 북적댔다. 간혹 가뭄에 콩 나듯 젊은이가 드물게 보일 뿐이었다.[39]

2022년 9월 4일 오전 11시쯤이었다. '쾡쾡쾡쾡' 낯선 소리에 고개를 돌려 보니, 아스팔트 도로에 경운기 한 대가 보였다. 흰 머리를 휘날리며 어떤 할아버지 한 분이 장터에 왔는데, 경운기 멜 곳을 못 찾아 한참을 머뭇거렸다. 경운기 뒤에서는 길게 이어진 승용차들이 무지막지하게 경적을 '빠방빵'

〈그림46〉 무싯날의 약간은 쓸쓸한 송지시장 풍경. 2022.8.27.

울려댔다. 경운기 위의 백발노인은 바람에 휘날리는 머리카락처럼 자신의
자리를 찾지 못하고, 이리저리 휘날리고 있었다. 마땅히 자신이 전통시장의
주인이어야 할 경운기가 제 자리를 못 찾고 방황하는 것처럼, 전통시장의
자리도 제 자리를 못 찾고 방황하고 있는 것 같아 안타까웠다.

　전통시장이 방황하지 않고 활기를 찾으려면, 시장을 찾는 고객들이 느낀
장점을 살리고 단점을 줄여야 한다. 주차를 편하게 하고, 비·바람·추위·더위
를 막아주고, 배달 서비스를 시행해야 할 것이다. 더하여 신선하고 저렴한
제품, 마트에서 살 수 없는 한약재나 다양한 공구를 구비하고, 볼거리가
있는 문화 행사나 축제를 곁들인다면 더욱 많은 사람들이 전통시장을 찾을
것이다. 그리고 삼랑진과 송지시장이 더욱 활기찬 공간이 되려면, 삼랑진과
송지시장을 오고 싶은 곳으로 만들어야 한다. 교통·환경·교육·의료 시설을
잘 갖추어서, 스쳐 지나가는 곳이 아니라 오래 살고 싶은 곳이라는 인식을
심어주어야, 사람늘로 북적대는 삼랑진과 송지시장이 될 것이다.

미주

1 이긍익, 『연려실기술』 별집 제16권, 지리전고(地理典故), 총지리(摠地理).

2 이민구, 「황산강을 거슬러 올라가 삼랑포에 정박하다[泝黃山江泊三郞浦]」, 『동주집』 권1, 선위록(宣慰錄), "涼濤挾雨渺終朝 風水輕檣百里遙 故國欲歸魂藹藹 扁舟獨往夜迢迢 青山晚色唯松柏 白露寒聲盡葦蕭 政是別離腸斷後 何人江上更吹簫"(충남대학교 한자문화연구소, 강원모·김문갑·오승준·정만호 공역, 2015).

3 조갑상·황국명·이순욱 엮음, 『김정한 전집』 소설3, 작가마을, 2008, 250~251쪽.

4 네이버 지식백과, 경전선, 문화원형백과, 간이역과 사람들, 2008, 문화원형 디지털콘텐츠.

5 박준언 기자, 『경남일보』, http://www.gnnews.co.kr, 2017.3.16.

6 다리 이름은 시다(Cedar)이다. 나무로 다리의 지붕을 덮는 것은 겨울철 눈이 많이 내리는 북미대륙 중동부 지역에 집중된다. 지붕을 덮으면 다리의 수명이 길어지기 때문이다.

7 Robert James Waller 지음, 공경희 옮김, 『매디슨 카운티의 다리』, 시공사, 1993, 169쪽, 187쪽.

8 김종길(jong5629), 「경전선 남도 800리, 삶의 풍경①, 정겨운 옛 모습 간직한 삼랑진」, 『오마이뉴스』, 2012.8.18.

9 김양명, 「낙동강방어선전투」, 『한국민족문화대백과사전』 5, 한국학중앙연구원, 1995, 304쪽.

10 한국브리태니커회사, 『브리태니커』 21, 1993, 635쪽.

11 이수광, 『경부선: 눈물과 한의 철도 이야기』, 효형출판, 2010, 22~23쪽.

12 김기수, 『일동기유』 권2, 「완상(玩賞)」 22칙; 『해행총재』(속) X, 민족문화추진회, 1977, 384쪽.

13 이수광, 『경부선: 눈물과 한의 철도 이야기』, 효형출판, 2010, 42~43쪽.

14 외솔회, 『나라사랑』 5, 외솔회, 1971, 72~73쪽.

15 김태명, 「대한제국 전기의 식산흥업정책에 관한 연구」, 『한국전통상학연구』 15(2), 한국전통상학회, 2001, 48쪽.

16 김태명, 위의 논문, 65쪽.

17 매매 유무에 관계없이 장에 나오는 풍습을 농경문화의 안식일(holiday)로 보기도 한다. 김성훈, 『한국의 정기시장』, 한국농촌경제연구원, 2006, 10쪽.

18 박원선, 「한국의 장시」, 『동방학지』 48, 연세대학교 국학연구원, 1985, 232~233쪽.

19 국사편찬위원회 편, 『거상, 전국 상권을 장악하다』, 두산동아, 2005, 65쪽.

20 조선시대 장시(場市)는 15세기 후반 전라도 지방부터 개설되기 시작하는데, 16세기에 접어들면서 경상도 지방에도 설립되었다고 본다. 국사편찬위원회 편, 『장시에서 마트까지 근현대 시장 경제의 변천』, 두산동아, 2007, 16~18쪽.

21 최영준, 『한국의 옛길 영남대로』, 고려대학교 민족문화연구원, 2004, 456~457쪽.

22 박원선, 「한국의 장시」, 264~265쪽.

23 김정한 선생이 1969년 발표한 소설 〈뒷기미나루〉에도 삼랑진장이 낙동장임을 짐작할 수 있는 부분이 있다. "칠십 고개에 첫 손자를 본 박노인은 잽싸게 꽤 떨어진 낙동이란 곳까지 가서 아는 집들을 두루 찾아 다니며 이내 소문을 퍼뜨렸다. 그리고는 쌀과 쇠고기를 사왔다", "그러한 속득이가 다음 삼랑진 장에서 백중날에 쓸 초와 명태, 그리고 뜻밖에 강아지 한 마리를 더 사 왔다". 김정한, 『김정한 소설선집』, 창작과비평사, 1990, 266쪽, 272쪽.

24 김봉우, 『낙동강 옛 나루』, 경남, 2019, 326쪽.

25 그때 형성된 마을이 지금의 '송원(松園: 모래등)'이다. 버들섬은 습지 또는 둔치였다가 삼랑진 제방을 쌓은 이후로 외송마을이 형성되었다. 외송마을 촌로들의 말에 의하면, 1960~1970년대에는 버들섬 둑 너머 강변에도 2~3가구가 살았다고 한다.

26 낙동장이 있었던 하양마을 촌로들의 말에 의하면, 1970년대 초반에 장이 없어졌다고 한다. 없어지기 전에 낙동장은 하양마을에서 뒷기미 넘어가는 상부마을까지 장이 설 정도로 컸다고 한다. 매매되었던 품목은 그릇, 항아리, 죽제품, 식품류, 토산품 등이었다고 한다.

27 최영준, 『한국의 옛길 영남대로』, 322쪽.

28 삼랑진농협 하나로마트 자리는 옛날 송지시장에 있었던 '우시장' 터였다고 한다. 1970년대 초반까지 우시장이 섰었고, 대폿집을 겸한 국밥집 한 채도 있었다고 한다. 우시장이 없어지고 나서 한동안 공터로 있다가 1978년에 농협연쇄점이 생겼고, 지금의 하나로마트 건물은 2021년에 신축되었다. '옛날' 우시장 터였던 자리에 농협 하나로마트가 생겼고, '지금' 여기서 소고기, 돼지고기 등 육류를 구입할 수 있다. 우시장에 대한 일반적 소개는 국사편찬위원회 편, 『장시에서 마트까지 근현대 시장 경제의 변천』, 두산동아, 2007, 68~72쪽을, 일제강점기의 우시장에 관한 소개는 김성훈, 『한국의 정기시장』, 한국농촌경제연구원, 2006, 114~118쪽을 참조함.

29 5일마다 열리는 이러한 정기시장은 우리나라에만 있는 형태가 아니라, 중국, 인도, 인도네시아, 아프리카, 중남미, 스위스, 이탈리아, 미국, 캐나다 등 세계 곳곳에서 간격을 달리하여 정기적으로 열리고 있다. 김성훈, 『한국의 정기시장』, 11쪽.

30 테두리를 잡고 좌우로 살살 흔들어 가루를 곱게 치거나 거르는 데 쓰는 기구.

31 조선시대 향시[鄕市: 지방 시장, 5일장]에서 행상은 부보상(負褓商), 좌상은 객주(客主)와 거간(居間)으로 구분된다. 박원선, 「한국의 장시」, 271~274쪽.

32 『경국대전』에서 행상(行商)은 육상(陸商)과 수상(水商)으로 구분되어 나타난다. 보부상은 육상에 속한다. 한우근 외, 『경국대전』 번역편, 한국정신문화연구원, 1985, 161쪽, 282~283쪽. 이러한 보부상은 조선시대에 전국적인 조직을 이루어 나름의 규율과 질서를 유지하고 정치·경제적으로 일정한 힘을 갖기도 했다. 하지만 일제강점기에 일제의 말살 정책으로 전국의 보부상단체들은 거의 소멸되었다. 1930년대에 활동한 보부상의 일대기는 '유진룡 구술·김택춘 편집, 『"장돌뱅이 돈이 왜 구린지 알어?"』, 뿌리깊은나무, 1984.' 참조.

33 국사편찬위원회 편, 『거상, 전국 상권을 장악하다』, 두산동아, 2005, 72쪽.

34 유진룡 구술·김택춘 편집, 『"장돌뱅이 돈이 왜 구린시 알어?"』, 25쪽.

35 유원동, 「보부상의 역사」, 유진룡 구술·김택춘 편집, 『"상놀뱅이 돈이 왜 구린지 알어?"』, 161쪽.

36 6개 5천원인데, 7시부터 잘 팔려나갔다.

37 이 행상 좌판에서는 일찍부터 '안동역에서', '내 나이가 어때서' 등의 트로트를 틀어 놓아, 장날 특유의 흥겨움을 돋우고 있었다.

38 특히 한약재나 농업 전반에 필요한 다양한 공구는, 마트에 없기 때문에, 전통시장에서 구입해야 한다고 시장을 찾은 고객들이 말했다. 마트에 없는 상품을 특화시켜 일반 시장의 빈틈을 노린다면, 전통시장은 나날이 발전할 것으로 보인다.

39 농촌의 고령화와 전통시장의 고령회는 이미 지적된 바 있다. 이용선 외, 『정기시장의 구조와 기능 변화 연구』, 한국농촌경제연구원, 2007, 55~56쪽.

제8푹 삼랑진 출신의 독립운동가

상해 독립운동자금을 제공하다가
심한 복고를 치른 송채원(宋彩源)

　독립운동가 송채원(宋彩源)은 1872년 3월 4일 밀양도호부 하동면(현 삼랑진읍) 율동리에서 출생하였다. 밀양에서 김찬규(金燦奎), 신석원(申錫遠) 등과 함께 상해임시정부를 지원하기 위한 독립운동자금 모집활동을 전개하기 시작하였다.

　밀양교육회(密陽敎育會) 고문을 맡고 있던 동지 김찬규가 1924년 음력 3월경 임시정부에서 파견되었다는 김보현(金普鉉)이란 사람으로부터 임시정부 군무총장 노백린(盧伯麟) 명의의 군정서 총국장에 임명한다는 취지의 사령장을 받았다. 이를 계기로 송채원과 신석원, 김찬규가 사령장을 근거로 하여

〈그림1〉 율동리 밤골마을의 독립운동가 송채원 공적안내판. 왼쪽은 이출재.

유사한 다수의 사령서를 다시 만들고는 타인들에게도 배부하여 독립운동자금을 모집하고 더불어 동지들을 규합할 것을 모의하고 이를 실천에 옮기게 되었다.

동년 7월 하순경, 신석원의 집에서 사령서 70매를 인쇄하였다. 이를 밀양교육회 고문이며 밀양물산장려회(密陽物産獎勵會) 총재인 신기균 등 5명의 동지들에게 나누어주는 등 은밀하게 독립운동자금의 모집활동을 하다가 1926년 1월 밀양에서 경북경찰부 고등계 형사에게 체포되었다.

1926년 3월 23일 대구지방법원과 5월 1일 대구복심법원에서 이른바 대정 8(1919)년 제령 제7호 위반 혐의로 징역 6월을 언도받고 대구형무소에서 옥고를 치렀다. 1935년 8월 1일 별세했고, 정부는 고인의 공훈을 기리어 1996년에 대통령표창을 추서하였다.

참고자료

경북경찰부, 『高等警察要史』, 1934, 208쪽과 281쪽.

국사편찬위원회, 『일제하 한국36년사』 권8, 1973, 95쪽.

국가보훈처, 『한국독립운동유공자공훈록』 권14, 2003, 419쪽.

『동아일보』, 1926.4.1.

『조선일보』, 1926.3.26.

강만길 편, 『밀양의 독립운동사』, 밀양문화원, 2003, 553쪽.

독립의군부 핵심 참모로서
선비 정신을 구국운동으로 승화한 김성두(金成斗)

독립운동가 김성두(金成斗)는 밀양도호부 하동면(현 삼랑진읍) 용전리에서 1885년 8월 15일에 출생했다. 일명 김병두(金昞斗)라고 불린 그는 체격이 장대하고 담력이 남달랐다. 김성두는 일본이 우리의 국권을 유린하는 것을 보고 민족감정을 억누를 길이 없어 분연히 일어났다. 1907년 9월에 경기도 양주(楊洲)로 가서 이강년 의병장 막하의 송재현 부대에서 모병 업무를 담

〈그림2〉 독립지사 김성두

당하고 의병규합을 위해 활약하다가 일본군의 전세가 강해지자 만주로 망명하였다.

1921년 10월 통화현 합니하에서 부민단(府民團)에 가담하고 국내로 잠입하여 동지 규합을 위해 필사의 활동을 하다가 1914년 5월 고종의 비밀칙령을 받아 대한독립의군부(大韓獨立義軍府)의 육군 정위(陸軍精尉), 경상남도 소모관(慶尙南道 召募官)으로 임명되어 항일투쟁을 전개하려 하였다. 독립의군부의 조직 및 활동이 일제에 의해 탐지되어 체포령이 내려져 1916년까지 강원도 통천(通川)에서 은둔생활을 하였다.

대한독립의군부는 1913년 1월 의병장 임병찬(林炳瓚) 등이 유림과 전 관료들을 모아 호남지역에서 조직한 비밀결사체인데, 전국적 조직체로 발전하는 과정에서 1914년 5월 함경도 지역의 조직 확대 계획이 일제에 발각되어

와해되고 말았다. 의병 전쟁 계열이 중심이 된 독립의군부는 무장투쟁보다는 이문제무(以文制武)라는 원칙 아래서 독립환권(獨立換權)과 철병퇴거(撤兵退去)를 내건 장서(長書) 투서 등을 계획하였다. 그러나 독립의군부 주도 세력들은 봉건질서로의 복귀나 왕조 체제의 부활을 목표로 한 국권회복운동이라는 한계를 가지고 있어서 큰 활약이 여의치 못했다.

1917년 4월 다시 만주로 망명하였다가 국내로 잠입하여 1919년 3.1운동이 일어나자 각지를 옮겨 다니며 독립운동을 전개하였다. 1952년 12월 1일 별세했고, 정부는 고인의 공로를 기리어 1990년 건국공로훈장 애족장을 추서하였다.

참고자료

경북경찰부, 『고등경찰요사(高等警察要史)』, 177쪽과 179쪽.

『경남유안(慶南儒案)』.

『칙명(勅命)』〈육군정위 경남소모관(陸軍精尉 慶南召募官)〉, 1915.11, 1924.5.

이상찬, 「대한독립의군부(大韓獨立義軍府)에 대하여」, 『이재룡박사 환력기념 한국
　　　사학논총, 한울, 1990.

국가보훈처, 『독립운동유공자공훈록』 권7, 2003, 535쪽.

강만길 편, 『밀양의 독립운동사』, 2003, 534쪽.

〈그림3〉 밀양독립운동기념관의 김성두 흉상　　〈그림4〉 용전리 사기점마을의 공적안내판

〈그림5〉 독립운동가 김성두 묘. 삼랑진읍 김범우순교자기념 성모동굴성당 옆.

부친 김성두의 뜻을 이어받아 무력 투쟁하다가
고초를 겪은 김용순(金容詢)

독립운동가 김용순(金容詢)의 자는 여경(汝卿)이
며 아호는 백촌(栢村)이다. 관향은 김해로 1920년 10
월 4일 밀양군 하동면(현 삼랑진읍) 용전리 294번지
에서 아버지 김성두(金成斗)와 어머니 우월계(禹月
桂) 사이에서 2남으로 출생하였다.

부친인 금탄(錦灘) 김성두는 1907년 9월 경기 양
주에서 이강연 의병장 막하의 송재현 부대에서 의
병 활동을 펼치다가 고종황제로부터 대한독립의군

〈그림6〉 독립지사 김용순

부 경상남도 소모관의 칙령을 받고 경상남북도 지역에서 의병 활동 및 독립
환권과 철병 퇴거를 내건 장서 운동을 펼쳤다. 부친에게서 커다란 영향을
받은 백촌(栢村)은 어릴 적부터 민족의식이 투철하였고 항일독립운동에 투
신할 것을 스스로 결심하기에 이르렀다.

일찍이 고향 인근 단장면에 있던 주산정(珠山亭)과 삼랑진 우곡리 쌍벽재
(雙碧齋) 등에서 한문과 민족 역사를 수학하였고, 1940년 3월 평양의학강습
소로 유학하여 한의학을 수업받았다. 의학강습소를 졸업 후에는 일족 김영
두(金盈斗)가 있는 만주 개원현(開原縣) 팔과수(八課樹) 양물임자(楊勿林子)로
건너가 약 3개월에 걸쳐 직접 무장독립운동단체에 가담하려 노력하였으나
여의치 않자 고향으로 돌아왔다.

1941년 6월경 밀양군 삼랑진읍 용전리 소재 만어사에서 또래인 김세영(金世英, 일명 判時), 박수관(朴秀寬), 윤혁칠(尹赫七), 구한길(具翰吉), 서갑수(徐甲洙) 등과 회합하고 항일비밀결사체인 다물독서회(多勿讀書會)를 조직하여 총책을 맡아 한말풍운사와 구국선열들의 독립운동 정황 및 의병 전술 등을 공부하였다. 또한 동지들을 규합하는 한편 민족사, 삼민주의, 지사 전기 등을 발췌하고 등사하여 청소년들에게 배포하여 항일사상을 고취하기도 하였다.

다물독서회는 보다 적극적인 항일투쟁을 전개하기 위하여 1943년 1월경 삼랑진읍 용전리 김용순의 집에서 권장현(權長鉉, 1905년생으로 일본에서 항일운동으로 수차례 구속), 박수관(朴秀寬), 윤혁칠(尹赫七), 구한길(具翰吉), 서갑수(徐甲洙), 김복만(金福萬) 등과 회합하여 항일결사체인 '보의단(保義團)'을 조직하고 그 활동을 보다 효율적으로 수행하기 위해서 총책에 김용순(金容詢), 정보책에 윤혁칠(尹赫七), 행동책에 김복만(金福萬), 독서책에 박수관(朴秀寬)을 결정하였다.

'보의단'은 동지 규합에 나서는 한편으로 일제의 패전정보를 수집하여 일제가 머지않아 패망할 것이라는 소식을 전파하는 활동을 하였다. 그리고 일제가 조선 청년들을 강제 모병하여 남방 전선에 투입하는 등 단말마적으로 광분하고 있는 점을 저지하기 위해서 일본에서 만주로 가거나 국내에서 남방으로 가는 병력 수송 열차를 삼랑진 철로상에서 폭파하여 병력을 탈출시키거나 삼랑진역 식량 저장 창고에 보관되어 있던 양곡을 습격 탈취할 것 등을 자주 모의하고 기도하였다.

1943년 11월에는 폭약을 입수하기 위해서 보의단원 윤혁칠(尹赫七)의 친척이 공사청부업자로 있던 함경남도 고원군 성내역 건설공사장으로 권장현(權長鉉), 윤혁칠(尹赫七), 김차수(金次守), 구한길(具翰吉), 김복만(金福萬) 등과 함께 가서 4개월여를 공사판 일을 하며 노력하였으나 폭약 획득에는 성공하지 못하였다.

일행들은 김복만의 임시 거처인 강원도 평창군 태화면 금온리로 가고

본인은 김차수(金次守)와 함께 양주(楊州) 봉안(奉安)으로 가서 몽양 여운형(呂運亨) 선생을 만나 항일독립운동에 관한 지도를 받고 삼랑진으로 돌아왔다.

삼랑진 만어산에서 머물며 항일투쟁 방법을 구상하고 있던 보의단원들은 일제가 악랄하게 신사참배와 궁성요배를 강요하고, 전시동원령을 발동하여 화로나 세수대야는 물론 심지어 요강 등 가재도구까지 공출케 한 뿐만 아니라 청년은 징병으로 전쟁에 몰아내고, 장년은 징용으로 광산으로 끌고 가고, 소녀들은 정신대 위안부로 몰고 가며 국토 전체를 공포상태로 만들고 있음을 개탄하고 이를 응징하는 방법의 하나로 병력을 싣고 삼랑진읍 미전리 무흘(無訖)터널을 지나가는 기차에 불을 지르기로 작정하였다.

1945년 3월 일자 미상의 어느 날 오키나와 전장으로 보내기 위해 대구지역에서 모병한 병력을 싣고 부산으로 가는 기차가 무흘터널을 지날 즈음 김용순(金容詢)이 지휘하던 보위단이 터널에 불을 질렀고, 운행 중이던 기차가 급정거를 하는 순간 사전 약속이 되어 있던 징집 병력 30여 명이 기차를 탈출하여 도망했다. ―당일 탈출자 중의 1인 이선훈(李善壎)의 증언― 이와 같은 보위단의 항일독립운동 행적이 해방 2개월여를 앞둔 6월 말경 관동군 안동헌병대에 탐지되어 조선인 금산(金山) 헌병 대위와 일본인 헌병 중위 2인이 삼랑진에 당도하여 수사를 시작하자 구한길(具翰吉)이 체포되었고 그의 실토로 보위단의 전모가 밝혀졌다. 이어서 권장현(權長鉉)이 창원군 동면 본포리에 있던 자가에서 체포되어 만주 안동헌병대로 압송 수감되었다.

이들 체포조는 타 단원들의 체포에도 혈안이 되어 광분하면서 가택수색은 말할 것도 없고 무고한 가족들에게 욕설을 하면서 심지어는 심문, 구타하는 만행까지 자행하게 되어 부락에서는 일대 소동이 일어나고 마을 전체가 공포에 휩싸였다. 김용순(金容詢)은 양산 이천(梨川), 김해 고조산(顧祖山) 사자암, 만어산 바위 아래 등에 피신하였다. 일제가 불원간 폐망할 것은 필연지사이나 혹시 장기로 유지될까 염려되어 1945년 8월 6일 지리산 괘관산막(掛寬山幕)으로 가서 성한주(成翰柱), 최영석(崔永錫)을 만나 앞서 지리산에서 10

년간 수도 생활을 한 바 있는 김세영(金世英)의 근황을 전하고 지리산 산채의 하두령(河頭領)과 피신 단원들이 입대하기로 약속하고 1주일여를 지내는 동안 해방을 맞이했다.

해방 후 김용순(金容詢)은 향민의 추천으로 건국준비위원회, 독립촉성국민회, 유도회 등에 가담하여 활동했으나 건준위 인민위원회로 개칭되고 38선이 생기는 등 혼란이 가중되자 1946년 8월 울산 출신 손정수(孫禎洙), 삼랑진 출신 박사준(朴士俊)과 함께 경교장(京橋莊)으로 올라가 백범 김구(金九) 선생을 찾아뵙고 민족문제에 관한 고견을 청하였으나 통일과 민족화합의 길이 요원함을 인식하고 자연히 허무주의자가 되었고 방관자로 전락하고 말았다.

생계유지를 위하여 1946년 7월에 한약종상 면허를 취득하였고, 1953년 6월에는 한의사가 되어 한의업에 종사하다가 2002년 4월 서울 불광동 자택에서 사망하였다.

비밀결사조직을 결성해 광주독립만세운동에 적극 가담한 김금연(金錦嬅)

독립지사 김금연(金錦嬅)은 1912년 삼랑진에서 태어났다. 1928년 광주여자고등보통학교(光州女子公立普通學校) 재학시절 비밀결사인 독서회 중앙본부(讀書會中央本部) 활동에 참여하였다. 또 1929년 11월에는 교내 비밀결사조직인 소녀회(少女會)를 통하여 광주학생운동에도 적극 참여하였다.

〈그림7〉 독립지사 김금연

1926년 11월 광주고보생 장재성(張載性)이 성진회(醒進會)란 단체를 조직하여 조국의 독립과 사회과학의 연구 및 식민지교육체제의 반대를 목적으로 하는 비밀결사체를 운영하였다. 그가 동경(東京)으로 유학을 떠났다가 다시 1929년 6월 동경중앙대학(東京中央大學)을 중퇴하고 귀향하여 성진회의 명칭을 독서회중앙본부(讀書會中央本部)로 개칭하였다. 그리고 학교별로 핵심지도부를 조직한다는 방침에 따라 자신의 모교인 광주고보(光州高普)는 장재성이 맡고, 광주농업학교는 문승수(文升洙), 광주사범학교는 임종근(林鍾根), 광주여자고보(光州女子高普)는 자신의 여동생인 장매성(張梅性)을 조직책으로 하는 학교별 독서회를 결성하여 학생들을 조직하고 이론적으로 훈련시켜 항일독립운동을 추진해 나가게 되었다.

이에 발맞추어 1928년 11월 초순, 광주여고보에서는 장매성의 주도로 독서회중앙본부의 산하 조직으로 동교생 장경례(張慶禮), 박옥련(朴玉連), 남협협(南俠俠), 고순례(高順禮), 이금자 등과 함께 조국의 독립과 자유 쟁취, 여성 해방을 목적한 항일학생결사 소녀회를 다시 조직하였다. 여기에 김금연도 박계남(朴繼男), 박채희(朴采熙), 박현숙(朴賢淑), 암성금자(岩城錦子) 및 김귀선(金貴先) 등과 함께 동지로 추가되어 항일민족정신을 고취하였다.

그 후 이들과 함께 학교 내외에서 동지를 포섭하는 한편, 매월 한 차례의 연구회를 개최하고 동 회원들과 함께 학생소비조합(學生消費組合)을 조직하여 30원을 출자하는 등 항일투쟁을 위한 활동을 전개하였다.

1929년 11월 3일 광주학생독립만세운동이 일어나자 김금연을 비롯한 소녀회 멤버들은 한 손에는 약과 붕대를, 한 손에는 주전자를 들고 남학생들의 가두시위를 도와 활동하다가 이듬해인 1930년 1월 15일 동 회원인 광주여고보 이광춘(李光春)이 일제의 식민교육에 대한 반대 의사를 표명하기 위해 백지동맹을 단행해야 한다고 연설한 것을 계기로 이에 가담하였다가 일경에 체포되었다.

광주학생독립운동이 일어난 지 10개월이 넘은 1930년 9월 29일 비밀결사와 관련하여 처음으로 소녀회 관련 11명에 대한 공판이 광주지방법원에서 시작되었다. 재판부는 여학생들의 인적 사항을 물어본 뒤 "이번 사건의 사안은 공안(公安)을 방해할 염려가 있으므로 방청을 금지한다"고 선언하여 그나마 허락을 받고 들어갔던 피고의 가족들과 신문기자들은 재판이 열린 지 5분도 못 되어 법정 밖으로 쫓겨나는 일도 있었다.

우여곡절 끝에 이날 재판에서 소위 치안유지법 위반 등의 이유로 장매성이 징역 2년 언도를 받았고, 김금연을 비롯한 10명은 징역 1년에 집행유예 5년을 각각 선고받았다.

정부에서는 김금연의 공훈을 기리어 1995년에 건국포장을 추서하였다.

비밀문예지를 통해 독립운동을 펼치다가 옥중 고문으로 요절한 임병찬(林炳贊)

독립운동가 임병찬(林炳贊, 일명 林宏)은 밀양군 하동면(현 삼랑진읍) 송지리에서 1923년 2월 12일에 태어났다. 일명 임굉(林宏)이라 부르기도 하였다. 1940년 11월 대구사범학교 학생의 신분으로 교내 문예부 비밀문예지『반딧불』을 통해서 독립운동을 펼친 35인 중의 한 사람이다.

〈그림8〉 독립지사 임병찬

1941년 대구사범학교(大邱師範學校)에 재학 중 본인의 주동으로 밀양 출신 김영복(金榮宓)을 비롯해서 이태길(李泰吉), 최낙철(崔洛哲), 장세파 등과 함께 조국의 독립을 위해 무엇을 할 것인가, 어떻게든 힘이 되어야 하겠다고 의논하였는데, 대구부 동운정(東雲町) 350번지에 사는 학우인 이무영(李茂榮)의 집에서 비밀결사체『연구회(研究會)』를 조직하였다.

연구회는 조국 독립을 위한 실력배양과 민족의식 고취를 표방하였다. 또한 당시의 국제정세 분석을 통해 일제의 패망을 예견하고, 회원들 스스로의 실력양성에 매진함으로써 광복 후 각기 전문분야의 최고 권위자가 될 것임을 다짐하였다.

이들은 학술연구를 표방하며 항일의식을 고양하였으며, 비밀엄수, 매월 10일의 연구발표와 하급생 지도 및 동지 포섭 등의 활동방침을 정하였다. 임병찬은 교육부를 맡았다. 1941년 2월부터 3월까지 6차례의 모임을 갖고,

활동방향 등을 논의하였는데, 회원들이 졸업 후에
도 장기적으로 실천할 수 있는 사업계획을 구상하
였다. 즉 졸업 후 회원들이 국민학교 교사로 부임하
게 될 것인 바, 우수한 아동들에게 수재교육을 실시
하여 독립에 필요한 인재를 양성한다는 요지였다.

그리고 현지 활동상황 및 성과를 매월 1차례 사무
원에게 보고하고, 보고사항은 종합하여 회원 모두
에게 다시 배부키로 하였다. 우송방법은 일제의 감
시를 피하기 위해 공문으로 가장키로 하였다.

1941년 3월 대구사범학교를 졸업 후 임병찬은 함
경북도 청진(淸津)에 있는 천마공립초등학교(天馬公
立普通學校) 교사로 부임하게 되었다. 연구회에서 결

〈그림9〉 독립지사 임병찬 흉상

의를 가졌던 뜻을 일관(一貫)하고자 학생들에게 민족의식을 앙양하였는데,
1941년 7월 대구사범학교 윤독회(輪讀會) 간행물인 『반딧불』이 일본경찰의
수중에 들어감으로써 대구사범학교 내 학생비밀결사의 전모가 드러나기에
이르렀다.

〈그림10〉 송지리 신천마을 팔각정 앞의 독립운동가 임병찬(임굉) 공적안내판.

이로 인해 1941년 1월에 청진경찰서 형사대에 체포되어 대전형무소(大田刑務所)에 수감되었는데, 이때 대전형무소에 수감된 대구사범학교 문예지 『반딧불』 관련자는 임병찬과 김영복 외에 35명이나 되었다.

1943년 2월 8일에 예심이 종결되고, 11월 30일 대전지방법원에서 열린 최종판결에서 치안유지법 위반죄로 5년형을 언도받고 복역하다 해방을 맞이하여 출옥하였으나 옥중에서 모진 고문의 가혹함으로 건강을 잃고 1950년 10월 29일 요절하였다. 정부는 2003년 건국훈장 애국장을 추서하였다.

참고자료

대전지방법원, 「豫審終結決定」, 1943.2.8.

대전지방법원, 「판결문」, 1943.11.30.

경찰청, 「身分帳指紋原紙(신분장지문원지)」.

국사편찬위원회 편, 『일제침략하 한국36년사』 권12, 1975, 596쪽.

독립운동사편찬위원회, 『독립운동사』 권9, 1975, 768~776쪽.

대구사범학생독립운동동지회, 『대구사범학생독립운동』, 1993, 64~94쪽.

독립운동사편찬위원회 편, 『독립운동사 자료집』 권13, 1977, 808~829쪽.

강만길 편, 『밀양의 독립운동사』, 밀양문화원, 2003, 128쪽, 323쪽, 562쪽.

국가보훈처, 『독립운동유공자공훈록』 권15, 2003, 36~369쪽.

마중독립단에 가입해 독립운동에 투신하다가 옥고를 치른 김학득(金鶴得)

독립운동가 김학득(金鶴得)은 1927년 11월 30일 밀양 군 삼랑리 하양마을에서 태어났다. 마산공립중학교(馬山公立中學校) 재학시절 비밀결사 '마중독립단(馬中獨立團)'에 가입하여 활동하다가 옥고를 치렀다. 그는 마산 중학교 2학년에 재학 중이던 1942년 5월 한글 연구로 무기정학을 받는 등 민족의식이 남달랐다.

〈그림11〉 독립지사 김학득

1944년 4월 2학년생인 박기병, 박후식, 감영재, 조이 섭, 강정봉 등과 함께 비밀결사를 조직하여 독립운동을 전개하기로 하였다. 이들은 해외에서 진행되고 있는 독립운동 정황을 수집해서 주위에 전하고, 조선 역사와 한글을 배우며 학우들 가운데 동지를 포섭하여 해외로 탈출한 뒤 독립운동에 투신하기로 결의하고, 그 실행을 위해 마중독립단을 조직하였던 것이다.

김학득은 이렇게 항일운동을 전개하던 중 피체되어 보안법위반으로 1년 1개월의 옥고를 치르다가 8.15해방과 함께 출옥하였다. 2002년 12월 7일 마산시에서 별세하였고, 정부는 2003년 건국포장을 추서하였다.

참고자료

『마산고등학교 학적부』.

『경남신문』, 1991.8.5.

『마고동창회보』 15호, 335쪽.

마산고등학교, 『무학(舞鶴)』, 1991.

『재부 마고동창회 연보』, 1994년 봄호.

마산시, 『마산시사』, 202쪽.

김학덕의 부「김재성의 일기」.

홍중조, 『고금산책』, 2002.

「사실확인서」, 2003.2.18.

국가보훈처, 『독립운동유공자공훈록』 권15, 2003, 151쪽 .

강만길 편, 『밀양의 독립운동사』, 밀양문화원, 2003, 324쪽과 547쪽.

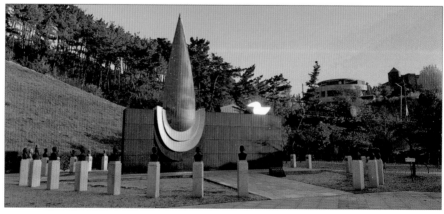

〈그림12〉 밀양독립운동기념관 '선열의 불꽃' 광장의 독립운동가 흉상

제9푹 삼랑진 문화 발전을 위한 제언

제9부 삼랑진 문화 발전을 위한 제언

삼랑진읍은 천년 밀양의 역사와 함께하면서 성장과 발전을 거듭해 온 유서 깊은 도시이다. 조선시대 하동면으로 출발해 1928년 삼랑진면으로 개칭되었고, 1963년에는 삼랑진읍으로 승격해 오늘에 이르고 있다.

지금까지 고고학적 발굴 성과를 통해 삼랑진의 청동기 유적과 삼한시대 제철 유적지가 확인됨으로써 고대국가 밀양의 형성에 삼랑진이 차지하는 위상을 가늠해볼 수 있다. 가야 영역에 속했던 밀양 전체가 신라에 복속됨으로써 삼랑진 또한 소외된 변방 지역으로 남았다. 그러다가 고려와 조선을 거치면서 삼랑진은 일본 침략을 방어하는 핵심 지역으로 강조되었다. 또 조선 후기의 후조창 설치, 근대 경부선 철도와 경전선 철도의 역사(驛舍) 건립으로 삼랑진은 수로 운송과 육로 교통의 거점 지역으로 부각되었다.

삼랑진의 역사문화의 전통은 지리적 특성에서 찾아야 하고, 미래 발전의 방향성도 도시의 입지석 성격에 기반해야 한다. 이는 삼랑진만이 갖는 지리적 강점을 십분 활용해 문화경쟁력을 확보함을 뜻한다. 이에 삼랑진 문화콘텐츠 발굴과 활성화라는 측면에서 몇 가지 제안을 하고자 한다. 본문에서 다룬 내용을 종합하는 의미도 있다.

1. 신라(혹은 가야)시대 왕적지를 홍보해야 한다. 삼랑진에는 금호마을의 왕당, 우곡리 덕촌에서 용전리 새터마을로 넘어가는 고개에 왕정자가 있다. 만어사 가는 덕촌리 앞에 설치한 간이 천막에 지역 농산물을 진열해 놓고 판매하는데, 왕성자 이름을 브랜드화하려는 주민들의 움직임이 보인다. 읍 차원에서 지역 브랜드로 육성할 필요가 있고, 왕적지 안내 간판을 세워 삼랑 진이 유서 깊은 고장임을 홍보했으면 한다. 신라(가야) 임금의 행차길과 연계 한 딸기, 사과, 대추, 산나물, 단감 등은 삼랑진을 알리는 좋은 관광 상품이 될 것이다.

2. 임천리, 숭진리, 청학리, 용성리, 삼랑리로 이어지는 밀양강 수계의 관광 자원화이다. 이 지역은 고려 때 금음물부곡이 있던 곳으로 근대 역사가 아울 러 관통하고 있다. 낙동강을 경계로 서쪽에 상남면이 있고, 이곳과 삼랑진을 이어주는 교통망은 삼상교가 유일하다. 이러한 사정으로 삼랑진읍의 서북 지역은 관심도가 떨어질 수밖에 없는 형편이다. 이곳의 잠재적인 문화력은 낙동강과 옛 경부선 철로를 연계한 콘텐츠 개발에 있다.

3. 경부선 철길을 복원해 관광 상품으로 만들어야 한다. 청룡산터널, 무흘 산터널 있는 옛 경부선 철로는 현재 폐선되어 자전거도로로 활용되고 있다. 자전거 라이딩 장소로는 자랑할 만하나 사실상 평면적 활용에 그치고 있다. 밀양강 따라 하류의 삼랑리에 이르는 구간에 데크를 설치해 자전거길과 분리할 필요가 있다. 그리고 폐선된 철길을 복구해 시민이나 외지인들이 마음 놓고 걸을 수 있도록 해야 한다. 30년 전까지만 해도 철길 따라 삼랑진 에서 밀양까지 통학했고, 장날이면 가족을 생각하며 물건을 이고 지고 다녔 던 길이다. 옛 시절을 추억할 수 있는 이 길은 삼랑진의 큰 문화자산이다.

4. 삼랑진은 근대화의 길목에 위치해 자본을 증식하고 물질적 풍요를 기대 하는 근대 욕망이 꿈틀거리는 곳이다. 이러한 근대 역사를 알 수 있는 트윈터 널 상부에 새겨진 식산흥업(殖産興業)과 청룡산터널의 이용후생(利用厚生) 표 지석은 교육자료로도 충분한 가치가 있다. 따라서 터널 주변에 안내판을

설치하고 각종 인쇄자료에도 반영할 필요가 있다.

　5. 낙동강 나루터를 복원해야 한다. 예전에 광탄나루, 인전나루, 석제진나루, 오우진나루 등이 있었다. 돛단배를 띄워 임천리에서 삼랑리로 이르는 낙동강을 오르내리며 수려한 경치를 감상하도록 하면 삼랑진읍의 서북 방면이 주목받는 지역으로 부상할 것이다. 그리고 상남면과 삼랑진읍 두 지역 간의 교류를 활성화하는 데에도 기여할 것이다. 전국 최초의 '나루문화관'이 건립되면 전근대 생활 방식을 이해하고 환경친화적인 체험 관광을 할 수 있는 전국적인 명소로 탄생할 것이다.

　6. 임진왜란과 관련된 유적지를 개발해야 한다. 임천리와 용성리 앞의 밀양강은 밀양부사 박진이 패전한 종병탄이 있던 곳이다. 그리고 용성리 인전마을 앞 밀양강 연안은 『신증동국여지승람』에도 나오는 인전소가 있던 곳이다. 자전거가 통과하는 주요 지점에 옛 역사를 기억할 수 있도록 안내판을 설치해 밀양강에 내재한 문화적 기억을 계승할 수 있도록 해야 한다. 삼랑진의 정체성은 예나 지금이나 교통과 물류 거점이라는 지리적 특성에 있다. 낙동강 풍경과 어우러진 영남대로를 걸으면서 인근의 작원관과 작원잔도에 뿌리 깊게 남은 임란 역사를 함께 기억할 수 있는 역사 교육의 현장을 제공해야 할 것이다.

　7. 삼랑리 상부마을의 후조창에 있는 비석의 설명을 보완해야 한다. 이 책에 수록한 비문을 활용해 8개 비석 앞에 부사나 관찰사의 선정 내용을 소개하는 표지석이나 안내판을 설치해서 이곳을 방문하는 사람들에게 상세한 정보를 제공할 필요가 있다. 그리고 인근의 내부마을, 하부마을, 하양마을에도 후조창과 관련되는 마을 유래를 안내하는 알림판이나 표지석을 세울 필요가 있다.

　8. 처자교를 원형대로 공개해 삼랑진이 영남대로의 주요 구간임을 알려야 한다. 2010년 발굴된 처자교는 지역사회에 지대한 관심을 불러일으킨 바 있다.

9. 지명을 바르게 표기해야 한다. 청용리는 청룡리로, 청용천은 청룡천으로 바꾸어야 한다. 청룡의 한자 표기는 '靑龍'이기에 청용이라고 한글로 표기할 근거가 없다.

10. 삼랑진 지명에 보이는 일본식 이름을 걷어내고 고유 명칭을 회복해야 한다. 천태산은 천대암산 혹은 천대산으로, 무월산·무월교는 무흘산·무흘교로 개칭해야 한다. 조선시대 이래 줄곧 써온 우리의 이름을 망각하고 일제가 주입한 지명을 쓸 이유는 없다. 주체성 있는 민족은 지명 하나에도 각별한 관심을 쏟는 법이다.

11. 트윈터널 입구에 있는 일본인 추모비의 제자리를 찾아주어야 한다. 트윈터널이 관광객들에게 빛의 아름다움을 선사하고 꿈과 미래를 심어주는 소박한 무대로 재탄생할 수 있었던 것은 기존 터널이 없었다면 생각할 수도 없는 일이었다. 비록 일본제국주의의 경제 침탈 성격이 있지만 1902년 10월 무흘산터널 공사 중 죽은 일본인 고지마 야노스케(兒嶋彌之助)의 추모비는 좁게는 근대화 물결 속의 밀양과 삼랑진, 넓게는 한국 철도사를 이해하는데 그 나름의 역사적 가치가 있다. 하지만 지금 트윈터널 입구 전봇대 사이에 방치되어 있다. 밀양시나 밀양시립박물관에서 적당한 곳에 세워 근대 역사

1903년 12월 건립한 고지마 야노스케(兒嶋彌之助)의 추모비

자료로 삼았으면 한다.

12. 김해낙동강레일파크를 삼랑리까지 연장해야 한다. 현재 레일바이크는 김해시 생림면 마사리에서 승차하고 삼랑리 앞쪽 언덕에서 되돌아가는 경로이다. 삼랑리 하부마을에서 승하차가 가능하도록 한다면 인근의 뒷기미나루, 오우정, 후조창, 낙동강역 소공원, 삼랑진생태문화공원 등과 연계해 삼랑리를 복합 문화단지로 육성 발전시킬 수 있는 계기가 될 것이다.

13. 철도 관사 마을은 도시 미화 사업을 하거나, 문화유산 지정 등을 통한 재정비가 필요하다. 삼랑진 철도 관사의 경우, 그런대로 원형을 유지한 집이 많이 남아 있으므로 이 같은 문화 공간으로 탈바꿈하여 많은 사람들이 오가는 공간으로 만들 수 있는 여지가 충분하다.

14. 삼랑진 출신의 독립운동가들을 홍보해야 한다. 송지리 신천마을의 임병찬, 삼랑리 하양마을의 김학득, 율동리 밤골마을의 송채원, 용전리 사기점마을의 김성두와 김용술 부자, 그리고 김금연 등은 목숨을 걸고 독립운동을 했던 분들이다. 이들의 기억하는 것은 산 자의 의무이다. 밀양시 차원에서 이들의 독립운동을 기억할 수 있도록 선양 작업을 다각적으로 펼칠 필요가 있다.

손태규, 『밀양군지』, 협성인쇄소, 1963.

밀양군, 『미리벌의 얼(밀양의 전통)』, 경남인쇄공업협동조합, 1983.

밀양시, 『사진으로 보는 밀양변천사』, 2005.

밀양시, 『'영남대로 밀양 옛길 관광사업화 및 문화유적 정비'에 관한 심포지엄 자료집』, 2012.

밀양시, 『2020 밀양 하늘에서 담다』, 2020.

밀양문화원, 『밀양지』, 신흥인쇄주식회사, 1987.

밀양문화원, 『밀양지명고』, 태화출판인쇄사, 1994.

밀양문화원, 『향토사료집』 1~8.

밀양문화원, 『밀양명승제영』(정경주 편역, 손팔주 교열), 아트윈인쇄사, 2004.

밀양문화원, 『삼랑진읍 마을지 자료집』, 2011.

밀양문화원, 『국역 밀주징신록』(안병희 저, 정경주 역), 2013.

가담 송기인 신부 은경축·화갑기념문집 간행위원회, 『신부님이 거기 있었네』, 인쇄골, 1997.

강순제 외, 『우리 옷감 이야기 103』, 교문사, 2012.

강영규(지원), 「가락고찰 부암의 사료적 연구」, 『제5회 가야문화의 원형탐색과 콘텐츠화』, (사)가야문화진흥원 외, 2021.

강혜인, 「전래 동요 〈놀리는 노래〉의 음악 분석」, 『한국민요학』 17, 한국민요학회, 2005.

경상남도 교육청, 『경남교육의 역사 사진기록으로 만나다』, (주)생태환경디자인연구소 INNO, 2015.

경상남도 밀양교육청, 『밀양교육사』, 도서출판 밀양, 2006.

경진출판 편집부, 『조선이 남긴 그림들 03 겸재 정선』, 경진출판, 2022.

고려대학교 아세아문제연구소 육당전집편찬위원회 편, 『육당 최남선 전집』5, 현암사, 1973.

국립김해박물관, 『밀양』(특별전시 도록), 2017.

국립민속박물관, 『한국민속신앙사전』 무속신앙, 국립민속박물관, 2009.

국사편찬위원회 편, 『거상, 전국 상권을 장악하다』, 두산동아, 2005.

국사편찬위원회 편, 『장시에서 마트까지 근현대 시장 경제의 변천』, 두산동아, 2007.

국사편찬위원회 편, 『여행과 관광으로 본 근대』, 두산동아, 2008.

국제신문, 『1980 부산·경남연감』, 국제신문 출판부, 1980.

김대래, 『해방직후 부산·경남지역의 공업』, 효민, 2006.

김봉우, 『낙동강 옛 나루』, 도서출판 경남, 2019.

김상한, 『밀양 순례: 왜 밀양에는 독립운동가가 많았을까』, 공동체, 2018.

김성훈, 『한국의 정기시장』, 한국농촌경제연구원, 2006.

김수영, 「해방 이전 건립된 철도관사의 공급 방식과 평면유형의 특성에 관한 연구」, 한양대학교 석사논문, 2000.

김영철 외, 『딸기 재배도감』, 한국농업정보연구원, 2006.

김윤식, 『내가 살아온 한국 현대문학사』, 문학과지성사, 2009.

김창홍 외, 『화학대사전』 1, 세화, 2001.

김태명, 「대한제국 전기의 식산흥업정책에 관한 연구」, 『한국전통상학연구』 15(2), 한국전통상학회, 2001.

노일래, 『황후의 과일, 딸기』, 농촌진흥청, 2012.

농림축산식품부, 『현장에서 전하는 유형별 스마트 팜 선도사례』, 진한엠앤비, 2017.

대한방직협회, 『선방직도표(綿紡織圖表)』, 대한방직협회, 1972.

도명, 『가야불교, 빗장을 열다』, 담앤북스, 2022.

동계 경일 지음, 김승호 옮김, 『동계집』, 동국대학교 출판부, 2018.

동아출판사 백과사전부, 『동아 원색세계대백과사전』 26, 동아출판사, 1983.

문화방송, 『MBC 한국민요대전: 경상남도 편』, 1994.

밀양대학교80년사 편찬위원회, 『밀양대학교 80년사』, 윤기획, 2004.

밀양대학교 대학홍보실, 『아! 밀양대학교』, 동성출판인쇄사, 2006.

밀양문학회 엮음, 『밀양설화집』 1~3, 밀양시, 2008.

박원선, 「한국의 장시(場市)」, 『동방학지』 48, 연세대학교 국학연구원, 1985

박중신 외, 「밀양·삼랑진읍에 있어서 철도관사의 형성과 변용」, 『학술발표대회 논문집』 26(1), 대한건축학회, 2006.

박창희, 『나루를 찾아서』, 서해문집, 2005.

박창희, 『영남대로 스토리텔링』, 해성, 2012.

반야월 외, 『털어놓고 하는 말』 1, 뿌리깊은나무, 1978.

부산박물관, 『역사의 대동맥 영남대로』(특별기획전 도록), 2014.

부산박물관, 『초량왜관』(도록), 한글그라픽스, 2017.

부산지방국토관리청, 『밀양 삼랑진 작원대교(처자교) 유적』, 2013.

삼랑진양수발전소, 『삼랑진양수 20년사』, 2016.

서대석, 「창세시조신화의 변이와 의미」, 『구비문학』 4, 한국정신문화연구원 어문학연구실, 1980.

서대석, 『한국신화의 연구』, 집문당, 2001.

서문석 편집, 『고급기술자들의 구술을 통해 본 한국 면방직공업의 발전』, 국사편찬위원회, 2006.

서영숙, 『한국 서사민요의 날실과 씨실: 우리 어머니들의 노래』, 역락, 2009.

서유구 지음, 정명현 외 옮김, 『임원경제지』, 씨앗을 뿌리는 사람, 2013.

석정 윤세주 열사 기념사업회, 『민요로 살펴본 밀양』. 공동체, 2019.

손길신, 『한국철도사』, 북코리아, 2021.

손병희 엮음, 『광야에서 부르리라』, 이육사문학관, 2020.

손정태, 『밀양의 항일독립운동가』, 밀양독립운동사연구소, 2014.

송기인, 「송기인 신부의 '역사와 진실 앞에서'」 1~16, 『국제신문』, 2008.2~2008.8.

안재구, 『할배, 왜놈소는 조선소랑 우는 것도 다른강?』, 돌베개, 1997.

양산시립박물관, 『황산역』(특별기획전 도록), 2017.

외솔회, 『나라사랑』 5, 1971.

우리사상연구소 엮음, 『우리말 철학사전』 3, 지식산업사, 2006.

월하 계오 지음, 성재헌 옮김, 『가산고』, 동국대학교 출판부, 2018.

유장근, 『마산의 근대사회』, 불휘미디어, 2020.

윤혜숙 외, 『딸기야 놀자』, 일일사, 2010.

이강오, 『즐거운 농업의 시작, 스마트팜 이야기』, 넥센미디어, 2021.

이경구, 『조선, 철학의 왕국』, 푸른역사, 2018.

이만견 원저, 정경주 역주, 『국역 내산집』, 신지서원, 2016.

이수광, 『경부선: 눈물과 한의 철도 이야기』, 효형출판, 2010.

이선영 외, 『이 땅의 사람들』 2, 뿌리깊은나무, 1981.

이순공, 『아름다운 밀양산하』, 밀양문화원, 2019.

이용선 외, 『정기시장의 구조와 기능 변화 연구』, 한국농촌경제연구원, 2007.

이중환 지음, 안대회·이승용 외 옮김, 『완역 정본 택리지』, 휴머니스트, 2018.

이철영, 「일제시대 철도관사 제도 연구」, 『연구논문집』 23, 울산과학대학, 1996.

이허득, 『한국의 칠비』, 좋은땅, 2021.

일연, 이가원 역, 『삼국유사』, 한길사, 2006.

전국역사교사모임, 『살아있는 세계사 교과서』 2, 휴머니스트, 2008.

전병유, 『도요타』, 길벗, 1994.

전성천, 『낙동강 소금배』, 현대문학사, 1976.

정민, 『서학, 조선을 관통하다』, 김영사, 2022.

정태륭, 『한국인의 상말전서』, 고요아침, 2016.

조갑상·황국명·이순욱 엮음, 『김정한 전집』 소설3, 작가마을, 2008.

조기준, 「박기종의 생애와 기업 활동」, 『향토문화』 3, 부산향토문화연구회, 1970.

조동일, 『한국문학통사 1: 원시문학~중세전기문학』(제4판), 지식산업사, 2005.

진실·화해를위한과거사정리위원회, 「경남 밀양 국민보도연맹 사건」, 『2009년 하
　　반기 조사보고서』 제4권, 2009.

철학사전편찬위원회, 『철학사전』, 중원문화, 2012.

최남선, 『경부텰도노래』, 신문관, 1908.

최영준, 『한국의 옛길 영남대로』, 고려대학교 민족문화연구원, 2004.

편자 미상, 남권희·전재동 옮김, 『영남루 시운』, 경북대학교 출판부, 2018.

홍사중, 『과거 보러 가는 길』, 이다미디어, 2003.

충남대학교 한자문화연구소 강원모·김문갑·오승준·정만호 공역, 『국역 동주집』,
　　2015.

통도사, 『신편 통도사지』(상), 담앤북스, 2020.

하강진, 「필사본 〈조생원전〉의 이본 유형과 담론 변이의 특징」, 『한국문학논총』
　　84, 학국문학회, 2020.

하강진, 『밀양 천년의 인물계보와 고전학』, 경진출판사, 2021.

학교법인 삼랑진학원, 『삼랑진학원 50년사』, (주)삼립프레스, 2003.

한국공학한림원, 『한국산업기술발전사』 섬유·식품, 한국공학한림원, 2018.

한국농수산식품유동공사, 『2019 주요 농산물 유통 실태』 권1, 한국농수산식품유통
　　공사, 2020.

한국문화방송주식회사 편저, 『가요반세기』, 성음사, 1968.

한국문화재조사연구기관협회, 『한반도의 제철유적』, 「밀양임천리유적」, 2012.

한국브리태니커회사, 『브리태니커』 21, 1993.

한국산업은행, 『광업 및 제조업 사업체명부』, 한국산업은행, 1959.

한국정신문화연구원, 『한국구비문학대계』 8-7·8, 1983.

한국정신문화연구원, 『한국민족문화대백과사전』 5·20·21, 웅진출판사, 1993·1995.

한국철도문화재단, 『2019 新한국철도사』, 국토교통부, 2019.

한태문·이응인·이순욱 엮음, 『밀양설화집 1: 전설』, 세종문화사, 2008.

한태문·이순욱·정훈식·류경자 엮음, 『밀양민요집』 1~2, 밀양시, 2010.

고토 분지로 지음, 손일 역, 『조선기행록』, 푸른길, 2010.

에드워드 렐프, 김덕현·김현주·심승희 옮김, 『장소와 장소상실』, 논형, 2005.

윌리엄 포크너 지음, 공진호 옮김, 『소리와 분노』, 문학동네, 2013.

Robert James Waller 지음, 공경희 옮김, 『매디슨 카운티의 다리』, 시공사, 1993.

뽈 망두 지음, 정윤형·김종철 공역, 『산업혁명사』하, 창작사, 1987.

샤르르 달레 지음, 안응렬·최석우 역, 『한국천주교회사』(상), 분도출판사, 1979.

평곡수재, 『한국사진첩』, 박문관, 1905.

통감부 철도관리국, 『한국철도선로안내』, 일한인쇄주식회사, 1908.

통감부 편찬, 『일한합병기념 대일본제국조선사진첩』, 소천일진출판부, 1910.9.

조선총독부 철도국, 『부산압록강간 사진첩』, 1910년대.

조선총독부 철도국, 『조선철도선로안내』, 동경인쇄주식회사, 1911.

조선총독부 철도국, 『조선철도선로안내』, 일한인쇄주식회사, 1912.

조선총독부 철도국, 『조선철도사』, 일한인쇄주식회사, 1915.

조선총독부, 『지방 행정구역 명칭일람』, 대화상회, 1912.

조선총독부, 『신구대조 조선전도 부군면리동 명칭일람』, 1917.

※ 고지도, 신문, 잡지, 시·문집 등은 본문의 미주로 대신함.

지은이 소개

하강진(河岡震, kgha@dongseo.ac.kr)

　동서대학교 미디어콘텐츠대학 교수

　동양한문학회 회장. 문학박사(부산대학교). 밀양 초동 출신으로 최근 지역 고전학과 자전 출판 연구에 집중하고 있다. 저서로 『밀양 천년의 인물계보와 고전학』(2021), 『역주해 역대 촉석루 시문 대집성』(2019), 『진주성 촉석루의 숨은 내력』(2014), 『이규보의 문학이론과 작품세계』(2001) 등이 있다. 또 「백산 안희제의 '황계폭포' 시 발굴과 그 의의」, 「한국 최초의 근대자전 『국한문신옥편』의 편찬 동기」, 「〈주봉전〉 이본의 문헌분석과 서사유형 탐색」 등 다수 논문이 있다. 2022년 8월 발간한 『동서대학교 30년사』 편찬위원장이었고, 체계적인 지역학 연구를 위해 설립한 한실인문학연구소 소장을 맡고 있다.

박양리(朴陽理, arine2000@naver.com)

　부산대학교 강사

　문학박사(부산대학교). 부산대학교와 경성대학교에서 고전산문을 가르치고 있다. 최근에는 고전문학을 중심으로 역사와 기억의 경계를 넘나드는 연구에 관심을 가지고 있다. 논저로 「사서를 통해 본 가야, 가야인식」, 「야담을 통해 본 역사적 트라우마로서 병자호란의 기억과 그 서사적 대응」, 「병자호란 피로여성 트라우마의 서사적 대응과 그 의미」,「야담을 통해 본 노인에 대한 인식과 그 의미」,「구술자료를 통해 본 아미동의 마을정체성 연구」,「묵재일기를 통해 본 16세기 사대부 여성의 초상」 등이 있다.

신원기(辛源琪, rootpower@hanmail.net)

부산 동천고등학교 교사.

문학박사(부산대학교). 논저로 「넓은 '읽기'를 위한 〈차마설〉 해석」,「설화의 교재화 양상에 대한 고찰」,「조선동화대집의 내용과 문학교육적 가치에 대한 고찰」,「한일 '늘어난 코' 설화의 문학교육적 가치에 관한 고찰」,「〈춘향전〉 작품군을 활용한 서사 갈래 학습 방안」,「번안동화(설화)의 문학교육적 지향성 고찰」,「조선동화대집의 〈외쪽의 꾀〉에 나타난 몽골 설화의 화소 고찰」,「『開闢』의 〈銀파리〉에 나타난 풍자의 양상」,「'소년소녀 세계문학'의 정본과 수용 과정 고찰」(2021),『조선동화대집과 설화교육』(2017) 등이 있다.

황병익(黃柄翊, hwangbi@ks.ac.kr)

경성대학교 인문문화학부 교수

문학박사(부산대학교). 학부와 대학원에서 〈고전시가론〉, 〈고전문학 이야기 문화유산〉, 〈한국인의 놀이문화〉 등을 가르치고 있다. 고전시가 장르를 집중 연구하면서, 우리의 고유한 유산에서 대중문화콘텐츠를 발굴, 가공하는 일에 관심을 갖고 있다. 단독 저서로 『고전시가 다시 읽기』(2006), 『고전시가 사랑을 노래하다』(2010), 『고전시가 시대를 노래하다』(2016), 『신라향가 천년의 소망』(2020), 『노래로 신과 통하다』(2021)가 있고, 〈황조가〉, 〈서동요〉, 〈동동〉, 〈처용가〉, 〈청산별곡〉 등을 주제로 학술 논문을 썼다.

이순욱(李淳旭, enfb@pusan.ac.kr)

부산대학교 사범대학 국어교육과 교수

문학평론가. 경남 밀양에서 나서 부산대학교 국어국문학과를 졸업하고, 같은 학교 대학원에서 문학박사 학위를 받았다. 「정전체제의 형성과 부산지역 문학사회의 동향」, 「백산 안희제의 매체 투쟁과 『자력(自力)』」, 「광복기 요산 김정한의 문학 활동 연구 (1)~(2)」 등의 논문이 있다. 낸 책으로 『한국 현대시와 웃음시학』(2004), 『근대시의 전장』(2014) 등이 있으며, 『김정한전집』 1~5(2008), 『피란수도 부산의 문학풍경』(2018), 『지역·문화예술교육』(2020) 등을 함께 내기도 했다.

이응인(李應仁, len41@hanmail.net)

밀양 세종중학교 교장

시인. 1987년 무크지 『전망』 5집에 '그대에게 편지' 외 7편을 발표하면서 문단에 나왔다. 이후 『투명한 얼음장』, 『따뜻한 곳』, 『천천히 오는 기다림』, 『어린 꽃다지를 위하여』, 『그냥 휘파람새』, 『솔직히 나는 흔들리고 있다』, 『은행잎 편지와 밤비 라디오』 등의 시집을 내었고, 함께 엮은 책으로 『선생님 시 읽어주세요』, 『밀양설화집』 1·2·3, 『그래 밀양의 옛이야기 한번 들어볼래?』, 『밀양문학사』 등이 있다. 경남작가회의 부회장, 밀양문학회 회장을 지냈다.

정훈식(鄭勳植, hunsik26@hanmail.net)

울산대학교 인문과학연구소 연구교수

문학박사(부산대학교). 조선 후기 중국과 일본에 다녀온 사행과 그 기록을 주로 살피고 있다. 저서로 『밀양민요집』 1·2(공저, 2010), 『주해 을병연행록』 1·2(2020) 등이 있으며, 「조선후기 통신사행록에 나타난 禮物受贈 갈등의 시대적 양상과 그 배경」, 「조선후기 연행록에 기록된 청대 風俗 인식의 추이」 등의 논문이 있다.

손정태(孫正泰, susanje1@hanmail.net)

밀양문화원 원장

농경문화유적 『수산제(守山堤)』(1986)를 발굴하여 학계에 알렸고, 항일독립
운동 관련 『민족혁명당(民族革命黨)의 영혼(靈魂)』(2002), 『약산 김원봉』·『밀
양의 항일독립운동가』(2014) 외 『백두(白頭)에서 압록(鴨綠)까지』(2000), 『수
산(守山): 사랑하는 나의 고향』(1990)을 책으로 엮어 냈다.

※ '지은이 소개'는 원고 게재순임.

삼랑진읍 관계자와 집필진의 편찬회의. 2022.2.10.

삼랑진의 사계(四季)

삼랑진읍 안태리 설경(촬영 김형구, 2019.01.31)